대순진경 大巡眞經

대순진경(大巡眞經)
증산 대 선생의 천, 지, 인 삼계 공사 해설서

초판 1쇄 발행 2022년 11월 11일

지은이 민병규
펴낸이 장길수
펴낸곳 지식과감성˚
출판등록 제2012-000081호

교정 서은영
디자인 정윤솔
편집 정한나
검수 한장희, 정윤솔
마케팅 고은빛, 정연우

주소 서울시 금천구 벚꽃로298 대륭포스트타워6차 1212호
전화 070-4651-3730~4
팩스 070-4325-7006
이메일 ksbookup@naver.com
홈페이지 www.knsbookup.com

ISBN 979-11-392-0735-4(03290)
값 23,000원

- 이 책의 판권은 지은이에게 있습니다.
- 이 책 내용의 전부 또는 일부를 재사용하려면 반드시 지은이의 서면 동의를 받아야 합니다.
- 잘못된 책은 구입하신 곳에서 바꾸어 드립니다.

지식과감성˚
홈페이지 바로가기

대순진경 大巡眞經

민병규 지음

증산 대 선생의 천·지·인 삼계 공사 해설서

도통하는 법

신선, 선녀의 길

지식과감성#

목차

증산 상제님의 시, 구천 상제님의 시 ·· 8
서문(序文) ··· 11

1. 천 년 전의 벽화의 뜻 ··· 18
2. 맥(脈)을 찾아서! ·· 29
3. 증산상제님의 약장 공사도(圖) ······································· 69
4. 대두목(大頭目) 공사 ··· 81
5. 동방의 등불 ·· 99
6. 이씨 조선 오백 년 ··· 103
7. 삼신 신앙(三神信仰) ··· 108
8. 천황이란? ·· 125
9. 복중(服中) 80년 신명 ··· 136
10. 오는 운수 ·· 147
11. 도통(道通)표 ··· 158
12. 만국의원(萬國醫院) ··· 165
13. 용담(龍潭) 역(易) ·· 180
14. 태을주(太乙呪) ··· 226
15. 공사 처결문 ··· 238
16. 금산사(金山寺) ··· 246
17. 오작교 ··· 257

18. 천상의 조정 ………………………………………… 271
19. 재생신(再生身) …………………………………… 275
20. 정의도(情誼圖) …………………………………… 308
21. 체면장(體面章) …………………………………… 316
22. 납향치성 공사 ……………………………………… 320
23. 옥추통(玉樞統) …………………………………… 325
24. 초패왕(楚霸王) …………………………………… 335
25. 용담 계사도(癸巳圖) ……………………………… 345
26. 새순 ………………………………………………… 365
27. 증산 상제님 유서 ………………………………… 380
28. 연원(淵源)과 종맥(宗脈) ………………………… 393
29. 도통과 강령 ………………………………………… 405
30. 대순진경(大巡眞經)이란 ………………………… 410
31. 증산 계통 종교 …………………………………… 414
32. 맺는말 ……………………………………………… 440

공덕 ……………………………………………………… 447

개암사 산신각의 벽화

대순진경(大巡眞經)

도통하는 법,

신선, 선녀의 길

준비

천지공사(天地公事)

상제께서 대순(大巡)하신 공사 해설서

전라북도 부안군 상서면에 있는 천 년 전 삼국시대 묘련이 창건한 사찰의 벽화, 진표율사가 이 벽화를 보고 깨달음이 경지에 이르러 금산사 미륵전 창건

증산 상제님의 시
구천 상제님의 시

世上(세상)에 내려와 한 걸음 걸으니 땅이 두려워하고 말 한마디에 하늘이 두려워하네.

내가 머무를 곳이 없으니 나는 가객이로다.

동쪽으로 가도 東亦客(동역객)이고 서쪽으로 가도 西亦客(서역객)이니

天地(천지)의 無家客(무가객)이라.

오로지 머무를 곳 없는 나그네이고, 오직 의지할 곳 없는 거지 上帝(상제)로다.

시절이 어쩔 수 없어 三界(삼계)의 일을 質定(질정)하고 天地公事(천지공사)를 맡았건만

神明(신명)들이 짐을 보면서 울음을 멈추지 아니했고,

인간들은 慾心(욕심)을 멈추지 아니한즉 그 뜻을 다 받아 줄 수 없어,

天地公事(천지공사)의 質定(질정)만 다 해 놓고,

법의 用事(용사)는 首婦(수부)들에게 맡겼네.

恨(한) 많기로는 짐과 首婦(수부)들이 천지에 첫째니라.

짐이 갈 곳 없는 몸이 땅에 묻혀 魂(혼)은 天上玉京(천상옥경) 요운전에 기거했고

육신은 땅에 묻혀 발복했으나 오직 魄(백)은 머무를 곳이 없어

東(동)으로 가도 나그네요 西(서)로 가도 나그네요

동서남북이 나그네인 고로 天地無家客(천지무가객)이 되어

수원 나그네 같은 인생을 周遊天下(주유천하)하여

세상 종자 살펴 법통을 전하려 한 歲月(세월)이 이미 百年(백 년)이거늘

百年(백 년)간의 魄(백)은 한시도 쉬어 본 적이 없고

魂(혼)은 또한 政事(정사)에 있어 한시도 쉬어 본 적이 없나니

그 괴로움은 태양이 循環(순환)하는 것과 같고 달이 循環(순환)하는 것과 같도다.

서문(序文)

천지 창조주께서 대순(大巡)하신 진리를 찾아서,

대순진경(眞經)의 바른 이해,
무극, 태극, 대순의 진경(眞經) 진리가 완성되기까지,

최근 태극도, 대순진리회, 증산도, 증산 산하 계열의 진리를 같은 곳으로 이해하거나 상제께서 대순(大巡)하신 진리의 정법을 모르는 회원을 위하여 대순진경(大巡眞經)으로 종맥을 연제(連ㄴ梯)하기로 하여 진리를 바로 보고 바로 이해하는 눈! 너무도 중요한 우리들의 과제인 것이다.

태초(太初)에 도(道)라는 법칙에서 신(神)이 존재하셨고 신(神)이 도(道)이며 형체는 빛 자체이며, 극이 없는 무극(無極)이었다. 무극 신은 조물주(造物主)이고 또는 창조주(創造主)라 표현하기도 한다. 인류가 살아가는 시간적, 공간적 환경을 우주(宇宙)라 한다. 사방 상하(四方上下)를 뜻하는 집 우(宇), 집 주(宙)로 합성된 시간과 공간을 망라한 총체로서 천지(天地)를 말한다.

이 천지를 창조하신 창조주이신 '무극신: 조물주(无極神)'를 성서에서는 도 (道)라고 표현한다. 불교에서는 '자비를 갖춘 분' 미륵(彌勒)이라 하고 또는 빛의 신(光明神: 광명신)이라 하며 아침 이슬처럼 맑고 투명한 감로, 또는 비로자나불(法神佛)이라 한다. 비로자나불을 주불로 모신 법당을 대광명전 (大光明展)이라 한다.

동양의 고서에선 옥황상제라 기록하고 있으며 불교에서는 미륵불, 비로자나불로 모신다. 비로자나불이 성불(成佛)이 되기 전 나반존자이시다. 나반존자는 스승이 없으므로. 독성각(獨聖閣)에 모셔지며 독성 불(獨聖佛)이라고도 불린다. 또한, 서교의 구세주, 메시아와 동일한 어원을 가지고 있다.

모든 종교가 목적하고 지향하는 바는 구세주(九世主)가 와서 열어 준다는 지상낙원, 유토피아에 있으니 이것은 동양과 서양이 동일한 구원자를 기다려 왔다는 것을 말해 준다.

무극신께서는 제일 먼저 물을 창조하셨고 그 물을 '하나'라 하고 '一'(한 일)로 쓰고 있으며 一(한 일)이 도(道)에서 나타났고 태초(太初)에 처음으로 출발했다고 했다. 물을 이용하여 하늘과 땅을 생(生)하였고 하늘과 땅의 기운으로 만물(萬物)을 창조하였다.

창조주께서는 만물 중에서도 인간을 창조하여 만물의 영장(萬物의 靈長)이라 한다. '만물의 영장'인 인간의 근본(根本)은 땅과 하늘이고 땅과 하늘의 근본은 물이다. 물의 근본은 흰빛이 되며 빛은 무극이고 무극은 도(道)이며 도(道)는 신(神)이 되고 신은 창조주(創造主)이시고, 전지전능하시며 무소불능하시어 끝도 없고 시작도 없는 절대 신이다.

고대(古代)의 옛 성인들도 一(한 일)의 성(姓)을 가지고 있었다. 一(한 일)은 하늘에 있는 은하수이므로 一(한 일)이 바로 하늘이다. 한겨레의 한(韓) 역시 하나(一)이다. 하나(一) 환(桓) (예: 환웅, 환인, 《환단고기》). 지금은 원시 반본(原始反本)하는 때라 한(韓)을 찾고 조상의 얼, 근본을 찾아야 한다. 즉 대순이 원이고 원이 무극이며 무극이 태극이다. 태극이 대순(大巡: 크게 돈다)이다. 천지 일월과 삼라만상의 진리가 대순, 무극의 진리이다. 우리는 이 진리를 통해서 가는 것이다.

지금 세상은 하늘도 땅도 인간도 깊은 병에 들어 있다. 이 모든 병의 원인은 인간에게 있다. 순간적 사리사욕에 눈이 멀어 대의(大義)를 망각하고 살아가고 있는 것이다.

현재 인류는 고도로 발달한 산업사회에서 물질의 풍요를 누리고 있으나 정신문화(精神文化) 부문에 있어서는 퇴보의 길을 걷고 있다. 인간 정신의 황폐화를 막지 못한다면 결국 허무한 파멸을 초래하게 될 것이다. 오늘날 인류가 자신들이 살아가고 있는 삶의 바탕이 되는 환경을 파괴하여 온갖 질병에 걸려 죽어 가는 원인은 육신의 병, 소병(小病)보다 도(道)를 상실한 무도병(無道病: 大病 대병)이라 했다.

이러한 대병을 치유하지 않는 이상 장차 인류에게 닥쳐올 대병겁(大病劫)으로부터 살아날 방법이 없는 것이다. 인류가 병들어 있는 지금 지구와 인류를 구할 명의(名醫)를 찾아야 한다. 그것이 물, 하나(一), 한 님을 찾는 것이다.

그리하면 도(道, 무극신 삼신상제님을 모신 진경)와 통하는 것이다. 사회에서 '통정(通情)'이란 말을 많이 쓴다. 그 말의 뜻은 살아 있는 사람끼리 통(通)한다는 말이다. 이미 돌아가신(화천) 분하고는 통정신이 이루어질 수가 없다.

살펴보면, 예부터 동해에는 어마어마하게 큰 자라가 등에 삼신산(三神山)을 업고 살고 있었다고 전해진다. 광한루 연못에 삼신산을 지은 후로는 계속하여 천재지변이 끊이지 않았다고 한다. 그래서 그 원인을 분석해 본 결과 삼신산을 업고 있는 자라가 없었기 때문에 섬이 불안정하여 그렇다 하여, 이곳에 자라 돌을 만들어 삼신산을 지켜보게 한 뒤로부터는 그 천재지변이 사라졌다는 것이다.

또 다른 전설은 이 오석(鼇石)을 자라가 아닌 거북으로 보는 것인데, 지리산에서 바라봤을 때 동남방에 위치한 남원에는 예부터 지리산에서 동남풍만 불어오면 나쁜 유행병이 퍼져 인명이 상하거나 혹은 화재, 홍수 등이 빈번하게 일어났다는 것이다. 오행설에 의하면, 이러한 동남풍을 제압하려면 동해(東海)에 사는 거북의 힘밖에 없다 하여 광한루에 이 거북상을 만들었다고 한다. 그 후부터는 동남풍으로 인한 천재지변이 없어졌다고 한다. 자라, 또는 거북이 삼신산(三神山)을 등에 업고 있다는 전설이 금산사(金山寺)의 이치와, 개태사 삼천일지(三天一地)의 이치와 세 분(구천상제, 옥황상제, 세존상제)을 모시는 대두목과 일맥상통한다는 점이다.

황제내경(皇帝內經)에 보면 동(東)은 계절로는 봄(春)이고, 오행에선 목(木)이고, 오장에선 간(肝)이 되고, 조화에선 바람(風)이 되고, 동물에서는 개

(犬)이며, 소리에선 각(角)이고, 오상에선 인(仁)이 되고, 색으로는 청(靑)이 된다. 오행상의 표현은 광범위하다. 그러나 주목해야 할 것은 병들어 있는 지금 지구와 인류를 구할 名醫(명의)이시며 물 하나(一), 한 님 이신 구원자는 동방(木)이라 했으니 계묘생이라 하고 동쪽에서 태어나야 한다.

그분이 나반존자이시며 제주도의 상징물인 하르방(할아버지)이시기 때문에 닮은 것이다. 경기도 가평군 용추계곡 마을에선 하르방을 미륵바위라 부르는데 그 모습 또한 매우 닮았다. 몽골에서도 미래불을 모시는데 제주 하르방과 아주 흡사한 모습을 한 석상(바위)을 미륵(무극신)으로 모신다.

모든 도인들이 무극신께 소원성취케 해 달라고 빌고 있다. 정산(도주님)께서도 무극신 대도덕 봉천명 봉신교… 무극신에게 명을 받들겠다고 비는 내용을 알 수 있다. 기도란? 빌 기(祈), 빌 도(禱)이다. 신의 정체를 정확히 알고 빌어야 하며 여기에도 법칙이 있다.

이 신(神 道)과 통하려면 법을 알아야 하고 법을 알려면 스승을 찾아야 한다. 도가 물에서 나왔다고 수없이 밝히고 가르쳤다. 이 스승을 알아야만 도(道)와 통하고 도통 진경(道通眞境)의 경지에 이를 수 있고 대운 대통(大運大通)을 받는 것이다.

대순진경(大巡眞經)은 스승(海印: 해인)을 밝혀 가르쳐 놓은 진경인 것이다. 등잔 밑이 어둡다는 말이 있다. 가까이 있으니 보이지 않는 것이다. 밤이 어두울수록 별은 빛난다. 단지 눈앞의 재리에만 눈이 먼 사람들이 하늘을 쳐다보지 않아서 별을 보지 못하는 것이다.

어두운 암흑의 밤과 같은 이 시대는 모두가 하늘을 올려다볼 때이다. 하느님이 지금 인간 개개인을 향해 진리의 빛을 내려 주고 있으시기 때문이다. 하늘이 무너졌을 때 반드시 솟아날 구멍이 있다. 그 솟을 구멍이 바로 상제께서 대순하신 진리 대순진경인 것이다. 대순진경에서 진리를 찾으라.

1.
천 년 전의 벽화의 뜻

☯ 천 년 전의 개문납객 기수기연의 뜻

 가을 개벽기에 오시는 분은 구천에 계시는 분과, 옥황상제이시며, 세 번째는 박(朴)으로 오셔야 되고 인류를 건질 분은 천도(하늘의 도)를 가지고 천존(천주)상제님(한울님)의 법을 완성시킨다는 뜻이다. 후세에 전하기 위하여 지극히 중대한 비밀로, 바로 하늘의 법(종통)에 대한 내용을 담기 위해, 벽화로 남기신 것이다. 진표율사가 득도하여 금산사를 건립하였다.

승록 대인(乘鹿大人: 사슴을 타고 계신 어른)은 유불선(儒佛仙) 3동자를 거느린 상제님을 뜻하며,

등 존장이 들고 있는 등불은 진리의 등불 즉, 법(法)을 상징하므로 유지범절(儒之凡節) 도수를 맡아서 도법(道法)을 짜신 등 존장은 공자님의 후신 도주님을 뜻하고, – 儒

박 존장이 지닌 박(호리병 박)은 도사요 또 박(朴)씨 성을 가졌다는 의미이므로 박 존장은 석가불의 후신 박 도전님을 뜻하며, – 佛

복숭아 존장의 복숭아는 선도(仙道)를 상징하므로 복숭아 존장은 노자님(대두목)을 뜻한다. – 仙

전라북도 부안군 상서면 개암사, 뒤쪽 산신각의 벽화
『동국이상국집』에 "묘암사(妙巖寺)가 높이 위금암(位金巖)을 껴안고 있다.

1. 천 년 전의 벽화의 뜻 **19**

개암사의 벽화가 중요함은, 옛날(1908.7) 상제님께서 신원일 등을 데리고 개암사에 가셔서 개벽 도수를 보신, 개벽의 기운이 서려 있는 우금암(禹金岩 = 開岩 = 개벽 바위 = 하우씨 바위)이 있는 까닭으로, 개벽 도수를 전개하실 대두목은 결실 도수 즉 위대한 仙의 결실을 상징하는 한 아름이나 되는 커다란 복숭아를 받들고 도를 인도하는 것을 의미한다.

개암사의 흰 사슴을 타고 계신 모습은 증산 상제님의 공사로 노자인 대두목께서 바야흐로 가을 완성 도수, 선지 조화(仙之造化)와 신명 도수(神明度數)를 전개하게 됨을 나타낸다.

무신년 七월에 이르러 상제께서 원일을 이끄시고 부안 변산 우금암(遇金岩) 아래에 있는 개암사(開岩寺)에 가시니라. 그때 상제께서 원일에게 삶은 쇠머리 한 개와 술 한 병과 청수 한 그릇을 방 안에 차리고 쇠머리를 청수 앞에 진설하게 하신 후에 원일을 그 앞에 꿇어앉히고 성냥 세 개비를 그 청수에 넣으시니라. 이때 갑자기 풍우가 크게 일어나고 홍수가 창일하는도다. 상제께서 원일에게, "이제 청수 한 동이에 성냥 한 갑을 넣으면 천지가 수국(水國)이 될지니라. 개벽이란 이렇게 쉬우니 그리 알지어다. 만일 이것을 때가 이르기 전에 쓰면 재해만 끼칠 뿐이니 그렇게 믿고 기다려라"라고 일러 주시고 진설케 하신 것을 모두 거두니 곧 풍우가 그쳤도다. [공사 2장 27절]

開巖(개암)이란?

상제께서, 開巖寺(개암사)에 가셔서 開闢公事(개벽 공사)를 보신 것은 그만한 이유가 있다. 開巖(개암)이란? 열 開(개), 바위 巖(암)으로서, '바위가 열렸다'는 意味(의미)이다.

개암사 뒷산 정상에는 마치, 도끼로 깨어 연 듯한 거대한 바위 두 쪽이 우뚝 솟아 있다. 이것이 우금암이다. '바위가 열렸다'라는 뜻의 開巖(개암)은 바로 이 우금암의 형상에서 비롯된 것이다. 이 우금암을 보면, 마치 '태초에 盤古(반고)가 도끼를 휘둘러 混沌(혼돈)을 깨고, 天地(천지)를 開闢(개벽)하였다'라는 전설을 연상케 한다.

다시 말해서 우금암의 형상은, '단단하고 큰 바위산이 갈라지고 천지가 열리는 형상'인 것이다. 禹金巖(우금암)의 禹(우)는 하우씨 禹(우) 자로, 요, 순을 받들어 홍수를 다스리고 태평성대를 이룬 우임금을 말한다. 그리고 쇠 金(금) 자는 오행상에서 '4·9金(금)' 가을을 뜻한다.

거금 4,500여 년 전 우주에 여름은 동서양 지구에 비(홍수)로 개벽할 때는 노아 영감이 하나님의 계시로 만든 네모진 잣나무 배로 그의 가족과 짐승들을 이 배에 태워 모두 대홍수를 구할 수 있게 하였다고, 교인을 모집하고 예수를 논하기에 이해를 돕고자 하면 2천 년 전 예수는 본인이 말한 지상천국을 건설하려 마테오 리치(이마두)로 태어나 우리나라에 왔다가 실패하였기에 예수 재림은 없는 것이다.

노아의 방주란 노아 영감이 산꼭대기에 방주(方舟)를 만들어(네모 모양의 배) 서양의 시조(조상)는 노아 영감인 것이다. [성경 참조]

우리나라는 조상의 얼을 모두 빼앗기어 서양의 노아 영감보다 더 뛰어난 문화가 있음에도 불구하고 스승이 없어 상제님의 대순하신 진경으로 알리는 것이다.

우리나라는 성씨만 봐도 알 수 있다. 박, 석, 금, 고, 부, 양 6개 성씨는 사람 부모 없이, 천지(하늘, 땅) 부모에 의해서 태어난 민족인 것이다. 예를 들어 박혁거세는 박에서 태어났고 석씨, 금씨 또한 돌에서, 알에서, 고씨, 부씨, 양씨는 제주도 삼성혈 땅에서 태어났다고 기록되어 있다.

나머지 성씨는 요, 순 태평성대 시대가 지나고 비(홍수)로 개벽할 때 우임금이 구 년 홍수 치수사업으로 인종을 구하여 오늘날의 성씨로 이어지는 것이다. 지금 병란(病亂)이 오는 것은 우주에 가을 인간 추수기에 쭉정이는 모두 불태우고 알곡을 추리는 시대에 외국에서 건너온 진리에 빠진다면 모두 자멸 행위인 것이다.

이번 가을 병란 개벽기에 상제님의 천지인 삼계 대공사를 전수받아 오신 분은 서양의 노아 영감보다 뛰어난 우임금이며 이번 가을 개벽 인간 추수기에 막중한 임무를 맡아 봄으로 동서양을 모두 구원할 수 있는 우리나라 삼신 신앙, 삼위일체 상제님(하나님)의 진리가 있다는 것을 서술하여 전하는 것이다.

증산 상제께서 우(禹)가 순임금에 대를 이은 것에 공사하신 것이다. (www.msge.co.kr 기록 참조)

신원일(辛元一) 신(辛)이 서방의 금에 배정되고 새롭다는 뜻이 있으므로, 가을 개벽 인간 추추기에 새롭게 등장한 패자(霸者) 제후(諸侯)의 우두머리를 상징한다.

서울시 중곡동 도장의 개문납객 기수기연 벽화, 1971년 박우당 도전께서 세우심

　박우당 도전께서 복숭아를 든 존장은 대두목이니 세 분(증산, 정산, 우당) 상제님의 신위를 정하여 모셔야 된다는 가르침이시다.

　사슴을 타신 분 또한, 복숭아를 든 동자를 바라보시고, 유, 불, 선 천지 대도를 완성하라는 구천상제님의 공사이시다.

　종통이 4인 3전《4人3傳 = 3천(遷) = 3변(變)》하는 이치를 여실히 표현하고 있나니, 곧, 사슴을 타고 계신 좀 크게 그려진 분은 연원(淵源)의 본주(本主)인 구천상제님이며, 동자(童子)의 모습 세 분은 곧 세 분(정산, 우당, 대두목)의 유불선 연원 계승자 = 종통 계승자를 뜻함이다.

　1. 붉은 사슴을 타신 분이 〈9년 천지공사〉 구천상제님이시고,

　2. 종통 계승자이신 첫 번째 동자는 구천상제님을 모신 분이, 천(天) 36 도수(度數) 무극(無極), 사명자이신 도주님, 공자님 후신으로서 유지 범절(儒之凡節) 도수를 맡으심이요, 불자(拂子) 불진(拂塵 떨칠 불, 티끌 진) 총채 즉 종사(宗師)들이 지니는 법(法)의 상징물을 지님은 바로 유지 범절(儒

之凡節) 도수를 맡아서 도법(道法)을 짜신 도주님을 상징한다.

3. 두 번째인 가운데 동자는 바로 두 번째 종통 계승자이며 구천상제님, 옥황상제님을 모신 분이, 지(地) 36도수(度數) 태극(太極) 사명자이신 도전님, 석가불 후신으로서 불지 형체(佛之形體) 도수를 맡으심으로, 박(호리병 박)을 가진 것은 도사요, 또 박씨 성을 가졌다는 의미이며, 가지고 있는 지팡이는 퇴마인 도장(退魔引導杖)으로 곧 종통을 뜻하는데, 그것을 가지고 있음은 첫 번째에서 두 번째로 종통이 넘어왔음이요, 두 번째 계승자이신 도전님께서 중곡 도장을 여시고 이미 개문납객(開門納客: 도문을 열고 손님을 맞아들임)하고 계심을 뜻하며, 붉은 사슴을 타고 계심은, 상제님의 도(道)가 석가불이신 도전님에 의해, 불지 형체와 지각 도수인 여름 도수를 전개하였음을 나타낸다.

4. 세 번째인 맨 뒤 복숭아를 든 동자는, 곧 선(仙)의 결실을 맡은 마지막이 되는 세 번째 종통 계승자이며, 인(人) 36도수(度數) 황극(皇極) 사명자이신 대두목, 노자님 후신으로서, '선지 조화(仙之造化) 도수를 맡으심'을 의미하는데, 武陵桃源・桃李苑・桃花苑(무릉도원・도리원・도화원) 등의 말이 있듯이 복숭아는 선(仙)을 상징하는 과실이다.

네 번째(인물) 맨 뒤 복숭아를 든 동자는 대두목으로 세 분(구천상제, 옥황상제, 세존상제)을 모시고 천지 대도를 열어야 한다는 박우당 도전의 말씀이시다.

박우당 도전께서 1971년 서울 중곡동에 중곡 도장을 건립하시고 숭도문

옆 벽에 개문납객 기수기연(開門納客 其數其然)이란 글귀를 쓰시고 벽화를 그리셨다. 그 벽화에는 네 분이 나온다. 넷이란 증산, 정산, 우당, 대두목으로 "한자 '그러할 연(然)'자는 원래 그렇게 정해져 있다는 의미로 이미 정해져 있는 사람이 넷이란 뜻이다"라고 말씀하셨다.

1,000년 전 삼국시대 개암사 산신각의 벽화와 다른 점은 복숭아를 든 존장이 세 분, 구천상제, 옥황상제, 세존상제님의 신위를 모시고 선(仙)법을 완성하라는 박우당 도전님의 말씀이시다.
선명한 것은 사슴을 타고 계신 분이 복숭아를 든 존장을 바라보고 있다는 점이다.

증산 상제께서 하루는 성도들에게, "이 글은 세상 비결이니 잘 기억하여 두라" 하시며 옛글 한 수를 외워 주시니 이러하니라.

또 상제께서 종도들에게,
三人同行七十里 五老峰前二十一
七月七夕三五夜 冬至寒食百五除

옛글 한 수(首)를 외워 주시며 잘 기억하여 두라고 말씀하셨도다. [머리수(首)]
또 종도 김 병선에게
日入酉亥子難分 = 入, 상제께서 도전님 부르심 1995년 (乙亥년) 나눌 분(分)
日出寅卯辰事不知= 出, 신위 모심 알지 못함 2010년 (庚寅)
日正巳午未開明 = 正, 깨달음
日中爲市交易退 帝出震= (震)= 우레, 천둥 진(震) 닦은 바 기국대로 자리 앉음.

이라고 글 한 장을 써 주셨도다. [전경 예시 85절]

라는 옛글 한 수(首)를 외워 주시며 잘 기억하여 두라고 말씀하심으로써 우리 대순의 도(道)는 반드시 세 분이 한 자리에 모셔져야만 성공한다는 것을 가르쳐 놓으셨다.

三人同行七十里(삼인동행 칠십리)=
처음 강증산 어른을 "구천응원뇌성보화천존 강성상제"로 위(位)에 봉안된 것이 1925년 4월 28일이다.
1971년 5월 24일 도주 조정산에서, 조성 옥황상제로 위(位)에 봉안되었으며, 박우당 도전님의 정체를 밝혀, 박성 세존상제, 위(位)로 봉안된 해가 1925+70 칠십 리+15진법= 경인년 2010년 12월 21일에 봉안되었다.

五老峰前 二十一(오로봉전 21일)=
박우당 도전님을 二十一일에 모셔야 진법(상제님의 천지대도 도술운통 구만 리)이 완성된다.

오로봉전(五老峰前) 강증산 조정산 상제님과 달리 80수(老)에 화천하심, 五=5개 도장을 건립하시고 老=노구에 화천하신 도전님을 21일 받들어야 山(산)+奉(받들 봉) 삼신산을 받들다. 峰(봉우리 봉) 21일 동지(12월) = 후천 설 신농씨(神農氏) 제사(祭祀) 子 동지절을 알려 준 표점(標點)이다.

후천 세상이 열리면 박우당 도전님의 위(位)를 봉한 날이 설이 되므로 만수 도인으로서 상제님의 은혜를 잊지 않은 보은 상생의 길이다.

말씀하시기를 40년은 넘지 않으리다. 조성 옥황상제로 모신 1969년+40년이 넘지 않은 2010년에 모셔진 것이다. 12월 21일, 동지 무렵 1년의 태양은 동지인 자방(子方)에서 진사방(辰巳方)에 이르러 마침내 동이 튼다.

또한 말씀하시기를,
日(왈), 善信者(선신자)난 賜之益山臥牛也(사지익산와우야)니라.
註). 말씀하시기를, 나를 잘 믿는 자에게 익산 와우(益山臥牛)를 주리라.
日(왈), 我道之下(아도지하)에 世之人(세지인)이 有太乙道人之稱(유태을도인지칭)하면 太平天下也(태평천하야)니라.
註) 말씀하시기를, 나의 도 아래에서 세상 사람들이 태을 도인이라고 부르면 태평한 세상이 되느니라.

박우당 도전님 재세 시 훈시하시기를….
"도인이라면 절대 딴마음 먹어서는 안 된다. 아무나 한다는 것은 안 된다. 천부적으로 정해져 있음을 알아야 한다" 하셨다.

상제께서, "선천에서 삼상(三相)의 탓으로 음양이 고르지 못하다"라고 하시면서 "거주성명 서신 사명 좌상 우상 팔판 십이백 현감 현령 황극 후비소(居住姓名西神司命 左相右相八判十二伯 縣監縣令皇極後妃所)"라 써서 광찬에게, "약방의 문지방에 맞추어 보라"고 이르시니라. 그가, "맞지 않는다"고 아뢰니 "일이 헛일이라"고 말씀하시기에 경학이 "여백을 오려 버리고 글자 쓴 곳만 대어 보는 것이 옳겠나이다"고 말하기에 그대로 행하니 꼭 맞으니라. [공사 2장 20절]

익산에 머물다 신명으로 하여금 떠밀려 급히 올라와 모신 날짜. ⇒ (2010년 12월 21일)

이 또한 맥이 이어지는 천기 자동 상제님의 진리인 것이다.
도수가 차야 삼법언으로 완성이 된다는 뜻이다.

무극신이신 증산 성사께서 행하신 삼계 공사를 각 단체에서 신위를 정하며 모셨지만 대순진경에서만 행하니 꼭 맞으리라.

2.
맥(脈)을 찾아서!

대순진경(大巡眞經)의 바른 이해

증산도, 태극도, 대순진리회의 연혁 = 무극, 태극, 대순의 진경(眞經) 진리가 완성되기까지….

최근 증산도, 태극도, 대순진리회를 같은 곳으로 이해하거나 상제께서 대순(大巡)하신 진리의 정법을 모르는 회원을 위하여 진경(眞經)으로 종맥을 연재하기로 한다. 진리를 바로 보고 바로 이해하는 눈! 너무도 중요한 우리들의 과제이다.

경상남도 함안군 칠서면 출신인 조철제는 항일운동하던 아버지를 따라 만주로 망명하던 중 기차가 대전 부근에 이르렀을 때 홀연히 한 신인(神人)이 나타나 다음과 같이 말하는 것을 들었다고 한다.

"내 그대를 기다린 지 오래노라. 그대는 삼계(三界)의 진주(眞主)니 이는 막중한 천기(天機)라. 그대가 나의 도통(道統)을 이어 치천하도수(治天下度

數)로 무극대운(无極大運)의 대공사(大公事)를 성취하되 내 명교(明敎)를 받들어 태극(太極)의 진법(眞法)을 용(用)하면 무위이화(無爲而化)로 광구삼계(匡救三界)하리라. 그대의 호는 정산(鼎山)이니 나와 그대는 증정지간(甑鼎之間)이며 이도일체(以道一體)니라. 나는 구천(九天)의 천존상제(天尊上帝)로다."

1921년 그는 다시 구천상제로부터 "속히 환국하라"는 계시를 받고 귀국하였다고 한다. 그 후 그는 전국 각지를 편력하였다. 그는 충청남도 태안 안면도와 전라북도 정읍군 감곡면 황새마을에서 증산교의 창시자인 강일순(姜一淳)의 누이동생 선돌 부인을 만나 1921년 봉서와 둔괘를 받고 무극대도(無極大道)라는 교명으로 강증산 어른을 "구천응원뇌성보화천존강성상제"로 모시고 교단을 설립하고 후에 태극도(太極道)를 창립하였다.

맥(脈)이란 무엇인가?

종교(宗敎)의 창시자(創始者)를 종장(宗長)이라 하고, 종장으로부터 대(代)를 이어 가는 것을 종맥(宗脈)이라 한다.

대순진경(www.msge.co.kr)에서만 성립이 이루어져 이를 연원(淵源)이라 명시한다.

맥을 찾아서!

내가 이에 서천 대법국 천개탑에 내려와서 삼계를 둘러보고 천하에 대순하다가, 석가모니의 당래불 찬탄설계를 위거하야 진표율사의 당래비음을 감동하고 모악산 금산사의 금신을 시위지심발원하는 곳에 그쳐, 삼십 년을 지나면서 최제우(崔濟愚)에게 천명(天命)과 신교(神敎)를 내려 대도를 수창케 하였더니, 제우가 능히 유문(儒門)의 구행을 초월하고 진법을 탄명하여서 신인의 표극을 지으며 대도의 진관을 열지 못하므로, 드디어 갑자년에 천명과 신교를 거두고 신미년에 스스로 인세(人世)에 강세하였노라. [교운 1장 9절] [증산도. p] [태극진경. p]

각 경전에서 본 대법국(大法國)

각 경전의 대법국에 대한 상제님의 말씀을 보면, 조금씩 다르게 기술되어 있음을 볼 수 있다. 대법국에 대한 상제님의 말씀은 한 번에 걸쳐 말씀하신 것이 아니라 상제님의 신원(身源)을 설명하는 중요한 것이기에 누차(屢次)에 걸쳐서 반복하여 말씀하신 것으로 볼 수 있을 것이다.

《증산 천지공사기》에서는,
이마두의 일이 헛되게 되어 도의 근원이 그치게 됨으로 내가 비로소 대법국천계탑에서 천하에 대순하야 갑자로부터 팔괘에 응하야 팔 년을 경한 후 신미로써 강세하였노라.

근안 천사께서 대법국 천계탑 계시다가 서양에서 실패한 이마두를 다리시고 천하에 대순하시다가 금산사 삼층전 미륵불에 임어하사 삼십 년을 경한 후 최제우에게 제세 대도를 계시하셨더니,

《대순전경》에서는,
상제께서 어느 날 김 형렬에게 가라사대 서양인 이마두(利瑪竇)가 동양에 와서 지상 천국을 세우려 하였으되 오랫동안 뿌리를 박은 유교의 폐습으로 쉽사리 개혁할 수 없어 그 뜻을 이루지 못하였도다. 다만 천상과 지하의 경

계를 개방하여 제각기의 지역을 굳게 지켜 서로 넘나들지 못하던 신명을 서로 왕래케 하고 그가 사후에 동양의 문명신(文明神)을 거느리고 서양에 가서 문운(文運)을 열었느니라. 이로부터 지하신은 천상의 모든 묘법을 본받아 인세에 그것을 베풀었노라. 서양의 모든 문물은 천국의 모형을 본딴 것이라 이르시고 그 문명은 물질에 치우쳐서 도리어 인류의 교만을 조장하고 마침내 천리를 흔들고 자연을 정복하려는 데서 모든 죄악을 끊임없이 저질러 신도의 권위를 떨어뜨렸으므로 천도와 인사의 상도가 어겨지고 삼계가 혼란하여 도의 근원이 끊어지게 되니 원시의 모든 신성과 불과 보살이 회집하여 인류와 신명계의 이 겁액을 구천에 하소연하므로 내가 서양(西洋) 대법국(大法國) 천계탑(天啓塔)에 내려와 천하를 대순(大巡)하다가 이 동토(東土)에 그쳐 모악산 금산사(母岳山金山寺) 삼층전(三層殿) 미륵금불(彌勒金佛)에 이르러 三十년을 지내다가 최 제우(崔濟愚)에게 제세대도(濟世大道)를 계시하였으되 제우가 능히 유교의 전헌을 넘어 대도의 참 뜻을 밝히지 못하므로 갑자년(甲子年)에 드디어 천명과 신교(神敎)를 거두고 신미년(辛未年)에 강세하였노라고 말씀하셨다.

《동곡비서》에서는,
　나는 본시 서천 서역 대법국 천계탑(西天西域 大法國 千階塔)에 내려와서 천하를 두루 살피다가 동양 조선국에 내려와 전북 금구 수류면 금산사 삼층전(金山寺 三層殿)에 三일을 머무르다가 고부 객망리 강 씨문(古阜 客望里 姜氏門)에 탄강하였다가 주인을 심방함이라.

　내가 서천 서역 대법국 천개탑으로 나렸다가 경주용담 구경하고, 모악산 금산사 삼층전에 삼일유련(三日留連)하고, 고부 객망리(古阜 客望里) 강씨문에 탄생하야 경자년(庚子年)에 득천문하고 신축년(辛丑年)에 대원사에서 도통하고, 임인년에 너와 상봉하고 계묘년(癸卯年)에 동곡에 들었노라.

내가 이에 서천 대법국 천개탑에 내려와서 삼계를 둘러보고 천하에 대순하다가, 석가모니의 당래불 찬탄설계를 의거하여 진표율사의 당래비음을 감동하고 모악산 금산사의 금신을 세워 지심 발원하던 곳에 그쳐, 삼십 년을 지나면서 최제우(崔濟愚)에게 천명(天命)과 신교(神敎)를 내려 대도를 수창케 하였더니,

《천지개벽경》에서는,
나는 서양 대법국 천계탑 천하 대순이노라.
동학주에 시천주조화정이라 하니, 나는 하늘에 있다가 천지 만신이 원하므로 하늘 정사를 하늘나라의 신하에게 맡아 다스리도록 명령하고, 천계탑에 내려와 천하를 두루 돌아다니며 모든 나라 모든 백성의 기쁨과 슬픔을 살펴보다가, 너희 동토에 인연이 있으므로 동쪽으로 와서 금산사 미륵전에 삼십 년 동안 머물면서,

《용화전경》에서는,
미륵세존님께서는 호천금궐 상제님이시며 또한 사천황(司天皇)으로서 서양 대법국(로마) 천계탑(天階塔)에 강림(降臨)하사 주세불(主世佛)로서 수천 년간 천하(天下)를 대순하셨다.

《천지개벽경 정영규》에서는,
구천(九天) 태을 내원궁(太乙內院宮)에 상제(上帝) 계시더니 이마두(利瑪竇)가 모든 신성(神聖)과 불타(佛陀)와 보살(菩薩)들로 대법국(大法國) 천계

탑(天啓塔)에 강림(降臨) 삼계(三界) 둘러보시고 천하(天下)를 대순(大巡)하시다가 이 동토(東土)에 그쳐,

《삼계회통지》에서는,
  서력천 대법국 천계탑에 내려오시어 서력을 살피신 후에 탄신하여 가라사대 장차 천하를 진탕시킬 말대의 악독한 괴수들이 모인 곳이도다 이를 그대로 두고는 천하가 위태하기 누란과 같으리니 그 꼭지를 누르려면 동이라야 하리라 하시고 그 즉시 동으로 행하시더라.

  이때에 서신께서 서력천 대법국 천계탑에 계시며 백옥호로부터 한줄기 자금광을 해동 조선국 호남땅 모악산 금산사 육장미륵금상에 칠 일 동안 걸어 놓으시더니 이레 만에 그 자금광을 타시고 행동통하사 육장금상에 강림하시더라.
  나는 서천 서력 대법국 천계탑 천하 대순이라 동학주에 서천주조화정이라 하였으니 내일을 일음이라.

  癸卯(1903)년 겨울 어느 날 증산 성사께서, 김보경(金甫京) 등 종도들이 시좌하고 있는 자리에서 혼자 말씀으로, "내 일이 어찌 이렇게 더딘고?" 하시니라. 보경이 여쭈기를, "무엇이 그리 더디나이까?" 하니 "내 이제 신명을 시켜 진인(眞人)을 찾아보니 아직 아홉 살밖에 되지 않은지라. 내 일과 때가 이렇듯 더디니 어찌 민민(憫憫)하지 않으리오?" 하시니라. 보경이 다시 "그러하오면 저희들은 모두 무용지인(無用之人)이요, 또한 지금까지 헛되이 수종(隨從)하옴이니까?" 하고 상고하니 "체유기체(體有其體) 용유기용(用有其用)이며, 시유기시(時有其時) 인유기인(人有其人)이니라" 하시니라.

註)(.) 도주님께서 (본명: 철제, 1895.12.4. ~ 1958.3.6.) 乙未(1895)년 12월 4일에 탄강하시니, 1903년이면 9세가 된다. 천부적인 종통의 맥을 이으실 도주님을 뜻하심이다.

박우당 도전님의 수도기, 조정산(도주님)의 화천과 종통계승

己酉(1909)년 4월 28일에 김보경, 이치복 등 종도 몇 사람을 거느리시고 대전역(大田驛) 근처의 철도 주변에 행행하셔서 혼자 말씀으로, 올 때가 되었는데… 하시고 멀리 바라보시며 누구를 몹시 기다리는 표정이시니라. 종도들이 이상히 여겨 여쭈기를 누구를 그렇게 기다리시옵니까? 하였으나 답을 않으시고 바라만 보시더니, 마침 남쪽에서 달려오는 기차를 보시고 반겨하시며 "이제 나의 일은 다 이루었도다. 남아 십오 세면 호패(號牌)를 차느니 무슨 일을 못하리오. 과연 인유기인(人有其人) 시유기시(時有其時)로다" 하시고 한참 동안 서 계시니라.
[무극진경. p] [道典 5편 104장]

1909년 4월 28일 도주님 15세에 만주 망명 중 대전(大田) 부근에 임어하셔서는 정신이 상쾌하시고 기운이 충천하신 중에 마음공부를 조금도 늦추지 않으시니라. 이때 홀연히 일광(日光) 같은 용안에 황금색 용포의 신인(神人) 한 분이 현현(顯現)하셔서 우레 같은 음성으로 하명하시기를 내 그대를 기다린 지 오래노라.

그대는 삼계의 진주(眞主)이니 이는 막중한 천기(天機)라. 그대가 나의 도통(道統)을 이어 치천하 도수(治天下度數)로 무극 대운(无極大運)의 대공사를 성취하되, 내 명교(命敎)를 받들어 태극(太極)의 진법(眞法)을 용(用)하면 무위이화(無爲而體)로 광구 삼계(匡救三界)하리라. 그대의 호는 정산(鼎山)이니 나와 그대는 증정 지간(甑鼎之間)이며 이도 일체(以道一體)니라. 나는 구천의 천존상제로다 하시니라. 상제님께서는 이 말씀에 정신이 더욱 활연하셔서 이 신인이 바로 진리의 당체이신 구천 상제이심을 깨닫는 동시, 봉천명(奉天命)의 도열(道悅) 속에 몸소 태극 진주(太極眞主)임을 대오 자각(大悟自覺)하시고 삼계(三界)를 광구(匡救)하실 각오를 마음속에 맹세하시니라.

증산도의 도전(책)에도 이 기록되어, 기유년 1909년 상제께서 천지공사를 보신 마지막 해에 4월 28일 대전역에 나오시어 창원에서 출발한 기차에 타고 있는 15세의 도주님을 대전에서 마중하시며, 이제 나의 일은 다 이루었도다. 남아 15세면 호패(號牌)를 차나니 무슨 일을 못하리오.

도주께서 다음 해 정월 보름에 이 치복(호: 석성)을 앞세우고 정읍 마동(馬洞) 김 기부의 집에 이르러 대사모님과 상제님 누이동생 선돌 부인과 따님 순임(舜任)을 만나셨도다. 선돌 부인은 특히 반겨 맞아들이면서 '상제께서 재세 시에 늘 을미생이 정월 보름에 찾을 것이로다'라고 말씀하셨음을 아뢰이니라. 부인은 봉서(封書)를 도주께 내어 드리면서 '이제 내가 맡은 바를 다 하였도다'하며 안심하는도다. 도주께서 그것을 받으시고 이곳에 보름 동안 머무시다가 황새마을로 오셨도다.

[전경 교운 2장 13절]

하루는 금산사에 행행하셔서 미륵 금불과 기대(基臺)를 친감하시고 종도들에게 말씀하시기를, 과연 증정 일체(甑鼎一體)며 양산도(兩山道)로다 하

시고 화위전녀(化爲全女)와 주초위왕(走肖爲王)을 하교하시니라. [무극진경. p]

둔궤의 크기는 가로 4척, 높이 3척, 폭 1척 5촌이며 5푼 두께의 오동목판으로 짜서 그 겉에는 옻칠을 하고 모양은 함과 같으나 장롱과 같이 문을 앞으로 열게 되어 있으니라. 선덕 부인께서 그 문에 채워진 자물쇠가 한 번도 열린 흔적이 없음을 확인하시고 기뻐하시니라.

설명을 들은 가족과 도인들은 그 신비함에 새삼 감탄하였으며 약장 공사도(藥藏公事圖)까지 모셔오지 못함을 서운히 생각하고 일을 완수하지 못한 자책으로 사죄하니라. 도주께서 말씀하시기를, 둔궤만으로도 족히 구천 상제님의 도수를 받들 수 있으니 너무 염려하지 말라. 만일 꼭 필요하다면 왜 그대로 두라 하였으랴? 그대들은 앞으로 한 번 더 할 일이 있으니 그때에 실수가 없도록 하라 하시니라.

궤 안에는, 오강록(烏江錄), 설문(舌門), 반구제수(半口齊水), 천문지리 풍운조화(天文地理風雲造化), 팔문둔갑 지혜용력(八門遁甲 智慧勇力) 등의 글을 쓰시고 글자마다 화각(火刻)하신 다음, 내부 정면의 문자 주위에 24점을 주사(朱砂)로 둘러 찍으시며, 이 궤는 나의 도지(道旨)와 도통(道統)을 숨겼으므로 둔궤(遁櫃)니라. 하시니라. [무극진경. p]

註). 채지가의 초당의 봄꿈에 반구제수 알련마는 어이 그리 철도 몰라,
　이십구 일 찾아가서 주청림을 하였어라. 반구제수(半口齊水): 반절(半折), 종이를 반으로 접으면 절반. 折+口=哲, 齊+水=濟
　이십구 일은 작은 달이다. 小月+ 走靑林(주청림)= 趙靑林(조청림)

青= 十二月 林=十八+十八=36 도주님 탄강일 12월 4일 화천일 3월 6일을 뜻함이며.

◎ 1925(乙丑, 을축)년: 구태인 도창현에서 무극도 창건, 강증산 성사를 구천응원뇌성보화천존강성 상제로 신위 모신 해

◎ 1936(丙子, 병자)년: 일제의 종교탄압령으로 해체

◎ 1945(乙酉, 을유)년: 해방과 조 정산성사께서 태극도를 발표

◎ 1946(丙戌, 병술)년: 1917(丁巳, 정사)년에 출생한 박한경이 안상익의 인도로 태극도에 입도

◎ 1948(戊子, 무자)년: 태극도가 나타나면서 세상에 도가 알려지기 시작

◎ 1957(丁酉, 정유년): 12월에, 박한경(朴漢慶)은 임원들이 모두 모인 자리에서 도주로부터 '후일 도호(道號)로 쓰이게 되리라'는 명과 함께 **우당(牛堂)**이라는 도호를 하사

◎ 1958(戊戌, 무술년) 2월에는 도(道) 운영 전반을 책임지는 총도전(總都典)에 임명됨으로써 유명(遺命)으로 종통 계승,

태극도 임원들은 한 치의 물러섬도 없이 서로 반목하기를 멈추지 않아 사태가 더욱더 악화되어 갔다. 이처럼 태극도 내부에서 파당을 지어 서로 간에 비방과 음해를 일삼으니, 도의 체계, 체통이 크게 흔들리게 되었고, 결국에는 임원들이 더 이상 우당 도전의 통솔에 따르지 않게 되었다.

◎ 1968(戊申, 무신)년: 7월 19일(음력 6월 24일)태극도 내의 내분이 신파와 구파로 나뉘어 격화되자 구천상제(九天上帝)님의 화천치성을 마치고 태극도 도장에서 나오시자, 신명(神明)들도 모두 따라 나오게 되었다. 그러나 대부분의 태극도 도인들은 따르지를 않았다.

지금은(태극도) 잠시 조철제(도주) 님의 3남 조영래(趙永來)가 이끌다가 후일 다른 사람을 내세우며 오늘까지 명맥을 유지하고 있다.

🌀 계묘년 (1903년 정산 도주님 9세)
(증산) 구천 상제님의 말씀과 행적을 엮음.

겨울 어느 날 김보경(金甫京) 등 종도들이 시좌하고 있는 자리에서 혼자 말씀으로, 내 일이 어찌 이렇게 더딘고? 하시니라. 보경이 여쭈기를, 무엇이 그리 더디나이까? 하니 내 이제 신명을 시켜 진인(眞人)을 찾아보니 아직 아홉 살밖에 되지 않은지라, 내 일과 때가 이렇듯 더디니 어찌 민민(憫憫)하지 않으리오 하시니라. 보경이 다시 그러하오면 저희들은 모두 무용지인(無用之人)이요, 또한 지금까지 헛되이 수종(隨從)하옴이니까? 하고 상고하니, 체유기체(體有其體) 용유기용(用有其用)이며, 시유기시(時有其時) 인유기인(人有其人)이니라 하시니라.

정미년(1907년, 정산 도주님 13세)
(증산) 구천 상제님의 말씀과 행적을 엮음
하루는 대흥리에 계시더니, 제자가 명을 받고 삿갓을 사 와서 비치하니라. 말씀하시기를, 내 덕을 펼 사람은 지금 초립동년(草笠童年)이니라.

태극진경 (제 1장: 22)
(정산 도주님) 옥황상제님의 말씀과 행적을 엮음
계묘(癸卯: 도기전 6, 서기 1903)년 12월 어느 날 서숙에서 독서 중 책상에 의지하여 잠시 잠에 드셨는데, 비몽사몽간에 선풍도골(仙風道骨)의 한 선비가 나타나 공손한 태도로 도주님께 사배를 올리므로 "선비는 누구시뇨?" 하시니 "저는 천제님의 명으로 진인을 알현함이옵나이다" 하니라. 그 후에도 심신이 미령(靡寧)하실 때면 이 선비가 나타나 호위 보좌하니라.

1909년 4월 28일 만주 봉천(현재 심양)으로 망명하시는 도중,

봉천명(奉天命)하신 이후 1958년 3월 6일 화천하실 때까지 50년간 구천상제께서 짜 두신 천지공사의 도수를 풀어 도법(道法)을 짜시기 위해 진력하셨다.

참고) 봉축주(奉祝呪): (무극신 대도덕 봉천명 봉신교 도문 소자 소원성취케 하옵소서)

그간의 고초란 이루 말로 다 형언할 수 없었으니, 오죽하시면 마지막으로 자리에 누우시면서 누우니 참 편안하구나 라고 하셨겠는가? 어떤 때는 단(壇)을 쌓고 불철주야로 도수를 보시고, 또 어떤 때는 엄동설한에 불을 때지도 않고 냉방에서 법수를 받들고 졸음이 오면 신명이 혹여 응하지 않을까 하여 목에 칼을 대고 공부를 하시니 손가락이 터지고 피가 흐를 정도였다. 50년간 도법을 짜시면서 인간의 몸으로 겪으신 고통은 이루 말할 수 없는 고초였다.

그러나 강증산 성사께서 짜 두신 도수를 풀어 도법을 짜지 않으면 단지 설계도만 있는 집과 같으므로, 도주께서는 50년 공부종필(工夫終畢)함으로써 강증산 성사께서 설계하신 바탕 위에 새 세상을, 새 우주를 지으셨던 것이다.

한편 도주(조정산)께서는 50년 공부의 마지막 도수로서 후천오만년을 이끌어 갈 1만 2천 도통 군자를 배출해 내는 법방을 짜셨으니, 그것이 바로 공

부법방(工夫法方)이다. 앞으로 펼쳐지는 후천오만년은 인존 시대이기 때문에 인간이 모든 천지 도수를 맡아 운행하게 된다. 그러므로 인간이 각기 자기의 자리를 잡을 수 있도록 인반(人盤)을 짜는 법방(法方)이 필요한데, 그것이 바로 도주께서 짜신 공부법방이다. 그런데 이 공부법방은 바로 도주님의 전생이었던 단주가 받았던 바둑판의 형상을 하고 있다.

바둑판은 361점인데 중앙 태을점은 대두목점이고, 나머지 360점에 36명씩 자리하면 1만 2,960명이 된다. 즉 도주께서는 1년 360일을 하루 36명씩 맡아 가는 법방을 짜신 것이다. 전북 구태인(舊泰仁)에서 무극도(无極道)를 창도하신 것은 씨앗을 파종한 것이고, 부산 보수도장에서 태극도(太極道)를 창도하신 것은 싹이 트는 과정이었다. 이제 앞으로 줄기가 뻗어 나고 꽃이 피며 열매를 맺어 갈무리를 했다가(춘하추동의 기운을 받아서) 다시 새봄에 씨를 뿌리는 과정이 와야만 한다. 그러므로 도주께서는 50년 공부종필이 가까워짐에 따라 강증산 상제님의 대업을 이을 천부적으로 정해진 종통 계승자를 찾아서 넘기셨던 것이다.

즉 정산 도주께서 화천하시기 전해인 정유년(丁酉年, 1957년) 12월에 박한경(朴漢慶)은 임원들이 모두 모인 자리에서 도주로부터 후일 도호(道號)로 쓰이게 되리라는 명과 함께 우당(牛堂)이라는 호를 받았으며 도주께서 화천하시던 해(무술년)인 1958년 2월에는 도(道) 운영 전반을 책임지는 총도전(總都典)에 임명됨으로써 유명(遺命)으로 종통을 계승하셨다.

도주께서 정유년 12월 25일 조회 석상에서 임원들에게 물으시기를, 그대들 가운데 호(號)를 가진 사람이 있느냐? 하시므로 모두 아직 없나이다 하고 아뢰니 도인은 본시 자호(自號)가 있을 수 없고 그 사람의 품격과 포부에 맞게 장상(長上)이 지어 내려 주는 법이나, 그대들의 기국(器局)이 어떠한지 보리니 각기 호를 지어 보라 하셨다.

이튿날 박한경은 충광(忠光), 임규오는 요산(樂山), 박중하는 태헌(太?), 류철규는 풍산(豊山), 신상철은 초표(楚豹), 김영하는 춘담(春潭), 오영식은 백일(白日), 오치국은 청파(靑波), 권동흠은 덕포(德鮑)라고 지어 올리니 도주께서 살펴보시고 모두 호의 기품이 아니로다. 박한경의 충광(忠光)은 아직 문을 못 찾은 격이고, 규오의 요산(樂山)은 요 산(山), 저 산(山)이니 못 쓰겠으며, 철규의 풍산(豊山)도 도호가 아니니라. 중하의 태헌(太?)과 상철의 초표(楚豹)는 넘친 격(格)이고, 영하의 춘담(春潭)은 작은 격(格)이며, 치국의 청파(靑波)는 비록 조부의 유언이라 하나 내가 너희 팔자(八字)도 모두 뜯어고쳤는데 어찌 쓰며, 더구나 영식의 백일(白日)은 네 위에는 사람이 없는 격이니 너를 누가 지도하랴? 하셨다.

그 후에 오영식이, 저는 토암(土庵)으로 하겠나이다 하니 허락하시지 않았다.
이어 너희의 자작이 모두 호로서 부적합하니 내가 사호(賜號)하리라. 박한경은 우당(牛堂)이라 하고, 윤금현과 신상철은 오미당(午未堂)과 청음(靑吟) 중에서 수의(酬議)하여 나누어 쓰라 하시니라. 이날 하오에 신상철은 오미당, 윤금현은 청음으로 하기로 정하고 아뢰니 금현은 호에 대한 상식이 있으니 청음은 철규에게 주라 하셨다.

다음날 조회에서 다시 호에 관한 말씀을 하시고 임규오에게 건월당(建月

堂)이란 호를 내리시니, 황감하게 절하고 받아 갔다. 도주께서 또 내가 생각하기에 신묘(神妙) 한 글자는 날 출(出) 자니 양산(兩山)이 아니냐. 그러나 너희는 산(山) 자를 넣은 호는 못 쓰느니라 하시므로 윤금현이 그 출(出) 자를 저에게 주시옵소서. 출재(出齋)로 하겠나이다 하고 최해창은 저는 출암(出庵)으로 하겠나이다 하니 허락하셨다.

수일 후에 박중하는 청농(靑農), 이윤섭은 청룡(靑龍), 김용화는 청헌(靑軒), 오치국은 청당(靑堂), 이용직은 청인(靑仁), 김영하는 청원자(靑源子), 이갑성은 토헌(土軒), 조호선은 청음(靑陰)으로 하라 하시고 그밖에 몇 임원(任員)에게도 사호(賜號)하시며, 그대들이 아직은 호를 쓸 때가 아니니 간직하고 있으면 후일 도호(道號)로 쓰이게 되느니라 하셨다.

그런데 도주께서 많은 임원들에게 호를 내려 주셨지만 실제 도호(道號)로 쓰이게 된 사람은 오직 박한경, 우당(牛堂) 한 분뿐이셨다.

우당이란 소 우(牛), 집 당(堂)이다. 즉 도주께서는 도(道)를 잠시 맡고 계시는 분을 상징하는 우당(牛堂)이란 호를 박한경에게 내려 주신 것이다. 다시 말하면, 우당이란 호는 보통 사람에게는 결코 내려질 수 없는 호였던 것이다. 도주께서는 박한경에게 우당(牛堂)이란 호를 내려 주신 바로 그 이듬해 2월 하순에 박우당을 총도전(總都典)으로 임명하셨다.

도주께서 1958년 2월 23일 최고 간부 전원이 모인 자리에서 명하기를, 박한경(우당)을 도전으로 임명하니 그는 총도전 이니라. 종전의 시봉 도전과는 전혀 다르니라 라고 하셨다.

도주께서 말씀하신 도전(都典)이란 총괄할 도(都), 법 전(典)으로 도법(道法)을 맡아 임시적으로 총괄해 나가는 분으로서, 도 운영 전반을 맡아 이끌어 가는 통수권자를 의미한 것이었다. 종교적 의미로서는 종통권자(宗統權者)를 의미하는 직책이었던 것이다. 그러므로 도주께서 박우당(朴牛堂)을 총 도전으로 임명하셨다는 것은 바로 종통을 계승하신 것이다.

그러나 임원들의 생각은 달랐다. 총 도전도 기존의 시봉 도전(侍奉都典)처럼 재선임할 수 있다고 보았던 것이다. 당시 도주께서는 본부에 시봉원(侍奉阮), 보정원(補正阮), 전학원(典學院), 편찬위원을 설치하여, 시봉원 책임자로 도전(都典)이라는 직책을 두어 도주의 시봉(侍奉) 업무를 전담케 하였다. 당시에는 시봉원의 책임자로서 이윤섭에 이어 오치국이 보직하고 있었다.

도주께서는 박우당을 총 도전으로 임명한 후 오치국에게 이르시기를, 너를 도전에서 해임함은 과오가 있음이 아니라 직제(職制)를 변경한 연유이니라 하셨다. 직제의 변경이란 직무 체제를 변경한다는 말로서, 시봉 도전은 도주를 받들어 심부름하는 일이 주된 업무였으나, 총 도전은 이와는 전혀 다른 도중(道中)의 운영 전반을 책임지는 총책임자로서의 임무였다.

도(道)에서는 종통권자를 투표로써 선출하는 법이 없다는 점을 감안할 때, 도주께서 화천하시기 직전에 이렇게 직제를 변경하면서까지 종통권자를 의미하는 총 도전을 임명하고 나면, 이후 이 직책은 어느 누구도 해임하거나 변경할 수 없다는 의미가 된다. 따라서 도주께서 박우당을 총 도전으로 임명하신 것은 바로 박우당 도전이 천부적으로 정해진 종통권자임을 말하는 것이었다. 그러나 원로 임원들에게 있어서 이것은 결코 인정하고 싶지 않은 일이었다.

　박우당 도전은 1946년에 입도하여 1958년에 종통을 계승하였으니, 불과 12년의 수도 경력을 가지셨을 뿐이었다. 이에 비해 원로 임원들은 심지어 무극도 시절부터 수도를 한 노장(老將) 들이었다. 때문에 그들은 박우당 도전께서 종통을 계승하였다는 사실을 결코 인정하고 싶지가 않았다.

　그러나 이미 강증산 성사께서 진인(眞人)을 찾을 때 시유기시(時有其時)요, 인유기인(人有其人)이라 라고 하셨듯이 증산 성사로부터 이어져 오는 종통(宗統)은 천부적으로 정해져 있는 것이므로, 도주께서도 정해진 그 당사자를 찾아서 종통을 계승하고 도전 임명을 낸 것이지, 인간적인 능력이나 기타의 이유에서 종통자를 정한 것이 아니라는 것에 사실을 알 길이 없는, 오로지 도주(조정산) 님께서 도통을 주실 것으로 굳게 믿고 있었던 원로 임원들에 의해 박우당 도전은 이후 헤아릴 수 없는 곤경에 처하게 된다.

　한편 도주께서는 이제 종통 계승자를 정하시고, 모든 것을 마무리 지으시는 공부에 들어가셨다. 도주께서는 정유년 11월 21일 자시(子時)부터 무술년 3월 3일까지 도장에서 불면불휴하고 백일 도수를 마치셨다. 5일에 심히 괴로워하시므로 한의사와 양의사를 불러왔으되 '때가 이미 늦었도다'라고 이르셨다. 도주께서 이튿날 미시(未時)에 간부 전원을 문밖에 시립케 한 후, 도전 박한경을 가까이하고 도전의 머리에 손을 얹어 도의 운영 전반을 맡도록 분부를 내리고 오십 년 공부종필(五十年工夫終畢)이며 지기 금지 사월래(至氣今至四月來)가 금년이다. 나는 간다. 내가 없다고 조금도 낙심하지 말고 행하여 오던 대로 잘 행해 나가라 라고 말씀하시고, 다시 문밖을 향하여 '도적놈'을 세 번 부르시더니 화천하셨다. 무술년 3월 6일 미시(未時)요, 양력으로는 1958년 4월 24일이요, 수(壽)는 64세셨다.

도주 조정산께서는 무술년(戊戌年, 1958년) 3월 6일 화천(化天)하셨다.

무술년(1958)은 구천상제님의 계시를 받고 종통(宗統)을 세우신 조정산(趙鼎山) 도주님께서 진주(眞主)로 봉천명하신지 50년이 되는 해였다.

지기금지사월래(至氣今至四月來)는 동학(東學)에서 선생 주문의 하나인 강령 주문으로 사용하는 것으로, 경신년(1860년) 4월 5일에 동학의 창시자인 최제우가 상제님으로부터 천명(天命)과 신교(神敎)를 받은 일을 가리키고 있는 것이다.

그러나 상제의 대순 진리에서는 그 의미에 있어서 동학과는 차원이 다르다. 상제께서, 병세문(病勢文)에 의통이란 표현 앞에 지기금지사월래 라는 기록을 남기셨는 바, 이는 도전님께서 도주님의 유명(遺命)에 의하여 종통을 계승하였다는 천부적 진리를 상징한다고 보아야 할 것이다.

1958년 4월(양력)에 있었던 도전님의 종통 계승은 최고 간부 전원을 시립케 한 후 행해진 공식적인 사실이었으며, 이는 바로 명령 전달(命令傳達)과 공포 사항(公布事項)이라는 내용으로 공문화하여 모든 도인들에게 공포되었다. 그렇기 때문에 1963년에 간행된 태극도의 《수도 요람(修道要覽)》과 《도헌(道憲)》 등에 도전님께서 유명에 의하여 종통을 계승하신 구체적인 상황이 성문화(成文化)되어 나타나고 있는 것이다.

그런데 1958년에 있었던 지기금지사월래로 상징되는 도전님의 종통 계승은 그 당시의 도인들에게는 '믿음의 시험'이라는 관문으로서 다가온 것 같다.

믿음이란 믿을 신(信)이란 글자가 의미하는 것처럼 어떤 형체를 믿는 것이 아니라 사람(人)의 말(言)을 믿는 것이다. 도전님께서 종통을 계승하셨을 당시의 도인들은 도주님을 진인(眞人)으로서 믿고 수도했던 사람들이다. 그렇다면 그들에게 믿음의 대상이 되어야 하는 것은 바로 도주님의 말씀이며, 그중에서도 도주님의 유명은 절대적으로 신뢰되어야 하는 것이다.

이러한 신앙적 맥락에서 판단해 보면, 도주님의 유명에 의해 종통을 계승하신 도전님을 따르지 못한 도인들은 도전님을 신뢰하지 못했다는 차원을 넘어서서 도주님의 유명을 불신한 것이 되기 때문에 결국 도주님을 끝까지 믿지 못했다는 종교적 판단을 내릴 수밖에 없다는 것이다.

사진 설명: 무극도, 태극도를 세우신 도주님.(조철제) '도적놈'을 세 번 부르시더니 화천하셨다. 무술년 3월 6일 미시(未時)요, 양력으로는 1958년 4월 24일이요, 수(壽)는 64세셨다.

한편 도전(박한경)의 머리에 손을 얹고 도 운영 전반을 맡기시고 바깥을 향해서 정산 성사께서는 '**도적놈**', '**도적놈**', '**도적놈**'을 세 번 외치신 것은 도주(정산)로부터 종통을 계승한 박우당 도전님에 이어 장차 도적놈 취급을 당하며 종통 종맥을 완성시킬 대두목이 있다는 것을 다 아시고 말씀을 하신 것이다.

즉 강증산, 조정산, 박우당 세 분의 진리를 감오 득도하여 천주 한얼님의 진리를 완성해야 한다는 막중한 임무가 있다는 것을 말씀하신 것이다.

즉 오직 도주님에게서 도통을 바랐던 임원(태극도)들의 마음에는 종통 계승자를 어떤 식으로든 좋게 말할 리가 없고, 또한 진실을 모르는 추종자들 역시 다음 종통 계승자를 도적으로 취급하고 불신하게 될 것이며, 결국 이러한 상황은 종통 계승자를 판 밖으로 내몰게 될 것이었다.

그러나 실제 그 진실을 알고 나면 상황이 정반대임을 알 수 있다. 즉 박우당 도전님을 '도적놈'이라고 하던 임원들이 욕심에 눈먼 나머지 오히려 종권(宗權)을 찬탈하는 도적이 되며 또한 박우당 도전을 판 밖으로 내몰았던 자신들이 오히려 도(道)의 생명인 종통종맥(宗統宗脈)이 떨어져 도의 판 밖으로 내동댕이쳐지는 결과가 된 것이다.

이러한 판 밖 도수는 이미 강증산 성사께서 종통 계승자를 보호하기 위하여 짜 두신 도수인데, 그 내용을 보면 다음과 같다.

증산 성사께서는 **"대범 판 안에 있는 법을 써서 일하면 세상 사람의 이목의 저해가 있을 터이니, 판 밖에서 일하는 것이 완전하리라"** 라고 이르셨다.

이처럼 강증산 성사께서 미리 '판 밖 도수'를 짜 두신 뜻은 편견에 빠져 진실(眞實)에 눈멀고, 인간적 욕심에 매여 진리(眞理)를 떠나 버린 사람들로부터 벗어나야만 그들의 저해가 없이 온전히 일을 할 수 있기 때문이다.

그러므로 도주께서 화천하시면서 '도적놈'을 세 번 외치신 것은 이러한 도수의 상황이 있게 된다는 것으로서, 박우당 도전께서 장차 이러한 상황에 부닥칠 것이며 그리고 박우당 도전으로부터 종통을 계승할 통제사, 대두목이 도주로서 도를 완성시킨다는 상제님의 공사이시다.

한편 총 도전에 임명된 박우당은 도주께서 화천하신 이후, 태극도 전반을 영도해 나가면서 도(道) 전반의 원활한 운영을 위하여 각 부서를 신설하여 체계를 확립하고, 도장을 증축하는 등 개혁을 단행하였다. 도주께서는 재세 시에 포정원과 호정원을 두어 포덕과 교화 업무를 담당케 하였고, 본부에는 수도인들 자녀의 교육을 담당하도록 전학원(典學院)을 두었으며 그 외 시봉원, 보정원, 편찬위원이 구성되어 있었고, 도중사(道中事)를 협의하는 협의회가 구성되어 있었다.

이러한 상황에서 도전께서는 무술년 4월에 본부 체제를 전학원, 시봉원, 보정원 그리고 편찬위원에 내무부, 외무부, 재정부, 수도부를 확충하여 개정하는 한편, 포정원, 호정원의 부서는 원래 그대로 두어 태극도의 체계를 확립하였다.

그리고 같은 해 8월부터 도장 내에 진양원(眞養院): 태극(음, 양)의 진리에서 진인이 양성이 되고 있다는 뜻에서 도주님의 유명을 받으신 도전께서 우리 도의 최종적으로 이루어질 핵심임을 가르쳐서 주신 것이며 이것은 다시 후일 대순진리회를 창설하시고 영대를 3층에서 4층으로 올리시면서 같이 성진관(成眞館)을 지으시면서 양위 상제님의 도에 의한 후천 진인이 이제서야 완전하게 이루어졌다는 것으로 그 진인은 만삭인 여자의 배 속에서 양수에 의해 밀려서 나가는 도수가 되는 용마 포태혈과 선녀정좌형인 대순진리회의 서울특별시 중곡동 도장의 지형과 연결이 결코 우연이 아닌 양위 상제님의 도수임을 알 수 있게 되는 중요한 건물임을 알아야 되는 것이다.

백학관(白鶴館), 청학관(靑鶴館), 종각(鐘閣) 등의 건축 공사를 착공하여 다음 해에 완공하였다. 이로써 태극도는 규모가 더욱 확충되고 대외적 면모를 갖추어 나가게 되었다. 그러나 도주님 재세 시에 원로 임원들로 구성되었던 협의회에서는 이러한 조직체계가 협의회의 역량을 약화시킨다는 입장을 가지며 도전님의 운영에 불만을 품게 되었다.

이러한 태극도 원로 임원들의 태도는 강증산 성사를 따르던 종도들과 별반 다를 바 없는 것이었다. 즉 증산 성사께서 계묘년(1903년)에 신명을 시켜 9세의 진인(眞人)을 찾은 후, 때는 그때가 있고, 사람은 그 사람이 있으니 천부적으로 정해진 사람이 그 일을 하게 되어 있다는 것을 일러 주었음에도 불구하고, 증산 성사께서 화천하시자 종도들은 성사의 뜻을 받들어 그 진인(眞人)을 찾을 생각은 않고 오직 상제님께서 도통을 주실 것이라고 얽매여 버림으로써, 오히려 반목하고 음해하였던 사실과 별반 다를 바 없는 것이었다.

결국 태극도 임원들은 박우당 도전의 도 운영에 반기를 들었고, 도전님은 임원들의 극심한 반대에 부딪쳐 갖은 고초를 겪어야 했다. 그것의 시발점은, 재정부를 맡고 있으면서 또한 종단 직영 사업체인 협동상회(協同商會)의 책임자로 있던 김용화에게 도전께서 도장 증축 공사에 소요되는 공사 비용의 지출을 지시한 일로부터 시작되었다.

당시 박우당 도전의 운영을 못마땅해하던 김용화는 이에 불응하고 박중하, 이윤섭 등의 호응을 얻어 이의를 제기하다가 뜻대로 되지 않자 아예 이 기회에 도전을 배척하기로 합의하고 협동상회를 사유화하여 협화산업주식회사(協和産業株式會社)를 설립하여 자신을 대표자로 등기하였다. 그 후 김용화가 다른 임원들로부터 형사고발 조치되자, 김용화를 지지하는 파가 그 지지 세력을 규합하여 도전께 반기를 들고 나왔고, 급기야 이 일은 태극도 전체의 분쟁으로 확대되었다.

이 사건은 1년을 끌다가 김용화가 결국 횡령죄로 구속되고 협동상회는 태극도로 환수(還收)되어 태창산업주식회사로 개편되는 것으로 일단 마무리 되었다. 하지만 여전히 분쟁의 불씨는 남아 있었으니, 이 사건 이후 신도의 3분의 1이 이탈하였으며, 이후 이탈자들이 계속적인 음해를 가해 오면서 도전께서는 갖은 고초를 겪게 되었다.

1960년 4·19혁명으로 혼란스러운 시국을 맞아 김용화는 박우당 도전을 반대하는 세력을 규합하여, 자신들이 재판에서 패소한 것은 부패한 자유당의 탄압 때문이라며 부산지구 계엄사와 수사 당국에 교금유용(敎金流用) 및 횡령의 명목으로 도전을 고발하였다. 이로 인해 그 해 7월경 도전을 비롯한 24명의 간부들이 구속 기소되었다. 그러나 아무런 혐의가 없었으므로 이 사건은 3개월 만에 모두 무죄가 확정되면서 일단락되었다.

그러나 사건은 여기서 멈추지 않고, 이듬해인 1961년 5·16군사 혁명이 일어나자 김용화, 이윤섭 등은 '대순전경'에 나오는 '아라사(亞羅士) 군사가 내 군사니라'라고 한 강증산 성사의 말을 본도(本道)에서도 믿으니 태극도가 용공 단체(容共團體)이며, 음력 4월 28일(양력 6월 11일) 봉천명 치성시에 수도인들이 도장에 모이는 것은 '혁명정부에 반대하기 위한 집회'라고 속여 혁명정부에 고발했다.

  이에 혁명정부는 곧 작전 특명을 내려 도전과 간부 28명을 군 수사기관으로 끌고 가 혹독한 고문과 취조를 한 후 육군형무소에 수감하였다. 그러나 이 사건 역시 12월 군법회의에서 무죄판결을 받고 수감 6개월 만에 전원이 석방되었으며 오히려 김용화 등이 무고 죄(誣告罪)로 구속되었다.

  도주(조정산) 님의 화천 후 불과 4년 동안(1958~1961) 박우당 도전께서 겪은 고난은 이루 말할 수 없는 것이었고 이 와중에 신도들의 상당수가 이탈하여 도세가 절반으로 위축되었다. 그러나 혼란이 수습되고 1963년 5월에 정부의 '사회단체 등록령'에 의하여 태극도를 종교단체로서 문교부에 등록하고 같은 해 9월에는 재단법인 설립 인가를 받아 체계를 재정비하였다.

  이후 도전 예하에 '종단과 재단'을 두고 '사정원과 종의회'를 두었으며 종단에는 '총무부·전도부·교화부·수도부'를 두고 지방은 방면 체계별로 포덕 활동을 시행해 나가니 도 전반이 점차 안정되어 갔다.

  그리고 1965년에 강증산 성사(구천 상제)의 천지공사와 일대기를 기록한 '선도 진경(宣道眞經)'을 발간하여 진리를 교화하고 창도주 도주 조정산께서 제정한 교리(敎理)를 정립하여 교화해 나가자 도세가 나날이 번창하였다.

이렇게 어느 정도 안정세를 보이는 가운데 도전의 태극도 운영이 순조롭게 진행되는 듯하였으나 1966년부터 또다시 혼란이 일어나게 되어 걷잡을 수 없는 파경으로 치달았다. 당시 일부 임원들은 박우당(朴牛堂) 도전(都典)께서는 도주로부터 종통을 계승하신 분이므로 자신들에게 도통(道通)을 주실 분이며 인존(人尊)이라고 주장하였다.

그리고 원로 임원들이 주축이 된 또 한 편의 임원들은 도주(道主)와 도전(都典)은 주종 관계(主從關係)로서 도주께서 도통을 주실 분이고 도전은 도통을 받을 분이므로 법통(法統)이나 종통(宗統)의 계승은 성립되지 않으며 더욱이 도전의 종통 주장은 도주(道主)나 상제(上帝)에 대한 범상(犯上)이며 배도 행위가 된다고 주장하였다.

이처럼 태극도 안에서 양측으로 나뉜 임원들 간의 대립과 갈등은 모두 도통에 대한 욕심에서 비롯된 것이었으니 강증산 성사께서 말씀하신 도통하는 방법만 일러 주면 되려니와 **도통 될 때에는 각자가 심신으로 닦은 바에 따라 열리게 된다는** 그 "도통줄을 대두목에 주려니"의 진의(眞意)를 파악하지 못한 채 도통(道通)을 마치 물건을 수수(授受)하듯 누가 주는 것으로 착각하여 빚어진 문제였다.

도전께서는 양측의 임원들을 교화하며 설득하였으나 그 파쟁은 좀처럼 수습되지 않았다. 급기야 1967년 7월경에는 이러한 난동이 더욱 심해져 한쪽에서는 박우당 도전을 배격하려 한다는 말이 나돌고 또 다른 한쪽에서는 포장과 호장들을 타도하려는 공작을 하고 있다는 말이 나돌면서 상호 간의 대립 양상은 악화일로를 걷고 있었다.

도전께서는 이후 1년여 동안 양측 임원들에게 수차례에 걸쳐 지시도 하시고 혹은 타이르기도 하시며 사태를 수습하고자 하였으나 양측 임원들은 한 치의 물러섬도 없이 서로 반목하기를 멈추지 않아 사태가 더욱더 악화되어 갔다. 이처럼 태극도 내부에서 파당을 지어 서로 간에 비방과 음해를 일삼으니 도의 체계 체통이 크게 흔들리게 되었고 결국에는 임원들이 더 이상 도전의 통솔에 따르지 않게 되었다.

  이렇게 되자 박우당 도전께서는 1968년 7월 19일(음력 6월 24일)에 구천상제(九天上帝)의 화천 치성을 마치고 태극도 도장을 떠나셨던 것이다.

  박우당 도전께서는 정사년(丁巳年, 1917년) 11월 30일, 충북 괴산군 장연면 방곡리 박 씨(朴氏) 가문에서 탄강하셨으며, 존호가 우당(牛堂)이시고, 존휘가 한경(漢慶)이시다.

  나라를 잃어버린 암울한 시기에 태어난 도전께서는 청년 시절에 만주 일대를 유력하시며 지내셨는데 어머니께서 편찮으시다는 소식을 접하고 1943년 고국으로 돌아오셨다.

  그리고 그 해 10월에 일본의 '국가 총동원법'에 의해 일본 아오모리현(靑三縣)에 있는 미사와 비행장에 징용(徵用)되었다가 1945년 8·15해방을 맞이하여 귀국길에 오르셨다.

  당시 귀국선(일본 해군함 우키시마 호)에는 도전을 포함하여 7,000여 명의 한국인 노동자가 타고 있었다. 그런데 아오모리현 오미나토 항을 출발하여 부산항으로 향하던 귀국선은 일본 마이즈루만 근처에서 원인 모를 폭발을 일으켰고 이로 인해 귀국선에 올랐던 수천 명에 달하는 대부분의 한국인 노동자가 사망하였다.

그러나 당시 박한경 도전님께서는 큰 거북의 등에 의지하여 현해탄을 표류하다가 다행히 민간인 어선에 구출되어 무사히 고국으로 돌아오게 되었다.

도전께서는 귀국한 그 이듬해인 병술년(丙戌年, 1946년) 정월 보름에 안상익의 권유로 태극도에 입도하였다.

입도 후 상제(강증산 성사)의 대순(大巡)하신 진리와 도주의 창도(創道)하신 취지를 순회 연포하여 포덕(布德)에 힘을 다했고 이후 산하에 많은 수도인들이 입도하게 되었다.

1949년 7월 도주 조정산께서 임원 체계를 확립할 때 박한경께서는 충주 방면 차포감으로 임명되었고, 1954년에는 충주 방면 포감(布監)이 되었으며, 1955년 5월에는 충주 방면 수포감(首布監)이 되었다.

이후 1958년 2월, 태극도 임원들이 모두 모인 자리에서 도주님으로부터 총 도전(總都典)으로 임명받으시고 3월 6일 도주님 화천 시에 유명(遺命)으로 '도(道)의 운영 전반을 맡으라'는 명을 받으셨다.

1958년 도주님의 유명에 의해 종통을 계승한 박우당 도전께서는 1968

년까지 10여 년간 태극도를 영도해 오면서 갖은 고초를 겪다가 결국 태극도를 떠나 홀몸으로 서울로 올라오셨다. 그러나 이것은 강증산 성사께서 짜두신 도수에 의해 이미 결정된 일이었으니 즉 껍질을 벗고 새롭게 정화하여 재도약하는 첫걸음을 내디딘 것으로서 반드시 거쳐야 하는 필연적 과정이었던 것이다.

한편 이러한 도수가 다가오고 있음은 먼저 신명(神明)에 의해 외형적 징조로서 보이고 있었다.

원래 부산 감천동 태극 도장은 도주님 재세 시 대강전(大降殿)과 내정(內庭)만 있었다. 그러나 도전께서 청학관(靑鶴館)과 백학관(白鶴館) 등의 도장 건물을 증축하고 나니 그 형상이 마치 감천항(甘川港)에서 아미동(阿彌洞) 쪽으로 뱃머리를 대고 있는 배 모양같이 되었다.

이후 주변 동네를 발전시키기 위해 학교와 병원을 짓자 뱃머리가 바다로 향하고 있어 마치 '배가 바다로 나가는 형상'으로 변했다. 도전께서는 당시 상황을 회고하여 말씀하시니, 뱃머리가 바다로 대고 있었다. 축담돌이 마치 파도치는 형상과 같았다. 그래서 내가 부산을 떠나게 되고 따라서 신명(神明)들도 다 따라 떠나오게 되었다. 우리 일은 사람의 힘으로 되는 것이 아니다. 되는 일은 안 하려 해도 되고 안 되는 일은 억지로 하려고 해도 안 된다. 그것이 도수(度數)이며 그것이 운(運)이다 하셨다.

그곳에 있어서는 상제님의 대순 진리(大巡眞理)의 발전이 없다. 그래서 거기서 나오게 된 것인데 껍데기는 까고 찢고 깨끗이 해서 서울로 왔다. 그것을 도수(度數)라 하는 것이다. 어기려야 어길 수가 없는 것이다. 나올 때까지 파란곡절은 이루 다 말할 수가 없다.

이러한 도수의 움직임에 따라 도전께서는 서울로 떠나오게 되었는데 태극도에서의 10년간의 분란도 결국은 껍질을 까서 정화하기 위한 신명의 작용이었던 것이다.

한편 박우당 도전께서 떠나오게 되자 신명(神明)들도 모두 따라 나오게 되었다. 그러나 대부분의 태극도 도인들은 따르지를 않았다.

그것은 도주께서 재세 시에 하신 "대강전(大降殿)을 떠나서는 운수(運數)가 없다"라는 말씀 때문이었다. 즉 도주께서는 재세 시에 대강(大降)을 대강전(大降殿)을 떠나 다른 곳에서 찾거나 도통(道通)을 내가 설법한 진법 공부(眞法工夫) 아닌 다른 방법으로 얻으려 한다면 그러한 생각만 가져도 벌써 배신(背信) 배도자(背道者)가 됨이니 계지신지(戒之愼之)하라 라는 말씀을 하신 적이 있다.

그러나 도주께서 말씀하신 대강전은 정작 건물을 말함이 아니었다. 당시 대강전에는 신앙의 대상이신 구천상제(九天上帝)와 천지신명(天地神明)을 모셔둔 영대(靈臺)가 있었다. 따라서 도주님 말씀의 진정한 뜻은 천지의 모든 신명은 우주의 주인이신 상제님(하느님)을 따르는데 하느님의 도에서 새 봄으로 넘어간 네 번째 대두목이 아니면 신명이 응하지 않아 운수(대강)를 받을 수 없다는 뜻이었다.

도를 올바로 찾기 위해서는 이미 정해져 있는 천부적(天賦的)인 종통 계승자(宗統繼承者)를 반드시 찾아서 따라야 한다. 왜냐하면 하늘에서 이어져 오는 천부적 종통 계승자만이 상제님의 사업이 완수될 수 있도록 법(法)으로 이미 정해 놓으셨기 때문이다. 또한 모든 신명은 천부적 종통 계승자를 따르므로 신명과 합일하여 운수를 받기 위해서는 반드시 천부적 종통 계승자를 정확히 찾아 모셔야만 되는 것이다.

그런데 태극도 도인들은 도주께서 깨우쳐 주시고자 한 이러한 진정한 뜻을 헤아리지를 못하여 지금까지도 태극도 대강전 기둥을 부여잡고 매달린 채 떠나지를 못하고 있으니 이것은 결국 하느님 말씀을 올바로 헤아리지 못하고 문자에만 얽매이게 되면 자신의 운수까지 망치게 된다는 것을 일깨워 주는 것이다.

1968년 7월 19일 태극도를 떠나오신 도전께서는 부산 해운대(海雲臺), 청도 적천사(磧川寺), 경주 계림(鷄林), 대구 동화사(桐華寺)를 거쳐 서울로 올라오셨다. 서울 부암동에 한동안 머무시다가 다시 인천(仁川)을 거쳐 금산사(金山寺)로 가셨다. 그리고 공주 계룡산 갑사(甲寺)와 신원사(新元寺)를 거쳐 논산 관촉사(灌燭寺)의 은진미륵을 살펴보신 후 안양 수리사(修理寺)에 도착하셨다.

도전께서 수리사에 들어가시기 전까지 둘러보신 사찰은 대부분이 미륵을 모신 사찰들이었으며 특히 청도 적천사는 미륵보살(彌勒菩薩)이 계신 도솔천을 본뜬 도솔암이 있는 곳으로 이곳은 도주께서 단 도수(壇度數)를 보신 곳이기도 하다.

도장 터를 찾아서!

◎ 1969(己酉 기유)년: 박우당 도전께서 수리사에서 49일 공부를 마치시고, 서울 중곡동에다 종단 대순진리회로 창립

총 도전 도장 터를 찾아서!
도전의 이궁(離宮)과 미륵사찰 유력

미련한 무학아!
무학대사(無學大師)가 새로운 도읍지를 찾아 이곳 용마산 아래까지 왔었다는 전설이 있다.

무학대사는 풍수(風水)에 근거하여 오늘의 서울인 한양에 도읍지를 정하고 조선 건국의 기초를 닦은 승려이다.

태조 이성계는 계룡산 아래의 신도 안에 무학대사의 도움으로 왕궁 터를 잡았다. 그러나 정도전, 하륜 등 당시 개국공신인 유림(儒林)들은 신도읍지로서 한양이 적합하다는 논리로 맞서며 신하들의 끝없는 반대 상소로 인해 1년 여 만에 신도 안 공사가 중단되고 말았다. 지금도 이 일대에는 왕궁 공사를 벌였음을 말해 주는 도량과 주춧돌이 100여 개나 남아 있다.

무학대사가 답십리를 지나 두루 살피다가 용마산 아래의 중곡동에 이르렀다. 지세를 보니 용마산이 둘러쳐지고 한강이 돌아 들어오는 천하에 없는 명당이라 도읍을 이곳에 정하기로 작정하고 용마산 기슭에 누워 잠시 눈을

붙였다. 그런데 무학의 꿈에 산신(여신)이 나타나 **'흙 한 줌도 건드리지 말라'**고 호통을 쳐서 꿈에서 깨어 다시 지세를 잘 살펴보니 이곳은 한 나라의 왕이 앉을 자리가 아니라 천자(天子)가 앉을 자리임을 깨닫게 되었다.

그제야 '아차! 실수했구나' 하여 그 산 이름이 아차산이 되었다는 설이 전해 온다.

무학대사가 용마산 여신에게 쫓겨 다시 내려오는데 한 노인이 밭을 갈면서 소를 꾸짖었다.

미련하기가 마치 무학 같은 소야! 바른 곳을 버리고 굽은 길을 찾는구나. 무학은 그 말을 듣고 놀라 그 노인에게 물었다. 지금 소더러 무학같이 미련하다고 하셨는데 내가 무학이오, 저는 지금 도읍이 위치할 자리를 찾고 있는데 어디로 가야 하겠습니까? 하자 그 노인은 껄껄 웃으며 채찍으로 서쪽을 가리키면서 말했다.

여기서 십 리만 더 들어가 보시오. 이에 무학은 서쪽으로 10리를 더 들어가서 지세를 살펴보니 인왕산과 북한산이 둘러쳐져 있고 앞으로는 남산이 막아 주어 안전하며 그 앞으로는 한강이 둘러서 흐르니 도읍지로 안성맞춤이었다. 노인이 일러 준 곳에서 10리 더 간 곳이 바로 경복궁이 있는 자리다.

무학대사가 도읍지를 정하기 위해 10리(十里)를 더 갔다 하여 그 지명을 왕십리(往十里)라 불렀다는 일화가 지금도 전해 오고 있다.

● 천장길방한 자리로다!

도전께서 주위의 지세를 살펴보시고는 이곳이 바로 천장길방(天藏吉方)한 자리로다 하시고 땅을 매입하게 하셨다. "천장길방"이란 하늘이 감추어 놓은 좋은 길지(吉地)를 말한다.

1971년 완공된 서울 중곡도장

용마산 복바위 아래에는 예전에 작은 연못이 있었다고 전해지고 있으며 또한 이곳은 예로부터 미륵불(彌勒佛)이 현신(現身)하였다는 전설이 전해 오는 곳으로 마을 사람들에게는 신성시되었던 곳이다.

이로써 북한산에서 수락산을 거쳐 용마산으로 산줄기가 뻗어 내리고 중랑천과 한강을 바라보는 자리에 도장 터가 마련되었다.

중곡동(中谷洞) 도장은 '중앙 5·10 토(土)'이고 진술축미(辰戌丑未)의 운(運)이며 또한 도장이 자리한 곳은 용마 포태혈(龍馬胞胎穴)로서 선녀 정좌형(仙女定座形)으로 불린다.

또 다른 의미로 중곡(中谷)이란 '아기가 태어나는 곳'을 의미한다. 즉 용마산의 형태가 마치 선녀가 임신해 만삭의 몸으로 누워 있는 모양을 하고 있는데 이것은 이곳 중곡동이 자리한 지형(地形)과 그 지기(地氣)가 부합되고 있음을 보여 주고 있는 것이다. 즉 이곳에서 **도통이 이루어진다는 뜻이 아**

니고 여기서 다시 용마 즉 진인이 나오셔야 우리 도가 완전하게 성취가 된다는 의미가 있다. 만삭이면 10개월이 다 되었으므로 뱃속에서 나오지 않으면 태아와 어미까지 위험하게 되는데 아이가 나오게 되는 것은 어미나 태아의 의지가 아닌 양수에 의해서 저절로 나오는 것으로 비결과 다를 바가 없다.

중곡동(中谷洞)은 '중앙 5·10 토(土)'이고 진술축미(辰戌丑未)의 운(運)이며, 또한 도장이 자리한 곳은 용마포태혈(龍馬胞胎穴)로서 선녀정좌형(仙女定座形)으로 불린다.

또 다른 의미로 중곡(中谷)이란 '아기가 태어나는 곳'을 의미한다. 즉 용마산의 형태가 마치 선녀가 임신해 만삭의 몸으로 누워 있는 모양을 하고 있는데 이것은 이곳 중곡동이 자리한 지형(地形)과 그 지기(地氣)가 부합되고 있음을 보여 주고 있는 것이다. 즉 이곳에서 도통이 이루어진다는 뜻이 아니고 여기서 다시 용마 즉 진인이 나오셔야 우리 도가 완전하게 성취가 된다는 의미가 있다. 만삭이면 10개월이 다 되었으므로 뱃속에서 나오지 않으면 태아와 어미까지 위험하게 되는데 아이가 나오게 되는 것은 어미나 태아의 의지가 아닌 양수에 의해서 저절로 나오는 것으로 비결과 다를 바가 없다.

사진 설명: 박우당 도전 장례식.
(본명: 한경, 1917.11.30. ~ 1995.12.4.)

1946년 태극도에 입도하신 지 50년 공사로 대순 도장을 설립하시고 27년 만인(양력) 1996년 1월 23일 박우당 도전께서 증산 상제님과 도주님의 유명 유법으로 상제님의 대순하신 진리를 세우시고 80세로 증산 상제님의 공사로 화천하신 것이다.

◎ 1999(己卯, 기묘)년: 박우당 도전의 삼년상이 끝나면서 드디어 내부에 잠재되어 오던 주도권 쟁탈전이 시작된다. 경석규를 앞세운 양위 상제파가 이유종을 우두머리로 하는 서가여래 파끼리 여주 본부도장에서 무력으로 몰아낸 이후 두 쪽으로 분열하기 시작한다.

◎ 2000(庚辰, 경진)년: 새천년의 시작과 더불어 대순진리회 여주 도장에서 한국 종교 사상 최대의 유혈 폭력 사태가 발생하여 KBS, MBC, SBS TV를 비롯한 모든 매체를 타고 하루 종일 방송된다. 이제 대순진리회 사태는 전 국민의 초미의 관심사로 떠오른다.

◎ 2001(辛巳, 신사)년: 여주 도장에서 한국 종교 사상 최대의 유혈 폭력 사태가 발생하여 KBS, MBC, SBS TV를 비롯한 모든 매체를 타고 하루 종일 방송된다. 대순진리회 사태는 전 국민의 초미의 관심사로 떠오르고, 폭력 사태 이후 각 지방별 군소 조직으로 급속히 분열한다.

◎ 2001(辛巳, 신사)년: 여주 도장에서 신위 문제로 3천 명의 수도인이 대립 중에 전두환에서 장세동으로 이어지는 지시에 따라 거액의 용역비를 지급하여 과천 지방청사에서 훈련한 전투병 대형버스 3대가 출동하여 사상자가 발생한다.

◎ 조 정산 도주께서는 50년 공부의 도수로서 후천오만년을 이끌어갈 1만 2천 도통 군자를 배출해 내는 법방을 짜셨으니 그것이 바로 공부법방(工夫法方)이다. 앞으로 펼쳐지는 후천오만년은 인존 시대이기 때문에 인간이 모든 천지 도수를 맡아 운행하게 된다. 그러므로 인간이 각기 자기의 자리를 잡을 수 있도록 인반(人盤)을 짜는 법방(法方)이 필요한데 그것이 바로 도주께서 짜신 공부법방이다. 그런데 이 공부법방은 바로 도주님의 전생이었던 단주가 받았던 바둑판의 형상을 하고 있다. 여주 도장 공부가 2010년이 되면 시학 공부가 36차회가 된다.

360 = 바둑판 수, 한 점은 대두목, 2010년 신위 모신 해.

🔵 증산도의 신단

◎ 고수부(증산어른의 부인)
◎ 태을주 주문
◎ 단군 왕검
◎ 옥황상제

의통인패라 하여 의식을 행하는 종교의 신단….

증산도에서 증산 성사를 옥황상제라 하며 배제(排除)시킨 모습….

▲ 단군왕검 앞에? 조직 결의?

도조와 도조의 종통을 이은 **태모(太母) 고수부, 태을천 상원군, 국조 단군왕검**의 어진을 개사해 모신 **신단**이 눈길을 끈다.

※ 태을 "**천상원군**" 으로 바르게 읽어야 한다.

※ 道(도)가 子(자)에서 전해진다는 말은 1945년(을유년) 조정산 성사께서 태극도를 창도한다고 발표하고서도 세상에 알리지 말라고 하셨는데 이는 3년 후 1948년 戊子年(무자년)에 道(도)를 알려야 했기 때문이다. 이것

은 정치적으로도 1945년(을유년)에 광복(光復)을 맞이하고도 정부를 수립하는 데 3년이나 기다려야 했던 것처럼 이치가 음양이기 때문이다.

대한민국 정부 1948년(무자년)에 탄생하여 2008년(무자년) 60주년 회갑이 되는 해이다. 1948년 무자년에 태극도가 나타나면서 세상에 도가 알려지기 시작하여 2008년 무자년이 회갑이 되는 해이다. 그리고 2010년 경인(庚寅)년은 천, 지, 인 삼계의 대도가 밝혀지는 해이다.

2010년 경인(庚寅)년에 발표된 종통종맥!

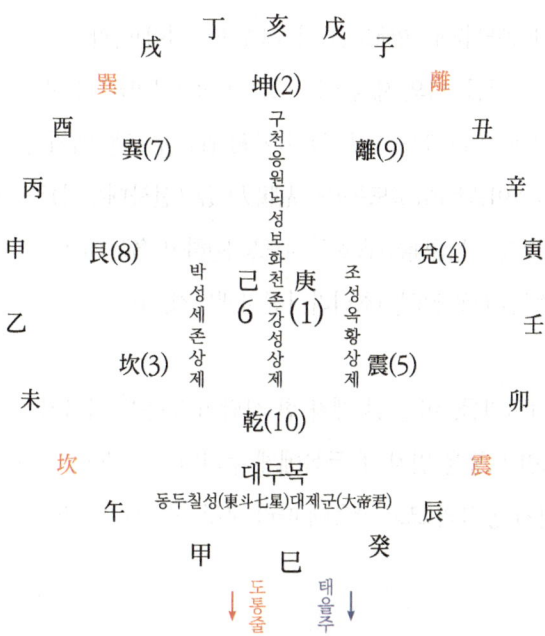

천년 세월의 진경(眞經) 개문납객 기수기연 참조

曰(왈), 我世(아세)에 道通(도통)이 在乾坎艮震巽离坤兌(재건감간진손리곤태)하노라.

註) 말씀하시기를, 나의 세상에 도통이 건감간진손리곤태에 있노라 하시니라.

운합주(運合呪)
元亨利貞天地之道仁義禮智人神之道乾坎艮巽坤离兌震八位之精
乾坎艮巽坤离兌震(건감간손곤리태진) 八位之精(팔위지정)
[전경 교운 2장 42절] ※ 용담 역, 방향

曰(왈), 我世(아세)에 道術(도술)이 隨職也(수직야)니라.
註) 말씀하시기를, 나의 세상에는 도술이 직책을 따른다 하시니라.
一日(일일)에 弟子(제자) 一人(일인)이 願道通(원도통)하거늘 曰(왈), 時來(시래)하면 我(아)난 道通(도통)을 先賜大頭目(선사대두목)하리니, 厥頭目(궐두목)이 率天下之道通神(솔천하지도통신)하고 各隨功德之大小(각수공덕지대소)하야 皆道通(개도통)호리라. [천지개벽경. p]

註) 말씀하시기를, 어떤 날 제자 한 사람이 도통을 바라거늘 말씀하시기를, 때가 오면 도통을 먼저 대 두목에게 주리니 그 두목이 천하의 도통신을 거느리고 각자 공덕의 크고 작음에 따라 모두 도통시키리라.

3. 증산상제님의 약장 공사도(圖)

富歸·川芎	遠志·石菖蒲	天花粉	防風·桔梗	葛根·牧丹皮	약장공사도
白芍藥·熟地黃	蜀活·羌活	太乙 烈風雷雨不迷 丹朱受命 呪 (木丹皮)	前胡·白芷	柴胡·枳殼	藥藏公事圖
木果·烏梅	蒼朮·荊芥	金銀花	陳皮·苦楝根	良薑·甘草	

요임금이 순에게 임금으로 정한 바 도전님께 상제에 모셔짐은 증산상제님의 공사이시다.

증산상제님의 약장 공사도(圖)는 네 번째 인물 대두목이 완성한 것으로 곧 대순진경인 것이다.

설명을 들은 가족과 도인들은 그 신비함에 새삼 감탄하였으며 약장까지 모셔오지 못함을 서운히 생각하고 일을 완수하지 못한 자책으로 사죄하니라. 도주께서 말씀하시기를 "둔궤만으로도 족히 구천 상제님의 도수를 받들 수 있으니 너무 염려하지 말라. 만일 꼭 필요하다면 왜 그대로 두라 하였으랴? 그대들은 앞으로 한 번 더 할 일이 있으니 그때에 실수가 없도록 하라." 하시니라. [태극도. p]

●그 뜻을 상제께 여쭙자,
네 번째 인물 우(禹)가 재상의 자리에 나아가 일을 서두르면

'천지개벽경'(p.79)에 우(禹)가 재상의 자리에 나아가 일을 서두르게 되면 밝은 세상이 되리라고 우보상최등양명(禹步相催登陽明) 하신 구절이 있고,

[공사 2장 9절] [천지개벽경411p 420p]에, 상제님께서 약장(藥藏)을 만드셨으니 그것은 곧 단약(丹藥)에 대한 비밀을 내장(內藏)한 것으로써 밑으로 제일 큰 칸이 하나 그 바로 위에 옆으로 큰 칸이 3개 그리고 그 위는 위로 세 줄 옆으로 다섯 줄로 하여 15칸이었으며 그 중앙 칸에 '태을주(太乙呪)'와 '단주수명(丹朱受命)', '열풍뇌우불미(烈風雷雨不迷)'라 쓰신 다음 그

칸에 木丹皮(목단피)를 넣고《木丹皮》라 써서 넣으심.

[대성경집. 225. p] [동곡비서. 230. p]

또 종이에 길게 한 줄로 '칠성경'을 쓰시고, 그 끝에 '우보상최등양명(禹步相催登陽明)'라 써서 앞에서 뒤로 넘겨 붙이셨다.

그 뜻을 여쭙자, 후천의 요·순·우(堯·舜·禹)이니라 하셨으니 이것은 종통에 대한 의미가 함축된 내용으로, 훗날의 완성된 도를 의미하고, 15칸의 중앙은 15진주(15신위) (2·7·6, 9·5·1, 4·3·8인 황극 진주판, 즉 도판의 주인)를 의미하며 거기에 '단주수명' '열풍뇌우불미'라 쓰시고 목단피(木丹皮)를 넣으심은 곧 후천의 요·순·우라 하신 바, 이는 천명의 대 종통인 것이다. 요(堯)임금이신 상제님으로부터 단주(= 조정산 도주)로 이어지고 또 단주로부터 열풍뇌우불미의 순임금(= 박우당 도전)에게 이어지고,

다시 또 우(禹) 임금(= 대두목)에게로 이어지는데, '木丹皮'(목단피): 선약에 대한 비밀 = (木)를 안에 넣어 숨겨 그 내용이 잘 드러나지 않도록 하셨으니 그것이 이 牧丹皮(목단피)가 아님은 그 칸이 우측 맨 위 첫 칸에 따로 있기 때문이요, 그리고 그 뜻은 木(목) = 八十《복중팔십년신명(腹中八十年神明)》丹 = 丹朱(단주), 皮(겉) = 形 (形體, 형체)임을 쉽게 알 수 있으며,

거기다 '칠성경'을 한 줄로 쓰시고 그다음에 우보상최등양명(禹步相催登陽明)이라 써서 뒤로 넘겨 붙이심은 우보상최등양명(조화선경건설)도수를 성정(星精: 별의 정기)으로 이루어진 이 칠성경(七星經)에 붙인다는 의미이며 그리고 별의 정기로 이루어지는 선(仙)의 도수를 이을 그 주인공인 복중팔십년신명이 칠성경에 있는 영보장생(永保長生)의 허정이자, 곧 우보주(禹步呪) 내(內) 아득장생비태청《我得長生飛太淸》: 전경공사 3장 39절의 태상

노군(太上老君 = 老子) 화신인 우(禹) 임금임을 나타내기 위함이시며 더불어 뒤로 넘겨 붙임은 뒷사람에게 넘겨주다, 뒷사람에게 부촉(咐囑, 貼, 傳)하다, 또 뒷일로 넘기다, 뒤로 감추다의 뜻이니, 세상에 모습을 잘 드러내지 않는, 하늘이 숨긴 종통 계승자에게 은밀히 종통이 전해짐을 의미함이며,

우임금이 곧 노자요, 노자는 신선이며, 또 신선(仙)은 산에 사는 사람을 뜻하니 역시 잘 드러나지 않음과 부합하고 그 후신인 운장의 한쪽 수염을 뽑아서 세상에 모습을 드러내지 못하게 공사를 보신 이유에서도 알 수 있다. 또한 山(산)이 艮(간 = 결실)을 뜻하므로 仙(선)은 곧 인간적 결실을 이룬 완전한 사람 완인(完人) 또 인간을 결실시키는 마지막 선지조화 도수를 맡은 분을 뜻하기도 하다.

즉 단주수명 · 열풍뇌우불미 · 우보상최등양명은 요 임금이셨던 상제님의 종통을 이을 단주인 도주님 · 열풍뇌우불미의 순임금인 도전님 · 그리고 우보상최등양명의 우임금인 대두목을 뜻함이니, 이분들이 후천의 선경을 건설하신다는 뜻이다. 그리고 이상의 '우보상최등양명'은 언급한 바와 같이, 우가 재상의 행보를 서둘러 밝은 세상에 이르게 하리라 하심이다.

※ 여기에서 밝은 세상이란 [전경 교운 2장 23절]의 '분명조화성공일 요순우왕일체동(分明造化成功日 堯舜禹王一切同)'이며 그 의미는 '분명 앞으로 선지조화 도수가 성공하는 날엔 요순우시대와 일체 마찬가지가 됨'이란 뜻이다.

※ 하우 말년(夏禹末年)된다더니 하우(夏禹)로써 해원하네.

◎ '채지가'에,

'요순우탕 키를 잡아' (- 뱃노래)

'용담수류 사해춘은 부자도덕 장할시구' (- 뱃노래)

'유불선이 합성하니 삼인일석 닦아서라' (- 칠월식과)

'하우말년 된다더니 하우로써 해원하네' (- 강남철교)

'요순우탕 문무주공 차례로 존공할 때' (- 춘산노인 이야기)하는 구절들이 있다.

① 여기서 요순우탕은 후천의 요순우니라 하심과 같은 의미이며 이분들이 키를 잡는다 했으니 바로 이 분들께서 종통계승자이심을 말함이요,

② 부자 도덕이란 공부자의 후신이신 도주님께서 맡아 전개한 허령 도수와 유지범절 도수를 뜻하나니 《태극진경. p》

※ 증산상제님으로부터 박우당 도전님까지 종통계승은 공부 도수이고 15 진법(신위)이 완성되면 진법이므로 사정을 두지 않는다. 운수는 수도 과정에 있는 것이다.

③ 즉, 요는 증산 상제님, 부자(도덕)는 도주님, 순은 석가불의 화신인 도전님, 우는 대두목을 말하고, 이분들이 곧 유불선이 합성한 구원의 방주인 도를 이끌어 말세의 창생을 구한다는 말씀이시다. (요순우왕 일체동(堯舜禹王 一切同) 참조)

④ 하우 말년(夏禹末年) 된다더니 하우로써 해원하네 함은, 곧 하우씨 도

수 말년에(가서) 이루어진다더니, 결국 하우씨 도수로써 해원하게 되네 함이요, 우보상최등양명과 그 의미는 같은 것이다. 여기서 하우씨 도수 말년이라 함은 바로 하우씨의 후신인 대두목의 사명도수, 즉 선지조화와 '신명도수'가 끝날 때를 뜻함이니,

　이는 곧 대두목께서 유지범절 · 불지형체 · 선지조화와 허령 · 지각 · 신명 중, 마지막인 선지조화와 신명도수를 맡아 전개하게 됨이요, 또 이것은 성도 · 개벽 · 도통의 끝 도수인 결실 추수를 맡아 포덕천하 · 광제창생 · 12,000도통군자 배출과 더불어 신선세계인 지상 선경건설의 대임을 완수하여 결국 모든 도인들과 세인들이 해원하게 됨을 뜻함이다.

※ 대두목이란! 구천상제님의 공사이므로 정해져 있는 것이다.

● 단주 해원

① 거금 4,500여 년 전 하우 씨께서 낙수(황하강의 지류)에서 9년 홍수를 치수 시 그곳에서 발견된 신령스러운 거북이 등의 45점 무늬를 보고 신묘한 이치를 깨달아 치수공사를 성공했다. 그때 그린 것이 '낙서(洛書)'이며 문왕 팔괘는 그 뒤에 이 낙서에서 나온 것이다.

② 한편 상제님께선 옛날 요임금으로 오셨으며,
　㉠ 요임금께선 그때 아들 단주(丹朱 = 도주님(조철제)의 전신) 에겐 바둑판을 물려주시고,
　㉡ 사위 순(舜)에겐 나라를 물려주어 요순 태평성대를 이루셨다.
　㉢ 바둑판은 곧 도판(道板)으로 19 × 19 = 총 361점이며 판마다 양쪽

에서 번갈아 먼저 놓고 두기 시작하는 중앙의 한 점은 '장점(丈點 = 천 원점 · 태을점 · 태극점)'이요, 360점은 곧 후천 정역(正易)의 이치라.

㉣ 고로 도주님께선 예전의 단주로서 이제 바둑판 즉 도판을 물려받아 도의 주인이 되어 후천 선경 도판(道板 = 道的理想鄕. 도적이상향)을 관할하시게 되니 이것이 곧 '단주 해원'이며,

※ '천지개벽경 103. p' 상제님께서 선세엔 단주가 세운을 통할하노라.

㉤ 또 도주님께선 도통을 내가 설법한 진법 공부가 아닌 다른 방법으로 얻으려 한다면 그러한 생각만 가져도 벌써 배도 배신자가 됨이니 계지신지(戒之愼之)하라 하심은,

㉥ 내가 바로 도의 주인(道主)이니 나의 길(道)을 통하지 않곤 후천의 선경 세상에 갈 수 없다 함이요, 도주께서 최고 간부 전원이 모인 자리에서 "박한경을 도전으로 임명하니 그는 총도전이니라."

㉦ 박우당 도전께서는 또 인간을 결실시키는 불지형체 지각 도수를 마치시고 화천하시니 우가 재상의 자리에 나아가 일을 서두르게 되면 밝은 세상이 되리라. [우보상최등양명(禹步相催登陽明)] 하신 구절이 분명하리니. 또한 요임금이 순에게 임금으로 물려준 바 도전님께 상제의 자리에 모셔짐은 증산상제님의 공사이며 도인으로서 모셔야 할 사명이다.

◎ 상제께서,

상제께서 七月에 '예로부터 쌓인 원을 풀고 원에 인해서 생긴 모든 불상사를 없애고 영원한 평화를 이룩하는 공사를 행하시니라. 머리를 긁으면 몸이 움직이는 것과 같이 인류의 기록에 시작이고 원(冤)의 역사의 첫 장인 요(堯)의 아들 단주(丹朱)의 원을 풀면 그로부터 수천 년 쌓인 원의 마디와 고가 풀리리라. 단주가 불초다 하여 요가 순(舜)에게 두 딸을 주고 천하를 전하니 단주는 원을 품고 마침내 순을 창오(蒼梧)에서 붕(崩)케 하고 두 왕비를 소상강(瀟湘江)에 빠져 죽게 하였도다. 이로부터 원의 뿌리가 세상에 박히고 세대의 추이에 따라 원의 종자가 퍼지고 퍼져서 이제는 천지에 가득 차서 인간이 파멸하게 되었느니라. 그러므로 인간을 파멸에서 건지려면 해원공사를 행하여야 되느니라'고 하셨도다. [공사 3장 4절]

도전께서는 순임금에서 석가 부처로 임하시고, 초패왕이자 단주인 도주님을 '부자 도덕'으로 조성옥황상제의 신위를 모시고 단주해원도수를 마치시고 서가여래에 임하시어 화천하셨다.

〈진괘 사명도수 (震卦 司命度數)〉

증산 상제님의 약장공사도에서 빈칸 위치 완성 도(圖)

세존상제	구천상제	옥황상제	公事圖 / 공사도
우임금	중앙(태을주) 12,000명 도통군자	후천선경세상	

상제께서 궤 두 개를 만들어 큰 것을 조화궤라 이름하고 동곡 약방에 두고 작은 것을 둔(遁)궤라 이름하고 공부하실 때에 七十二현(賢)의 七十二둔 궤로 쓰시다가 신 경수의 집에 두셨도다. [공사 3장 10절]

완성된 3위 신위

구천응원뇌성보화천존강성상제 조성옥황상제 박성세존상제
九天應元雷聲普化天尊姜聖上帝 趙聖玉皇上帝 朴聖世尊上帝 이시다.

중앙 칸에 태을주(太乙呪)와 '단주수명(丹朱受命)' '열풍뇌우불미(烈風雷雨不迷)'라 쓰신 다음 그 칸에 木丹皮(목단피)를 넣고 [木丹皮라 써서 넣으심]

유명 유법으로 도(道)를 전수하신 박우당 도전께서는 태극도를 떠나 도주님을 조성옥황상제로 신위를 봉하여 모시고 서가여래에 임하시어 화천하셨다. 도전께서 화천하신 후에 세존상제에 모셔지므로 완성된 15진법 도(道)를 이루었다.

단주수명 태을주(丹朱受命 太乙呪)

吽哆吽哆 太乙天上元君 吽哩哆挪都來 吽哩喊哩娑婆啊
훔치 훔치 태을 천상원군 훔리치야도래 훔리합리사바아

○ 말씀하시기를, "나는 복중 80년 신명을 신명계에 왕래시키니라"라고 하셨다.

만사형통 태을주, 소원성취 태을주, 세계통일 태을주,

평소 진법주(삼신 신위)를 모르면 기운이 응하지를 않는다.

◎ 15진주(眞主) 황극수이며 심법의 상징으로서 태을 천상원군의 태을생명 태을주를 쥐고 있다. 그것이 바로 단주수명 태을주(丹朱受命 太乙呪)다. 그러기에 증산상제님께서는 판 안 끗수 소용 있나 판밖에서 진주가 나오니 그만이로구나 라고 말씀하셨다.

말씀하시기를,
연원을 바르게 잘하라.

이 세 분의 (강증산, 조정산, 박우당) 정체가 하느님으로 밝혀져 도(道)의 근원이 확립되어 내려오는 맥을 연원(淵源)이라 한다. 즉 연원(淵源)이란 도(道)가 밝혀져 나온 근원처를 말함이다. 이 연원(淵源)은 바꿀 수도 없고 고칠 수도 없는 천부적(天賦的)인 신성성(神聖性)이며 연속성(連續性)인 것이다. 그러므로 우리는 연원도통(淵源道通)이다. 연원을 알아야 도통할 수 있는 것이다. 속담에 맥 떨어지면 죽는다 하나니 연원을 바르게 잘하라 라고 전경 교법 2장 43절에 가르쳐 놓으셨다.

※ '천지개벽경193p'에 '나는 판 밖에서 일을 짓노라.'

○ 옛날 증산상제님께선 세상의 기존 종교와 법도를 벗어나 갖은 멸시와 고난을 겪으면서 새 판을 꾸미셨고,

○ 그에 이어 도주님께선 (태극도) 판 밖에서 계시로 종통을 이으셨으며,

○ 또 박우당 도전께선 장자 상속 도수에 의해 판 안에서 직접 종통을 이으셨으나 《진괘 사명도수 (震卦 司命度數)》, 도주님의 혈족과 기존 임원들의 저해로 인하여 다시 판 밖으로 나와 새 판을 열어 사명을 완수하셨다.
　이상의 내용들은 모두 상제님의 도가 판 밖에서 이루어짐을 시사한 것이니 판 밖을 취하심은 세상의 이목과 또 부패한 기득권자들의 저지를 피하도록 하기 위함이며 거기다 새 도수를 위한 새사람들이 필요한 까닭이다.

'동곡비서'에,
　○ 판 안 공부로는 알 수 없을 것이요. 판 밖 공부라야 알게 되느니라.

○ 판 안 사람 둘러보니 많고 많은 저 사람들 (다 제각각) 어떤 사람 이러하고 어떤 사람 저러하니 판 안 사람(이라 해도 진짜) 판 안 공부할 수 없어 허리끈 졸라매고(고생 고생타가 생각을 돌려) 뒷문 열고(은밀하게) 내다보니(밖을 살펴 알아보니) 판 밖 소식 이르리라. 이미 판 밖에 진짜 소식이 이르러 있으리라.

※ 이 끝부분이 '도전'에는 '봉황이 지저귄다'로 되어 있다. 이것은 성인(聖人)이 설도(說道)함을 뜻함이다.

◎ 수원 나그네가 귀가함이여! 집을 나갔던 주인공이 다시 돌아옴이요. 또한 새 얘기 새 일로 날밤을 새움이여 판 밖에 있던 주인공이 판 안으로 돌아옴이로다.

◎ 판밖에서 만난 '수원 나그네'를 판 안에서 다시 만나게 됨은 그 사람이 원래의 자기 집으로 돌아감이다.

◈ 수원 나그네

수원을 한자로 표기하면 수원(水源)과 수원(水原)으로 표기할 수가 있고 둘 다 물이 흐르는 근원을 의미하고 있지만 그것이 뜻하는 내용면에서는 차이가 있다. 즉 水原은 물이 있고 그 터전이 있는 기원(起源)되는 곳이고 水源은 그러한 곳에서 물이 생겨 흐르게 되는 근원을 말하게 된다. 따라서 물이 생겨날 수 있는 터전이 없으면 水源은 조성되지 않는다. 이러한 차이가 있는 가운데 전경상(典經上)에는 수원 나그네와 관계된 말씀이 다음과 같이 기술되어 있다.

상말(商末: 은나라)에 이제 보니 수원(水原) 나그네라 하나니 누구인지 모르고 대하다가 다시 보니 낯이 익고 아는 사람이라는 말이니 낯을 잘 익혀 두라. 내가 장차 열 석자로 다시 오리라 하시고, 수운 가사에 발동(發動) 말고 수도(修道) 하소, 때 있으면 다시 오리라 하였나니 알아 두라 하시니라. (도전 10: 24: 3~6)

◎ 상제께서 속담에 이제 보니 수원 나그네라 하나니 누구인 줄 모르고 대하다가 다시 보고 낯이 익고 아는 사람이더라는 뜻이니 나를 잘 익혀 두라고 말씀하셨도다. [행록 5장 30절]

그러므로 수원 나그네란 **강증산**, **조정산**, **박우당**의 신위를 상제님으로 모실 한 사람이 나온다는 말씀이시다.

4. 대두목(大頭目) 공사

'대두목'이란 용어는 증산 성사께서 오신 후로 나오는 용어이다. 증산 성사께서 내가 어찌 모든 것을 홀로 행하겠느냐, 하시면서 대두목에게 법방을 주어 보낼 것이라고 말씀하신 것이 시초가 된다. 이것을 각 종단에서 아전인수 격으로 해석하여 신도들을 유인하는 방편으로 활용하고 있는 것이다.

대두목에 관한 언급을 하지 않을 수 없는 이유는 대두목이 도통의 상지이기 때문이다. 사람들은 자신의 힘으로 진리에 도달하기보다는 누군가에 능력을 의지해 편하게 목표를 달성하려는 의타심이 있다. 중보자와 대두목은 인간의 의식이 어릴 때 하나의 표본으로서 필요한 것이다.

또 가라사대 도통줄을 대두목에게 주어 보내리라. 방법만 일러주면 되나니 내가 어찌 홀로 맡아 행하리오, 도통시킬 때에는 유불선 각 도통 신명들이 모여들어 각기 그 닦은 근기에 따라서 도를 통하게 하리다 말씀하셨다.

그러므로 대두목은 도통줄을 가지고 오는 사람이며 증산상제님의 가르침을 전하는 사람이라는 것을 가르쳐 놓으셨다. 증산 상제님께서 전해 주는 법방은 유불선 각 도통 신명들이 모여든다고 하셨으니 이는 종교의 정수를 뽑아 놓은 것이란 말씀이다. 증산 상제님의 말씀을 통해 그것이 전수된다는 것은 의심할 여지가 없다. 실제로 그 속에는 유불선의 정수를 하나로 뽑아 세계통일의 후천오만년 지상선경(仙境) 낙원시대의 설계도가 들어 있다.

상제께서 학동을 떠나던 어느날 박 공우에게 '나의 이번 길은 한 사람의 절을 받기 위함이니 이 절이 천하에 널리 미치리라'고 말씀하시고 [예시 1장 48절]

모든 공사 내용이 결국 한 사람에게로 귀결되는 것이다. 그것은 사실이 그러하니 이것이 곧 통합 원리로, '천지개벽경127.p'에 상제님께서 때가 오면 한 사람이 먼저 도통을 받나니 이것은 모든 도인들이 그 한 곳 한 사람에게로 돌아가도록 한 천명이니라(時來 一人 先受道通 此 萬道歸一之 天命也) 하심이요, 또 대두목하에 수교자 아홉을 두어 도(道)를 통합해 이끌도록 하신 대두목 공사에도 부합하다.

대두목을 자청한 자는 하늘이 정한 자가 아니면 지기가 돌 때 심장이 파열되고 뼈마디가 퉁겨지니 대두목은 하나이니 어찌 둘일 수 있으랴 하시니라. [도주님 말씀 중에서]

토정결(土亭訣)에, 거북딱지만 한 구석방에서 아침에서 저녁까지 구차하게 살며(龜玆一隅 朝暮苟活) 사마귀처럼 붙박여 외로이 성을 지키는 백수군왕이란 무슨 말이옵니까?(黑子孤城 白首君王 何謂乎) 거북딱지만 한 구석방이란 갖은 풍상을 다 겪음이오(龜玆一隅 閱歷風霜也) 사마귀같이 붙박여 외로이 성을 지킨다 함은 한동안 초라하게 지낸다는 말이며(黑子孤城 草屋數間 也) 백수 군왕은 동학가사의 오얏이 꽃을 피우니 모든 복숭아꽃이 만발한다는 말이니라(白首君王 東學歌詞之李花桃花滿發也) 장차 초라한 곳에서 성인이 나오리라(草幕之家 聖人出焉). [천지개벽경.p] [대두목 출현공사]

노자(老子)가 장차 대도(大道)에 출세하리라. [천지개벽경. p] 증산, 구천 상제께서 공사하시길,

그리고 '내가 도통줄을 대두목에게 보내리라. 도통하는 방법만 일러주면 되려니와 도통 될 때에는 유, 불, 선의 도통신들이 모두 모여 각자가 심신으로 닦은 바에 따라 도에 통하게 하느니라. 그러므로 어찌 내가 홀로 도통을 맡아 행하리오'라고 상제께서 말씀하셨도다. [교운 1장 41절]

상제께서 동곡에 머물고 계실 때 교운을 펴시니라. 종도 아홉 사람을 벌려 앉히고 갑칠에게 푸른 대(竹)나무를 마음대로 잘라 오게 명하셨도다. 갑칠이 잘라 온 대가 모두 열 마디인지라. 그중 한 마디를 끊고 가라사대 '이 한 마디는 두목이니 두목은 마음먹은 대로 왕래하고 유력할 것이며 남은 아홉 마디는 수교자의 수이니라.' 그리고 상제께서 종도들에게 '하늘에 별이 몇이나 나타났는가'보라 하셨도다. 갑칠이 바깥에 나갔다 들어오더니 '하늘에 구름이 가득하나 복판에 열려서 그 사이에 별 아홉이 반짝입니다'고 아뢰니라. 상제께서 '그것은 수교자의 수에 응한 것이니라'고 말씀하셨도다. [교운 1장 38절]

정산, 옥황상제께서 공사하시길,
오늘날 도의 안팎에 사칭되는 진법도 많고 대두목도 많도다. 구천 상제께

서 무극주로서 물 샐 틈 없이 짜 놓으신 삼계의 도수를 모르는 인간들의 무지야 말로 말할 것도 없거니와 대도(大道)를 안다는 자들의 미혹을 나는 더욱 천연하노라. 두목을 자처하는 자는 금후에도 무수히 나올지라도 모두 천벌을 면치 못하리라. 대두목은 이미 정하신 하나뿐이니 어찌 둘일 수 있으랴. [태극진경. p]

우당, 세존상제께서 공사하시길,
상제님이 누가 만들어서 된 게 아니다! 구천 상제님은 천지의 권능을 자유자재로 임의대로 하셨다. 그러니까 밖에 다른 사람들도 상제님이라고 추종해 나가는 것이다. 전경에도 있고 성화 모신데도 있다 하셨다.

1990년 도전님께서 여주 도장 본전 신축공사를 시공하시고 급히 서둘러 4개월(120日) 만에 완공하신 후 1990.12.11(陰 10.25)로 영대 봉안을 예정하셨으나 거행하시지 않으시고 그 후로도 여기에 대해서는 아무런 언급이 안 계셨다. 그리고 임원들에게 한 달 보름이 되도록 지방으로 내려가라는 명이 계시지 않자 임원들은 도장 내에서 영문도 모른 채 무료히 시간만 보내고 있었다.

그런데 임원들이 식사하러 내려올 때나 올라갈 때 보면 도전님께서는 항상 숭도문에 납시어 무엇인가를 애타게 기다리시듯이 앉아 계셨으나 임원들은 도전님의 의중을 헤아릴 수 없었다. 도전님께서 다음 해 1991년 여주 도장 본전에 영대 봉안을 하셨다.

또한 도전님께서 내정을 두 개를 만드셨는데 내정은 도전님 즉 종통을 받을 대두목을 기다리신 박우당 도전님의 뜻을 아는 임원은 아무도 없었다. 오히려 도전님이 대두목으로 알고 도통을 줄 거라 착각하였던 것이다.

※ '1963년 계묘생 12월 11일 네 번째 인물 참조'

※ 안동 방면 책임자 수임 선감 정봉훈은 도전님을 배반하고 대순에서 성공이 없다며 육성 녹음을 CD로 만들어 배포하였으며, 옥천 방면 책임자 선감 이유종은 도전님을 배반하고 타 단체를 만들려다 이에 틈타 부전 방면에서 국가 권력을 이용하여 여주 도장을 차지하고 있다. 또한 상도 방면은 섬도자(鳥)를 내세워 방면이 아니고 박성구가 도전이니 여주 도장에 앉혀 줘야 한다고 2003년 문화관광부에 소송한 바 있다.
(www.msge.co.kr 에 기록 참조)

그러므로 때가 되면 허령 받기 좋은 예다. 진강에 앞서 허령이 먼저 동하는 것이다.

증산, 구천상제께서 공사하시길,
선생이 종도들을 다 모아놓고 천지공사를 다 처결하고 내가 떠나리라 하시기로 다 모이니 풍우가 대작하니라. 속하다 하시고 허공을 보고 꼼짝 마라. 오늘은 참 성인을 판단하리라 하시고, 무슨 기를 만들어 문 앞에 세웠다가 소화하시니 뜻밖에 벽력이 일어나니 큰소리로 부르사 공자를 부르라. 종도들이 주저하니 선생이 크게 소리하사 공자를 못 부를까?

하시고 마루에 자리를 정하시고 공사를 보시고 꾸짖으시되, 그대가 무슨

성인인가? 말로는 삼강오륜(三綱五倫)을 밝히고 예의범절을 밝히는 도덕군
자라 해 놓고, 삼대에 그대가 먼저 출처(出妻)를 하였으니 그러면 그 중생의
원 억을 어찌할까? 그러고도 성인이라 할까? 저리 물리쳐라 하시고,

또 석가모니를 부르라 하사, 그대가 성인인가? 종자 없이 하는 성인이냐?
부모를 배반하고 일찍이 입산수도한다고 부모를 영영 잊은 죄가 말할 수 없
거든 나중에는 사람의 음양을 영영 없앨 생각을 하니 너의 도가 천하에 펴
인다면 사람의 종자가 남겠느냐? 네가 중생을 위하여 공부했다 하나 무슨
중생을 제도했느냐? 당장 물리쳐라.

또 노자(老子)를 부르라 하시니 또 꾸짖어 가라사대 어머니가 방문을 열
고 산실에 들어가실 적에 내가 이 신을 또 신을지 그렇게 산모의 고가 무섭
거든 너는 어미 뱃속에서 머리가 희도록 들어앉았으니 그 어미가 어찌 될
까? 그래도 네가 신선(神仙)인가? 천하에 그런 죄인이 다시없다. 네가 신선
의 법을 안다고 자랑을 하느냐? 당장 물리쳐라.

하신 후에, 공자 석가 노자를 다시 부르라 하시더니 들어라, 너희들이 인
간으로서의 대우는 상 대우를 받을 만하나 자네들 도덕을 가지고는 포덕천
하와 광제창생할 수 있는 가치는 못 된다는 말일세. 앞으로 나의 도덕이 세
상에 나오거든 모두 자네들이 그 도덕 안에서 잘 살도록 하소. 자네들의 도
덕이 전혀 못쓴다는 말은 아니로세. 나의 말이 옳은가? 들었으면 옳다고 대
답하소 크게 소리하시니 천지가 진동하야 문지방이 떨떨하는지라. 그제야
일어서시며 수천 년 미래에 오는 공사를 금일에 판결하니 일체 원 억이 오
늘로부터 고가 풀리리라 하시니라.

🌀 종통, 종맥의 정립, 신명계와 인간계

1. 증산= 신농씨, 요임금, 미륵불로 오셨던 상제님, 구천상제님 (신격) **원황(元皇)**무극 *以道一體* 이도 일체

2. 정산= 단주, 공자로 오셨던 도주께서 도수를 완수하셨으며, 옥황상제님 (신격) **천황(天皇)**태극 천존(天尊) **유(儒)**

3. 우당= 순임금, 석가불, 진묵으로 오셨던 도전께서 도수를 완수하셨다. 세존상제님 (신격) **지황(地皇)** 대순 지존(地尊) **불(佛)**

4. 대두목= 우 임금, 노자로 오신 대두목께서 도수를 완수하실 것이다. (곧 출현하실)(인격) **인황(人皇)** 도통 완성 인존(人尊) **선(仙)**

그리고 다시 말씀하시니라. 나의 얼굴을 똑바로 보아 두라. 후일 내가 출세할 때에 눈이 부셔 바라보기 어려우리라. 예로부터 신선을 말로만 전하고 본 사람이 없느니라. 오직 너희들은 신선을 보리라. 내가 장차 열석자의 몸으로 오리라 하셨다.
[전경 행록 5장 25절]

※ 신선의 모습은 눈이 부셔 바라볼 수 없고 열석자로 보이는 것이다.

속담에 이제 보니 수원 나그네라 하나니, 누구인지 모르고 대하다가 다시 보니 낯이 익고 아는 사람이라는 말이니 낯을 잘 익혀 두라. 내가 장차 열석

자로 출세하리라 하시니라.

[천지개벽경. p, 동곡비서. p]

曰(왈), 回文山(회문산)이 有二十四穴(유이십사혈)하고, 邊山이 有二十四穴(유이십사혈)하야 應人之二十四椎(응인지이십사추)하니, 今(금)에 回文山(회문산)을 定山君度數(정산군도수)하고, 邊山(변산)을 定海王度數(정해왕도수)하야 用之公事(용지공사)하노라.

註) 말씀하시기를, 회문산에 이십사 혈이 있고 변산에 이십사 혈이 있어 사람의 이십사 추에 응하나니 이제 회문산을 산군도수로 정하고 변산을 해왕도수로 정하여 공사에 쓰노라.

[천지개벽경. p]

상제께서 각 처에서 정기를 뽑는 공사를 행하셨도다. 강산 정기를 뽑아 합치시려고 부모산(父母山)의 정기부터 공사를 보셨도다. 부모산은 전주 모악산(母岳山)과 순창(淳昌) 회문산(回文山)이니라. 회문산에 二十四혈이 있고 그 중에 오선위기형(五仙圍碁形)이 있고 기변(碁變)은 당요(唐堯)가 창작하여 단주를 가르친 것이므로 단주의 해원은 오선위기로부터 대운이 열려 돌아 날지니라. 다음에 네 명당(明堂)의 정기를 종합하여야 하니라. 네 명당은 순창 회문산(淳昌回文山)의 오선위기형과 무안(務安) 승달산(僧達山)의 호승예불형(胡僧禮佛形)과 장성(長城) 손룡(巽龍)의 선녀직금형(仙女織錦形)과 태인(泰仁) 배례밭(拜禮田)의 군신봉조형(群臣奉詔形)이니라. 그리고 부안 변산에 二十四혈이 있으니 이것은 회문산의 혈수의 상대가 되며 해변에 있어 해왕(海王)의 도수에 응하느니라. 회문산은 산군(山君), 변산은 해왕(海王)이니라 하시고 상제께서 그 정기를 뽑으셨도다. [공사 3장 6절]

曰(왈), 天下萬世(천하만세)에 億兆衆生之壽命(억조중생지수명)이 定壽命宮(정수명궁)하노라.

註). 말씀하시기를, 천하 만세에 억조 백성의 수명을 수명궁에서 결정하노라.

● 공우에게 붙인 여러 중요한 도수

상제께서 공우에게,

① 의통주도수(醫統主度數)

의통인패 만드는 방법을 전하셨으며, 또 앞으로 만국의원을 설치하여 죽은 자를 재생케 하고, 눈먼 자 앉은뱅이 등 그 밖의 모든 병을 다 낫도록 하신 대두목 공사이다.

② 대강식도수(大降式度數)

수명소, 대학교, 복록소가 되는 도를 인계받아 대강식을 주관하고, 또 주인공으로서 모든 사람을 잘 회유하고 포용 화합하여 이끌도록 하신 공사이며, 더불어 이 내용은 복중80년신명에게 붙인 (천상천하 도통주 도수) (사물탕80첩도수) 대두목 공사와 도 뜻이 연결된다.

③ 우리선생님도수(曰我師而隨度數)

앞으로 공우가 갱생하여, 미륵출세, 예수재림, 수운갱생에 대한 전말을 밝힘과 더불어 모든 사람들이 그를 선생님으로 따르도록 하신 대두목 공사이다.

④ 왕시불이귀가혜도수(往侍佛而歸家兮度數)

　왕시불이귀가혜(往侍佛而歸家兮)는, 가서 부처님을 모시고 우리집으로 돌아오자는 뜻으로, 상제님께서 공우를 시험하여 그가 앞으로 석가불의 화신인 도전님의 종통을 능히 받을 만함을 증명하신 대두목 공사이다.

⑤ 만국대장도수(萬國大將度數)

　상제님께서 공우를 28장과 24장을 거느리는 만국대장으로 임명하여 앞으로 개벽(開闢)을 이끌도록 하신 공사이며 이는 관운장에게 삼계병마권을 맡긴 대두목 공사와도 의미가 부합(符合)하다.

⑥ 9사중9천도수(九射中九天度數).

　이는 박공우에게 화살 9개로 천정을 쏘게 하신 공사로써 앞으로 공우로 하여금 상제님 공사내용을 파악하고 선(仙)의 기운을 수렴하여 의통도수를 전개토록 하신 공사이니 이는 앞 ①의 의통주공사 내용과도 부합(符合)하다.

⑦ 좌득천하도수(坐得天下度數).

　이는 상제님께서 좌득천하(坐得天下)의 대길지인 호승예불혈(胡僧禮佛穴)을 공우에게 세 번 만에 하사하신 내용으로 앞으로 세 번째 종통 계승자로서 덕포어세(德布於世)하여 좌득천하도록 하신 대두목 공사이다.

⑧ 5성출도수(五聖出度數).

　상제님께서 공우로 하여금 앞으로 황극진주판(皇極眞主板)의 주인으로서 다섯 성인을 내어 도를 이끌도록 하신 대두목 공사이다.

⑨ 장군천시험도수(將軍泉試驗度數).

　상제님께서 정읍 과교리에 있는 장군천을 공우에게 시험하여 성웅으로서 그가 앞으로 세상의 영웅기운을 모두 걷도록 하신 대두목 공사이다.

⑩ 환골탈태도수(換骨奪胎度數).

　상제님께서 몸소 세수하신 물을 공우에게 주어 그 물로 세수시켜 환골탈태토록 해 하루의 일정을 행하도록 하신 공사로 앞으로 상제님의 도법에 의해 공우가 먼저 환골탈태하고 더불어 모든 도인들도 환골탈태하여 선풍도골(仙風道骨)이 되도록 하신 대두목 공사이다.

※ 도통과 환골탈태는 다른 것이다.

　환골탈태란?= 애벌레가 매미가 되고 나비가 되듯 듣지도 보지도 못한 일이 이루어지는 것이다. 꽃은 과정이고 열매는 결과이듯 우주 탄생 이래 가을 성숙기에 인간 완성이며 결과인 것이다. 즉, 천세 만세도 살 수 있는 것이다. 즉, 구더기는 똥만 먹고살다 때가 되면 생각을 바꾸고 흙냄새를 21일 동안 얻어 파리가 되는 자연계 이치가 남아 있다.

　증산, 구천상제께서 공사하시길,

　상제께서 하루는 '천지 대팔문(天地大八門) 일월 대어명(日月大御命) 금수 대도술(禽獸大道術) 인간 대적선(人間大積善) 시호 시호 귀신 세계(時乎時乎鬼神世界)'라 써서 신 경수의 집에 함께 살고 있는 공우(公又)를 주어 경수의 집 벽에 붙이게 하시고 가라사대 '경수의 집에 수명소(壽命所)를 정하노니 모든 사람을 대할 때에 그 장점만 취하고 혹 단점이 보일지라도 잘 용서하여 미워하지 말라'하셨도다. 이때에 또 형렬(亨烈)에게 가라사대 '법(法)이란 것은 서울로부터 비롯하여 만방(萬方)에 펼쳐나가는 것이므로 서울 경자(京字) 이름 가진 사람의 기운을 써야 할지로다. 그러므로 경수(京洙)의 집에 수명소(壽命所)를, 경학(京學)의 집에 대학교를, 경원(京元)의 집에 복록소(福祿所)를 각각 정하노라'하셨도다. [전경 예시 46절]

① 여기에는 조금도 간과할 수 없는 내용이 예시돼 있는 것으로, 대강식(大降式)의 대강은 신이 대강하는 것(大降: 크게 내림) · 신이 임하는 것 · 신을 사람에게 봉(封)함 · 천강(天降)을 받음 등등의 뜻이니, '대강식'은 곧 신명들을 대강시켜 사람에게 봉하는 의식으로 바로 12,000 도통의식을 말하며 또한 이것이 '태극진경'(p.507)에 도주님께서 '앞으로 자통(自通 = 自家道通 = 自修道通)은 없으며, 때가 되면 대강(大降)으로 일시(一時)에 열어 주리라'하심이다.

② 그것에 쓰이는 주문이 공우에 의해서 그가 같이 살고 있는 주인집인 신경수의 집에 붙여져 공표된 것은 바로 '서울 경(京) 자'에 그 의미가 있다고 하셨으니 대강 풀어보면 서울 방면 속에 공우(公又) 대두목(우임금)이 있어야 되고 또한 천운에 인하여 밖에 있어야 구천 상제님의 공사가 정확한 것이다.

첫째: 경수(京洙)의 집에 수명소(壽命所)를, 우선 주인집인 신경수(申京守)의 집은 장차 불로장생 무병장수를 얻어 신선될 사람들이 도를 펴며(申:

펼 신) 서울을 지키고(京'守': 지킬 수) 같이 수도하는 주인공 집(主人 집 = 主人公 집)이니 곧 도의 현 주인과 미래의 새 주인공(공우(公又)도수 대두목)이 계신 도장을 뜻함이요.

둘째: 경학(京學)의 집에 대학교를, 김경학(金京學)은 장차 신선될 사람들에게 상제님의 추절인 서방 금왕 지운 사상을 바르게 가르치는 천지 대도 대학교이니(京學) 역시 도장을 뜻함이요.

셋째: 경원(京元)의 집에 복록소(福祿所) 또 신경원(辛京元)은 큰 복을 얻기 위해 갖은 신고를 겪으며(辛: 매울 신·혹독할 신) 도를 닦는 사람들이 의지하고 사는 서울(京) 으뜸원(元)의 으뜸 된 곳이란 의미로 경원(京元) 이 또한 같은 도장을 뜻한다.

③ 고로 결국 모든 도장이 모두 같은 한곳이요, 또 그곳이 바로 모든 후천 창생들 삶의 원초적 기본이 되는 참된 수명과 배움과 복록을 주관하는 수명소요, 대학교요, 복록소란 뜻이며,

※ 도전님께서 도장에서 하는 공부를 큰 공부라 하셨으며, 복록 성경신·수명 성경신·지기금지원위대강 성경신이라 하셨다.

④ 더불어 형렬에게 밝히심은, 한편으로 형렬에게 좌불도수를 붙여 증산 상제께서 서울에 거주하시며 공사하셨듯이 불지형체와 지각도수, 즉 형(亨 = 夏 = 여름)의 석가불도수를 맹렬히(烈) 전개하게 될 도전님 도수를 의미하심이며, 또 도전(都典)은 모든 법을 관장하는 분이란 뜻이

니 역시 모든 법이 서울로부터 비롯하여 만방에 퍼져 나가는 것이라며 서울 경(京)자 도수를 보신 내용과 직결이 되는 것이요, 덧붙여 서울이 평안해야 온 나라가 평안하게 되나니, 잘 알려지지 않은 공우의 본명 경안(京安)에도 숨겨진 깊은 의미가 있다.

⑤ 그리고 공우로 하여금 대강식 주문을 게재하게 하셨으니 이는 장차 그의 주관 하에 대강식이 있게 됨을 그 주인공 당사자로 하여금 직접 공표하게 하시는 공사이며 또한 이것은 모든 시작이 바로 세 분, 강증산, 조정산, 박우당의 신위를 상제님으로 모실 그 주인으로부터 비롯되는 까닭이다.

⑥ 거기다 공우가 그 글을 게재하고 난 후 그에게, 모든 사람을 대함에 있어 그의 장점을 취해 쓰고 단점은 잘 회유하여 용서하라 하심은, 앞으로 주인공으로서 반드시 갖추어야 할 덕목인 포용과 화합을 요청한 대두목 공사인 것이다.

정산, 옥황상제께서 공사하시길,
봉강식(奉降式)을 마치신 후(後)에 상제(上帝)께서 임원(任員)들에게 하교(下敎)하시기를, 대강식(大降式)은 후일(後日)에 있느니라. 그때에는 도인(道人) 각자(各自)가 집이든 직장(職場)이든 어디에 있더라도 전진고(前進鼓)가 울리면 대강전(大降殿)으로 몰려들어 문(門)이 있는 대로 올라오게 되리라. 그리하여 자기(自己)가 닦은 공(功)을 자기(自己) 스스로의 혜각(慧覺)으로 깨달아 알아서 자기(自己) 자리를 찾아 서게 되므로 오늘과 같이 혼잡(混雜)스럽지 않으리라 하시니라.

우당, 세존상제께서 공사하신 곳,
여주 도장 공부가 2010년이 되면 시학 공부가 36차회가 된다.
360바둑판 수 1점은 대두목 점, 2010년 삼인 동행 신위 모심

바둑판은 361점인데 중앙 태을점은 대두목 점이고, 나머지 360점에 36명씩 자리하면 1만 2,960명이 된다.

대순 도장의 혈자리 이름(참고)

여주본부도장 梅花落地穴(매화락지혈)
중곡도장 龍馬胞胎穴(용마포태혈)
포천수도장 仙人讀書穴(선인독서혈)
금강산토성수련도장 鶴舍飛天穴(학사비천혈)
제주수련도장 璇璣玉衡穴(선기옥형혈)

대순 도장의 포정문에 새겨진 글(도전께서 남기신 글)

대순(大巡)이 원(圓)이며 원(圓)이 무극(無極)이고 무극(無極)이 태극(太極)이라,
그러나 그 기동작용의 묘리는 지극히 오밀현묘하며 무궁무진하며 무간무식하야 가히 측도치 못하며 가히 상상치 못할 바이기 때문에 반드시 영성한 분으로서 우주지간에 왕래하고 태극지기에 굴신하며 신비지묘에 응증하야 천지를 관령하고 일월을 승행하며 건곤을 조리하고 소위천지와 합기덕하며 일월과 합기명하며 사시와 합기서하며 귀신과 합기길흉하여 창생을 광제하

시는 분이 수천백 년만에 일차식내세하시나니 예컨대 제왕(帝王)으로서 내세(來世)하신 분은 복희 단군 문왕(伏羲檀君文王)이시오. 사도(師道)로서 내세(來世)하신 분은 공자(孔子), 석가(釋迦), 노자(老子)이시며 근세(近世)의 우리 강증산성사(姜甑山聖師)이시다.

그리고 이미 운이 끝난 '서가여래 하감지위'라는 주문으로써 후천 5만년의 진법이 열릴 수는 없는 것이다. 후천오만년은 미륵운이다. 그러므로 박성세존상제(朴聖世尊上帝) 3원위에 모셔져야 미륵 운이 열리는 것이다. 이 바꾸는 법은 도주께서 남기셨다. 서울이란 뜻은, 서울은 도읍(都邑)이고 도읍(都邑)은 천자소거(天子所居)라 하였으니 천자(天子) 즉, 대두목 님이 계신 곳이 도읍(都邑)이다.

그리고 상제님께서 도통과 대두목에 대해,
○ 때가 되면 도통을 먼저 대두목에게 내려 주리니, 곧 그 대두목이 천하의 도통 신들을 이끌고, 각각 닦은 바 공덕의 대소에 따라 모두 도를 통하게 하리라. [천지개벽경. p]

○ 그리고 '내가 도통줄을 대두목에게 보내리라. 도통하는 방법만 일러 주면 되려니와 도통 될 때에는 유, 불, 선의 도통신들이 모두 모여 각자가 심신으로 닦은 바에 따라 도에 통하게 하느니라. 그러므로 어찌 내가 홀로 도통을 맡아 행하리오'라고 상제께서 말씀하셨도다. [교운 1장 41절]

○ 나는 복중 80년신명(대두목)을 신명계에 왕래시키니, 그가 곧 천상천하의 도통주이니라. [속수전경. p]

○ 판 밖에서 도통하는 이때에(이때임에)… 판 밖에 도통 종자를 하나 두노라. 장차 그 종자가 커서 천하를 덮으리라.
[동곡비서. p]

서양에 날아다니는 기계가 있어 흉기를 싣고 다니며 재앙을 퍼붓다가 이때가 닥치면 꽃으로 바꾸어 꾸미고 너희들을 모셔가서 한 길짜리 상에다 산해진미를 차려 놓고 아리따운 아가씨들이 예쁘게 춤추며 아름다운 음악을 번갈아 연주하여 만백성이 반겨 맞이하리니 너희들이 그때 누리게 될 영화와 즐거움이 오늘 내 눈에 선연히 보이노라. [천지개벽경. p]

이제 너희들이 지금은 고생이 있을지라도 장차 천하만국을 주유하며 중생을 가르칠 때 그 영화는 비길 데가 없으리라.
[예시 1장 82절]

너희들이 장차 천하만국에 돌아다니며 가르칠 때에는 오죽이 대우를 잘 받겠느냐. 그 때에는 큰 영귀(榮貴)가 되리라.
[증산도 8:66]

우당, 도전께서 말씀하시기를,

수련의 련자는 쇠 녹일 련자다. 자꾸 닦아야 한다. 우리가 수도하고 수련한다고 해서 절하고 주문하면 다 되는 것은 아니다. 영통이 도통이다. 우리는 도통이 목적이다. 자나 깨나 우리는 수도이다. 수도에는 기도, 공부, 항상 비는 마음, 항상 심령 즉, 마음과 정신을 통일시켜 나가는 것이다. 여기에 시한부가 들어가면 도로아미타불이 되어 버린다 라고 말씀하셨다.

   복희는 신봉어천(神封於天)이고,
   문왕은 신봉어지(神封於地)이다.
   이번에는 신봉어인(神封於人)이다.
   새로운 법이 다시 나오는 것이 아니다. 옛날 그 법(法)이 그 법이다 라고 말씀하셨다.

   註)
   신봉어천(神封於天)= 6,000년 전에는 복희씨가 하늘에 신명을 봉하고,

   신봉어지(神封於地)= 3,000년 전에는 강태공이 삼천육백 개 낚싯바늘로 땅에 신명을 봉하고,

   신봉어인(神封於人)= 상제께서 말씀하시기를, 이번에 선천 오만년 을 종결 짓고 우주의 가을 개벽하여 후천 선경 세상이 열리는데 사람에게 신명을 봉하려면 네 번째 인물 대두목에게 맡긴다 라고 말씀하신 것이다.

5. 동방의 등불

일찍이 아시아의 황금 시기에 빛나는 등불의 하나였던 한국, 그 등불이 다시 켜지는 날, 너는 동방의 빛이 되리라.

– 타고르 –

인도의 시인 라빈트 라나트 타고르가 한국을 읊은 이 시의 구절은 우리에게 너무나 익숙하고 다정하다.

이 시는 우리에게 용기와 희망을 준다. 분명히 우리는 아시아의 황금 시기에 빛나는 등불의 하나였다. 미국이 발견되고 독일이 나라를 이루기 오래 전에 우리는 동방의 한반도에 민족생활의 터전을 잡고 고대 문화의 꽃을 피웠다. 일본을 가르친 문화의 스승이었다.

그러나 북상하는 세력과 남하하는 세력의 틈바구니에 끼어서 고난과 시련의 십자가를 늘 져야만 했다. 80년 이상 평화가 계속된 때가 없었다.

60여차의 외침과 전쟁을 겪었다. 우리는 이 시련을 이기고 민족의 생명을 지탱하기에 국력을 소모했다. 최근 대에는 일본 침략으로 나라의 힘이 고갈됐었다.

이제 우리는 새 민족이 되어 새 한국을 건설하고 새 역사를 창조해야 한다. 옛날에 빛나던 그 등불이 다시 켜지는 날 우리는 동방의 새로운 빛이 될 수 있다.

타고르의 시는 회고의 감상을 노래한 시가 아니다. 미래의 밝은 희망과 비전을 제시하는 시다. 이제 우리에게 절실히 필요한 것은 민족적 자신을 가지고 우리의 잠재된 창조적 정신을 개발해 나아가는 것이다. 자기와 자기의 힘을 믿는 것이 발전의 기본요소다. 내부의 깊은 곳에서 솟구치는 힘만이 가장 강하고 무섭다. 우리 민족은 그러한 힘을 지녔다.

문제는 그것을 믿고 지혜롭게 개발하고 꾸준히 육성하는 것이다.

동방의 등불

— 타고르 —

일찍이 아시아의 황금시기에
빛나던 등불의 하나인 코리아

그 등불 다시 한 번 켜지는 날에
너는 동방의 밝은 빛이 되리라

마음에는 두려움이 없고

머리는 높게 쳐 들린 곳

지식은 자유롭고
좁다란 담벽으로 세계가 조각조각 갈라지지 않는 곳

진실의 깊은 속에서
말씀이 솟아나는 곳

끊임없는 노력이
완성을 향해 팔을 벌리는 곳

지성의 맑은 흐름이
굳어진 습관의 모래벌판에 길 잃지 않은 곳

무한히 퍼져나가는 생각과 행동으로
우리들의 마음이 인도되는 곳

그러한 자유의 천국으로
내 마음의 조국 코리아여,

깨어나소서.

※ '코리아'란 조선이 아니라 고구려를 뜻함을 표현한 것으로 볼 수 있다.

1929년 4월 2일자 동아일보에 주요한 역으로 게재됐었던 인도의 시성(詩聖) 타고르(1861-1941)의 시 〈동방의 등불〉이다. 1913년 노벨 문학상을 타기도 했던 타고르는 조국 인도와 같이 식민지 치하에서 신음하던 한국인에 대한 사랑과 연민의 정을 가지고 이 시를 썼다. 타고르는 한국을 소재로 한 시 두 편 〈동방의 등불〉과 〈패자의 노래〉를 남겼다.

그런데 이 시가 짧게 끝나 아쉬웠던지, 언제부터인가 이 뒤에 '기딴자리(Gitanjali)'의 시가 덧붙여져서 유포되었다. 이 시는 타고르가 영국에 항거하는 인도 사람들을 위하여 쓴 시인데, 아마 그때의 처지도 그와 비슷하여 자연스럽게 끌어들여진 것 같다. 그 내용은 아래와 같다.

마음에 두려움 없이 머리를 높이 치켜들 수 있는 곳

지식이 자유로울 수 있는 곳

작은 칸으로 세계가 나누어지지 않은 곳

말씀이 진리의 속 깊은 곳에서 나오는 곳

피곤을 모르는 노력이 완성을 향하여 팔 뻗는 곳

이상의 맑은 흐름이 무의미한 관습의 메마른 사막에 꺼져들지 않는 곳

님의 인도로 마음과 생각과 행위가 더욱 발전하는 곳

그런 자유의 천국으로 나의 조국이 눈뜨게 하소서, 나의 님이시여.

6.
이씨 조선 오백 년

조선(朝鮮)은 1392년 7월에 고려의 무관이었던 태조 이성계가 건국하였으며 1897년 10월에 고종이 칭제건원하고 세운 대한제국으로 계승되었다. 수도는 한양이었으며 북부로 압록강과 두만강을 경계로 중국과 러시아와 접경하였다. 조선은 독립국이며 종주국이다. 내왕외제를 이용하였으며 명나라와의 충돌을 피하기 위해 겉으로는 명나라에 왕을 칭했으나 조선 내부에서는 묘호를 사용하였으며 500년간 중국 황제에게 조공을 바쳐 왔던 것이다.

※ 조공(租貢)의 뜻, 감사와 복종의 표시로 입조(入朝)하여 토산물을 공물(貢物)로 바치던 외교 의례. 조(朝)는 문안 인사를 뜻하는 입조 또는 배알(拜謁)의 예(禮)를 의미하며 공(貢)은 예물로 바치는 방물(方物) 즉, 각 지방의 토산물을 뜻함.

조선(朝鮮)은 고려의 뒤를 이어 1392년부터 1910년까지 약 518년간 한반도와 그 부속 도서를 지배했던 국가로 성리학을 기반으로 한 전제군주정 국가이다.

고려 말 혼란기 황산대첩 등의 활약으로 명장으로서 명성을 얻은 이성계가 위화도 회군으로 고려를 멸망시키고 옛 고조선의 이름을 물려받아 건국하였다. 이후 1897년, 고종이 대한제국을 선포하면서 국호가 변경되었다. 국호를 조선으로 한 날은 1393년 음력 2월 15일이었으며 양력 1897년 10월 12일에는 대한제국이 공식 선포되었고 1910년 8월 29일에는 일제에 의한 경술국치에 의해 일제강점기가 시작(국권 피탈)되면서 대한제국 또한 역사의 뒤안길로 사라지게 된다.

조선(朝鮮)은 임금(王)이 다스리는 500년 도읍으로 조선 개국 1392+500=1892년이 된다. 증산 상제님(하느님) 강림은 1871년이다.

대한제국 1897년은 황제(皇帝) 기운이 없는 것이다. 조선개국 600년이 지나면 천자(天子)가 나온다고 개국공신 무학결에도 기록되고 서울시 왕십리 답십리 지명이 말해 준다.

조선은 500년간 중국 황제(皇帝)에게 조공(租貢)을 바쳐 왔던 것이다.

이후 일본은 천황(가짜) 제도를 만들어 조선(왕) 국가와 중국 황제국을 지배하려다 원자폭탄에 의하여 미국에 항복하였다.

※ 대한 제국이란, 명성황후 이씨 5백 년 조선 왕(朝鮮 王) 통치에서 황제(皇帝)가 나올 수 없다. 상제(하나님)의 공사에 의하여 천자(天子)가 등장하는 것이다. 즉 고종은 황제가 될 수 없다는 것이다. 조선은 왕(王) 국가이다.

※ 상제님의 공사에 천자(天子)란 전 세계를 통치하는 것을 천자라 한다. 황제(皇帝), 임금(王), 여왕(女王), 작은 나라를 뜻함이다.

※ 여왕(女王, 영어: queen regnant, 문화어: 녀왕)은 왕국에서 성별이 여성인 군주를 가리키는 칭호이다.

※ 중국은 많은 임금(王)으로 독립되어 우리나라 천자국을 섬길 것이다.

중국은 예로부터 우리의 조공을 받아 왔으므로 이제 보은신은 우리에게 쫓아와서 영원한 복록을 주리니 소중화(小中華)가 곧 대중화(大中華)가 되리라 일러 주셨도다.

상제님이 강림한 국가는 천자국(天子國)

우리나라는 대중화(大中華) 전 세계의 중심 대국(大國)

말씀하시기를,
상제께서 원일과 덕겸에게 '너희 두 사람이 덕겸의 작은 방에서 이레를 한 도수로 삼고 문밖에 나오지 말고 중국 일을 가장 공평하게 재판하라. 너희의 처결로써 중국 일을 결정하리라' 이르시니 두 사람이 명하신 곳에서 성심 성의를 다하여 생각하였도다. 이렛날에 원일이 불리워서 상제께 '청국은 정치를 그릇되게 하므로 열국의 침략을 면치 못하며 백성이 의지할 곳을 잃었나이다. 고서(古書)에 천여불취 반수기앙(天與不取反受其殃)이라 하였으니 상제의 무소불능하신 권능으로 중국의 제위에 오르셔서 백성을 건지소서. 지금이 기회인 줄 아나이다'고 여쭈어도 상제께서 대답이 없었도다. 덕겸은 이레 동안 아무런 요령조차 얻지 못하였도다. 상제께서 '너는 어떠하뇨' 하고 물으시는 말씀에 별안간 생각이 떠올라 여쭈는지라. '세계에 비할 수 없는 물중지대(物衆地大)와 예락문물(禮樂文物)의 대중화(大中華)의 산하(山河)와 백성이 이적(夷狄···오랑캐)의 칭호를 받는 청(淸)에게 정복되었으니 대중화에 어찌 원한이 없겠나이까. 이제 그 국토를 회복하게 하심이 옳으리라 생각하나이다.' 상제께서 무릎을 치시며 칭찬하시기를 '네가 재판을 올바르게 하였도다. 이 처결로써 중국이 회복하리라' 하시니라. 원일은 중국의 해원공사에만 치중하시는가 하여 불평을 품기에 상제께서 가라사대 '순망즉치한(脣亡則齒寒)이라 하듯이 중국이 편안하므로써 우리는 부흥하리라. 중국은 예로부터 우리의 조공을 받아 왔으므로 이제 보은신은 우리에게 쫓아와서 영원한 복록을 주리니 소중화(小中華)가 곧 대중화(大中華)가 되리라' 일러주셨도다.
　[전경 공사 3장 18절]'

※ 대두목은 이레를 들어 7일 동안 작 방에서 상제님의 공사를 정리하여 중국보다 우리나라가 큰 나라로 공사하신 말씀을 전하는 것이다.

　상제께서 말씀하시기를,
　조선은 원래 일본을 지도하던 선생국이었느니 배은망덕은 신도(神道)에서 허락하지 않으므로 일시 저들의 영유는 될지언정 영원히 영유되지는 않게 하리라.

　일본(日本)은 너무 강렬[强烈]한 지기[地氣]가 모여 있으므로 그 민족성[民族性]이 사납고 탐욕[耽慾]이 많고 침략열[侵略熱]이 강하여 우리나라가 예로부터 그들의 침로[侵鹵]를 받아 편한 날이 적었나니 그 지기(地氣)를 뽑아 버려야 우리나라도 장차 편할 것이요 저희들도 또한 뒷날 안전을 누리리라.

그러므로 내가 이제 그 지기를 뽑아 버리기 위하여 전날 신방죽 공사[神濠公事]를 보았는데 신방죽과 어음[語音]이 같은 신호에 화재가 일어난 것은 장래[將來]에 그 지기(地氣)가 크게 뽑혀질 징조[徵兆]니라 하시니라.

말씀하시기를,
속언에 중국을 대국(大國)이라 이르나 조선이 오랫동안 중국을 섬겨 왔으므로 장래에는 소중화(小中華)를 대중화(大中華)로 뒤집어 대국의 칭호가 조선으로 옮기게 하리니 과거의 언습을 버릴지니라 하시니라.

그러므로 종교문화라는 것이 가정과 국가와 사회에 역행이 된다고 하면 인간 세상에 수용당할 수가 없다. 종교문화는 건전해야 된다. 그렇지 않은 종교도 이 역사 속에 얼마든지 있다. 자기 조상을 배척한다든지, 제 혈육을 버린다고 하면 그건 안 되지 않는가. 윤리상으로도 반인륜적인 행위이다.

우리 상제님의 진리는 억만 분지 1프로도 손색 되는 것이 없다. 가정, 국가, 민족, 사회, 어디에도 손색이 없는 진리다. 우리는 상선(上善) 세계, 가장 좋은 세상을 지향한다.

7. 삼신 신앙(三神信仰)

신계(神界)의 주벽, 대두목이 전하는 완성된 도(道) 삼신 신앙,

大巡眞經은 후천오만년 三神信仰이다.
대순진경은 후천오만년 삼신신앙이다.

상제(上帝)께서 대순(大巡)하신 진리의 신앙은 한민족(韓民族)이 예로부터 숭배해온 삼신신앙(三神信仰)이다.

우리나라에서 삼신(三神)이 온 민족의 뇌리에 가장 최근까지 남아 있었던 실체는 '삼신할머니'였다. 지금은 우리 뇌리에서 거의 지워져 가고 있지만 삼신할머니가 인간에게 아기를 점지 하여야만 임신을 하여 아기를 낳을 수 있다는 우리 민족의 믿음은 인간의 생사는 반드시 삼신이 주관했던 태초 신앙의 흔적이 아직은 남아 있기 때문이다. 이러한 삼신신앙은 우리 고유의 제천 신앙이나 설화에서 찾아볼 수 있다. 환인, 환웅, 왕검의 세분 건국설화를 바탕으로 삼신신앙이 전해져 내려왔으며 삼신이 생명을 점지했다는 전설이 오늘날까지 전해지고 있다.

우리나라에서는 예로부터 금강산, 지리산, 한라산을, 봉래산(蓬萊山) 방장산(方丈山) 영주산(瀛洲山)이라 칭하여 삼신산(三神山)이라 불러왔고, 실제로 진시황 때 방사 서복이 우리나라에 불로초(不老草)를 구하러 왔다가 제주도까지 갔으나 못 찾고 돌아갔다 하여 제주도에는 '서귀포(西歸浦)'라는 지명이 남아있다.

남사고의 격암유록에도 '동해삼신(東海三神) 불사약(不死藥)' 이라고 기록되어 있는데 이는 동해의 삼신을 찾으면 영원히 죽지 않는다는 뜻이다. 불교(佛敎)에는 미륵삼존불 신앙이 있다. 이는 미륵삼존불께서 앞으로 오신다는 신앙인 것이다. 금산사와 개태사에 삼존불상을 세워 놓은 것은 삼신신앙의 발로이다.

원래 석가모니는 제자들에게 신명계의 많은 신(神)들에 대해서 자주 설법하였는데, 그가 가장 강조하였던 설법은 장차 도솔천에 계신 미륵불(彌勒佛)께서 하생(下生)하신다 라고 기록되어 있다. 석가모니 설법 당시에는 석가탄생 후 삼천 년이 지나면 미륵불 세상이 열리는데 살아서 왕생극락(往生極樂) 간다고 설법하였다. 삼신신앙이 있는 민족에게 불교가 들어와 불상이 3불로 모셔져 있으나, 그릇된 불교문화를 접하면서 죽어서 극락 간다고 가르치고 있으니 신빙성 없고 신앙인의 조상 천도제 지내는 것으로 관리를 유지할 뿐이며 또한 불기는 삼천 년이 지났고 500년을 줄여 불기를 사용하는 것은 이미 기운이 없다는 것이다.

유교(儒敎)에서는 삼성(三聖)이 말세에 세상을 구제한다고 하였다. 또한 기독교 천주교에서는 하느님을 성부(聖父) 성자(聖子) 성신(聖神)이 삼위일체(三位一體)로 계신다 하여 삼신 신앙(三神信仰)을 가지고 있다.

전경 [교법 3장 24절]에, 먼저 난법을 세우고 그 후에 진법을 내리나니, 하셨듯이 진법주에 15신위를 세우실 때 원위(元位)의 삼신(三 神)을 **구천하감지위, 옥황상제 하감지위, 석가여래 하감지위**라는 난법을 세워 두시고 천부적인 종맥으로 종통이 삼천(三遷)이 되어 감에 따라 삼신(三神)이 완전히 밝혀져 진법으로 정해지도록 해 두셨다.

그리고 도통주(道通呪)를 보면 신아 신아(神神) 삼아 삼아(三 三) (出) 즉 신이여! 신이여! 삼신이여! 삼신이여! 라고 되어 있어 삼신을 찾아야 도통(出)을 한다고 하였다.

삼천(三遷)이라야 일이 이루어지느니라 라고 하시니 인류 구원의 소망은 세 분 하느님(三神)을 한자리에 모시고 삼신을 찾아야만 도통과 구원이 되는 것이다. [예시 87절]

● 일(一)은 곧 '하나'

일(一)은 곧 '하나' (대두목)이 말하는 진법은 바로 이 하나(一)를 말하는 것. 이 하나(一)는 시작하여 없는 하나(一)이고 마침이 없는 하나(一)이다.

인간들이 구분한 삼교(三敎)도 근원은 이 하나(一)와 일치한다. 불가에서는 만법귀일(萬法歸一) 곧 만 가지 법이 하나로 돌아간다고 말하고 있는데 그 하나가 바로 '하나(一)'의 진법을 가리키는 것이다. 도교(道敎)에서는 이것을 포원수일(抱元守一) 곧 으뜸(元)을 품고 하나(一)를 지키는 것이라 하고, 유교(儒敎)에서는 집중관일(執中貫一) 곧 가운데(中)를 잡고 하나(一)로 관통하는 것이라고 주장하고 있다.

삼교가 모두 하나(一)로 중심을 삼고 있는 것은 결국 근원이 같다는 것을 말해 주는 것이다. 이런 이치를 알고 '하나(一)'의 공부에 임하도록 해야 한다. 사람 몸(人身)을 빗대어 이런 이치를 설명하면 온갖 공부법의 뿌리는 바로 '한 곳' 곧 일규(一竅)로 돌아가는 것 또는 일규를 관통하는 것이라고 할 수 있다.

천일(天一) 지이(地二) 인삼(人三)의 이치.

일(一) 곧 '하나'는 하늘의 이치를 말하는 것이고 무극(無極)의 진리를 표방한다고 했다. '하나'는 가로로 그리면 일(一)이 되지만 둥글게 그리면 '원(○)'이 된다. '원'은 무시무종(無始無終) 곧 시작도 없고 끝도 없다. 〈천부경〉에서는 이것을 일시무시일(一始無始一) 일종무종일(一終無終一)이라고 한다. 이 '원'은 우주의 진공체(眞空體)를 말하는 동시에 하늘의 '형상 없음'을 나타내는 것이다.

역(易)에서는 하늘의 수하나(天一)가 물을 낳는다(生水)고 했다. 이 하나(一)가 삼(三)으로 변해 천삼생목(天三生木)하는 것이 우주의 이치다. 하나가 셋으로 변하고 셋이 원주율(圓周率)을 이룬다.

이렇게 해서 우주의 창조와 변화가 일어난다. 흔히 선천(先天)의 변화원리를 수화기제(水火旣濟)라고 일컫는다. 물론 수화기제는 수행자에게 있어서도 깨달음에 이르는 법칙이다. 숨기운을 사람 몸에 돌려 수승화강(水昇火降)이 이루어지면 진단(眞丹)이 결성(結成)되기 때문이다. 이 공부는 오로지 잡념을 쫓고 일심불이(一心不二)로 해야만 진경을 볼 수 있다.

박우당 도전님의 훈시 말씀에서,

대순(大巡)이 무극(無極)이요, 무극(無極)이 대순(大巡)이요, 무극(無極)이 태극(太極)이요, 태극(太極)이 무극(無極)이다. 태극(太極)이 무극(無極)에서 나왔다는 것이 아니다. 전 우주(全宇宙)에 모든 천지 일월(天地日月)이라든지 삼라만상(森羅萬象)의 진리(眞理)가 대순(大巡)태극(太極)의 진리(眞理)다 하셨다.

위의 예언들은 모든 종교에서 고대하던 상제(천주, 하느님, 미륵)의 강림과 맥을 같이 하고 있다. 미륵불(彌勒佛)이 오셔서 극락세상을 열어 주실 것이라는 3,000년 전 석가의 예언, 조물주(造物主)께서 오셔서 대동세계(大同世界)를 열어 주실 것이라는 2500년 전 공자의 예언, 그리고 2000년 전 하느님께서 오셔서 지상천국을 건설해 주실 것이라는 예수의 예언이 바로 그것이다. 이렇게 옛 성현들과 성인들은 모두 공통적으로 상제(하느님)의 강림을 예언하고 고대하였던 것이다.

평택시 미륵 돌
주소: 평택시 소사동 70-4

평택시 소사동에 있는 문화재보호구역 주변에 평택시의 건축 허가 승인으로 신축 건물이 들어서는 가운데 불법 산림훼손이 일어나고, 비지정문화재인 '소사동 석조미륵입상'이 형상변경(문화재의 위치가 바뀌는 일) 되어 시의 문화재 관리 부실이 도마에 오르고 있다.

이 돌미륵은 2014년 평택문화원에서 '평택문화유산 연구조사' 문화유산적 가치가 있으니 지정문화재로 지정해 보존해야 한다고 평택시에 건의한 바 있던 문화재로 최근 토지주가 안중의 모 사찰에 기증하자 시민단체들이 원상회복을 주장하고 나섰다.

윤시관 문화재 지키기 시민 연대 상임대표는 "마을 공동체에서 관리해온 미륵불을 개인 소유물처럼 다른 곳으로 옮긴 것은 있을 수 없는 행위"라고 주장했다. 평택시는 비지정문화재라 토지주를 강제할 법적 수단이 없어 곤혹스러운 처지다. 시민단체들은 평택시가 소사동 대동법시행기념비 주변 훼손에 이어 인근 돌미륵까지 제대로 관리하지 못하자 평택시의 문화재 관리 의지를 질타하며 대책을 요구하고 있다.

이런 상황에서 백승종 전 서강대 사학과 교수는 10월 5일 금요 포럼이 주최한 '소사원 돌미륵의 문화적 가치'라는 특별 강연에서 "소사원 돌미륵은 향토문화유산으로 개인 처분은 안되며, 원상 복귀하고 소사원 일대를 역사 문화공원으로 지정해야 한다"라고 주장했다.

소사동 당집 부근에 위치한 미륵불로 매년 마을 주민들이 당제를 지낼 때 300여 년 된 참나무 제당 앞에 제물을 차려 놓고 제를 지낸 후 80미터 떨

어져 있는 미륵불에도 헌작을 해 오고 있었다.

 마을 당제 제관이 대표하여 대동 소지를 올리며, 일반 주민들이 가정의 안녕과 기복을 위해 수시로 미륵불에 와서 기원을 하고 있었는데 통일부 장관 후원으로 미륵불을 없애고 신축 석가불 건물을 세워 신도를 모집하고 있는 현시대의 모습이다.

 미륵불은 미래 불로 갓을 쓰고 홀로 밖에 서서 눈, 비, 바람맞으며 극락 세상 후천오만년 지상 선경을 여는 불이고, 석가불은 대웅전에 모시는데 대웅전을 지을 때 위쪽에 산신각, 또는 칠성각을 먼저 모시고 아래쪽에 대웅전을 지어야 풍파가 없는데 철없는 이들로 인하여 우리나라는 외국에서 쳐들어와서 지배하기를 원하는 나라가 되었으니 얼(精神)이 없고 부모 조상도 없는 주인 없는 나라가 되어 백성은 늘 목이 말라 사이비 종교 천국에서 헤매다 깨달음도 없이 생을 마감하여 저승에 가서도 도를 찾아 헤매는 것이다.

 갓(god)이란= 하느님, 하나님, 창조주, 일부 종교에서 신과 같은 존재라 한다.

미륵의 위격

◎ 서교는 신명의 박대가 심하니 감히 성공하지 못하리라.
[증산도 도전. p] [태극진경. p] [교법 1장 66절]

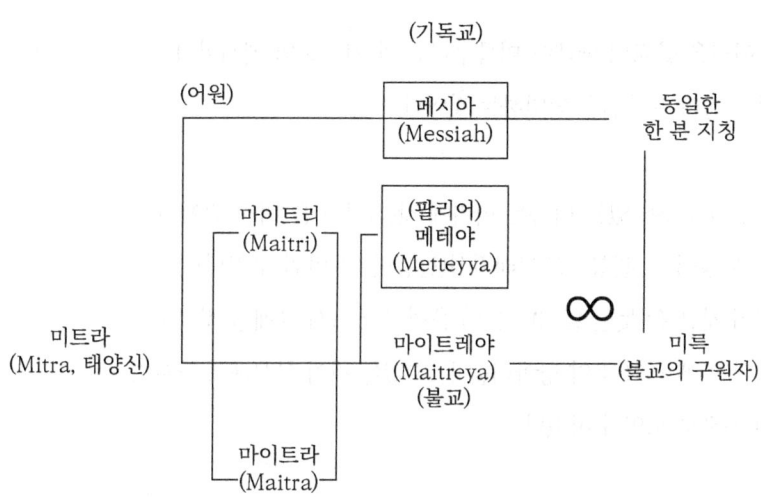

미륵(彌勒)의 위격은 천주님

미륵의 위격과 권능에 대해서는, 미륵의 어원을 추적해 보아도 알 수 있다. 본래 '미륵(彌勒)'의 어원은 범어로 '마이트레야(Maitreya)' 석가의 다음으로 오는 불이며, 고대 인도어인 팔리어로는 '메테야(Metteyya)' 미래의 구원불이다.

그리고 미륵의 어원인 '마이트레야(Maitreya)'라는 말은 본래 '미트라(Mitra)'라는 신의 이름으로부터 유래되었는데, 미트라는 인도. 페르시아 등지에서 섬기던 고대의 태양신이다. 그런데 대단히 흥미롭고 충격적인 사실은, 기독교에서 구세주의 뜻으로 쓰이고 있는 '메시아(Messiah)'라는 말도 이 미트라(Mitra)에서 유래되었다는 것이다.

이것은 불교의 메테야(미륵부처님)과 기독교의 메시아가 동일한 한 분이라는 놀라운 사실을 의미하는 것이다.

우리나라에 있는 미륵은 머리에 갓(하나님)을 머리 위에 모셔 저 있는 것이 특징이다. 관봉석조여래좌상(팔공산 갓 바위 부처님) 등 불상의 머리에 마치 갓을 쓴 듯한 넓적한 돌이 올려져 있어서 유래한 것이다. 불상의 왼 손 바닥 안에 조그만 약 항아리를 들고 있는 것이 확실해서 약사여래불을 표현한 것으로 보인다 하였다.

그러므로 우리 민족의 미륵 정신이 삼위일체 삼신 상제님을 대두목이 모셔야 한다는 것을 바르게 전하는 것이 상제님의 대순하신 대순진경인 것이다.

천지(天地) 천법(天法)의 도(道)가 펼쳐지리니 하늘에 있던 것이 땅에서도 이루어지리라.

일만 이천 도통군자가 모시는 삼신.

〈원본〉

聖父

聖子 元亨利貞奉天地道術藥局 在全州銅谷生死判斷

聖身

註) 성부(聖父)와 성자(聖子)와 성신(聖神) 삼위일체(三位一體) 상제님을 모시고 원형이정(元亨利貞)으로 천지 도술(天地道術)을 받들며 생사(生死)를 판단(判斷)하노라.

※ 상제께서 성자(聖子) 옆에 도술 약국을 두신 것은 만국 의원을 완성하라는 공사이시다.

※ 子, 아들 자인데 생각해 볼 상제(하나님)의 공사이시다.

聖父 聖子 聖身 元亨利貞奉天地道術藥局 在全州銅谷生死判斷,
성부 성자 성신 원형이정봉천지도술약국 재전주동곡 생사판단,
[전경 행록 5장 38절]

상제께서 二十三일 오전에 여러 종도들에게 가라사대 '이제 때가 바쁘니라. 너희들 가운데 임술생(壬戌生)으로서 누이나 딸이 있거든 수부(首婦)로 내세우라. 형렬이 '수부로서 저의 딸을 세우겠나이다'고 아뢰이니 말씀하시기를 '세수시키고 빤 옷으로 갈아입혀서 데려오라' 하시니라. 형렬이 명하신 대로 하여 딸을 상제 앞에 데려오니라. 상제께서 종도들로 하여금 약장을 방 한가운데 옮겨 놓게 하시고 그의 딸에게 약장을 세 번 돌고 그 옆에 서게 하고 경석에게 '대시 태조 출세제왕 장상 방백 수령 창생점고 후비소(大時太祖出世帝王將相 方伯守令蒼生點考后妃所)'를 쓰라 이르시니라. 경석이 받아 쓸제 비(妃)를 비(妣)로 잘못 쓴지라. 상제께서 그 쓴 종이를 불사르고 다시 쓰게 하여 그것을 약장에 붙이게 하고 '이것이 예식이니 너희들이 증인이니라'고 말씀을 끝내고 그의 딸을 돌려보내시니라. 상제께서 경석에게 그 글을 거둬 불사르게 하셨도다.
　[전경 행록 5장 31절]

생사판단(生死判斷)

후비소(后所妣)와 후비소(后妃所)
차 경석이 받아쓰니 비(妃)를 비(妣)로 쓰므로,

　근래에 김형렬 종도의 따님인 김말순(金末順) 수부님이 부쩍 관심을 끌고 있는 것 같다. 가만히 있으면 죽음을 면할 수 있는 사람들이 몇몇 사람의 헛소리에 현혹되어 욕심이 발동하면서, 천자를 도모하는 죽을 길로 뛰어들면서 생긴 현상이라고 판단된다. 아무튼 이런 상황을 초래한 공사가 후비소(后妃所) 공사이다.

비(妣) 죽은 어머니 비

증산도는 차 경석이 만든 보천교를 자랑스럽게 말하며 증산 어른 부인 고 판례가 고 후비(妣)라 모시고 방송국까지 만들어 개벽에 대하여 많이 나온다.
 아버지란? 단주에 아버지는 요임금이고 순임금은 사위인 것이다. 소상 반죽은 그때 핏자국이 대나무에 있어 지금도 역사에 기록된 것이다.

소상반죽(瀟湘斑竹)

아황(娥皇)과 여영(女英)의 아픔이 담긴 눈물로 상비죽(湘妃竹)으로도 불린다. 대나무의 속은 마치 부챗살의 색깔 모습과 같이 붉다.

중국의 전설적 임금인 요(堯)는 자기의 후계자로 인망이 두터운 순(舜)을 선정하여 두 딸 아황(娥皇)과 여영(女英)을 그에게 맡겼다. 치세(治世)의 영웅이었던 순은 남방의 각지를 순행하다가 창오(蒼梧)의 들판에서 세상을 떠났다.

이 소식에 접한 두 사람의 비는 급히 달려와 순임금이 묻힌 창오산으로 가려고 하였으나 뜻을 이루지 못하고 상수(湘水) 가에서 서로 붙들고 슬피 울다가 강에 몸을 던져 지아비 순임금의 뒤를 따랐다. 이때 흐르는 눈물을 손으로 닦아 강가의 대나무에 뿌렸는데 그것은 피눈물이 되어 그 대나무 마디마디에 아롱아롱 얼룩이 지더니 이상하게도 그때부터 상포(湘浦)의 대나무는 모두 빨간 점으로 얼룩 대가 되었다고 한다.

이것이 이 지방에서 생산되는 상비죽(湘妃竹) 또는 소상 반죽이라고 불리는 대나무인데 남편을 따라 죽은 아황과 여영의 절개를 상징하게 되었다고 한다. 후대에 오면서 순임금의 두 아내를 이비(二妃)·상부인(湘夫人) 또는 상비(湘妃) 등의 이름으로 부르며 기리게 되었고, 이 반죽의 절개라는 상징성도 그 활용 범위가 일반적인 대에까지 확대되고 그 대상 또한 충신·의사·열사 등으로 변형되어 갔다고 한다.

그리고 오늘날의 반죽은 이 소상 반죽을 옮겨 심어서 세상에 퍼졌다고 한다.

성부 성자 성신, 도술 약국(道術藥局) [만국의원 참조]

삼신을 모시는 곳을 급히 찾을 때이다.

십사만 사천 명이 부르는 노래 〈성경 참조〉

또 내가 보니 보라 어린 양이 시온 산에 이마에는 어린 양의 이름과 그 아버지의 이름을 쓴 것이 있더라. 내가 하늘에서 나는 소리를 들으니 많은 물 소리와도 같고 큰 우렛소리와도 같은데 내가 들은 소리는 거문고 타는 자들이 그 거문고를 타는 것 같더라.

그들이 보좌 앞과 네 생물과 장로들 앞에서 새 노래를 부르니 땅에서 속량함을 받은 십사만 사천 밖에는 능히 이 노래를 배울 자가 없더라. 이 사람들은 여자와 더불어 더럽히지 아니하고 순결한 자라 어린 양이 어디로 인도하든지 따라가는 자며 사람 가운데에서 속량함을 받아 처음 익은 열매로 하나님과 어린 양에게 속한 자들이니 그 입에 거짓말이 없고 흠이 없는 자들 이더라.

또 보니 다른 천사가 공중에 날아가는데 땅에 거주하는 자들 곧 모든 민족과 종족과 방언과 백성에게 전할 영원한 복음을 가졌더라. 그가 큰 음성으로 이르되 하나님을 두려워하며 그에게 영광을 돌리라 이는 그의 심판의 시간이 이르렀음이니 하늘과 땅과 바다와 물들의 근원을 만드신 이를 경배하라 하더라.

또 여섯째 천사가 그 대접을 큰 강 유브라데에 쏟으매 강물이 말라서 동방에서 오는 왕들의 길이 예비되었더라.

※ 강물이 말라서= 서양에는 하나님 진리가 말라서

※ 동방에서 오는 왕들의 길이란= 성경에서는 동방으로 표기, 해 뜨는 우리나라에서 대두목이 일만 이천 도통 군자를 배출하면 도통 군자가 서양으로 구원의 도를 가지고 갈 때는 왕처럼 보인다고 묘사한 것이다. 예비 되었더라.

※ 성경 창세기에 동방 사람, 동방박사 등은 대두목에 의하여 진리가 완성되는 것이다.

예수는 오지 않는다. 이천 년 전 예수는 본인이 말한 것을 책임지려 이마두(마테오 리치)로 다시 태어나 동방 우리나라에 왔다 갔으니 예수는 오지 않는다.

상제께서 어느 날 김 형렬에게 가라사대 '서양인 이마두(利瑪竇)가 동양에 와서 지상 천국을 세우려 하였으되 오랫동안 뿌리를 박은 유교의 폐습으로 쉽사리 개혁할 수 없어 그 뜻을 이루지 못하였도다. 다만 천상과 지하의 경계를 개방하여 제각기의 지역을 굳게 지켜 서로 넘나들지 못하던 신명을 서로 왕래케 하고 그가 사후에 동양의 문명신(文明神)을 거느리고 서양에 가서 문운(文運)을 열었느니라. 이로부터 지하신은 천상의 모든 묘법을 본받아 인세에 그것을 베풀었노라. 서양의 모든 문물은 천국의 모형을 본딴 것이라.' 이르시고 '그 문명은 물질에 치우쳐서 도리어 인류의 교만을 조장하고 마침내 천리를 흔들고 자연을 정복하려는 데서 모든 죄악을 끊임없이 저질러 신도의 권위를 떨어뜨렸으므로 천도와 인사의 상도가 어겨지고 삼계가 혼란하여 도의 근원이 끊어지게 되니 원시의 모든 신성과 불과 보살이 회집하여 인류와 신명계의 이 겁액을 구천에 하소연하므로 내가 서양(西洋) 대법국(大法國) 천계탑(天啓塔)에 내려와 천하를 대순(大巡)하다가 이 동토(東土)에 그쳐 모악산 금산사(母岳山金山寺) 삼층전(三層殿) 미륵금불(彌勒金佛)에 이르러 三十년을 지내다가 최 제우(崔濟愚)에게 제세대도(濟世大道)를 계시하였으되 제우가 능히 유교의 전헌을 넘어 대도의 참 뜻을 밝히지 못하므로 갑자년(甲子年)에 드디어 천명과 신교(神敎)를 거두고 신미년(辛未年)에 강세하였노라'고 말씀하셨도다. [전경 교운 1장 9절]

상제께서 감방을 옮기신 후에 형렬 · 자현에게 가라사대 '세 사람이 모이면 관장의 공사를 처결하나니 우리 셋이면 무슨 일이든지 결정하리라' 하시고 또 자현에게 가만히 가라사대 '비록 몇십만 인이 이러한 화액을 당하였을지라도 일호의 상처가 없이 다 풀리게 할지니 조금도 염려 말라' 하시니라. 그믐날 밤에 우뢰와 번개가 크게 일어나는 것을 들으시고 상제께서 '이것은

서양에서 신명이 넘어옴이니라'고 말씀하셨도다. 상제께서 옥중에서 과세하셨느니라. [전경 행록 3장 61절]

또 상제께서 종도들에게 三人同行(삼인동행) 예시 85절
하나님은 세 분

그럼 삼위일체에 대한 근거 구절이 신약에만 있고 구약엔 없을까? 그렇지 않다. 신약처럼 명백하지는 않지만, 구약에도 삼위일체를 암시하는 구절들이 등장한다. 하나님이 인간을 만드실 때, 우리가, 우리의 모양대로, 우리의 형상을 따라, 사람을 만들자 했다. (창 1:26) 하나님께서 자기 자신을 우리라고 복수로 표현하신 것 자체가, 삼위일체 하나님을 암시한 표현이라고 할 수 있다.

또한 하나님이 아담과 하와를 추방할 때도, 동일한 표현법을 사용하셨다. 이 사람이 선악을 아는 일에 우리 중 하나같이 되었도다! (창 3:22) 여기서도 하나님이 우리라는 표현을 사용하셨다. 이것도 역시 삼위일체 하나님을 암시한 표현이라고 할 수 있다.

하나님이 바벨탑 사건을 심판하실 때도, 우리가 내려가서 저들의 언어를 혼잡하게 만들자 했다. (창 11:7) 여기도 역시 우리라는 표현이 등장한다. 이처럼 하나님은 자신을 묘사할 때, 자주 우리라는 표현을 사용하셨다. 만일 하나님이 혼자라면 우리라는 말을 쓰셨을 리가 없다.

※ 호신부(護身符)와 지환(地環)과 예복과 머리수건과 너울을 제하시리

라… 그때에 썩은 냄새가 향(香)을 대신하고… 너희 장정은 전란에 망할 것이며 그 성문은 슬퍼하며 곡할 것이요. (이사야 3:21, 3:24~25)

이 구원의 인간 천사는 지상에서 '동방의 해 뜨는 곳(From the East)'으로부터 먼저 와서 "서양이 나중에 구원될 것"을 암시하고 있다. 신앙하는 자들은 구원의 날에 동・서양이 동시에 구원될 것이라는 환상의 꿈을 꾸고 있다.

'성경'의 「요한계시록」과 기타 예언서에는 영계(靈界)의 활동 이야기만 주로 나오지 인간이 활동하며 행동하는 '인사(人事) 문제가 조금밖에 나오지 않기 때문에, 지상의 인간은 단지 때나 기다리다가 **휴거(携擧, rapture)**와 같은 구원을 받거나, 죽거나 하는 두 가지 길뿐이라는 환상을 갖게 된다는 사실이다.

이 동방의 해 뜨는 곳으로부터 출현하는 지상의 무리들은 '흰옷을 입은 백의민족'임을 말하고 있다. 어린 양의 피에 옷을 씻어 희어졌다는 것은 고난과 희생, 억압을 받아 온 '민족의 수난'을 나타내 주며 또 다른 우주의 비밀이 한 가지 담겨 있다.

이 일 후에 내가 보니 각 나라와 족속과 백성과 방언에서 아무라도 능히 셀 수 없는 큰 무리가 흰옷을 입고 손에 종려 가지를 들고 보좌 앞과 어린 양 앞에 서서 큰 소리로 외쳐 가로되 구원하심이 보좌에 앉으신 우리 하느님과 어린 양에게 있도다.

앞에서 구원의 천사는 구원의 작업이 시작될 때 대두목이 배출하는 도통군자들이다.

8.
천황이란?

천황이란, 하늘의 황제를 말한다.

하늘의 황제는 상제를 말한다. 즉, 일왕이 상제라 우기는 것이다. 일본은 자신들의 왕을 상제로 떠받드는 나라이다.

이것이 역천(逆天)이고, 사칭(詐稱)행위인 것이다. 천황 문화, 상제 문화의 원조는 우리나라 반도국이다. 원시 고대에 있었던 환인, 환웅, 환검께서 진짜 천황이고, 상제이다. 일본은 그러한 문화를 모방하고, 사칭하고 있는 것이다. 황제, 교황, 칸보다 더 나아가 직접적으로 천황이라고 하는 나라는 일본밖에 없다.

※ 반도국이란, 삼면이 바다로 둘러싸여 있는 국가를 말한다.
전 세계적으로 동방 3,8목(木)이 있고 삼신 신앙이 있는 나라.

진짜 천황과 그 하부의 천지신명이 보았을 때, 일본 천황을 어찌 생각할까?

근현대에 우리나라 반도국에서는 민족 얼의 형태로 다시 천황 문화를 계승하고 있다. 그것이 증산, 정산, 우당의 신위를 정하여 대두목이 모시는 삼신은 유일한 우리 민족 종단이며 문화이다. 증산, 정산, 우당 님은 모두가 천황이고 상제이다. 천황, 상제 문화는 반드시 삼신으로 성립된다. 하늘의 상제, 황제는 인간계에 오실 때에는 반드시 삼수 분화하여 오신다는 것을 증산 상제께서 가르쳐 주신 것이다. 따라서, 일왕의 천황은 삼신 천황이 아니기에 가짜이다. 그러한 것을 일본인들이 알아야 한다.

천황, 상제 문화는 반드시 태극의 문화와 함께 나온다는 것이다. 태극의 문화는 음양의 조화, 균형의 문화이다. 일본의 국기를 보라. 외, 국기이다. 그러니까 천황은 가짜이다. 태극 문화가 없다. 오직 외통 문화이다. 융합에 약하다. 일본이 자신들의 왕을 천황이라고 하는 것은 우리 반도국의 태극 문화, 천황 문화에 대한 도전행위이며 종교문화 침탈 행위인 것이다. 일본은 독도에 대한 영토침탈 행위뿐만 아니라 우리의 태극 문화, 민족 문화에 대한 침탈 행위도 함께 하고 있다는 것을 깨달아야 한다.

구천상제님께서 공사하시길,
상제께서 무더운 여름날에 신방축 공사를 보시고 지기를 뽑으셨도다. 종도들이 상제께서 쓰신 많은 글을 태인 신방축의 대장간에 가서 풍굿불에 태웠나니라. 며칠 후에 상제께서 갑칠을 전주 김 병욱에게 보내어 세상의 소문을 듣고 오게 하셨도다. 갑칠이 병욱으로부터 일본 신호(神戶)에 큰 화재가 났다는 신문 보도를 듣고 돌아와서 그대로 상제께 아뢰이니 상제께서 들으시고 가라사대 '일본의 지기가 강렬하므로 그 민족성이 탐욕과 침략성이 강하고 남을 해롭게 하는 것을 일삼느니라. 옛적부터 우리나라는 그들의 침해를 받아왔노라. 이제 그 지기를 뽑아야 저희의 살림이 분주하게 되어 남을 넘보는 겨를이 없으리라. 그러면 이 강산도 편하고 저희도 편하리라. 그러므로 내가 전날 신방축 공사를 보았음은 신호(神戶)와 어음이 같음을 취함이었으니 이제 신호에 큰 불이 일어난 것은 앞으로 그 지기가 뽑힐 징조이로다'고 하셨도다. [전경 공사 3장 31절]

 상제께서 최 창조의 집에서 종도 수십 명을 둘러앉히고 각기 세 글자씩을 부르게 하시니라. 종도들은 천자문의 첫 글자부터 불러오다가 최 덕겸(崔德兼)이 일(日)자를 부를 때 상제께서 말씀하시니라. '덕겸은 일본왕(日本王)도 좋아 보이는가 보다' 하시며 '남을 따라 부르지 말고 각기 제 생각대로 부르라' 이르시니라. 이튿날 밤에 상제께서 덕겸으로 하여금 담뱃대의 진을 쑤셔 내되 한번 잡아 놓치지 말고 뽑아서 문밖으로 버리게 하시니 그는 말씀하신 대로 진을 바깥에 버리자 온 마을의 개가 일시에 짖는도다. 덕겸이 신기하게 느껴 '어찌 개가 일제히 짖나이까'라고 여쭈니 상제께서 가라사대 '대신명(大神明)이 오는 까닭이니라.' 그가 '무슨 신명이니까'고 여쭈니 상제께서 '시두 손님이니 천자국(天子國)이라야 이 신명이 들어오나니라'고 일러 주셨도다. [전경 행록 4장 8절]

옥황상제님께서 공사하시길,
 천지인 삼계 공사의 도수는 털끝만큼의 차착(差錯)이 없으므로 이제 삼천리 동토에 아국(我國), 아도(我道)의 태극기가 집집마다 날리고 있으나 이번 간지(60갑자의 준말)가 끝난 장래에는 세계인의 가슴마다 태극이 박힐 날이 있을 것이며 태극의 원리가 과학문명과 정신문화의 기점임이 천명되리니 이 곧 선경 도수의 1단이라. 그대들은 오직 일심으로 수도하라. 일심은 곧 정심(正心)이니라 하시니라.

가르치시기를,

세계인의 가슴마다 태극이 박힐 날이 있을 것이며 태극의 원리가 과학문명과 정신문화의 기점임이 천명되리니. [태극진경. p]

세존상제님께서 공사하시길,

납향 치성이란 옛날 제후들이 천자를 위해서 정성을 바쳤던 것이다. 납향 치성을 드린다면 치성이니까 그냥 올리면 되지 무얼 해석을 하느냐? 치성은 음식 차려놓고 절하면 된다. 제사와 마찬가지다. 절을 할 때는 돌아가신 조상한테 하는 것이 아니냐. 납향 치성은 각 방면에서 치성을 올리지만 도장 즉, 영대에 대해서 치성을 드리는 것이다. (90. 2. 12)

제사는 죽은 사람에게 지내는 것이다. 치성도 마찬가지로 쉽게는 제사다. 도에서 치성은 하느님께 드리는 것이 아니냐. 자고이래로 살아있는 사람이 음식을 해 놓고 제사 받은 적이 없다. 도주님께서도 납향 치성(臘享致誠)을 한번 받으시고 화천하셨다. 납향 치성을 각 방면 회관에서 올리도록 하라. 납향 치성은 제후가 천자(天子)께 드리는 치성이다. 납향일(臘平日)은 동지로부터 셋째 미(未)일이고 이날 치성을 납향 치성이라 한다. (88. 11. 29) (90. 2. 12)

납향 치성을 도전에게 올리는 것이라고 하는데 자고 이래로 산 사람이 음식 해 놓고 제사 받은 적이 없다. (90. 2. 12)

납향은 매년 음력 섣달 동지 후 셋째 미일(未日)에 올리는 제향을 말하며 이날을 납평, 납일이라고도 하는데 그날 도에서 올리는 치성을 납향 치성이라 한다. 납향은 매년 음력 섣달 동지 후 셋째 미일(未日)에 올리는 제향을 말하며 이날을 납평, 납일이라고도 하는데, 그날 도에서 올리는 치성을 납향 치성이라 한다. 〈우당 도전님 훈시에서〉

납향은 도전님께 올리는 것이 아니라, 대두목 생일은 동지 지나 세 번째 미(未)일이고 대두목은 살아있는 신(神靈)이라는 것을 말씀하신 것이다.

● 인식의 오류를 바로잡기 위하여, 기록에 의하면

일본군 극비문서 기록에 의하면, 조선에 얼을 파괴하고, 조선인의 영혼을 지배하는 데 있어 가장 효과적인 방법은 기독교를 전파하여 세뇌시키는 것이다 라고 기록되어 있다. 서양에서 건너온 예수교는 부모가 사망하면 사탄, 마귀라 하여 우리나라 민족의 얼을 말살시키고 정신세계를 혼란을 주므로 하는 수 없어 하등에 잡신과 짝이 되는 이치이다.

기독교는 일제강점기 때 급격히 파급됐으며 조선총독부 훈령, 기밀 해제된 일본군 극비문서 기록에 의하면 조선에 얼을 파괴하고, 조선인의 영혼을 지배하는 데 있어

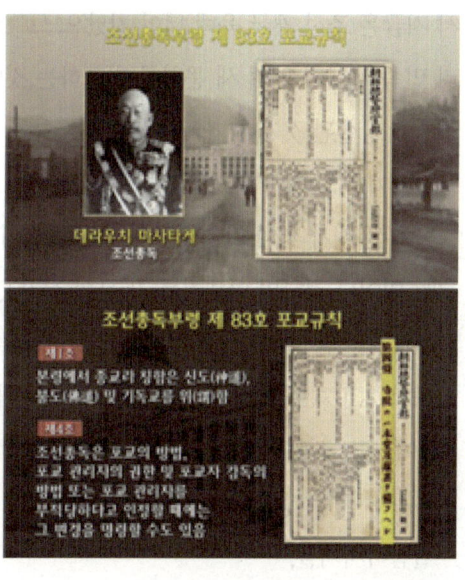

조선 총독부에서 기독교를 내세워 우리나라 삼신 신앙을 말살시킨 흔적

가장 효과적인 방법은 기독교를 전파하여 세뇌시키는 것이다 라고 기록되어 있다.

일본은 우리나라 얼을 파괴하고 서양에서 건너온 예수교를 전파하였으므로 최제우(천도교 교주)를 일본 명부(冥府)로 정하고 일본 명부 최제우는 대두목에 명을 받들어 상제 님의 천지 공사에 임하여야 한다는 것을 대두목은 대순진경으로 선포하는 것이다.

상제께서 구천에 계시사 최제우에게 강을 주어 세상을 평정하라 하였더니 천주(하느님, 한얼님)를 모르고 능력으로 왕이 되고자 꿈을 꾸므로 신교를 거두시고 직접 인간계에 스스로 강림하신 분이 우리 강증산 상제이시다. 이성계 조선 왕조 오백 년 지나 백 년은 대를 잇는다고 하여 대통령 문화에서 지금은 조선 개국 육백 년이 지났으므로 천자(天子) 문화를 계승하여 우리 민족을 널리 알려 새 문화를 창조하는 것이 곧 상제께서 대순하신 대순진경이 창설된 것이다.

상제께서 말씀하시기를,
남조선 배가 떠나오니 어떠하냐? 이 일이 우리들의 기초니라 하시거늘 모두 일어나 절하며 아뢰기를 참 무섭습니다. 선생님이 아니면 다 죽겠습니다 하니 말씀하시기를, 이렇게 허약한 무리들이 어찌 일을 재촉하느냐. 육정육갑(六丁六甲) 쓸어들이고 갑을 청룡이 내달릴 때는 살아날 놈이 없으리라. 이처럼 급할 때 나를 부르라 하시니라.

말씀하시기를,
전쟁은 내가 일으키고 내가 말리느니라 하셨다.

상제께서는 일찍이 인류에게 번질 병겁을 말씀하셨다. 즉 병란(兵亂) 병란(病亂) 도수이다. 제자가 여쭈기를 전쟁은 어떻게 말리려 하십니까. 병으로써 말리느니라. 앞으로 싸움 날만 하면 병란이 날 것이니 병란(兵亂)이 곧 병란(病亂)이니라 하시니라.

그러므로 병으로써 전쟁을 말린다는 공사이시다. 전쟁의 소용돌이 속으로 빨려 들어가는 극적 상황에서 병이 들어와 전쟁을 종결 짓는다는 말씀이시다.

제자가 괴질 병이 어느 나라에 먼저 오느냐고 묻자, 구원의 도가 있는 조선이라고 하셨다. 제자가 옛날부터 괴질 병이 서리가 내리면 없어졌습니다라고 하자 앞으로 오는 대병은 서리 내릴 때 더욱 심하여 가히 두려 우리라. 개벽기에 병겁이 들어오면 웃다 죽고 울다 죽는다며 죽는 사람이 부지기수라 신을 돌려 신을 정신도 차리지 못하리라 하셨다. 병겁이 일어나면 두더지가 땅을 뒤지지 못하고 제비가 하늘을 날지 못하리라 하시니라. 괴병이 돌 때는 자다가도 죽고 먹다가도 죽고 시체를 묶어 낼 자가 없어 쇠스랑으로 찍어 내되 신 돌려 신을 정신도 차리지 못하리라. 여기서 죽고 나면 저기서 죽고, 태풍에 삼대 쓰러지듯 척척 쌓여 죽는단 말이니라.

그다음에는 하늘에서 천둥 나고 땅에서 지진 나서 물이 몰랑몰랑해져 송장을 다 치워 버리게 되려니 또 말씀하시기를, 망량신 시켜서 하룻저녁에 서해 바다로 긁어내려 버린다 하시니라. 그때는 문중에 한 사람만 살아도 그 집에 운 터졌다 하리라.

상제께서 개고기를 상등인의 고기로서 즐기셨도다. 종도가 그 연유를 묻기에 상제께서, 이 고기는 천지 망량(魍魎)이 즐기니 선천에서는 도가가 기(忌)하였으므로 망량이 응하지 아니하였나니라 라고 말씀하셨다. [공사 1장 26절]

송장을 서해 바다로 쓸어 버리는 "망량신"!

＊ 참고) 도채비 · 독각귀(獨脚鬼) · 독갑이[狐魅] · 허주(虛主) · 허체(虛體) · 망량(魍魎) · 영감(제주도) 등의 이름으로 불리기도 한다. '삼국유사' 등 여러 문헌에도 기록되어 있는 것을 볼 때 삼국시대도 이미 도깨비 신앙이 존재하고 있었다고 추측된다.

망량(魍魎) 또는 망량(罔兩) 또는 망상(罔象), 물에 있는 귀신(鬼神). 낯은 푸르고 몸과 털은 붉다고 한다. 산, 강, 나무, 돌 등과 같은 영혼과 무덤에 사는 괴물이나 강 아이들과 같은 다양한 요괴에 대한 일반적인 용어이다.

일본에서는 물의 신을 의미하는 "미즈하"라고 불리며, 이 단어는 "미즈나미", "미두 하"및 "야토나미"와 같은 다양한 한자로 쓰인다. 일본에서는 일본서에 따르면 망상(罔象)의 일본어 이름은 "미즈하"로 물 신 (또는 여신)을 의미한다. 중국 웨이 웨이(Wei Wei) 책에서는 일반적인 사용법과는 별도로 Wei Wei가 특정 형태와 행동에 대한 설명과 함께 나타난다. Huai Nanzi (淮南子)에는 "치앙은 세 살짜리 아이와 같고 색은 붉은색이며 눈은 빨갛고 귀는 길며 아름다운 머리카락을 가지고 있다." 약 초서에 따르면, "그들은 죽은 자의 간을 먹는 것을 좋아하기 때문에 슈료에서는 호코를 가져와서 냄비에 들어가서 팡글 리앙을 쫓아낸다고 한다. 본질적으로 그들은 호랑이와 카시 와를 두려워한다. 지하에 있어 죽은 자의 뇌를 먹는 펑지유쓰(弗述)도 있지만, 목에 카시 와를 삽입하면 죽는다. 즉, 이것은 만연한 것이다"라고 기록되어 있다.

불바퀴와의 동일시

죽은 자의 간을 먹는 측면에서 볼 때, 일본에서는 웨이가 죽은 자의 시체를 훔치는 요괴 또는 불 바퀴로 확인되며, 웨이 웨이 (Wei Wei)라는 이름으로 불 바퀴와 비슷한 이야기가 언급되는 경우가 있다. 에도 시대 네기시 젠베이 (Negishi Zhenbei)의 에세이 "귀 가방"에 따르면, 시바타 (Shibata)라는 공무원 아래에 충성스러운 하인이 있었고, 어느 날 밤 그는 "나는 인간이 아니라 웨이 웨이 (Wei Wei)"라고 말하면서 여가를 구걸했다. 시바타가 이유를 물었을 때, 그는 자신의 역할이 인간의 유골을 훔치는 것이었기 때문에 마을에 가야 한다는 말을 들었다. 다음 날, 하인은 사라졌고, 마을에서는 장례식장이 갑자기 검은 구름으로 덮여 있었고, 구름이 사라지자 관에 있던 시체는 사라졌다고 말했다.

상제께서 공사하신 개고기 공사는 천지 망량(魍魎) 신이 즐기기에 개벽기에 나타나 죽은 송장을 서해 바다로 쓸어 버리는 "망량신" 공사를 보신 것이다.

증산 어른의 제자 안내성 성도의 제자 증언

하루는 한 성도가 일본 사람을 '왜놈'이라 부르니 상제님께서 들으시고 말씀하시기를, 일해 주러 온 사람들을 그렇게 험하게 말하면 어떻게 일을 제대로 하리오. 일 보는 사람이니 왜놈이라 부르지 말고 '일본 사람'이라 부르라. 일인(日人)은 일꾼이라. 나의 일을 하나니 큰 머슴이 될 것이니라.

그러나 일꾼이 주인의 집을 빼앗으려 하므로 마침내는 크게 패망할 것이니 일본 사람은 나한테 품삯도 못 받는 일꾼이니라하시니라. 하루는 상제님께서 말씀하시기를, 일본은 깔담살이 머슴이요, 미국은 중머슴이요, 중국은 상머슴이니라. 깔담 살이가 들어가면 중머슴이 나와서 일하고, 중머슴이 들어가면 상머슴이 나오리라 하시니라.

참고: 깔담살이 머슴, 꼴머슴, 땔나무나 꼴을 베어 오며 집안의 잔일을 거드는 나이 어린 머슴. (안내성 성도의 제자 배학범의 딸 배은실(1935~ 증언)

내 일은 셋만 있어도 하고, 셋이 없으면 둘만 있어도 하고, 둘이 없으면 하나만 있어도 하느니라. 그 하나도 없으면 말뚝에다 기운만 붙이면 천하사를 하느니라 하시고 붓대를 던지시니라. [증산도 道典 6:90. p]

참고: 일할 사람이 없으면 나무 말뚝에다 기운만 붙이면 천하사를 하느니라 하시고 붓대를 던지시니라.

曰 病來하면 屍臭觸鼻하야 雖脾胃之至强者라도 不能下一匙之飯하노라.
註) 말씀하시기를 병이 오면 송장 냄새가 코를 찔러서 비위가 아무리 좋은 사람이라도 밥 한 술을 뜨지 못하리라.

曰 病來하면 此願彼求하야 汝之徒난 日用草鞋三足하야 無間休하노라.
註) 또 병이 오면 너희들은 그들을 구하려고 하루에 짚신 세 켤레를 갈아 신고 쉴 틈이 없으리라.

弟子一問曰 病來하야 弟子之衆이 有往來無間之忙하고 有觸鼻難食之甚하면 庸殘之徒이 何能堪事乎잇가
註) 제자가 여쭈기를 병이 와서 제자들이 쉴 새 없이 바빠 오고 가며 송장

냄새가 코를 찔러 밥을 먹을 수 없을 정도로 심하다면 저희같이 못난 사람들이 어떻게 일을 감당하오리까?

曰 當此時하면 我난 賜大道於汝徒之身하고 我난 賜大力於汝徒之身하야 能當事有餘하노라.
註) 말씀하시기를 이때가 되면 내가 너희들의 몸에 큰 도통과 큰 힘을 주어서 일을 감당하고도 남음이 있게 하리라 하시니라.

弟子―問曰 大病이 襲于人世하면 天下에 何國이 爲先乎잇가.
註) 제자가 여쭈기를 대병이 인간 세상을 엄습하면 어떤 나라에 먼저 닥치나이까?

曰 始發之初가 在朝鮮하노라.
註) 말씀하시기를 맨 처음 일어나는 곳이 조선이니라.
弟子―問曰 大病이 東土에 先發하니 何以乎잇가.
註). 제자가 여쭈기를 대병이 어째서 이 나라에 먼저 일어나나이까?

曰 救病之道가 在朝鮮하노라.
註) 말씀하시기를 병을 고치는 방도가 조선에 있노라.
[천지개벽경. p]

※ 참고: 병겁으로 인간 종자 추릴 때 대두목이 삼위 상제님을 모신 진리로 병든 인류를 구원하라는 말씀이시다.

9. 복중(服中) 80년 신명

노자(老子) 복중 80년 신명

노자의 후신 대두목= 우 임금, 마하가섭, 노자로 오신 대두목

노자(老子)는 생모(母)의 복중(服中) 80년 만에 생모(生母)가 죽자 모(母)의 왼쪽 옆구리를 뚫고 나왔는데 복중(服中)에서 80세가 되어 백발노인이 되어 나왔으므로 노자(老子)라 한다.

노자(老子)의 성(姓)을 이씨(李氏)로 정한 것은 모(母)의 뱃속에서 나오자마자 오얏나무를 가리켰다 하여 룬시(瀧西) 이씨라 했다. 중국(中國)에서 이씨(李氏)는 룬시이씨(瀧西李氏)뿐이다.

공자(孔子)는 20세 많은 노자(老子)를 찾아가 도(道)를 물었다. 노자(老子)와 노탐(老耽)은 다르다. 노탐(老耽)은 당시 60세이다. 많은 책은 룬시이씨(瀧西 李氏)의 노자(老子)와 노탐(老耽)을 혼동하고 있다. 출생 직후 직지 이수(直指李樹)하니 성(姓)을 룬시 이씨(瀧西李氏)로 했다.

선천(先天)에 복중 기간(服中期間)은 280일 정도가 보통이고 최장(最長)은 296일이며 300일 생은 없다. 296일(辰成日生), 286일, 276일, 266일, 256일, 246일(卯日酉生)이 있다. 이는 임신(姙娠) 한 기수에 따라 이렇게 된다. 특수 예외 인물(人物)이 있는데, 진시황(秦始皇)은 12개월 복중(服中)이다.

중국에서 사람 이름에 "子"자(字)는 성인(聖人)에 붙인다. 당(唐) 나라 국교(國敎)는 도교(道敎)이다. 당태종(李世民)의 아버지 태조(太祖)가 종묘(宗廟)를 세우는데 노자(老子)의 신위(神位)를 세우고 제사(祭祀)를 지냈다.

말씀하시기를,

○ 나는 복중80년신명을 신명계에 왕래시키니, 그가 곧 천상천하의 도통주이니라. [속수전경. p]

○ 내가 도통줄을 대두목에게 보내리라. [교운 1장 41절]

○ 판밖에서 도통하는 이때에(이때임에)… 판 밖에 도통 종자를 하나 두노라. 장차 그 종자가 커서 천하를 덮으리라 하셨다. [동곡비서. p]

※ 이상의 대두목과 도통에 대한 말씀들로 볼진대 도통은 '판 밖에 있는 대두목'에 의해 이루어지고 또 그 도통줄을 가지고 있는 '복중 80년 신명'이자 사물탕의 주인공 즉, 노자임을 확실히 알 수 있다.

우보상최 등양명(禹步相催登陽明)

우보(禹步)는 우보(牛步)라고도 하며 소걸음처럼 느릿느릿 한 걸음걸이 즉, 대개 두발이 서로 만나지 않고 서로 따르며 걷는 보법을 일러 우보법이라 한다. 이것을 우보상최(禹步相催)라 한다. 상최(相催)는 서로 따르며 재촉한다는 의미이다.

도가의 저서 중 포박자에는 우보법에 대하여 다음과 같이 적고 있다.
바로 서서 오른발을 앞에 두고 왼발을 뒤에 둔다. 다음 다시 오른발을 앞에 놓고 왼발로써 오른발을 따르게 한다. 이것이 일보(一步)이다. 다음에 다시 오른발을 앞에 다음 왼발을 앞에 두고 오른발로써 왼발을 따르게 한다. 이것이 이보(二步)이다. 다음 다시 오른발을 앞에 두고 왼발로써 오른발을 따르게 한다. 이것이 삼보(三步)이다. 이와 같은 것이 우보(禹步)의 도화(道華)이다, 라고 하였다.

그리고 동신팔제원변법(洞神八帝元變法)에 보면 우보(禹步)란 하우(夏禹)가 부린 술(術)이며 귀신을 불러서 부리는 행보(行步)로서 만술(萬術)의 근원이며 현기(玄機)의 요지(要旨)로 여겨진다.

옛날 우가 치수를 할 때 높이와 깊이를 예측할 수 없어서 해약(海若: 해신 북해신)과 지기(地祇: 토지신)를 불러 판별하였다. 항상 그 보(步)를 만들어 그들로 하여금 입술(入術)하도록 하였다 라고 되어 있다.

이처럼 우보법은 우임금이 치수사업을 할 때에 사용했던 행보 법으로 그

걸음걸이가 마치 칠성의 7개별을 따라서 걷는 모습과 같다.

  그러므로 상제께서 칠성경을 백지에 종서하시고 그 끝에, 우보 상최 등양명(禹步相催登陽明)이라 횡서하신 것이나, 천회지전보칠성 우보상최등양명(天回地轉步七星 禹步相催登陽明) 하늘이 돌고 땅이 도는 것은 칠성의 걸음걸이 때문이다. 서로 재촉하는 우의 걸음[우보상최]은 세상을 밝게 비치게 만들었다 라고 하신 것도 우보법이 칠성의 행보와 같기 때문이다.

  북두칠성은 탐랑, 문곡, 거문, 녹존, 염정, 무곡, 파군의 일곱 별로서 천지를 운행케 하고 천체를 다스린다. 그러므로 칠성의 행보에 의해 인간은 복록과 수명을 부여받게 되는 것이다. 칠성이 행보하여 천지를 다스리므로 만물이 복록을 받는 것과 마찬가지로 우(禹)는 우보법으로써 9년 홍수에서 치수를 하여 천하를 밝게 만들어 만백성을 구하였으므로 순임금의 뒤를 이어 왕위에 오를 수 있었던 것이다.

  제자가 여쭈기를, 약장에 단주 수명이라 쓰시고 열풍뇌우불미라 쓰시고 우보상최등양명이라 쓰시니 그 이치가 무엇이옵니까?

  말씀하시기를, 曰(왈) 后天之堯舜禹也(후천지요순우야)니라.
  註) 말씀하시기를, 후천의 요임금, 순임금, 우임금이니라 하시니라.

강증산(요임금), 조정산(단주)
박우당(순임금)
대두목(우임금)

요순우왕일체동(堯舜禹王一切同)이로다! 남은 아홉 마디는 수교자의 수이니라.말씀하셨도다. [전경 교운 1장 38절]

성골이 옮겨진 후 십 오일이 되니 상제께서 구세 제민 하시고자 강세하신 날이 되니라. 이날 재실에 모여 치성을 올린 후에 도주께서 '시시묵송 공산리 야야한청 잠실중 분명조화 성공일 요순우왕 일체동(時時默誦空山裡 夜夜閑聽潛室中 分明造化成功日 堯舜禹王一切同)이라'말씀하셨도다. 그러나 듣고 있던 사람들은 그 뜻을 알아듣지 못하느니라. 그들 속에 권 태로ᆞ이 상우ᆞ이 우형이 끼어있었도다. 이들은 재실에서 매일 밤낮으로 치성을 올리고 공부하시는 도주의 시종을 들었도다.
[전경 교운 2장 23절]

우가 재상의 자리에 나아가 일을 서두르게 되면 밝은 세상이 되리라. 우가 재상의 행보를 서둘러 밝은 세상에 이르게 하리라. '우보상최등양명(禹步相催登陽明)'이라 하셨으니 이는 우임금 즉 대두목께서 '밝은세상' 즉 '후천 지상선경'을 건설한다는 뜻이다.

상제님께서 약장(藥藏)을 만드셨으니 그것은 단약(丹藥 = 仙藥)에 대한 비밀을 내장(內藏)한 것으로써 그 끝에, 우보상최등양명(禹步相催登陽明)이라 써서 앞에서 뒤로 넘겨 붙이셨는데 그 뜻을 여쭙자 상제님께서, 후천의 요. 순. 우(堯. 舜. 禹)나라 하셨으니 이는 요, 단주, 순, 우임금이 (상제님, 도주님, 도전님, 대두목)으로 다시 오셔서 후천 선경, 지상천국을 건설한다는 뜻이다. [천지개벽경. 411]

분명조화성공일 요순우왕일체동(分明造化成功日 堯舜禹王一切同), 은 분명 앞으로 선지조화 도수가 성공하는 날엔 요, 순, 우 시대와 일체 마찬가지가 됨. 이란 뜻으로써, 우 임금의 후신이신 대두목(= 노자님)의 선지 조화 도수(仙之造化度數)가 끝날 때는 요, 순, 우 시대, 와 같은 '밝은 세상' 즉 '후천 조화 선경'이 건설된다는 말씀이시다.

노자가 대도에 출세 ─ 삼태성의 허자정기.
 하루는 증산상제님께서, 오호 좋은 때로다! 삼태성에서 허자정기(虛字精氣)가 나오는구나,! 한 제자가 삼태성은 허정(虛精)·육순(六旬)·곡생(曲生)이요 또, 노자의 도가 마음을 비워 극진함에 이르고 정기를 지키어 독실히 하는 것으로 곧 허정이 노자의 별 이름이 된 것이라 하는데 그렇다면 노자가 앞으로 대도(大道)에 출세하게 되옵니까? 상제님 왈 때가 되면 (그것을) 알게 되리라 하셨으니. [천지개벽경. p]

이때 도주님(조정산)께서 병두에게 우고(右股)의 3개의 붉은 점을 가리키시며 물으시기를, 너는 이것을 어떤 표상으로 아느냐? 하시므로 천지인(天地人) 삼재(三才)의 표상으로 아나이다 하니 "옳게 보았느니라. 이를 삼태성(三台星)으로 알면 잘못이니라." 하시니라. [태극진경. p]

註) 삼태성이란.?= 증산 상제님의 공사로 노자의 화신 대두목 공사이시다.

밀양시 사찰 답사를 하다 보면 노자 비석이 있는데 태상노군(太上老君), 칠원성군(七元聖君), 삼신제왕(三神帝王)이라 새겨져 있다.

5년 전에는 태상노군(노자) 비석이 홀로 있었는데 근래에 밀양시에서 단군 동상을 노자 비석 옆에 세워 공사한 것으로 봐서 대두목이 삼위 상제님의 신위를 모신 것이 천기 자동으로 세상에 알려졌다는 것으로 해석해야 옳을 것이다. 다시 풀이하자면 일만 이천 도통군자 선령신 들이 내 자손 운수 받는 것은 대두목에게 있으니 자손줄 떨어지면 선령신 또한 모두 불태워 후천 세상에 갈 수 없기 때문

태상노군 비석

이다. 단군은 그 민족의 조상으로 동방의 해 뜨는 나라에 수 천년 간직해온 후천 삼신 신앙, 삼신상제가 완성되어 모셨으니 노자가 대두목으로 왔다며 각 조상계에 통보가 되었고 하늘문이 열릴 때 48장 신명이 불 칼 들고 못된 잡귀를 쓸어낼 때에 내 자손이 도를 찾아야 살수 있다며 빌고 또 빈다는 뜻으로 볼 수 있는 것이다.

  태상노군은 노자(老子)를 신격화한 것으로 도가의 시조이다. 신선설을 주장한 신선가(神仙家)를 거쳐서 도교에 도입되어 도교의 교조로 숭앙 받고 있다. 중국에서는 건물을 크게 짓고 제를 올리며 노자를 태상노군 으로 받든다. 칠원성군(七元聖君), 북두대성칠원성군, 칠성이

단군 상을 태상노군 옆으로 공사

라고도 하며, 옛날부터 우리나라 민간에서 재물과 재능을 주고, 아이들의 수명을 늘려주며 비를 내려 풍년이 들게 해주는 신으로 믿어왔다.

삼신제왕(三神帝王), 삼신상제(三神上帝)와 같은 말로 환인과 환웅, 치우 및 단군왕검을 가리키는 말이나, 혹자들은 '삼신제왕'으로 그대로 풀어 '삼신할미'라고 하기도 하나 이곳이 단군사당인 것을 감안하면 노자가 인간 세상에 내려와 '삼신상제를 모시는 분'으로 풀어야 마땅하다.

도주(정산) 님께서 완성하시고 도전(우당)께서 알려준 대순진리회에서 외우는 칠성주 풀이는 다음과 같다.

칠성주(七星呪)

註) 칠성을 다스리는 일곱 대제군 그중에서 가장 큰 칠성은 북쪽에 있는 북두구신(9신)이더라. (7개는 보이고 2개는 안 보임 북두구성. 인간도 7개는 보이고 2개는 안 보임), 중천 하늘의 대 신명들이시어 '금' 즉 서쪽 하늘에서 그곳의 대궐을 비추어 주시고 밑으로 엎드려 곤륜산을 내려다보니 이 치로써 조율하여 다스리고 하늘과 땅을 다스려 거느린다.

큰 별이 있는데, 그 별은 탐랑, 문곡, 거문, 녹존, 염정, 무곡, 파군이다. 높고 귀한 곳에 계시는 상제님 자미성 북두칠성, 북쪽에 대한 15성 중의 하나 크게는 하늘 두루두루 미치지 않는 곳이 없고 작은 먼지 하나에 이르기까지 세세하게 어떠한 재앙이라고 없애 버리신다. 어떠한 복이라도 이루어지지 않는 것이 없다.

모든 으뜸 정기 원황의 으뜸가는 정기가 내려서 나의 몸에 와서 합해 주시옵고, 하늘의 빈틈없는 기운을 나에게 지시하여 주시옵고, 밤낮없이 번갈아 이 세속에 사는 소인, 좋은 여의 도를 구하게 하여 주시옵고, 원하옵건대 높으신 법도에 따라 영원히 보호해 주시고 장생하도록 하옵소서.

하늘, 땅 사람의 정액 기운을 천상의 조상님들이 육십 년 동안 공에 공을 들여 우여곡절 끝에 어려운 고비를 참아가며 낳아서 길러서 나를 보호하고, 북두칠성 칠정(7精)의 정기 받아 나의 신체를 만드셨으니, "원견존의 영보장생 삼태허정 육순곡생 생아 양아 호아 신형(身形)" 괴, 작, 관, 행, 필, 보, 표: 높으신 상제님의 율령으로 빨리빨리 저에게 이루어 주게 하여 주십시오. 이다.

🔴 북두칠성이 저물고, 동두칠성이 밝아,

김형렬이 여쭙기를 동방 칠성은 어찌 자리에 없나이까. 증산 성사께서 말씀하시기를, 동방 칠성은 신계의 주벽이니 내 명을 받고 이미 세상에 태어났느니라. 형렬이 여쭙기를 동방 칠성이 인간 세상에 태어났다고 하면, 가히 만나볼 수 있나이까, 증산 성사께서 이르시기를, 인연이 있으면 만날 것이니라. 장차 일을 같이하는 사람이 될 것이니라. 말씀하셨다. 그러므로 동방 칠성은 노자이며 대두목 공사이시다.

증산 성사께서 석가, 공자, 노자를 부르라 하심은, 도주님 도전님에 이어 노자가 인간계에 대두목으로 와서 마무리하라는 증산 상제님의 공사인 것이다. 자미원이란 옥황상제님이 머무시는 곳이고, 자미원 옆에는 삼태성이 있는데 상제께서 공사하신 삼태성은 삼태성을 관리하시던 노자 신명이 대두목으로 와서 증산 상제님의 공사를 마무리하라는 공사이시다.

일맥상통하는 것이 도통표 에는 단주수명 태을주를 옥황상제님의 기운을 받고 있는 대두목 공사와 부합(符合) 하다.

● 천지 개벽경 제3편 계묘년 공사기

(원본)

　弟子(제자)이 問曰(문왈), 東土山林古訣(동토산림고결)에 麗羅統合之後一千餘年(여라통합지후일천여년)에 三大將(삼대장)이 出(출)하야, 三大將(삼대장)이 亦不保身(역불보신)하고, 山鳥(산조)가 用事(용사)하야 遠姓之李(원성지리)가 終乃復邦也(종내복방야)라 하니이다.

　註) 제자가 여쭈기를, 동토산림고결에 고구려와 신라가 합쳐진 뒤 천여 년 만에 세 대장이 나와서, 세 대장이 또한 몸을 보존하지 못하고, 산새(山鳥)가 용사하여 먼 이씨(遠姓之李)가 마침내 나라를 되찾는다 하옵니다.

　말씀하시기를, 먼 이씨(遠姓之李)가 마침내 나라를 되찾느니라.

　제자가 다시 여쭈기를, 먼 이씨(遠姓之李)가 전주 이씨가 아니옵니까?

　말씀하시기를, 전주 이씨가 아니니라.

　제자가 여쭈기를, 그를 만날 수 있으오리까?

　말씀하시기를, 내 신하인 이씨(我臣之李也)니라.

　※ 전주 이씨(이성계) 가 아니라, "노자"가 대두목으로 와서 옛 고구려 심양, 만주벌판 등 을 찾는다는 말씀이시다.

말씀하시기를, 때가 오면 한 사람이 먼저 도통을 받나니 이는 모든 도(萬道)를 하나로 되돌리는(歸一) 하늘의 운(天命)이니라.
[천지개벽경. p]

10. 오는 운수

[전경 행록 3장 27절]

상제께서 을사년 김 보경의 집에서 종도들에게 소시에 지은 글을 외워 주셨도다.

運來重石何山遠 粧得尺椎古木秋
霜心玄圃淸寒菊 石骨靑山瘦落秋
千里湖程孤棹遠 萬方春氣一筐圓
時節花明三月雨 風流酒洗百年塵
風霜閱歷誰知己 湖海浮遊我得顔
驅情萬里山河友 供德千門日月妻
또 하나를 외우셨도다.
四五世無顯官先靈生幼學死學生
二三十不功名子孫入書房出碩士

運來重石何山遠 粧得尺椎古木秋 霜心玄圃淸寒菊
운래중석하산원 장득척추고목추 상심현포청한국

註) 장래에 오는 운수(運數)는 아주 귀중한 보석과도 같은데 그 운수는 어찌하여 산(山=삼위상제님)으로부터 멀어져만 가는가? 두둘기고 다듬어서 새롭게 단장을 하여 완벽하게 진법을 정하고 보니 견고한 고목처럼 추호도 틀림이 없도다.

그로므로 대순진경 진법이 틀림없다 말씀하셨다.

石骨靑山瘦落秋 千里湖程孤棹遠 萬方春氣一筐圓
석골청산수낙추 천리호정고도원 만방춘기일광원

註) 그 법은 엄한 법으로 도(道)의 본원(本源)이며 천지 만물의 근원인 도(道)의 밭으로 곤궁하지만 도의 세계가 국화처럼 피어나리라. 청산(靑山=상제님의 도)은 사물의 중추(中樞) 즉, 중심(中心)이 되어 지금은 여리고 약하지만 그 시기(時氣)에 가면 준공 즉 성도가 되리라. 오직 정도만 바라보고 천리만리 먼 길을 멀다않고 외롭게 홀로 노를 저어 온지 오래 되었네. 그러나 도(道)의 봄기운은 천지만방에 즉, 이 우주 안에 하나 가득하구나.

註) 우리도 는 성도 후에 도통이 나온다고 상제께서 말씀하셨다.

※ 일광원(一筐圓);우주 삼라만상을 의미한다.

時節花明三月雨 風流酒洗百年塵 風霜閱歷誰知己
시절화명삼월우 풍류주세백년진 풍상열역수지기

註) 오랜 세월 엄동설한 지나고 나니 춘삼월 그때가 되면 꽃은 피어 밝아지고 또한 춘삼월 봄비가 내리면 꽁꽁 얼어붙어있는 언 땅도 사르르 녹여주듯, 이제야 만고에 없는 무극대도가 엄동설한 지나고 나더니 개명이 되어 춘삼월에 봄비 내리듯 한 많은 도인들의 그 한 맺힌 가슴이 녹아내리는구나.

※ 그러므로 대순진경 진법으로 그 한 맺힌 도인들의 한과 원을 풀어준다는 말씀이시다.

註) 바람이 부는 데로 풍류를 즐기며 흘러온 100년의 세월, 술 한 잔에 털어버리니 백 년의 세월이 티끌과 같구나.

※ 즉 증산 성사께서 화천하신 후 100년의 세월이 티끌과 같다는 것은 증산께서 화천하신 후 100년 내(內)에는 운수(運數)도 도통(道通)도 없다는 말씀이다.

※ 오랜 세월 동안 온갖 고난과 어려움을 겪고 만고풍상을 겪고 살아온 이 몸을 그 누가 가히 알아주리오.

註) 대두목을 말씀하신 것이다.

湖海浮游我得顔 驅情萬里山河友 供德千門日月妻
호해부유아득안 구정만리산하우 공덕천문일월처

註) 호해에 이러 저리 보낸 세월이 얼굴에 드러날 뿐이로다. 사방 각지로 세상을 떠돌며 직업(職業)도 없이 갈 곳도 정(定) 하지 못하고 세상을 유력하며 내가 얻은 것은 나의 본모습이었도다. 뜻을 세워 나의 정신을 채찍질 하여 천리만리를 달려와 보니 산하가 벗이 되었다. 지극히 착한 일을 많이 하고 도를 닦은 공덕으로 천문(千門=수많은 문)을 통과하고 보니 일월로 짝을 삼으리라.

※ 대두목의 입장(立場)을 상제께서 말씀하셨다.

또 하나를 외우셨도다.

四五世無顯官 先靈 生幼學死學生 二三十不功名 子孫 入書房出碩士
사오세무현관 선령 생유학사학생 이삼십불공명 자손 입서방출석사
입서방(入書房) 출석사(出碩士)

사오세무현관(四五世無顯官)하니 선령(先靈)은 생유학사학생(生幼學死學生)이요, 이삼십불공명(二三十不功名)하니 자손(子孫)은 입서방출석사(入書房出碩士)라.] 하시니라.

사오세무현관(四五世無顯官)

註) 사 오 세(四五世) 될 때까지 현관(顯官: 벼슬에 오름)을 하지 못한다. 도(道)가 완성(完成) 되지 못함(無顯官)을 뜻한 것이다. 1세(世)는 30년(年)이므로 4세(世)는 120년(年)이고, 5세(世)는 150년(年)이 된다. 천주(天主) 님께서 세상(世上)에 가르침을 펼치기 시작한 때가 최제우 경신년(庚申) 득도 (東學)=천주님(한울)께서 최제우에게 계시, 천명(天命)과 신교(神敎)를 내린 때부터이므로 1860년에 시작하여 120년이 되는 때는 1980년이다, 150년이 되는 때는 2010년이 되는 것이다. 이렇게 계산(計算) 하면 4세(世)는 1860~1980년이며, 5세(世)는 1860년~2010년으로서 무현관(無顯官)이다. 그러므로 현관(顯官. 도가 완성됨 www.msge.co.kr에 삼위 상제 신위 완성 은 150년 후(2010년 이후)부터이다. 이는 풍류주세백년진(風流酒洗百年塵): 현무경 성편 후 100년인 己丑年이 지난 庚寅年 (2010년)으로 맞아떨어진다.

신명의 도움으로 2010년 삼위일체 상제 신위 모심.

1860년은 상제께서 영적으로 금산사에 계실 적에 최제우에게 강을 주던 해, 강을 받아 도술을 부렸으나 상제의 뜻을 이루지 못하여 도로 거두니 1864년 일본 순사에게 목이 잘려 힌 피가 솟아 뿜었다.

이삼십불공명(二三十不功名)

60년(年) 동안은 공명(功名)을 이루지 못한다. 2,30은 2×3 = 6에서, 60년(年)이 되므로 1860년을 기점(起點)으로 1920년부터 입서방(入書房) 출석사(出碩士) 하니 도주(조철제), 선돌 부인(증산 상제님의 누이동생)으로부터 봉서(封書)를 전수 이때부터 열리게 되어 공부(工夫 현무경은 내가 푸노라.)를 시작하여 후천5만 년(萬年)의 공명(功名)을 얻게 된다는 뜻으로 해석(解析) 할 수 있다. 2,30은 2× 3= 6이니, 60년(年)이 되며 이는 1860년 ~1920년을 의미한다. 그전에는 공부(工夫. 玄武經)가 세상(世上)에 나오지 않으므로 1920년(以道一體) 이후에야 입서방(入書房) 공부를 시작하여 출석사(出碩士) 공명(功名)에 오르는 대순진경에서 碩士(석사)가 될 수 있음을 상제의 공사에 있는 것이다.

◐ 사오 대에 관직에 나아가지 못한 선령은 살아서는 선비고 죽어서는 학생이라고 한다. 이삼십에 공명이 없으면 집에 들면 서방이라 하고 밖에 나가면 석사(碩士)라고 한다.
　유학, 학생, 서방, 석사의 공통점은 모두 벼슬이나 관직을 얻지 못한 사람을 지칭하여 부르는 이름이다.

　석사(碩士) 벼슬 없는 선비의 존칭, 사람으로 태어나서 입지(立志), 공명

(功名)의 뜻을 세워 일하라는 훈계의 뜻이 강하다.

후천(后天) 5만 년(萬年)의 진정(眞正) 한 석사(碩士)가 되라는 말씀이다.

최제우(水雲)의 동학(東學. 1860년)부터 경인년(庚寅年. 2010년)까지는 도(道)가 완성(完成) 되지 못하여 무현관(無顯官)이 되는 것이며, 상제(上帝) 님을 따른 제자(弟子) 강증산 직계 제자 혹은 가족이 세운 교단 들은 (www.msge.co.kr) 진경(眞經) 법(法) 이 세상(世上)에 드러나지 않았으므로 불공명 (不功名)이다.

2010년 이후 대순진경(眞經) 이 글방에 들어가서 진경(眞經) 법(法)을 받아서 석사(碩士)가 될 수 있으리라는 것으로 현(現) 사회(社會)에서 받은 석사(碩士)는 쓸 곳이 없으며 후천(后天) 5만 년(萬年)의 진정(眞正) 한 석사(碩士)가 되라는 것이다.

증산 성사께서 이 도삼에게 글 삼자(三字)를 부르라 하심에 도삼이 천, 지, 인(天 地 人) 삼자를 부르니 증산 성사 글을 지어
　가라사대
　"천상무지천(天上無知天) 지하무지지(地下無知地) 인중무지인(人中無知人) 지인하처귀(知人何處歸)요." 하시니라.
　註) 천상에서는 하늘 일을 알지 못하고
　지하에서는 땅 일을 알지 못하고
　사람들은 사람 일을 알지 못하나니
　삼계의 일을 아는 자는 어디로 돌아가리.

김 갑칠이 친산을 면례하려고 모든 기구를 준비하였더니 성사께서 '내가 너를 위하여 면례 하여 주리라' 하시고 준비한 모든 물품을 불사르시고 난 뒤에 '그 재를 앞내에 버리고 하늘을 쳐다 보라' 하시니 갑칠은 이상한 기운이 북쪽에서 남쪽으로 뻗치는 것을 보았다.

 이때에 김광찬은 구릿골에 있어 차경석의 종사(從事) 함을 싫어하며 가로대 경석은 본래 동학 여당(餘黨)으로 일진회에 참가하여 의롭지 못한 일을 많이 행하였거늘 이제 도문(道門)에 들임은 선생이 정대(正大) 치 못하심이라 우리가 힘써 마음을 닦아온 것이 다 쓸데없게 된다 하고 날마다 증산 성사를 원망하거늘 형렬이 민망하여 증산 성사께 와 뵈옵고 광찬이 불평 품은 일을 아뢰며 가로대 어찌 이런 성질 가진 자를 문하(門下)에 두셨나이까 증산 성사 가라사대 용이 물을 구할 때에 비록 가시덤불이 길을 막을지라도 회피하지 아니 하느니라 돌아가서 잘 무마하라 하시니라.

 억음 존양(抑陰尊陽)이란 '음을 누르고 양을 높인다.'는 의미로 이것은 지축이 똑바로 서지 않고 동쪽으로 23.5도 비스듬히 기울어짐으로써 조성된 삼양 이음(三陽二陰)의 우주 질서에 근원을 두고 있는 술어이다. 이처럼 객관 우주환경이 삼양 이음으로 조성되자 인간 삶의 모습이 억음존양이 되어 남성 중심으로 치우침은 물론 우주와 자연을 바라보는 인간의 모든 인식도 양도(陽道) 중심으로 편향됐다.

 땅보다도 하늘을 더 높이 받들었으며, 인간보다도 신을, 그리고 삶의 궁극적 이상향을 땅이 아니라 죽어서 가는 천당이나 극락에서 찾으려 했던 것이었다.

음(陰)을 누르고 양(陽)을 존중함. 《주역》의 건곤괘에서는 진리의 근원으로서의 건도(乾道)와 진리가 그대로 실현되는 터전으로서의 곤도(坤道)를 말했으며 인간은 진리를 실현하는 주체로서 인식되고 있다. 억음 존양이란 천리를 보존하고 인욕을 막는다는 '존천리알인욕(存天理人欲)'을 의미한다. 인간 정신의 내면적 성찰을 위해 안으로 성심을 보존하고 밖으로 욕심을 제어하는 심법을 발휘해야만 하는 것이다. 억음존양의 이론은 군자의 존엄한 정신세계를 견고히 붙들어주는 심법 지학(心法之學)의 근간이 된다.

시속에 말하는 개벽장은 삼계의 대권을 주재하여 비겁에 쌓인 신명과 창생을 건지는 개벽장(開闢長)을 말함이니라.
상제께서 대원사에서의 공부를 마치신 신축(辛丑)년 겨울에 창문에 종이를 바르지 않고 부엌에 불을 지피지 않고 깨끗한 옷으로 갈아입고 음식을 전폐하고 아흐렛동안 천지공사를 시작하셨도다. 이 동안에 뜰에 벼를 말려도 새가 날아들지 못하고 사람들이 집 앞으로 통행하기를 어려워 하였도다.
[전경 공사 1장 1절]

말씀하신 것처럼 9일간의 천지공사이다. 그다음 다시 말씀을 계속하시기를 '九년간 행하여 온 개벽공사를 천지에 확증하리라. 그러므로 너희들이 참관하고 확증을 마음에 굳게 새겨두라. 천리는 말이 없으니 뇌성과 지진으로 표명하리라.' 상제께서 모든 종도들이 지켜보는 가운데 글을 써서 불사르시니 별안간 천둥치고 땅이 크게 흔들렸도다. [전경 공사 3장 38절]

그것을 전경에서 찾아보면

을축년(1925년)에 구태인(舊泰仁) 도창현(道昌峴)에 도장이 이룩되니 이 때 정산께서 무극도(无極道)를 창도하시고 증산 성사를 구천응원뇌성보화천존상제(九天應元雷聲普化天尊上帝)로 봉안하고 종지(宗旨) 및 신조(信條)와 목적(目的)을 정하셨도다.

위에서 보는 바와 같이 1925년에 조정산(조철제) 성사에 의해 처음으로 도(道)라는 것이 생성되어 무극대도가 잉태되었고, 다시 또 1935년에 종교단체 해산령에 따라 무극도를 해산하니 도(道)라는 것이 세상에 출산을 하였다.

이처럼 도(道)는 1925년에 잉태되어서 90년간 자라 왔으니 이제 성도할 때가 되었다. 도수가 꽉 차기 때문에 9수의 천지공사가 성도(成道)되기에 다다른 것이다.

그렇게 보면 삼초 끝에 대인이 나오리라고 했는데 삼초는 대인이 출세하는 것이고 이 대인(대두목)은 후진주(後眞主)가 틀림없는 것이다. [전경 교운 2장 32절]

이렇게 하여 손병희는 선 진주(先眞主)로서 성공을 못 하였지만 그러나 그 도수를 다 하였던 것이다. 하지만 이제 후 진주(後眞主대두목)로서 후천의 진주(眞主)인 참 진주(眞主)가 세상에 출세하시게 되면 대 개벽이 일어날 것은 불 보듯 뻔한 일이다.

※ 대 개벽이 일어날 것은 불 보듯 뻔한 일이다.

그리고 또 증산 성사께서 말씀하시기를, 이 운수는 천지에 가득 찬 원원한 천지대운(天地大運)이므로 갑을(甲乙)로서 머리를 들 것이요 무기(戊己)로서 굽이치리니 무기는 천지의 한문(桿門)인 까닭이니라 하신 말씀처럼 원원(元元)은 반고서도적(班固西都賊)에 원원본본수시어일(元元本本數始於一) 이란 말이 있는데 원원(元元)이란 말은 근본(根本)을 거슬러 올라가는 근본(根本)을 찾는 것이며 즉 태초의 근원을 찾으라는 말씀이다.

 수시 어일(數始於一)은 모든 수(數)의 근원(根源)을 가리킨다. 일 년(一年)의 첫날은 원일(元日) 또는 원단(元旦)이라 하고 임금이 등극(登極) 한 첫해를 원년(元年)이라 하며 개국(開國) 한 첫해를 기원(紀元)이라 하는 등 원(元)은 모든 것의 으뜸을 가리킨다.

 갑을(甲乙)로써 머리를 들 것이요, 무기(戊己)로써 구비 친다는 말은 비록 북방(北方) 1.6수(水)에서 모든 사물(事物)이 형성(形成) 되지만 그 형상(形象)이 드러나는 것은 동방(東方) 3.8목(木)이요 봄이다. 원형이정(元亨利貞) 중에서도 원(元)은 봄을 가리키는데 이를 천간(天干)으로 말하면 갑을(甲乙)이다.

 따라서 육십 갑자(六十甲子) 중에서도 으뜸을 갑을(甲乙)이라고 한 것이다. 그리고 갑을(甲乙) 중에서도 갑오(甲午)를 으뜸으로 친다. 갑오(甲午)는 노름판에서 가보로 통용되기 때문이다. 가보는 아홉끗수로 9수를 지칭하는 말로써,
　9일간의 천지공사
　9년간의 천지공사
　90년간의 천지공사와 일맥상통하므로 9수인 가보로 천지공사를 마무리 하는 것이다.

그리고 무기(戊己)는 천지(天地)의 한문(桿門)이라 천지(天地)의 한문(桿門)은 한(桿)은 간(杆)의 속자로 간(杆)은 난간을 뜻한다. 그러므로 무기가 들어서는 해에는 천지 문호의 난간에 들어서게 되므로 천지공사의 끝자락이 된다 할 수 있겠다. 그러면 갑오년 다음으로는 을미년이요 병신 정유 무술 기해로 이어진다.

※ 병신(2016년), 정유(2017년), 무술(2018년), 기해(2019년)
병신년, 2016년 대순진경 선포, 천지 공사의 끝자락이 된다 할 수 있겠다.

그러므로 그다음은 90년간의 천지 공사이다. 1925년에서 90년 지나 2016년에 대순진경을 선포하고 2018년 엄상문 판사로부터 춘천법원에 수차례(數次例) 불려 다녔고 2019년 사회봉사로 마치고 2020년에 육기초를 선포한 것이다.

하루는 호연이 선생님을 따라다니기가 고생스럽다. 고 불평을 하니 상제님께서 이르시기를, 나무 잎사귀를 보아라. 나무 잎사귀도 엎어진 놈, 뒤집어진 놈, 바람에 흔들리는 놈이 있느니라. 너는 아직 철을 모르니 아무것도 모르고 그런다만 네가 조금 커서 철을 알면 '하아, 그렇구나. 내 이름이 있구나!' 하느니라. 마늘도 뒤꼍 마늘 왕마늘이 있고, 대도 왕대, 중대, 시누대가 있는데 사람이라고 어찌 굵은 사람이 없겠느냐? 그런데 너는 아무것도 모르고 앉아서 '뭣, 뭣' 그러고 있느냐? 하시며 호연을 쥐어박으시니라.

11.
도통(道通)표

　상제께서 구천 요운전에 계실 때 신성불 보살들이 구천에 하소연하므로 괴롭기는 한량없으나 금산사에 30년 영적으로 계시면서 최제우에게 내려주신 주문은 열석 자(13字)로써 '侍天主 造化定 永世不忘 萬事知'였으며, 여기의 최제우가 원하던 '至氣今至 願爲大降'의 여덟 자(8字)를 더한 스물한 자(21字)가 동학주(東學呪)이다.

　최제우(천도교 교주)는 구천에 계시는 천주님 조물주 하나님의 뜻을 헤아리지 못했기에 천강(天降)이 되지 못하고 제우강(濟愚降)으로 남게 되었으며 직접 인세에 강세하시어 도통하는 법을 남기시니 연원 도통이라 한다. 연원이란 근원을 뜻함이니 상제께서 내가 다시 온다는 말씀은 시천주(侍天主)로 다시 오시는 것이다. 천주(天主) 상제님을 삼위일체 세분 상제님을 시천주로 모실 시(侍) 원하는 원위 대강 도통이 열릴 때 도통하는 것이다.

　상제님의 삼위(원위) 신위를 알아야 도통한다는 구천 상제님의 말씀인 것이다. 수도에 목적은 도통이다 하셨다. 도통을 원(願) 한다면 상제님의 신위를 알아야 하는 것이다. 〈재생신 참조〉

말씀하시길,

만일 판 안에서 도통을 주면 모든 선령 신들이 달려들어 내 집 자손은 어쩌느냐 하고 통곡할 참이니 그 일을 누가 감당하리오. 그러므로 나는 사정을 쓰지 못하노라. 판 안에 너희들은 이 뒤에 닦은 대로 도통이 한 번에 열리리라. 그런고로 판밖에서 도통 종자(道通種子)를 하나 두노라. 장차 그 종자가 커서 천하를 덮으리라. [동곡비서. p]

● 대두목이 전하는 도통표, 완성된 연맥 도(圖)표
연원(淵源)과 연맥(淵脈)표

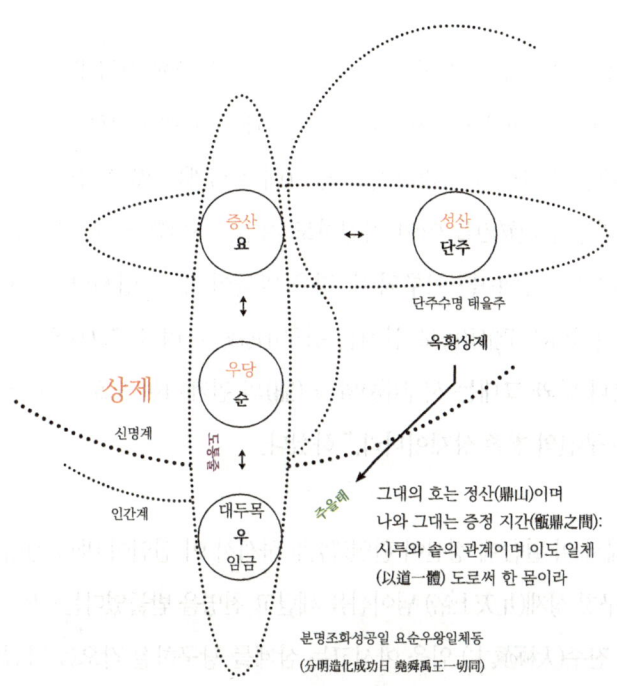

그대의 호는 정산(鼎山)이니 나와 그대는 시루(甑)와 솥(鼎)의 관계이며 도

로써 하나가 되니라.

　도주(조철제), 부친께서는 만주에 도착하신 후 서간도(西間島) 요령성(遼寧省) 유하현(柳河懸)의 수둔구(水屯溝)를 정착지로 전답 약간과 개간할 황무지 십여만평을 매입하여 주변의 가난한 동포들에게 분할 대여하여 경작케 하셨다.
　부친이 떠난 후 가족들에 대한 왜헌의 압력과 감시가 심해지자 남은 가족들은 기유년(1909년 도주님의 나이 15세 시) 4월 28일 새벽 창원역(昌原驛)에서 기차로 망명길에 올랐다.

　도주께서 대전 부근에 이르자 홀연히 환한 얼굴에 황금빛 용포(龍袍)를 입은 신인(神人) 한 분이 나타나셔서 우뢰와 같은 목소리로 말씀하시기를, 내가 그대를 기다린지 오래되었노라. 그대는 삼계(三界)의 진주(眞主)니 그대가 나의 도통(道統)을 이어 치천하도수(治天下度數)로 무극대운(無極大運)의 대공사(大公事)를 이루되 내 명을 받들어 태극(太極)의 진법(眞法)을 쓰면 무위이화(無爲而化)로 삼계를 광구(匡救) 하리라. "그대의 호는 정산(鼎山)이니 나와 그대는 시루(甑)와 솥(鼎)의 관계이며 도로써 하나가 되니라. 나는 구천의 천존 상제이니라." 하셨다.

　도주께서 이 말씀에 정신이 활연(豁然) 하셔서 이 신인이 바로 진리의 주체 자이신 구천 상제(九天上帝) 님이심을 깨닫고 천명을 받들었다는 기쁨 속에 몸소 태극 진주(太極眞主) 임을 아시고는 삼계를 광구하실 각오를 다짐하셨다.

　도주께서 어느 날 공부실에서 공부에 전력을 다하시던 중 신인이 나타나 글이 쓰인 종이를 보이며 이것을 외우면 구세제민(救世濟民) 하리라,라고 말씀하시기에 도주께서 예(禮)를 갖추려 하시니 그 신인은 보이지 않았으되 그 글은 시천주 조화정 영세불망 만사지 지기금지 원위대강이었도다. [교운 2장 7절]

성골이 옮겨진 후 십 오일이 되니 상제께서 구세 제민 하시고자 강세하신 날이 되니라. 이날 재실에 모여 치성을 올린 후에 도주께서 '시시묵송 공산리 야야한청 잠실중 분명조화 성공일 요순우왕 일체동(時時黙誦空山裡 夜夜閑聽潛室中 分明造化成功日 堯舜禹王一切同)이라' 말씀하셨도다. 그러나 듣고 있던 사람들은 그 뜻을 알아듣지 못하느니라. 그들 속에 권 태로·이 상우·이 우형이 끼어있었도다. 이들은 재실에서 매일 밤낮으로 치성을 올리고 공부하시는 도주의 시종을 들었도다.
[교운 2장 23절]

상제께서 동곡에 머물고 계실 때 교운을 펴시니라. 종도 아홉 사람을 벌려 앉히고 갑칠에게 푸른 대(竹)나무를 마음대로 잘라 오게 명하셨도다. 갑칠이 잘라 온 대가 모두 열 마디인지라. 그중 한 마디를 끊고 가라사대 '이 한 마디는 두목이니 두목은 마음 먹은 대로 왕래하고 유력할 것이며 남은 아홉 마디는 수교자의 수이니라.' 그리고 상제께서 종도들에게 '하늘에 별이 몇이나 나타났는가' 보라 하셨도다. 갑칠이 바깥에 나갔다 들어오더니 '하늘에 구름이 가득하나 복판에 열려서 그 사이에 별 아홉이 반짝입니다'고 아뢰니라. 상제께서 '그것은 수교자의 수에 응한 것이니라'고 말씀하셨도다. [교운 1장 38절]

상제님께서 '도' 맥을 도주 조정산, 도전 박우당 을 통하여 대두목에게로 보내신 것이다.

줄은 맥(脈)이다. 전깃줄은 전기가 통하는 맥이요, 핏줄은 피가 통하는 혈맥이다. 줄이 끊어지면 통하지 않는다. 줄을 맥(脈)이라 하는 것은 바로 이와 같은 맥락이다. 종통이 이어진 것을 종맥(宗脈)이라 한다. 우리 도(道)의 종맥(宗脈)을 연원(淵源)이라 한다. 우리 도는 연원 도통(淵源道通)이다. 도통줄을 대두목에게 보내리라,는 말씀은 바로 이 종맥(宗脈) 즉, 연원의 맥(脈)이 대두목에게로 이어진다는 말씀이다. 연원(淵源)은 구천 상제의 계시를 받으신 도주님께서 종통을 세우셨는데 거기서부터 도통줄이 이어져 내려왔으며 도주님께서 화천 당시 박우당을 도전(都典)으로 임명(任命) 하심으로써 유명(遺命)으로 도통줄이 이어졌다.

상제께서 '선천에서 삼상(三相)의 탓으로 음양이 고르지 못하다'고 하시면서 '거주성명 서신사명 좌상 우상 팔판 십 이백 현감 현령 황극 후비소(居住姓名西神司命 左相右相八判十二伯 縣監縣令皇極後妃所)'라 써서 광찬에게 '약방의 문지방에 맞추어 보라'고 이르시니라. 그가 '맞지 않는다'고 아뢰니 '일이 헛일이라'고 말씀하시기에 경학이 '여백을 오려버리고 글자 쓴 곳만 대여보는 것이 옳겠나이다'고 말하기에 그대로 행하니 꼭 맞으니라. [공사 2장 20절]

※ 글자 쓴 곳, 삼위 상제님, 신위를 말씀하신 것이다.

상제께서 어느날 한가로히 공우와 함께 계시는데 이 때 공우가 옆에 계시는 상제께 '동학주(東學呪)에 강(降)을 받지 못하였나이다'고 여쭈니 '그것은 다 제우강(濟愚降)이고 천강(天降)이 아니니라'고 말씀하셨도다. 또 '만일 천강을 받은 사람이면 병든 자를 한번만 만져도 낫게 할것이며 또한 건너다 보기만 하여도 나을지니라. 천강(天降)은 뒤에 있나니 잘 닦으라'고 일러주

셨도다. [교운 1장 58절]

또 상제께서 말씀을 계속하시기를 '공자(孔子)는 七十二명만 통예시켰고 석가는 五백명을 통케 하였으나 도통을 얻지 못한 자는 다 원을 품었도다. 나는 마음을 닦은 바에 따라 누구에게나 마음을 밝혀주리니 상재는 七일이요, 중재는 十四일이요, 하재는 二十一일이면 각기 성도하리니 상등은 만사를 임의로 행하게 되고 중등은 용사에 제한이 있고 하등은 알기만 하고 용사를 뜻대로 못하므로 모든 일을 행하지 못하느니라'하셨도다. [교운 1장 34절]

朝鮮國 上計神 中計神 下計神 無依無托 不可不文字戒於人
조선국 상계신 중계신 하계신 무의무탁 불가불문자계어인

宮商角徵羽 聖人乃作 先天下之職 先天下之業 職者醫也 業者統也 聖之職 聖之業
궁상각치우 성인내작 선천하지직 선천하지업 직자의야 업자동야 성지직 성지업

註) 조선국(朝鮮國)에 상통군자, 중통군자, 하통통군자 신명이 있다.
이 신명들이 의탁할 곳이 없으니 하는 수없이 문자로써 알리노라.
궁상각치우는 성인이 만들었다. [행록 5장 38절]

옛적부터 상통천문(上通天文)과 하달지리(下達地理)는 있었으나 중찰인의(中察人義)는 없었나니 이제 나오리라. [교법 3장 31절]

상제께서 을사(乙巳)년 봄 어느날 문 공신에게 '강 태공(姜太公)은 七十二 둔을 하고 음양둔을 못 하였으나 나는 음양둔까지 하였노라'고 말씀하셨도다. [행록 3장 28절]

상제께서 어느날 한가로히 공우와 함께 계시는데 이 때 공우가 옆에 계시는 상제께 '동학주(東學呪)에 강(降)을 받지 못하였나이다'고 여쭈니 '그것은 다 제우강(濟愚降)이고 천강(天降)이 아니니라'고 말씀하셨도다. 또 '만일 천강을 받은 사람이면 병든 자를 한번만 만져도 낫게 할것이며 또한 건너다 보기만 하여도 나을지니라. 천강(天降)은 뒤에 있나니 잘 닦으라'고 일러주셨도다. [교운 1장 58절]

이 뒤에는 도통 종자(道通種子)가 나타나서 도통(道通) 씨를 뿌리는 날에는 상재(上才)는 7일이요, 중재(中才)는 14일이요, 하재(下才)는 21일 만이면 각각 도통(道通)하게 되리라.
[개벽경. p]

聖父
聖子 元亨利貞奉天地道術藥局 在全州銅谷生死判斷
聖身
註) 삼위일체(三位一體) 상제님을 모시고 성부(聖父)와 성자(聖子)와 성신(聖神)이 원형이정(元亨利貞)으로 천지 도술(天地道術)을 받들며 생사(生死)를 판단(判斷) 하노라.
[전경 행록 5장 38절]

12. 만국의원(萬國醫院)

🔵 신선(神仙)이 되는 도법, 선약(仙藥)을 구우려면,

상제님께서 객망리(客望里)에 계실 때, 종숙(연회)에게 시루산을 일러 가라사대, "시루산엔 선인(仙人) 연단혈(煉丹穴)이 있어서 장차 천하녹지사(天下祿持士)들이 모일 곳인데 선약(仙藥)을 구우려면 사물약재(四物藥材)가 있어야 하리니 가마골의 솥과 용화동(龍華洞) 용담수(龍潭水)와 죽산(竹山) 박달(朴達)나무와 금산사(金山寺) 불기운이 들어와서 그 진액(津液)을 모아 공(功)을 들여야 선약(仙藥)으로 쓰일 것이며 사물탕 팔십 첩(四物湯八十貼)이 소병지약(小病之藥)이 될 것이오." 하시니라. [대성경집(大聖經集). p]

시루山을 일러 가라사대, "시루山엔 선인(仙人) 연단혈(煉丹穴)이 있어서 장차 천하녹지사(天下祿持士)들이 모일 곳인데 선약(仙藥)을 구우려면 사물약재(四物藥材)가 있어야 하리니."

註) 시루山엔 선인(仙人) 仙人신선(神仙)의 도법 상천(上天)에는 피안(彼岸)의 세계가 있고 거기에는 초월자(超越者) 즉, 모든 것을 지배하는 제왕이 있다.

가마골의 솥과= 鼎솥정, 태극도를 세우신 도주님을 옥황상제로 모셨다.

용화동(龍華洞) 용담수(龍潭水)와 = 대두목이 세운 용담역 에는 중앙에 수(水)가 있다.

죽산(竹山) 박달(朴達)나무와 = 죽산박씨(朴)로 오신 박우당 도전님을 세존상제로 모셨다.

금산사(金山寺) 불기운이 들어와서 그 진액(津液)을 모아 공(功)을 들여야 선약(仙藥)으로 쓰일 것이며 사물탕 팔십 첩(四物湯八十貼)이 소병지약(小病之藥)이 될 것이오. = 선약(仙藥) 대두목이 금산사(金山寺) 불(佛)기운으로 도법을 지었다.

이상의 내용에서도 선약(仙藥) = 단약(丹藥) = 신선이 되는 약, 즉 신선이 되는 도법을 만들려면 네 분의 인물(人物 = 人材) 즉 4대 성인이신, **상제님・도주님・도전님・대두목**께서 계셔야 되는데, '용화동의 용담수' 는 일육수법(一六水法)인 상제님 도법이요, '가마골의 솥'은 정산(鼎山) 도주님이며, '죽산 박달(朴達) 나무'는 죽산(竹山) 朴氏인 도전님이요, '금산사 불(沸) 기운'은 대두목이 세운 삼신상제를 뜻함이니, (대두목은 63년 계묘생 12월 11일 물(水)의 이치.)

☯ 만국의원(萬國醫院)공사

　상제께서 밤나무로 약패(藥牌)를 만들어 패면(牌面)에다 "만국의원(萬國醫院)"이라고 글자를 새겨 그 글자 획에다 경면주사(鏡面朱砂)를 바르시고 이 약패를 원평(院坪) 길거리에 갖다 세우라. 고 공우(公又)에게 명하신 후 가라사대, "이 약패를 세울 때에 경관이 물으면 대답을 어떻게 하려 하느뇨." 하시니 공우 여쭈길 만국의원(萬國醫院)을 설치하고 죽은 자를 재생케 하며 눈먼 자를 보게 하고 앉은뱅이도 걷게 하며 그 밖에 모든 질병을 다 낫게 하리라고 하겠나이다.고 아뢰니 "네 말이 옳도다. 그대로 시행하라." 하시고 그 약패를 불사르셨도다.
　[공사 3장 35절]

　또 말씀하시기를, 스물네 가지 약종만을 잘 쓰면 만국 의원(萬國醫員)이 되리라 하셨도다. [전경 예시 72절]

　양피(羊血) 스물넉 점이 궤에 찍혀 있고 도주께서, 그 시기의 도수에 쓰였으면 족하니라. 둔 궤의 둔자는 도망 둔 자이도다,고 그들에게 이르셨도다. [교운 2장 20절] (대두목은 24점을 찍고 신위 모심)

　'전경'에 따르면, 동곡약방은 상제님께서 정미(1907)년 4월 어느 날 돈 천

냥을 전주부호 백 남신으로부터 가져오셔서 차리셨는데 여기에 더하여 공
우로 하여금 고부에 가서 돈을 주선하여 오라 하시어 약방의 수리를 마무리
하셨고 고부의 돈으로 수리한 것은 선인포전의 기운을 쓴 것이라고 그 의미
를 밝히셨다.
 선인 포전(仙人布氈)이란 무엇인가?
 전(氈)은 솜털 모직, 융단, 양탄자, 담요 등의 뜻을 가진 글자로 선인 포전
은 '신선이 자리를 깐 형국'이란 의미다.

 예로부터 우리나라에서는 금강산을 봉래산(蓬萊山), 지리산을 방장산(方
丈山), 한라산을 영주산(瀛洲山)이라 하여 이 세 산을 삼신산(三神山)으로
일컬어왔다. 사마천의 '사기(史記)' '봉선서(封禪書)'에 봉래 방장 영주의 삼
신산에는 많은 신선들이 살고 불사약(不死藥)이 있어 나라의 왕들이 그것을
찾으려 했다는 기록에 전해진다.

 제자가 여쭙기를, 세상에 있는 크고 작은 병을 물론하고 명령을 내려 치
료하시고 지금은 약국을 건설하시니 그 이유가 무엇이나이까. 대 선생께
서 말씀하시기를, 성부 성자 성신이 천지 도술을 받드나니 천하 만세에 크
고 작은 병을 다 이 약국을 통해 다스릴 것이니라. 제자가 여쭙기를, 약장에
'단주 수명(丹朱受命)' '열풍뇌우불미(烈風雷雨不迷)' '우보상최등양명(禹步
相催登陽明)'이라 글자를 쓰시니 그 이치가 어떻게 되는 것이나이까. 상제
께서 이르시기를 "후천의 요순우(堯舜禹)니라."
 [천지개벽경. p]

 상제님께서 공우(公又)에게 약패를 세우라고 하시면서 일종의 현판과도

같은 만국 의원이라는 명칭을 내리신 것과 그것을 대두목을 상징하는 박공우 종도에게 하도록 명하신 것이다.

그리고 공우가 '만국 의원(萬國醫院)을 설치하고 죽은 자를 재생케 하며 눈먼 자를 보게 하고 앉은뱅이도 걷게 하며 그 밖에 모든 질병을 다 낫게 하리라고 하겠나이다.'고 아뢰니 "네 말이 옳도다. 그대로 시행하라." 하시고 그 약패를 불사르신 것에서 만국 의원(萬國醫院)의 역할을 알 수 있으며 대두목은 만국 의원의 외면적인 대표자임을 연결 지어 생각해 볼 수 있다.

삼신산(三神山)과 선인 포전(仙人布氈) 그리고 동곡약방

상제께서 어느날 공우에게 '고부에 가서 돈을 주선하여오라' 하시더니 마련된 돈으로써 약방의 수리를 끝마치시고 갑칠로 하여금 활 한 개와 화살 아홉 개를 만들게 하고 그것으로써 공우로 하여금 지천(紙天)을 쏘아 맞추게 하시고 가라사대 '이제 구천을 맞췄노라' 하시고 또 말씀을 잇기를 '고부 돈으로 약방을 수리한 것은 선인포전(仙人布氈)의 기운을 쓴 것이니라' 하셨도다. [전경 공사 3장 3절]

어느 날 종도들에게 가라사대 "일후에 때가 되면 천하만국의 제왕신과 이십사장은 금산사를 옹위하고 이십팔장은 용화 기지를 옹위하며 삼만의 철갑 신장은 원평장상 대기지를 옹위하리라" 하시고, 이어서 가라사대 "옛말에 이르기를 수양산 그늘이 강동 팔십 리 간다 라고 하는 말과 같이 금산사를 중심으로 한 용화 도장은 장광(長廣)이 팔십 리니라."
 [정영규의 천지개벽경. p]

수양산 그늘이 강동 팔십 리를 간다, 팔십 리 영향력이 큰 것이 먼 데까지 미친다. 즉, 어떤 한 사람이 잘되면 주변 사람들도 덕을 본다.

상제님이나 상제님 부인께서 용화 도장이라 칭했다고 용화란 명칭에 집착하거나 지명에 의미를 크게 두는 사람들이 있는데 그것은 용화세계[龍華世界]의 '용화'란 의미로 해석해 볼 필요가 있다.
 매양 구릿골 앞 큰나무 밑에서 소풍하실 새, 금산(金山) 안과 용화동(龍華洞)을 가리켜 가라사대 "이곳이 나의 기지라. 장차 꽃밭이 될 것이요 이곳에 인성(人城)이 쌓이리라."
 [대전 3 - 136]

금산사에 상제를 따라갔을 때 상제께서 종도들에게 천황(天皇) 지황(地皇) 인황(人皇) 후 천하지 대금산(天下之大金山) 모악산하(母岳山下)에 금불(金佛)이 능언(能言)하고 육장 금불(六丈金佛)이 화위 전녀(化爲全女)이라 만국 활계 남조선(萬國活計南朝鮮) 청풍 명월 금산사(靑風明月金山寺) 문명 개화 삼천국(文明開花三千國) 도술 운통 구만리(道術運通九萬里)란 구절을 외워주셨도다. [전경 예시 14절]

말씀하시기를,
 네가 아는 한 금산사의 주지가 몇 번이나 갈렸느냐? 대하여 가로대 몇이 갈렸습니다. 주지는 갈려도 미륵은 그대로 있느냐? 미륵이야 그대로 있지요. 그래야지. 저것까지 없으면 야단이로구나. 또 가라사대, 돌은 뜨고 금은 처진다더니 법은 그대로 밝아있건마는 누가 알고 갈자 있겠느냐 하시니라.

증산 성사께서 구릿골 약방에서, 약장은 안장농이고 신주독(神主)이니라. 여기에 배접한 종이를 뜯을 날이 속히 이르러야 하리라,라고 말씀하시고 그 후 대흥리에서 고부인에게 약장은 네 농바리가 되리라,고 이르셨도다. [전경 예시 70절]

▶ 구릿골 약방: 대두목이 세운 만국 의원(萬國醫院)
▶ 약장은 안장농이고 신주독(神主): = 신줏단지,의 방언, 대두목의 신줏단지, 만국 의원 = 삼계 대순하신 삼위 상제님 신위, 영대(靈臺)

▶ 배접한 종이를 뜯을 날: ? = 대두목이 종이를 뜯을 날, 운수가 있다는 말씀이시다.
▶ 속히 이르러야: = 때가 빨리 와야 한다.
▶ 고 부인 공사: = 후인 대두목 (증산께서 부인에게 '네' 자는 네 번째 후인 공사)
▶ 약장은 네 농바리: = 대두목이 세운 신단, 농바리는 신부가 시집갈 때 가지고 가는 예물인 장롱이 소나 말위에 얹혀 있는 상태를 말한다. 여기서 농바리는 상제님의 약장 공사가 네 번째 대두목으로 이동하게 될 것을 예시한 말씀이시다. 배접한 종이를 뜯으면 이 의통이 나온다는 말씀이시다.

※ 증산 성사께서 공사하신 '수부'(首婦)란, 으뜸가는 여인네로 증산 어른 부인이 아닌 것이다.

증산 성사께서 약방 벽 위에 사농공상(士農工商) 음양(陰陽) 기동북이고

수(氣東北而固守) 이서남이교통(理西南而交通)과 그밖에 여러글을 많이 써
붙이시고 백지(白紙)로 배접(背接)한 뒤에 자현을 명하사 뜻 가는대로 밥사
발을 대고 배접한 곳에 오려떼니 음(陰)자가 나타나거늘 가라사대 정히 옳
도다. 음과 양을 말할 때에 음자를 먼저 읽나니 이는 지천태(地天泰)니라 또
가라사대 약장은 곧 안장농(安葬籠)이며 또 신주독(神主)이니라 또 가라사
대 이 종이를 뜯을 날이 속히 이르러야 하리라 하시니라 이 뒤에 대흥리에
가사 고부인에게 일러 가라사대 약장은 곧 네 농(籠) 바리가 되리라 하시니
라. [대전 4-75]

※ 증산 어른께서 부인에게 "네" 자는 부인이 아닌 것이다.

음과 양을 말할 때 음자를 먼저 읽나니 이는 지천태(地天泰)니라 하셨다. 사
농공상(士農工商)은 사상(四象)이요, 음양(陰陽)은 중앙 자리의 태극(太極)이다.

▶ 지천태(地天泰)

땅을 의미하는 곤(坤) 괘가 위에 있고 하늘을 의미하는 건(乾)괘가 아래에
있어서 땅(地)이 위에 있고 하늘(天)이 아래에 있는 상태이다. 지천태괘는
괘상(掛象)에서 보여지듯 상하가 소통이 원활하여 태평하다는 뜻이다. [용
담역 참조]

예로부터 우리나라에서는 금강산을 봉래산(蓬萊山), 지리산을 방장산(方
丈山), 한라산을 영주산(瀛洲山)이라 하여 이 세 산을 삼신산(三神山)으로
일컬어왔다. 사마천의 '사기(史記)' '봉선서(封禪書)'에 봉래 방장 영주의 삼
신산에는 많은 신선들이 살고 불사약(不死藥)이 있어 나라의 왕들이 그것을
찾으려 했다는 기록이 나온다고 하는데 '삼신산'이라 불리어 오던 곳이 따로

있으니 곧, (www.msge.co.kr) 대순진경인 것이다.

만국 의원 공사란 1907년 4월 상제께서 김준상의 집에 방 한 칸을 빌려 차리신 '동곡약방을 중심으로 한 일련의 공사(公事)'를 일컫는 말씀이시다. 그리고 그 내용으로는 [공사 2장 9절 행록 5장 38절]에 그 내용이 나타나 있는데, 특히 [행록 5장 38절]의 한문 구절은 간략하게 정리하여 보면 '열매를 맺는 우주의 가을 시대로 진입하는 즈음에 세상이 무도(無道)하여 병들어 있어 이를 치유하기 위해 천지도술 약국을 전주 동곡에 설치하여 생사를 판단하노니 (닦은 바에 따라) 좋은 열매를 맺거나 흉한 열매를 맺게 된다.'는 내용으로 이해해 볼 수 있다.

태을주가 태인 화호리(禾湖里) 부근 숫구지에 전파되어 동리의 남녀노소가 다 외우게 되니라. 상제께서 이 소문을 전하여 들으시고 "이것은 문 공신의 소치이니라. 아직 때가 이르므로 그 기운을 거두리라"고 말씀하시고 약방 벽상에 "기동북이 고수 이서남이 교통(氣東北而固守 理西南而交通)"이라 쓰고 문밖에 있는 반석 위에 그림을 그리고 점을 찍고 나서 종이에 태을주와 김 경흔(金京訢)이라 써서 붙이고 일어서서 절하며 "내가 김 경흔으로부터 받았노라" 하시고 칼·붓·먹·부채 한 개씩을 반석 위에 벌여 놓으셨도다. 상제께서 종도들에게 '뜻이 가는 대로 집으라' 하시니 류 찬명은 칼을, 김 형렬은 부채를, 김 자현은 먹을, 한 공숙은 붓을 집으니라.

그리고 상제께서 네 종도를 약방 네 구석에 각각 앉히고 자신은 방 가운데 서시고 '二七六 九五一 四三八'을 한 번 외우시고 종도 세 사람으로 하여금 종이를 종이돈과 같이 자르게 하고 그것을 벼룻집 속에 채워 넣고 남은 한 사람을 시켜 한 쪽씩 끄집어낼 때 '등우(鄧禹)'를 부르고 끄집어낸 종이를 다른 사람에게 전하게 하고 또 그 종이쪽을 받는 사람도 역시 '등우(鄧禹)'를 부르게 하고 다른 사람에게 전하면 받은 그 사람은 '청국지면(淸國知面)'이라 읽고 다시 먼저와 같이 반복하여 '마성(馬成)'을 부르고 다음에 '일본지면(日本知面)'이라 읽고 또 그와 같이 재삼 반복하여 '오한(吳漢)'을 부르고 다음에 '조선지면(朝鮮知面)'이라 읽게 하시니라. 二十八장과 二十四장을 마치기까지 종이쪽지를 집으니 벼룻집 속에 넣었던 종이쪽지가 한 장도 어기지 않았도다. [전경 공사 3장 28절]

상제님은 봄(상제님 시절)에 씨 뿌리고서 여름(각 교단 성장 시기)에 무럭무럭 자라게 하고 이번 대두목이 "숙구지" 대세를 준비한 것이다.

말씀 하시기를,
태인 숙구지(宿狗地) 공사로 일을 돌리리라, 하시니라.

하루는 공신에게 글 한 수를 읽어 주시니 이러하니라.

孤忠一代無雙士니 獻納三更獨啓人이라.
고충일대무쌍사니 헌납삼경독계인이라.
註) 평생의 외로운 충절은 필적할 선비가 없으니 삼경까지 충언을 올리는 사람 오직 대두목 그 혼자뿐이네.

이 시는 상제님께서 큰 일꾼에 대해 읊어 주신 것으로 충절과 의로움으로 민족의 정기를 올바로 세우려는 곧은 선비의 외로운 일편단심을 치하하신 것이다.

숙구지(宿狗地) 공사로 일을 돌리리라.

어느 날 공신에게 일러 말씀하시기를, 잠자던 개가 일어나면 산 호랑이를 잡는다. 는 말이 있나니 태인 숙구지(宿狗地) 공사로 일을 돌리리라 하시니라.

숙구지, 현재 정읍시 신태인읍 화호리(禾湖里). '개가 밥 먹고 잠자는 곳'이라 하여 '숙구지(宿狗地)' 또는 '성숙한 말 구(駒)' 자를 써서 '숙구지(宿駒地)'라 한다. 조선 말기에 어떤 도인이 부안과 변산 고부 두승산 근처의 지형을 살펴보고 '개 구(狗)' 자가 들어가는 지명 아홉 개 (배양구지, 흙구지, 진구지, 돌구지, 거명구지, 역구지, 숙구지, 각(서)구지, 미륵구지)를 지었는데 예로부터 구구지(九狗地)는 가활만인(可活萬人)의 길지(吉地)라는 말이 전한다.

'어찌 개가 일제히 짖나이까'라고 여쭈니 상제께서 가라사대 "대신명(大神明)이 오는 까닭이니라." 그가 '무슨 신명이니까'고 여쭈니 상제께서 "시두 손님이니 천자국(天子國)이라야 이 신명이 들어오나니라"고 일러 주셨도다. [전경 행록 4장 8절]

- ▶ 시두 손님 ? = 먹다 죽고, 자다 죽고, 의원 죽고, 약국 죽고,
- ▶ 천자국(天子國) ? = 박우당 도전께서 납향 치성은 천자께 올리는 치성이 다 하셨다.

상제님께서 말씀하시기를,

이후에 괴병이 온 세상에 유행하리라. 자던 사람은 누운 자리에서 앉은

자는 그 자리에서 길을 가던 자는 노상에서 각기 일어나지도 못하고 옮기지도 못하고 혹은 엎어져 죽을 때가 있으리라. 이런 때에 나를 부르면 살아나리라. 고 이르셨도다.
 [전경 예시 41절]

 이 뒤에 괴질 병(怪疾病)이 엄습하여 온 세계를 덮으리니 자던 사람은 누운 자리에서 일어나지 못하고 죽고 앉은 자는 그 자리를 옮기지 못하고 죽고 행인은 길 위에 엎어져 죽을 때가 있을지니 지척이 곧 천 리니라. 이와 같이 몸 돌이킬 틈이 없이 사람을 죽이는 위급한 때에 나를 부르면 다 살리라 하시니라. [증산도 道典 7:31]

 앞으로 좋은 세상이 오려면 병으로써 병을 씻어내야 한다. 말씀하시기를, 시두 손님인데 천자국이라야 이 신명이 들어오느니라. 내 세상이 되기 전에 손님이 먼저 오느니라. 앞으로 시두(時痘)가 없다가 때가 되면 대발할 참이니 만일 시두가 대발하거든 병겁이 날 줄 알아라 하시니라. [증산도 道典. p]

 병겁이 휩쓸면 자리를 말아 치우는 줄초상을 치른다 하시고 또 말씀하시기를, 병겁으로 사람을 속아야 사(私)가 없다 하시니라. [증산도 道典. p]

 난은 병란(病亂)이 크니라. 앞으로 좋은 세상이 오려면 병으로 병을 씻어내야 한다. 병겁이라야 천하통일을 하느니라.
 [증산도 道典. p]

 한 성도가, 세상에 백조일손(百祖一孫)이라는 말이 있고 또 병란(兵亂)도 아니고 기근(饑饉)도 아닌데 시체가 길에 쌓인다는 말이 있사오니 이것을 말씀하시는 것입니까? 하고 여쭈니 말씀하시기를, "선천의 모든 악업(惡業)과 신명들의 원한과 보복이 천하의 병을 빚어내어 괴질이 되느니라."

봄과 여름에는 큰 병이 없다가 가을에 접어드는 환절기(換節期)가 되면 봄 여름의 죄업에 대한 인과응보가 큰 병세(病勢)를 불러일으키느니라, 하시고 또 말씀하시기를, "천지 대운이 이제서야 큰 가을의 때를 맞이하였느니라."

註) 괴질 병겁은 선천5만 년 동안 인간이 저질러 온 모든 죄업에 대한 응보이자 원신과 척신이 내뿜는 복수의 독기 때문에 생겨난다는 것이다. 한마디로 병겁은 선천의 상극 문화권에서 생겨난 묵은 기운을 총체적으로 정리하고 상생의 새 우주를 열기 위한 통과 의례이다.

이 말씀을 마치시고 공우에게 '천지의 조화로 풍우를 일으키려면 무한한 공력이 드니 모든 일에 공부하지 않고 아는 법은 없느니라. 정 북창(鄭北窓) 같은 재주로도 입산 三일 후에야 천하사를 알았다 하느니라'고 이르셨도다.
  [전경 교운 1장 35절]

나는 고부 정읍 태인 부안 김제 전주 순창 익산 옥구 함열로 수도를 삼아 현 서울(당시의 한양)의 7배나 넓은 곳에서 문무백관이 정사를 보게 하리라. 부(符) 한 장이면 산 하나를 옮기리니 후천개벽 시에는 서해로 땅을 넓히노라. 북문은 전주에 세워지노라. 때가 되면 금산사는 인산인해를 이루리라.
  [이중성의 천지개벽경. p]

부(符) 한 장이면 =
註) 부적(符籍), 증거(證據), 증표(證票), 명령하다(命令) 확실히(確實), 틀림없이, 들어맞다, 부합하다(符合: 들어맞듯 사물이나 현상이 서로 꼭 들어맞다.)

고후비께서 용화동으로 오시다가 팥정이에 앉아 쉬실세, 구릿골 입구 돌다리를 담뱃대로 겨누시며 가라사대, 저기가 천지 문턱이니라. 이어서 가라사대, 이곳에서 장광 팔십 리가 꼭 차나라 하시고, 담뱃대로 제비산을 가리키시며 저 산 흙은 쓸 데가 있노라 하시니라. [선도신정경. p]

상제께서 종도들을 데리고 계실 때 '현하 대세가 오선위기(五仙圍碁)와 같으니 두 신선이 판을 대하고 있느니라. 두 신선은 각기 훈수하는데 한 신선은 주인이라 어느 편을 훈수할 수 없어 수수방관하고 다만 대접할 일만 맡았나니 연사에만 큰 흠이 없이 대접만 빠지지 아니하면 주인의 책임은 다한 것이로다. 바둑이 끝나면 판과 바둑돌은 주인에게 돌려지리니 옛날 한 고조(漢高祖)는 말위에서 천하를 얻었으되 우리나라는 좌상(座上)에서 득천하하리라.'고 말씀하셨도다. [전경 예시 28절]

매사에 주인 없는 공사가 있느냐. 각국에서 와서 오선위기 도수로 바둑을 두다가 갈 적에는 판과 바둑은 주인에게 도로 주고 가느니라. [증산도 道典. p]

형렬이 명을 좇아 六十四괘를 타점하고 二十四방위를 써서 올렸더니 상제께서 그 종이를 가지고 문밖에 나가셔서 태양을 향하여 불사르시며 말씀하시기를 '나와 같이 지내자'하시고 형렬을 돌아보며 '나를 잘 믿으면 해인을 가져다 주리라'고 말씀하셨도다. [전경 교운 1장 62절]

그리고 다시 말씀하시니라. '나의 얼굴을 똑바로 보아두라. 후일 내가 출세할 때에 눈이 부셔 바라보기 어려우리라. 예로부터 신선을 말로만 전하고 본 사람이 없느니라. 오직 너희들은 신선을 보리라. 내가 장차 열석자의 몸으로 오리라'하셨도다.
[전경 행록 5장 25절]

상제께서 하루는 공우에게 말씀하시길
'동학 신자는 최 수운의 갱생을 기다리고, 불교 신자는 미륵의 출세를 기다리고, 예수 신자는 예수의 재림을 기다리나, 누구 한 사람만 오면 다 저의 스승이라 따르리라'고 하셨도다.
[전경 예시 79절]

이것이 바로 동학의 인내천이다. 이 자리가 단군의 개천 이념인 개천 입교, 홍익인간, 이화세계가 하나로 완성하는 곳이다.
전하노니 그대여 슬퍼 말라. 우리의 도통(道通)은 연원 도통(淵源道通)이다. 우주의 시작은 1.6 水에서 생겨나 시작된다. 복희 팔괘(伏羲八卦)도 황하(黃河)에서 용마 부도 (龍馬負圖) 하였고 문왕 팔괘(文王八卦)도 낙수(洛水)에서 신구 부도(神龜負圖) 하였고 이번에도 용소(龍沼)에서 연원 도통으로 이루어지니 우리의 특이한 자랑이다.

13. 용담(龍潭) 역(易)

주역(周易)은 알아도 정역(正易)은 잘 모른다. 중국 중심 군자의 통치술 중심의 삼천년 전 주(周)나라 문왕(文王)의 역(易)을 읽는 사람은 많지만 백 이십여 년 전 한국 충청남도 연산(連山) 사람 일부(一夫) 김항(金恒) 선생의 새 시대의 세계역 후천 한국역, 민중적 개벽 생명역인 미래역 정역을 읽은 사람은 거의 없다. 지금은 유럽이나 미국에서까지도 주역을 읽고 공부하는 사람은 많으나 선천판 주역은 음양(陰陽) 혼돈의 상극(相剋) 팔괘 역(八卦易)이므로 대전환기에 용담 팔괘 역(八卦易)을 읽고 공부해야 한다.

역은 본디부터 생성과 변화와 전환의 학(學)이기 때문이다. 그리고 상제(하느님)께서는 주역은 쓸모없다고 말씀하신 것은 용담역(易)이 완성된다는 말씀이시다. 아무리 주역, 정역을 연구해도 (www.msge.co.kr) 에 용담 역(易)을 모르고는 풀지 못하는 것이다. 옛 성현(석가, 공자, 예수)이 예언한 하느님(상제, 미륵, 천주)께서 여는 후천 세상, 새 5만 년 문명은 곧 용담역(易)에서 시작되는 것이다.

상제께서 그 무리들 중에서 특별히 차 공숙을 뽑아 따로 말씀하셨는데 그는 소경이니라. 상제께서 '너는 통제사(統制使)가 되라. 일년 三백六十일을 맡았으니 돌아가서 삼백 육십명을 구하라. 이것은 곧 팔괘(八卦)를 맡기는 공사이니라'고 하셨도다. 공숙은 돌아가서 명을 좇아 새로운 한 사람을 구하여 상제께로 오니 상제께서 그 사람에게 직업을 물으시기에 그가 '농사에만 진력하고 다른 직업은 없사오며 추수 후에 한 번쯤 시장에 출입할 뿐이외다'고 여쭈니 '진실로 그대는 순민이로다'고 칭송하신 뒤에 그를 정좌케 하고 잡념을 금하셨도다. 그리고 상제께서 윤경을 시켜 구름이 어느 곳에 있는지를 알아 보게 하시니 그가 바깥에 나갔다 오더니 '하늘이 맑고 오직 상제께서 계신 지붕 위에 돈닢 만한 구름 한 점이 있을 뿐이외다'고 아뢰는지라. 그말을 듣고 계시던 상제께서 다시 '구름이 어디로 퍼지는 가를 보아라'고 이르시니 윤경이 다시 바깥에 나갔다 오더니 '돈닢 만하던 구름이 벌써 온 하늘을 덮고 북쪽 하늘만 조금 틔어있나이다'라고 여쭈는지라. 상제께서 '그곳이 조금 틔어있다 하여 안될 리가 없으리라'고 말씀하시고 두서너 시간이 지난 후에 그 사람을 보내셨도다. [전경 교운 1장 53절]

선후천 괘의 변화(복희 8괘)

복희 8괘는 성인 복희씨께서 하도를 본받아 천지가 세상에 생겨난 이치를 8괘로 나타낸 것으로서 위쪽에 건(乾. 하늘), 아래에 곤(坤. 땅), 왼쪽에 이(離. 태양), 오른쪽에 감(坎. 달)을 배치하고 좌상 우하로 태(兌. 바다) 간(艮. 산)과 우상 좌하로 손(巽. 바람) 진(震. 우뢰)을 배치하여 천지를 바탕으로 하고 태양과 달로 기운을 뿌려주며 바다와 산과 바람과 우뢰를 통하여 만물을 길러내는 작용을 하여 우주의 이상을 실현시켜 나감을 표현하였다. (天地否卦, 천지부괘)

낙서에서 용담으로 넘어갈 때는 여름에서 가을로 넘어가야 하는데 (문왕 8괘)~(용담 8괘) 낙서에서는 2곤지의 다리가 끊어졌으므로 29가 재 착종하여 9이화(괘)가 2곤지(괘) 자리에 들어가므로 무사히 다리를 건널 수 있다.

이 자리가 未土 자리로서 後天子가 들어가고, 다리는 놋다리 노란 다리. 未는 10土로서 노란색임, 未는 어린양 子未 이 되며 하느님(天主)이 강세한 자리이고 미륵불 8차 회상 未는 8次會임 자리이다. (용담: 지천태괘 地天泰卦)

선후천(先後天) 수(數)와 오행(五行)의 변화(變化) 선후천(先後天) 수(數)의 변화(變化)

용담의 수가 아래와 같이 정해진 까닭

잠심지하도덕존언(潛心之下道德存焉) 반장지간병법재언(反掌之間兵法在焉)
도와 덕은 마음속 깊은 곳에 있으며 병법은 손바닥을 뒤집어 오던 길로 돌아가는 데 있다. [전경 교법 3장 47절]
대저 아무 것도 모르는 것이 편하리라. 닥쳐오는 일을 아는 자는 창생의 일을 생각하여 비통을 이기지 못하리라.
[전경 교법 3장 46절]

도와 덕이 펼쳐짐은 음과 양이 서로 교차함과 같아서 선천의 행로를 바꾸어 우선을 좌선으로 하는 것이 곧 후천의 길을 가는 것이다.

선천이 1 2 3 4 5 6 7 8 9로 우선(右旋)하여 진행한다면,

후천은 10 9 8 7 6 5 4 3 2로 좌선(左旋)을 해야 한다는 것이다. 이를 말하여 선천의 우선을 9변(變)이라 하고 후천의 좌선을 9복(復) 이라고 한다.

낙서의 수 중 중앙 10(나타나지 않은 수)으로부터 후천이 시작(1)되어 9궁을 따라 가면 선후천이 서로 만나 11귀체(歸體)를 이루게 된다. 그러므로,

선천수: 1 2 3 4 5 6 7 8 9 10 (현상은 9까지만 나타남)
후천수: 10 9 8 7 6 5 4 3 2 1 (1은 중앙에 숨음)이 되니 이러한 원리에 의해 **용담수(水)**가 출현한 것이다.

● 용담은 김일부 선생의 정역에 증산 성사께서 수를 붙인 것이다.

김일부 선생은 선천의 세수인 인월을 묘월로 바꾸고 선천의 시두인 자시를 해시로 바꾸고 선천의 24절후를 24절국으로 바꾸는 등 정역의 원리를 세상에 펼친 공을 세웠다. 아무튼 정역 8괘는 개벽의 한 부분을 담당하는 혁혁한 공로를 세웠으며 후일 용담도가 탄생하는 결정적인 밑바탕이 된다. 일부 선생이 그은 8괘라 하여 사람들은 일부 8괘라고도 부른다.

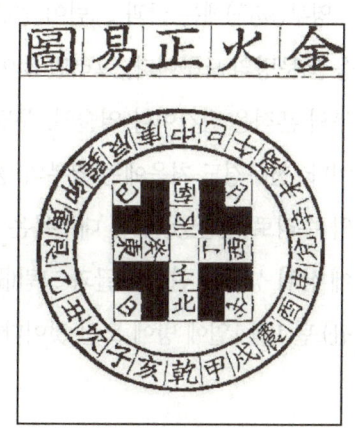

일부 선생이 비록 8괘를 그렸지만 수리와 간지를 붙이지는 않았다. 후일 일부의 문도들이 금화정역도라 하여 간지와 수리를 붙여 일부 8괘도를 완성시키는 작업을 했으나 크게 두 개의 학설로

나누어진 채 명맥만 유지하고 있는 실정이다.

하도와 낙서가 각각 도서로 천지의 이치를 대변한 것이라면 후천의 상서는 도서가 아닌 새로운 것으로 그 이치를 대변한다. 그것은 도와 서가 합한 것이다. 천지가 합한 것이 인간이듯이 도서가 합한 것을 영부라고 부른다. 현무경의 부(符)는 우주 변화의 원리와 개벽된 천지인의 기운과 신명계와 인간들의 약속이 집약된 '천지인신 유소문'이다. 그러므로 영부(靈符)라고 부른다.

영부(靈符)란, 1860년 4월 5일 교조(敎祖) 최제우(崔濟愚)가 영감으로 한울님에게서 받은 천신(天神)을 그림으로 표상(表象) 한 부도(符圖), 천도교 본부에서 보관되어 있으나 아무 의미가 없다. 영부(靈符)를 생각할 때에 먼저 부자(符字)의 뜻을 생각함이 쉬울 것 같다.

부(符)라는 것은 일(一)이 분(分) 하여 이(二)가 되고, 이(二)가 합(合) 하여 일(一)이 되는 것인 고로 여합부절(如合符節)이란 말이 있다.
영부(靈符)에는 글과 그림이 공존한다. 본래 영부는 옛날의 신선들이 사용한 문명의 도구이다. 그러던 것이 물질문명의 낙서 시대가 전개되면서 영부의 흔적은 산간이나 역술인, 무당의 손에 의해 겨우 그 명맥만 유지된 것이다. 천부경도 처음에는 영부의 형태였으나 낙서 문명의 기운에 의해 문자와 수리로 변한 것이다. 대두목은 신명의 가르침으로 용담역, 용담 계사도에 삼위 상제의 신위를 글과 그림(圖), 영부(靈符)로 모시다가 2021 신축(辛丑) 년 1월 1일에 방에 모신 것이다.

※ 여합부절(如合符節)이란, 삼위 상제님은 성부, 성자, 성신(聖父, 聖子, 聖神) 일체(一體)가 되고 대두목과 이(二)가 합(合) 하여 일(一)이 된다는 말씀이시다. 미륵(彌勒)은 천 년 동안 홀로 밖에서 머리에 갓(하나님)을 쓰고 우리 민족을 지켜왔던 것이다.

우당 도전님께서 말씀하시기를,
"도장은 천지신명 모신 곳이다. 상제님 모신 방을 영대(靈大)라 하는 것이다." 하셨다. 대순진리회 도장은 영대(靈臺)라 부른다.

금구 내주동을 떠나신 상제께서는 익산군 이리(裡里)를 거쳐 다음날 김일부(金一夫)를 만나셨도다. 그는 당시 영가무도(詠歌舞蹈)의 교법을 문도에게 펼치고 있던 중 어느 날 일부가 꿈을 꾸었도다. 한 사자가 하늘로부터 내려와서 일부에게 강 사옥(姜士玉)과 함께 옥경(玉京)에 오르라는 천존(天尊)의 명하심을 전달하는도다. 그는 사자를 따라 사옥과 함께 옥경에 올라가니라. 사자는 높이 솟은 주루금궐 요운전(曜雲殿)에 그들을 안내하고 천존을 배알하게 하는도다. 천존이 상제께 광구 천하의 뜻을 상찬하고 극진히 우대하는도다. 일부는 이 꿈을 꾸고 이상하게 생각하던 중 돌연히 상제의 방문을 맞이하게 되었도다. 일부는 상제께 요운(曜雲)이란 호를 드리고 공경하였도다. [전경 행록 2장 2절]

상제께서 무신년 四月에 전주에 가셔서 여러 종도들로 하여금 글월을 정서하게 하시니라. 상제의 말씀에 따라 광찬은 김 병욱의 집에 머물면서 상제께서 전하는 글을 일일이 등사하고 형렬은 상제를 따라 용머리 주막에 가서 상제로부터 받은 글월을 광찬에게 전하느니라. 광찬은 그 글월을 정서

하여 책을 성편하였도다. 상제의 명대로 책이 성편되니 상제께서 광찬에게 세상에 나아가 그 글을 전함이 가하랴 하시니라. 광찬이 상제의 존의에 좇을 것을 여쭈니 상제께서 그에게 '경석에게 책 한 권을 주었으니 그 글이 나타나면 세상이 다 알것이라'말씀하시고 성편된 책을 불사르고 동곡으로 떠나셨도다. 책 중에 있는 글이 많았으되 모두 불사르셨기에 전하지 못하였고 한 조각만이 종도의 기억에 의해서 전하는도다.

그 글이 나타나면 세상이 다 알것이라'말씀하시고 성편된 책을 불사르고 동곡으로 떠나셨도다. 책 중에 있는 글이 많았으되 모두 불사르셨기에 전하지 못하였고 한 조각만이 종도의 기억에 의해서 전하는도다. [전경 교운 1장 44절]

※ 상제께서 불사르신 공사는 후인 대두목으로 하여금 (증산) 구천 상제님의 천, 지, 인 삼계 대 공사를 널리 알려 창생을 구하라는 공사이시다.

상제께서 화천 하시기 전 김 형렬에게 글 한 수를 읊어주시니 다음과 같도다.
後人山鳥皆有報
勸君凡事莫怨天
[전경 예시 89절]

譯(번역할 역)
내가 그대에게 한 가지를 경계하노라 하시며 문명(文命)을 읽어주시니 이러하니라.
命(목숨 명)

後人山鳥皆有報(후인산조개유보)

註) 뒷사람들인 산의 무리들이 다 보전함이 있으리로다.

(이 글에서 후인이라 하심은 후천 사람을 이르심이요 산조(山鳥)라 하심은 증산을 신앙하는 무리들을 이르심이며, 유보(有報, 있을유 지킬보) 라 하심은 후천에 넘어갈 대두목이 있으니 지키지 않았던가이다.

勸君凡事莫怨天(권군범사막원천)

註) 그대에게 권하노니 무릇 일에 있어서 한울을 원망하지 마라.

(이 글에서 한울을 원망하지 말아라 하심은 상제님을 원망하지 마라라는 말씀이다.)

상제께서 기유(己酉)년 정월 一일 사시(巳時)에 현무경(玄武經) 세 벌을 종필하고 한 벌은 친히 품속에 지니고 한 벌은 도창현(道昌峴)에서 불사르고 나머지 한 벌은 경석의 집에 맡기셨도다.

八面 史略 通鑑 大學 小學 中庸 論語 孟子 詩傳 書傳
周易

玄武經 [교운 1장 66절]

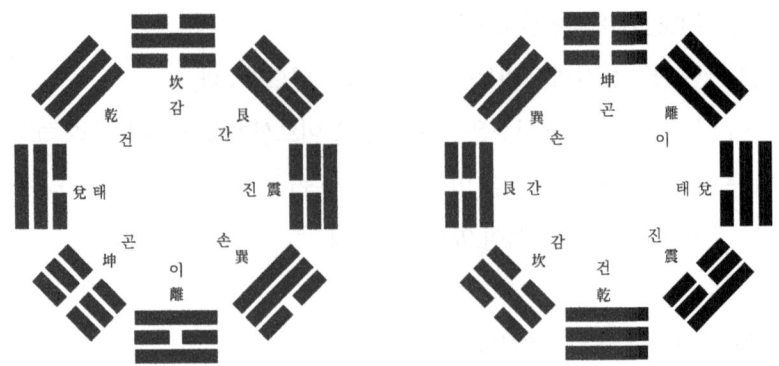

구천 상제께서 말씀하시고, 옥황상제께서 가르치시길,

주역(周易)은 쓸모없느니라. 말씀하시니라.

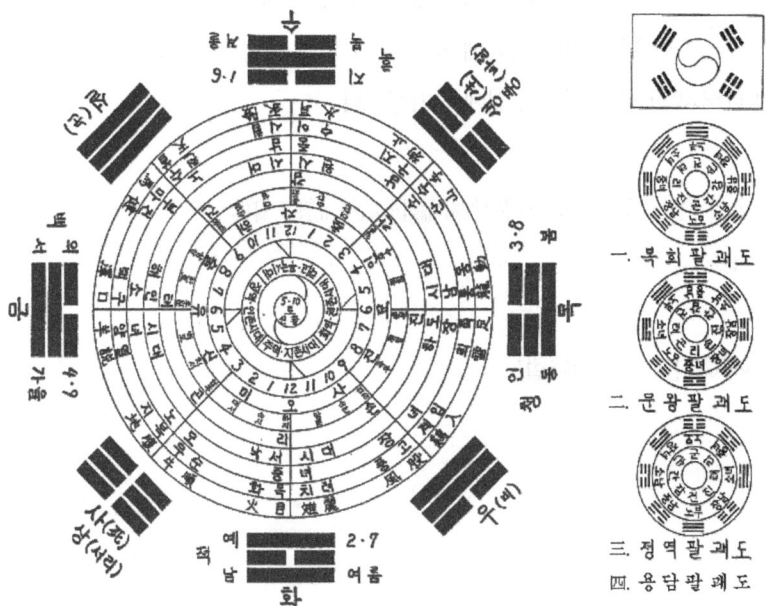

☯ 완성된 용담도(龍潭圖)
대두목이 전하는 용담도, 완성된 용담 역 연원과 연맥 표

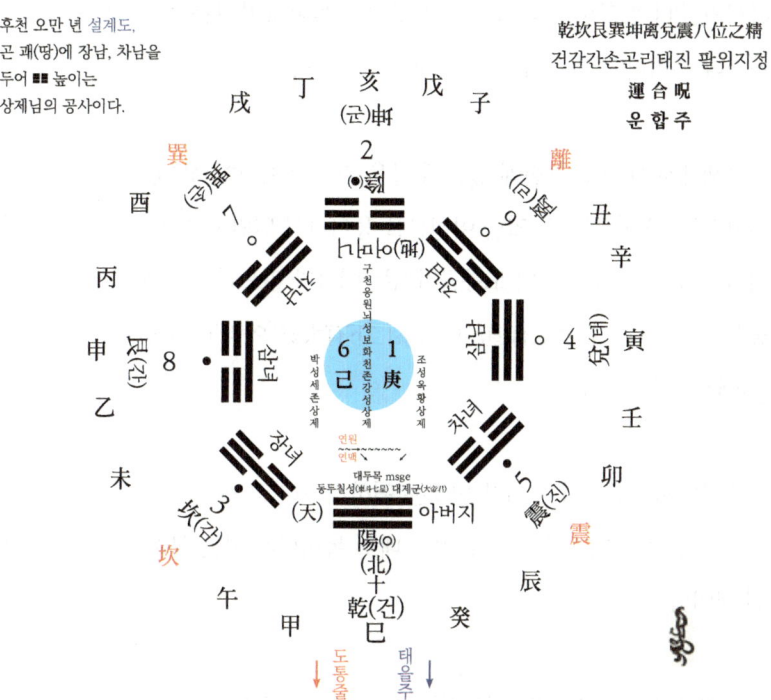

남은 아홉 마디는 수교자의 수이니라. 말씀하셨다. [교운 1장 38절]

주역은 1,6 (水) 가 北쪽에 있고
용담역은 1,6 (水) 가 中(중앙)에 있다.

☯ 상제님께서 말씀하시길

스물네 가지 약종만을 잘 쓰면 만국 의원(萬國醫員)이 되리라 하셨도다.
[예시 1장 72절]

형렬이 명을 좇아 六十四괘를 타점하고 二十四방위를 써서 올렸더니 상제께서 그 종이를 가지고 문밖에 나가셔서 태양을 향하여 불사르시며 말씀하시기를 '나와 같이 지내자'하시고 형렬을 돌아보며 '나를 잘 믿으면 해인을 가져다 주리라'고 말씀하셨도다. [교운 1장 62절]

상제께서 태인 도창현에 있는 우물을 가리켜 '이것이 젖(乳) 샘이라.'고 하시고 '도는 장차 금강산 일만 이천봉을 응기하여 일만 이천의 도통군자로 창성하리라. 그러나 후천의 도통군자에는 여자가 많으리라.'하시고 '상유 도창 중유 태인 하유 대각(上有道昌中有泰仁下有大覺)'이라고 말씀하셨도다.
[예시 1장 45절]

중국에서는 8자가 들어간 번호는 귀하게 여기고 행운의 수(首)라하여 거액의 금전으로 거래가 되는데 이는 태호 복희씨가 만든 복희 8괘에서 유래된 것이다.

우리나라는 최제우가 하늘 천주(하느님)의 모습을 그림으로 그려 영부를 보관한 곳이 천도교이고 나라에서는 재단법인 교단으로 만들어 최제우 재림을 강요하고 있으나 대두목이 선천 팔괘를 용담 팔괘로 뜯어고치고 삼위일체 상제님을 모신 것을 각골명심해야 하는 것이다.

또한 국가권력기관에서는
쓸모없는 주역 8괘를 도용하여 백성을 다스리는 정치판,

화천 대유: 리괘(離)는 위쪽, 건괘(乾)는 아래쪽으로 두 괘가 합친 괘로 화

천 괘(卦)란 하늘의 불, 태양을 의미한다.

대유(大有)란 커다란 민족을 의미한다. 이를 조합하여 보면 화천 대유란 하늘의 도움으로 세상을 또는 천하를 취한다는 뜻을 가지고 있다.

천화동인: 건괘(乾)는 위쪽, 리괘(離)는 아래쪽, 두 괘가 합친 괘로 천화괘(卦)란 불이 하늘을 밝게 하며 동인(同人)이란 함께 하는 사람(人)을 뜻하는 것이다. 일반적으로는 마음먹은 일을 성취할 수 있다는 운으로 역술가들이 해석하여 정치에 활용하는 것을 알아야 한다.

일제강점기에 문학적 지향이 동일한 사람들이 모여서 발간한 동인(人) 지라는 동학 혁명(東學革命), 동학 농민운동(東學 農民運動) 이름도 주역의 천화동인 괘(卦)에서 유래되었다.

주역(周易)을 통하여 대동 사회를 주장하는 현 정치인의 그릇된 생각이 투입된 것이 바로 3천 년 전 문왕 8괘에서 화천 대유와 천화 동인이 나온 것이다. 대동 사회는 모두가 신분적 평등과 재화의 공정한 분배를 특징으로 하는 것이다. 자본주의 사상과는 정반대의 대척점(對蹠點)에 있는 사상이 아닐까 한다.

사실 대동 사회는 유토피아 4차원에 가깝다. 현 과학 문명 시대의 유토피아의 뜻은 자체가 없는 것과 장소라는 두 뜻을 결합하여 만든 용어이다. 즉, 현실적으로 존재할 수 없는 이상의 나라를 말하는 것이다. 대동 사상을 주장한 동학농민운동도 결국 실패로 끝나고 말았다.

또한 일부 역술인들은 화천 대유와 천화 동인을 소위 '왕이 될 점괘'의 뜻이라고 해석하고 있으니 학자 또한 허령에 가까워 세상이 어지러운 현실인 것이다. 우리나라에서 왕(王)이 나온다면 과거 일본이 쳐들어와서 지배하기를 학계에서 고사(叩謝)를 지내는 것과 같은 것이다.

괘(卦: 주역의 상징 부호) 옛적 중국(中國) 복희씨(伏羲氏)가 지었다는 글. 천지간(天地間)의 변화(變化)를 나타내고 길흉(吉凶)을 판단한 것이다.

※ 참고로 강태공이 문왕을 만나 주나라를 만든 주역은 우주의 여름 시대 우임금 치수사업 때 만든 8괘에서 나온 역을 그린 것으로 우주의 가을 시대에 병겁 대 환란은 대두목이 창건한 용담 역과 삼신 신앙을 공부해야 치유(治癒) 되어 후천5만 년 시대를 맞이하는 것이다.

화천 대유와 천화 동인의 뜻은 13번 14번째 괘의 기운을 얻고자 하였지만, 주역 8괘는 지금은 쓸모없는 것이다.
(www.msge.co.kr) 화천 대유 참조

요즘 들어 지식이 있다는 이들은 대동 사회 만들자며 선량한 시민을 모으고 다단계 해서 생수 팔고 인원이 차면 광화문 가서 태극기 달아 대동 사회 만들자 하는 것은 나라에 교육부 장관은 허수아비 되고 나라에는 올바른 스승이 없다는 것이 확실히 드러나는 것이다. 대동 사회란,? 석가에 극락 세상, 공자의 대동세상, 예수의 지상천국이 오려면은 상제(하나님)가 아니면 열릴 수가 없는 것이다. 대동 사회는 한 개 국가가 아니고 지구 전체를 말하며 우주 별자리가 바로 서고 지구 공전 자전이 바뀌어 일 년 달력을 360일을 써야 대동사회라 하는 것이다.

　또한 대동 사회가 오려면 돌미륵이 눈비 맞으며 천년 동안 서있다가 둔갑술 부려 사람으로 와야 하나님이 왔다며 진짜라 하여 믿는 것이 인간이라 하는 것이다. 대두목이 옳은 말 하면 시비 거는 사람 중에 빽 있다며 검찰. 경찰에 신고하여 협박하는 것은 우리나라는 종교 자유 천국이라 전 세계 귀신, 잡귀, 요귀, 중천계 모든 신들이 우리나라에 총집합하여 있으므로 대한민국이라 이름하여 부르니 검찰. 경찰도 일반인과 똑같이 잡귀 놀음에 판단력 없이 허송세월 보내는 것이다. 요즘 들어 젊은 무당이 늘어나고 교회 가면 덩실덩실 춤을 추는 것을 보면 요귀들이 움직인다는 것을 대두목은 알고 있기 때문이다.

　그러므로 하늘에서 청소하러 48신장 거느리고 옥추보경에 원진천존 천지신명이 내려올 때 몸속에 잡귀가 많으면, 새카맣게 타 죽고 희게 타 죽는다고 2천 년 전 예수가 말한 것이 성경 책에 기록되어 유명한 인물이 사망하면 과학으로 살릴 수 있다 하여 유리관, 냉동 또는 방부제로 보관하여 시도(試圖) 하는 것이다. 우리나라에는 부모가 사망하면 좋은 명당을 찾아 묘지를 만들어 입추(立秋) 지나면 벌초(伐草)를 하는 문화는 과학 문명보다 앞서지만 도통 군자가 이들을 살리고 싶어도 살리지 못하는 것이다. 도통을 받으면 죽은 이에 머리카락 한 올만 있어도 원상 복귀시켜 바르게 도를 가르치는 스승이 되는 것이다.

　전 봉준(全琫準)이 학정(虐政)에 분개하여 동학도들을 모아 의병을 일으킨 후 더욱 세태는 흉동하여져 그들의 분노가 충천하여 그 기세는 날로 심해져 가고 있었도다. 이 때에 상제께서 그 동학군들의 전도가 불리함을 알으시고 여름 어느 날 '월흑안비고 선우야둔도(月黑雁飛高單于夜遁逃) 욕장경기축 대설만궁도(欲將輕騎逐大雪滿弓刀)'의 글을 여러 사람에게 외워주시며 동학군이 눈이 내릴 시기에 이르러 실패할 것을 밝히시고 여러 사람에게 동학에 들지 말라고 권유하셨느니라. 과연 이해 겨울에 동학군이 관군에게 패멸되고 상제의 말씀을 좇은 사람은 화를 면하였도다. [전경 행록 1장 23절]

☯ 제자가 영평 비결을 읊어 여쭈기를,

해는 본래 동쪽에서 뜨고 서쪽에서 지니 오미(午未)에 빛을 뿌리고 신유(申酉)에 옮기리라.
註) 2014(甲午 년) 신위 옮김. 25년 만에 고향 화천으로,

양이 가을 울타리를 들이받음을 누가풀리요.
註) 2015(乙未 물놀이 안전요원 일할 때 조폭은 군청에 선배 있다며 직장 자른다며 협박,

원숭이가 봄 나무에서 울면 해가 뜨리라.
註) 2016(丙申) 년 화천 머무를 적 옆집 개 꼬셨다며 조폭 동원, 경찰서마저 불러들여 협박, 춘천 검찰청에서는 동물 학대로 벌금 200만 제때 못 내면 영장 발부한다며 협박, 도피 중에 성명서 발표,

닭이 우는 밤에 온 세상이 비바람에 덮이고

註) 2017(丁酉) 년 옮김, 폭력배 횡포로 부친을 강제로 요양원에 모시고 미화원(청소) 그만두고 이사,

다행히 2017(丁酉 [붉은 장닭 '年']) 제천 김병주 도인 연결,

개가 짖을 때 만국이 티끌로 더러우리라.
註) 2018(戊戌) 년 춘천 검찰청에서 등기우편으로 지겹도록 여러 차례 협박

사람이 살아날 곳을 알고자 하면,
註) 2019(己亥) 년 엄상문 판사는 5차례 법원 출석 재판, 부친 49제 날 재판, 치밀한 수법. 한 달 사회봉사 명령, 엄상문 판사는 나중에는 윗선 지시라 변명,

봉사활동은 경기도 지평면에 있는 궁을행복요양원, 이곳은 천도교 재단법인 즉, 최제우처럼 일본 순사에게 목 잘린다 협박한 엄상문 판사,

우거진 수풀 잠든 새 밑의 성긴 울타리니라 하니,
註) 2020(庚子) 년 백서(白西) 여수 박철원 도인 연결,

이 비결을 믿을 수 있으오리까?

● **상제께서 말씀하시기를,**

내 일을 밝혀 말한 것이니라.

상제께서 말씀하시기를,

서양에 날아다니는 기계가 있어 흉기를 싣고 다니며 재앙을 퍼붓다가 이 때가 닥치면 꽃으로 바꾸어 꾸미고 너희들을 모셔가서 한 길 짜리 상에다 산해진미를 차려놓고 아리따운 아가씨들이 예쁘게 춤추며 아름다운 음악을 번갈아 연주하여 만백성이 반겨 맞이하리니 너희들이 그때 누리게 될 영화와 즐거움이 오늘 내 눈에 선연히 보이 노라 하시니라.

용담(龍潭) 역(易). 시공의 암호

용담으로 풀어본 암호

○ 쥐구멍에도 볕들 날 있다는 말은,

우리 속담은 거의 천지개벽에 관한 소식을 전해주는 것이다. 쥐구멍에 대해서 정확히 알고 있어야 쥐구멍에서 벗어나는 방법을 알게 된다. 쥐는 12지지로 말하면 자(子)에 해당한다. 자는 1양이 시생하는 동지에 있으며 낙서의 시두(처음 시작하는 머리)라고 했다. 그것은 모든 시간의 시발을 의미하는 것이다. 하도 시대에는 땅인 축으로 문을 열고(辛丑時), 낙서 시대에는 하늘인 자로 문을 열었으나(壬子時), 용담 시대에는 인간이 문을 연다.(癸巳時) (용담 계사도 참조)

인존 시대는 천지의 운행이 선천과는 정반대로 개벽하므로 북방으로 남방의 기운이 들어간다. 남방은 화기를 상징하므로 인존 세상에서는 사가 북방으로 이동한다. 그러므로 낙서의 자시(子時)가 용담에서는 사시(巳時)가 된다. 사(巳)는 본래 낙서에서는 3양이 극성을 떨친 동남방에 해당하므로 태양이다. 낙서판에서는 쥐가 맡고 있던 북방의 시두 자리, 즉 하늘이 열리는 자리로 후천에서는 뱀으로 상징되는 3양인 태양이 들어가므로 쥐구멍에도 볕들 날 있다는 속담이 이루어진다. 이처럼 쥐구멍에 볕들 날 있다는 속담은 우주 개벽의 원리를 가리키고 있는 것이다.

○ 쥐뿔도 모른다는 말은,

용담도 는 천수인 7도로 이동을 한다. 그러므로 쥐(子)가 7도만큼 이동을 하면 미(未)가 된다. 미(未)는 양(羊)이다. 그러므로 쥐가 양자리로 이동한 것을 두고 쥐가 뿔이 났다고 한 것이다. 그러므로 '쥐뿔도 모르는 게 까불면' 죽는다. 천지개벽의 이치도 모르는 채, 천방지축 날뛰다가는 정신의 진보는 커녕 영원한 죽음의 세계로 떨어지고 만다는 말이다.

○ 에덴동산의 뱀

인간의 사상(四象) 중에 사해(巳亥)는 머리와 배에 해당한다. 사(巳)는 머리가 되고 해(亥)는 배가 된다. 6기학(六氣學) 적인 면으로 보면 사해(巳亥)는 궐음풍목(厥陰風木)에 해당한다. 이중 양궐음(陽厥陰)은 5장(五臟) 중에서 심포(心包)에 해당한다고 한다. 심포(心包)는 삼초와 더불어 인간의 기억력, 지능 등을 다스리는 역할을 한다. 그러므로 수궐음(手厥陰: 양궐음) 심포(心包)를 짐승으로는 뱀이라고 한 것이다. 뱀은 지식, 지혜, 계략을 상징하는 존재다. 이처럼 6기 학적인 면으로 보거나 4상 적인 면으로 보거나 뱀은 머리를 상징하며 꾀를 뜻한다.

개벽론에 의하면 사(巳)는 물질문명의 극을 이루는 진(辰)의 바탕이다. 진(辰)은 용이다. 용이 머리가 되고 뱀이 바탕을 이루고 있으므로 물질문명은 용두사미(龍頭巳尾)라고 한다. 자(子)에서 시작한 1양은 인(寅)에서 2양으로 발전하고, 진(辰)에 이르러 3양으로 물질의 극을 이룬다. 사(巳)는 인간의 머리를 상징하는 것이므로 인간의 머리가 3양에 있다는 것이 되며, 이는 곧 인간의 의식이 물질적인 데에 있다는 말이다. 물질은 본래 허상이다. 그러므로 선악과를 먹는다는 것은 물질적인 세계로 전락한다는 것을 의미한다.

성경에는 분명히 인간은 하느님의 형상대로 지음 받았다고 한다. 인간의 형상이 하느님의 형상이라면 인간이 완성되면 곧 하느님의 형상이 되는 것이라고 해야 한다. 즉 인간이 하느님이다. 이런 이치를 일러준 분이 예수다. 예수는 '인간이 곧 신'이라고 설파했기 때문에 바리새인과 율법사들에 의해 죽음을 당한 것이다.

아담과 하와를 에덴에서 추방하게 된 이유를 성경은 다음과 같이 밝히고 있다.

"여호와 하느님이 가라사대, 보라 이 사람이 선악을 아는 일에 우리 중 하나같이 되었으니 그가 손을 들어 생명나무 실과도 따먹고 영생할까 하노라 하시고 여호와 하느님이 에덴동산에서 그 사람을 내어보내어 그의 근본 된 토지를 갈게 하시니라."
(창세기 3장 22절)

이 글을 보면, 여호와가 인간을 에덴에서 추방하게 된 원인을 선악을 아는 일에 신처럼 되었기 때문이라고 기록하고 있다. 하느님처럼 되는 것이 어디 선악을 아는 일에만 국한된 것인가? 모든 지식과 능력에 걸쳐 전지전

능한 상태를 하느님이라고 한다면 선악은 한 부분에 국한된 이야기밖에 되지 않는다.

아담과 하와가 추방당한 것은 너무 일찍 선악을 신처럼 알았기 때문이다. 선악은 언젠가는 반드시 알아야 하는 것이다. 선악을 영원히 모른다면 온전한 사람이라고 할 수 없다. 그런데 왜 하느님은 선악을 알았다고 하여 인간을 추방하고, 또 인간에게 원죄라는 굴레를 씌워야만 했을까? 그것은 뱀의 정체를 알면 저절로 이해가 된다. 뱀은 사(巳)다. 사는 물질의 극인 3양에 이른 인간의 머리이다. 물질적인 의식으로 사물의 선악을 판단하는 것이 바로 세상을 멸망으로 이끄는 원흉이다. 그러므로 당연히 3양 자리에 있는 머리인 사(巳)는 본래 자기가 태어난 근본으로 돌아가야 한다. 그곳은 곤토(坤土)이다. 복희 8괘의 북방에 있는 8곤지(坤地)가 바로 그곳이다. 북방은 모든 것이 열리는 정신의 하늘이기 때문이다. 그것을 "너의 근본 된 토지를 갈아라."라고 하신 것이다. 북방에는 12지지로 자가 있으며, 물질의 시두(時頭)인 자시(子時)가 이를 주관한다. 자시(子時)는 천지 사상(天之四象)이다. 즉 선천의 하늘은 인간의 의식에서 열린 것이 아니라 자연의 현상을 설명하고 있는 것에 지나지 않는다는 뜻이다. 이곳으로 인간의 머리인 사(巳)가 자리를 잡으면 비로소 인간의 자성이 밝아져 지상 선경이 펼쳐진다.

○ 뱀과 여자의 후손

"네가 이렇게 하였으니 네가 모든 육축과 들의 모든 짐승보다 더욱 저주를 받아 배로 다니고 종신토록 흙을 먹을지니라. 내가 너로 여자와 원수가 되게 하고 너의 후손도 여자의 후손과 원수가 되게 하리니 여자의 후손은 네 머리를 상하게 할 것이요, 너는 그의 발꿈치를 상하게 할 것이니라." (창세기 3장)

물질의 극인 3양 자리에 처한 인간의 의식으로 선악을 심판한다면 배는 영원히 땅에서 벗어나지 못하게 된다. 즉 복희 8괘의 8곤지에서 벗어나 용담의 10건 천이되어야 하는데 그렇게 되지 못한다는 말이다. 그러므로 8곤지를 갈아엎어야 한다. 복희 8괘에서 북방의 하늘에 8곤지가 있는 것은 만물은 항상 물질에서 형성되기 때문이다.

곤이 이루어지는 곳은 3양 자리인 진사방(辰巳方)이다. 진사방은 마지막 후손이 있는 곳이므로 발꿈치가 된다. 그러므로 진사방은 여자(8坤地)의 후손의 발꿈치가 된다. 이 발꿈치를 물리면 다시 선천의 물질문명으로 되돌아가는 것이 되므로 이것은 저주이며 타락이다. 이 자리를 차지하고 있는 것이 사(巳)이므로 사(巳)를 넘어가지 못하면 후천의 오미 1음이 시작하는 지상 선경으로 들어가지 못한다. 그러므로 사(巳)는 여자의 후손의 발꿈치를 무는 격이다. 이 뱀의 독에서 벗어나기 위해서는 여자의 후손은 뱀의 머리를 쳐부숴야 한다. 뱀의 머리는 무엇인가? 뱀은 사(巳)이며, 3양이므로 뱀의 머리는 사(巳)와 3양이 시작된 곳을 가리킨다. 그것은 두말할 것도 없이 1양이 시생하는 동지인 자(子)가 된다. 즉 낙서의 시간을 열고 하늘을 열었던 자시(子時)를 말한다. 뱀의 머리이며 여자를 의미하는 곤(坤: 8곤지) 자리에 있는 자(子)를 치우고 사(巳)가 그 자리에 들어가야 후천이 됨을 뜻한다.

이처럼 에덴동산의 사건은 천지의 개벽을 여실히 보여 주고 있다.

○ 칼, 거울, 방울

무당을 가리키는 무는 공과 두 개의 인으로 구성되어 있으므로 두 사람이 천지를 이어준다는 의미이다. 두 사람은 남 여를 말하고 천지는 음양을 말하는 것이니 모두가 음양의 조화를 가리킨다. 무당이 필수적으로 지녀야 하는 것으로 칼, 거울, 방울이 있다. 이것은 각각 천지인을 가리키는 것이다. 먼저 방울은 그 모양이 둥근 원이다. 원은 하늘을 상징한다. 또 방울은 하도의 원리를 드러내는 것이며, 12지지 중에 천 사상인 자, 오, 묘, 유를 가리킨다. 방울을 통해 하늘은 땅의 소리를 드러내는 것이다.

이에 비해 거울은 대개 방의 형태인 사각형이다. 땅도 하늘의 빛을 반사하여 만물의 온기를 유지하게 하는 것이다. 거울은 하도의 원리를 반조하는 낙서를 말하며, 12지지 중에서 지 사상인 진, 술, 축, 미에 해당한다.

칼은 그 생긴 모습이 삼각형으로 되어 있다. 그러므로 칼은 인간의 속성을 상징한다. 천지가 아무리 전지전능한 능력과 발판을 제공한다고 해도 인간이 그것을 활용하지 못하면 아무런 쓸모가 없다.

○ 개벽의 실상

하늘의 이치를 상징적으로 가장 잘 보여 주는 것은 10천간이고, 땅의 이치를 가장 잘 보여 주는 것은 12 지지이다. 그러므로 천간과 지지를 알아두는 것은 천지를 이해하기 위해 반드시 필요하다. 하늘이 열리는 이치를 보여 주는 상서는 하도라고 하며, 땅이 열리는 이치를 보여 주는 상서를 낙서라고 한다. 그리고 천지의 종합적인 변화가 완성되는 것은 인간의 자성인데 이것이 열리는 이치를 보여 주는 상서를 용담이라고 한다.

하도 시대의 천간은 중앙에 정(丁)과 무(戊)가 들어간다. 낙서 시대의 천간은 중앙에 무(戊)와 기(己)가 들어간다. 용담 시대의 천간은 중앙에 기(己)와 경(庚)이 들어간다.

시간과 월두는 달의 움직임을 위주로 하는 것이며, 태세와 일진은 태양의 움직임을 위주로 한다.

천존시대의 태세(太歲): 정사년(丁巳年)
세수(歲首): 계묘월(癸卯月)
일진(日辰): 정해일(丁亥日)
시두(時頭): 신축시(辛丑時)

물질문명의 기간인 4천200년이 끝나면 다시 무진년이 오는데 그때가 서기 1988년이니 서울 올림픽이 열린 해이다. 그러므로 서울 올림픽은 단순한 올림픽이 아니라 서양과 동양의 물질문명이 종식되는 것을 축하하는 기념식이었던 것이다.

지존시대의 태세(太歲): 무진년(戊辰年)
세수(歲首): 갑인월(甲寅月)
일진(日辰): 무술일(戊戌日)
시두(時頭): 임자시(壬子時)

물질문명이 종식되면 정신문명으로 전화하게 되는데, 그것을 주도하는 것이 우리 한민족이므로 서울에서 160개국이 모여 축하공연을 한 것이다. 160이란 수는 용담도의 중앙 1,6수를 상징하는 것이니 이는 동. 서양이 합일하여 11귀체를 이룬다는 것을 나타낸다.

인존 문명은 어느 때, 어디에서 열리는가? 즉 후천의 지상 선경은 어떤 모습으로 이루어지는가? 용담의 시간은 북방의 사시에서 열린다. 지지는 사인데 천간은 무엇일까? 북방은 계이므로 계사 시가 시두가 된다. 용담의 세수는 유월이다. 지지가 유라면 천간은 무엇일까? 유는 남방의 시작이므로 남방을 상징하는 정이 천간이다. 그러므로 정 유월이 인존 문명의 세수가 된다. 선천 낙서에서 달이 떴던 곳으로 후천의 태양이 뜨는 것이므로 낙서의 세수가 시작한 인월 자리로 용담에서는 태세가 시작한다. 그곳이 바로 미다. 태양도는 지구의 중앙을 관통하는 것이므로 중앙인 기가 천간이 되어 기미년이 된다. 태세의 반대편에 있는 것이 일진이므로 기미의 상대인 기축이 일진이다.

인존시대의 태세(太歲): 기미년(己未年)
세수(歲首): 정유월(丁酉月)
일진(日辰): 기축일(己丑日)
시두(時頭): 계사시(癸巳時)

○ 가위, 바위, 보

보는 다섯 개의 손가락을 모두 활짝 펴서 벌린다. 이것은 하늘을 상징한다. 하늘은 항상 열려 있어서 마치 모든 만물을 감싸는 보자기와 같은 역할을 한다. 하늘이 열려 있다는 것은 텅 비어 있다는 것을 뜻한다.

바위는 다섯 손가락을 모두 안으로 구부려 쥔다. 이것은 땅을 상징한다. 땅은 모든 만물을 담고 있는 그릇이다. 하늘은 텅 비어 모든 것을 투명하게 비치고 있는데 비해 땅은 반대로 꽉 채운 상태이다.

가위는 손가락의 모양이 마치 가위를 연상시키기 때문에 이름 붙였다. 이는 인간을 상징한다. 가위처럼 두 손가락을 벌린 모습이 마치 사람 인자와 같은 것도 가위를 사람이라고 하는 이유라고 할 수 있다. 가위는 종이나 헝겊을 잘라서 적절한 모양을 만들 때 사용한다. 인간은 천지가 제공하는 시간과 공간과 물질을 적당하게 활용하는 일을 한다.

하늘을 상징하는 하도는 선도를 나타내고, 땅을 상징하는 낙서는 불도를 나타내며, 인간을 상징하는 용담은 유도를 나타낸다.

원리대로 한다면 당연히 보, 바위, 가위의 순서로 해야 하는데 현실은 가위, 바위, 보라고 한다. 즉 천지인의 순서가 아니라 인 지천의 순서가 된다. 그것은 천지인이 현실에서 이루어지는 과정은 전혀 반대의 순서로 이루어진다는 말이다. 천지인은 하늘의 원리적인 면을 가리킨 것이며, 인 지천은 원리가 지상에서 드러나는 현실적인 것이다.

더욱 재미있는 사실은 가위는 보를 이기고, 보는 바위를 이기며, 바위는 가위를 이긴다는 것이다. 이는 서로 물고 물리는 관계를 맺게 함으로써 영원한 승자도 없고 패자도 없는 우주의 섭리를 깨닫게 하려는 지혜라고 할 수 있다. 그러나 이보다 더 중요한 의미가 있다. 그것은 인은 천을 이기고, 천은 지를 이기며, 지는 인을 이긴다는 점이다. 사람이 하늘을 이긴다는 것은 사람이 하늘로 올라간다는 말이니, 그것은 인지 사정인 (인, 신, 사, 해가 하늘을 상징하는 자, 오, 묘, 유 자리로 들어간다는 뜻이다. 또한 하늘이 땅을 이긴다는 것은 천지 사정인 자, 오, 묘, 유가 땅을 상징하는 진, 술, 축, 미로 들어간다는 의미이다. 땅이 인간을 이긴다는 것은 지지 사정인 진, 술, 축, 미가 인간을 상징하는 인, 신, 사, 해로 들어간다는 뜻이다.

○ 충. 효

충(忠)은 중(中)과 심(心)의 두 글자가 합해서 이루어졌다. 충성한다는 것은 결국 인간 본연의 마음자리를 찾는 것이다. 자기 자신에게 충성할 수 있는 사람은 온 천하를 맡겨도 충성을 다할 수 있다. 인간 자신은 천지의 합작품이며 우주의 실체이다. 아직까지 인간이 충분히 성장을 하지 못한 관계로 영혼의 열매가 익지 않았지만 철이 들면 인간의 영혼은 신의 형상으로 복귀한다.

효는 백행(百行)의 근본이라고 한다. 효는 육신의 부모에게 하는 것이다. 물론 육신의 부모에게 하는 것이 기본이며 당연한 것이지만, 본래는 천지가 우리의 부모이다. 혈통을 중시하는 것은 그를 통해서 형성되는 집안의 가풍과 업적 등을 기념하고 싶은 욕망에서 비롯되었으나, 근본적인 것은 사라지고 형태만 남아 반상의 구별과 계층 간의 차별을 부각시킨 것이 우리의 근세사였다.

충, 효는 선천의 물질적인 관점으로 본 견해에서 벗어나 어디까지나 11귀체 한 진리관에 입각한 견해로 보아야 한다. 인간의 자성을 밝히고 우주 변화의 실상이 온전히 마음속에 깨달아지면 충효는 선천에서 한 것처럼 굳이 부르짖지 않아도 저절로 서게 된다.

○ 홍익인간

홍익인간이란 천지인의 원리를 하나로 꿰뚫어 영육 간에 인간의 바른 기강을 세우고, 신과 인간이 하나 되는 매개체로서의 역할을 하는 신의 사자이다.

○ 이화세계(理化世界)

이화는 이치가 현실화한다는 말이다. 진리가 구체적으로 이 땅에 드러나는 것이 이화세계이다. 이는 본래 성(性)이 자신의 모습을 드러낸 것이다. 그러므로 이화하기 위해서는 먼저 성(性: 본성)을 알아야 한다. 이것을 일러 견성(見性)이라고 한다. 공에서 색으로 변하는 과정을 일러 성리(性理)라 하고, 반대로 색에서 공으로 화하는 과정을 이성(理性)이라고 한다.

이화세계는 동양의 도와 서양의 물질이 어우러져야 가능해진다. 동양의 도가 밑바탕을 이루고 그 위에 서양의 물질문명이 자리를 잡아야 한다. 그런데 도는 본래 형체가 없으며 깨달음의 경지에 이르기가 쉽지 않다. 그래서 많은 사람들이 도를 외면한 채 물질문명 속으로 빠져들게 된 것이다.

○ 호랑이에 관한 의미

호랑이는 12지지 중에서 인(寅)이고 토끼는 묘(卯)다. 인묘(寅卯)는 2양이 뜨는 곳이다. 2양에서는 세수(歲首)가 시작한다. 그러므로 인묘(寅卯)는 달이 뜨는 곳이다.

민화를 보면, 호랑이가 자주 동산에 올라가 하늘을 향해 울부짖는 것으로 그려진다. 동산에 올라가는 것은 낙서의 8간산에서 낙서의 정월이 뜨기 때문이다. 문왕 8괘도에 의하면 호랑이를 상징하는 인은 동방에 있으며 그 자리에는 8 간산괘(艮山卦)가 자리를 잡고 있다. 즉 8간산이 동산이다. 호랑이가 하늘을 향해 울부짖는 것은 달을 향한 것이다.

또한 간혹 호랑이가 담배를 피우고 긴 담뱃대 끝에 토끼가 앉아 얌전하게 불을 붙여주는 장면이 있다. 이는 낙서의 정월을 물고 나오는 바탕이 인묘(寅卯)인데, 낙서에서는 양이 활동을 하고, 음은 보조 역할을 한다는 사실을 상징적으로 보여 주는 것이다. 호랑이가 담배를 피우는 것은 호랑이가 달을 물고 나오는 것을 가리킨다.

또 민화를 보면 호랑이가 대나무밭에서 포효하는 장면을 자주 볼 수 있는데, 이것은 낙서의 정월인 인월이 대나무로 상징되는 진괘에서 떠오르기 때문이다.

야호는 한자로 '夜虎'이다. 밤의 호랑이라고 풀이를 할 수 있는 이 말이 어떻게 천지 개벽을 나타낼까? 호랑이를 상징하는 인(寅)은 본래 동방에 있다. 산에 올라가 '야호!'하고 외치는 것은 물질문명을 주도하던 인을 본래의 자리인 서방으로 옮기라는 인류의 절규인 것이다.

호랑이에 관한 설화 중 유명한 것으로 '해와 달이 된 오누이' 이야기가 있다.

오누이는 낙서의 세수인 호랑이가 잡아먹으려 하는 닭(酉)과 염소(未)를 가리킨다. 호랑이인 인월이 있던 곳으로 후천에는 미(未: 양)가 들어가고 호랑이 자신은 용담의 유(酉: 닭) 자리로 이동한다.

호랑이의 입장에서는 자신의 자리를 침범하는 미(未: 양)도 적이고 본래 인의 자리로 가야 하는 것도 적이다. 인의 본래 위치는 유(酉: 닭)다. 그러므로 인의 입장에서는 미(未: 양)와 유(酉: 닭)는 어떻게 해서든지 처치해야 한다. 우물가는 북방의 1,6수를 말한 것이고 그것은 곧 시간의 시작을 의미한다. 호랑이는 우물가에 비친 후천의 시간의 비밀을 알게 된 것이고, 그 시간이 시작하면 자신의 시대는 끝이 난다는 사실을 알고 있었기에 오누이를 잡아먹기 위한 몸부림을 칠 수밖에 없다.

 오누이가 하늘에 올라가 해와 달이 된 것은 옛날의 해와 달을 없애고 후천의 새로운 해와 달을 만들어낸다는 암시를 풍기는 것이다. 즉 호랑이로 상징되는 낙서의 세수인 정월을 없애고 정신의 머리를 드러내는 정유 세수(丁酉歲首: 달)와 기미 태세(己未太歲: 해)가 새로운 후천의 일월이 된다는 것을 암시한 것이다.

 호랑이가 떨어져 죽은 수수밭은 태괘를 상징한 것이다. 수수는 수분이 비교적 적고 빠삭빠삭한 것이 마치 가을의 기후와 비슷하다. 서방은 태괘(兌卦)가 자리를 잡고 있으므로 수수를 태괘라고 하는 것이다. 호랑이가 태괘로 떨어진 것은 '인(寅)'이 '유(酉)'로 이동을 한 것을 가리킨다. 이와 같이 해와 달이 된 오누이를 통해서 우리 조상은 새로운 정신문명의 태양과 달이 떠서 새 하늘과 새 땅이 이루어지는 개벽의 의미를 후손에게 전해 주고 싶어 했던 것이다.

 ○ 계림
 계림(鷄林)은 옛날부터 아주 신비한 곳으로 인식되어 왔다. 박혁거세가 태어난 곳도 계림이요, 경주의 옛 이름도 계림이며, 지조 있는 선비들의 모임도 계림이다. 계림은 글자 그대로 한다면 '닭이 숲처럼 많이 모인 곳'이 된다. 지조 있는 선비들이 모인 것은 닭이 모인 것이라는 말이다. 유림이란 말도 이에 비롯된 것이다.

선비를 닭에 비유한 까닭은 무엇일까? 우리나라는 특히 난생설화(卵生設話)가 광범위하게 분포되어 있을 정도로 유명하다. 알은 열매를 가리킨다. 알에서 나온 사람은 대개 한 나라를 개국한 사람이거나, 역사의 한 페이지를 장식한 사람들이다. 열매는 본래 인류의 영혼은 상징하는 것이므로 커다란 가르침을 남긴 사람들이란 뜻이 된다. 알은 닭이 낳는다. 닭은 시간의 전령이다. 시간을 모르는 인간은 때를 모르는 것이고, 그것은 곧 철부지를 의미한다. 지혜로운 사람이란 하늘이 지어놓은 삶의 바탕인 시간을 바로 깨달아 생활에 응용하는 사람을 가리킨다.

정동방인 8간산에 신금(申金)이 오고 낙서의 진(辰) 자리로 유금(酉金)이 온다는 사실은 용담도를 통해 알 수 있을 것이다. 그리고 낙서의 3양에 해당하는 자리로 유손술(酉巽戌)이 자리를 잡아 새로운 후천 세수가 떠오른다. 손괘는 5행으로 목(木)인데 낙서에서도 그곳은 손목(巽木)이고 용담에서도 그곳은 손목(巽木)이다. 목이 두 번 겹치므로 림(林)이 된다. 그리고 유(酉)는 닭이므로 계(鷄)가 된다. 그러므로 계림(鷄林)이 되는 것이다. 금에는 청금, 홍금, 황금, 백금, 흑금이 있는데 황금(黃金)은 무신(戊申)과 기유(己酉)를 가리킨다. 무신과 기유는 낙서의 종말과 용담의 시작이 머리와 꼬리를 물고 이어지는 것을 말한다. 그러므로 황금알을 낳는 닭의 의미가 나온다.

증산 성사께서 경주 용담이라 하신 것은 수도인 중에 용담의 이치를 세상에 펴라 하신 것이다. 또한, "나를 잘 믿는 자는 익산 와우를 주리라" 하신 것은 익산은 예로부터 미륵사지가 있는 곳이다. 2010년 12월 21일 익산에 머물다 신명으로 하여금 떠밀려(이끌려) 급히 올라와 3위 상제님을 모신 것이다.
〈용담도 참조〉

○ 대나무

대나무는 식물 중에서 가장 빨리 자라나는 속성 식물이다. 그런데 그냥 빨리 자라는 것이 아니고 반드시 일정한 마디를 이루면서 자란다. 선비는 마음을 비워야 하는데 덮어놓고 비우는 것이 아니라 일정한 절도를 지켜야 한다. 비울 건 비우고 채울 건 채우는 것이 바른 선비의 모습이다. 우리 조상들이 대나무를 사용하여 붓을 만든 것은 아주 중요한 의미를 지닌다. 붓은 사람의 마음을 닦는 수련 도구이다. 단순하게 글이나 쓰고 그림을 그리는 기구가 아닌 수심의 도구로 사용한 것이다. 오죽하면 붓, 벼루, 먹, 종이 등을 문방사우(文房四友)라고 했을까? 즉 이들을 그냥 무생물로 본 것이 아니라 아주 오랜 옛날 친구라고 생각한 것이다.

○ 붉은 용

"하늘에 전쟁이 있으니 미가엘과 그의 사자들이 용으로 더불어 싸울 새 용과 그의 사자들도 싸우나 이기지 못하여 다시 하늘에서 저희의 있을 곳을 얻지 못한지라 큰 용이 내어 쫓기니 옛 뱀, 곧 마귀라고도 하고 사단이라고도 하는 온 천하를 꾀는 자라 땅으로 내어 쫓기니 그의 사자들도 저와 함께 내어 쫓기니라," [요한계시록 12장 7~9절]

붉은 용은 병, 진이다. 3양은 불이 극성한 곳이므로 화기를 상징하는 병이라 하고 용은 진을 뜻한다. 그러므로 병, 진이다. 붉은 용이 하늘에서 내어 쫓긴 곳은 땅이다. 땅은 3양과는 반대되는 곳이므로 3음 자리를 가리킨다. 3음은 낙서의 술, 해가 있는 곳이다. 진의 정반대는 본래 술이므로 용은 술로 내려가야 하나 천도는 7도로 이동을 하는 것이므로 해, 자리로 이동을 한다.

용이 자기가 땅으로 내어 쫓긴 것을 보고 남자를 낳은 여자를 핍박하는지라, 그 여자가 큰 독수리의 두 날개를 받아 거기서 그 뱀의 낯을 피하여 한 때와 반 때를 양육 받으매, 여자의 뒤에서 뱀이 그 입으로 물을 강같이 토하여 여자를 물에 더 내려가게 하려 하되, 땅이 그 여자를 도와 그 입을 벌려 용의 입에서 토한 강물을 삼키니 용이 여자에게 분노하여 돌아가서 그 여자의 남은 자손, 곧 하느님의 계명을 지키며 예수의 증거를 가진 자들과 더불어 싸우려고 바다 모래 위에 섰더라.
[요한 계시록 12장 13~17절]

남자를 낳은 여자는 2곤 모(母)를 말하는데 이는 아들인 자(子)가 7도를 이동하여 미(未)로 들어간 것을 말한다. 미에는 8괘로 어머니를 상징하는 곤괘가 있으니 자가 어머니의 품으로 들어간 상태를 가리킨다. 자는 낙서에서 동지가 되어 1양을 시생하는 시두의 노릇을 하였으나 용담에서는 오미 자리로 이동을 하여 1음을 시생하는 후천의 자가 된다. 용(뱀)이 여자를 없애기 위해서 물을 입으로 토한다는 것은 진, 사(용, 뱀)가 해, 자(亥子)로 옮긴 것을 말하는 것인데, 이는 결국 해와 자가 물을 상징하기 때문이다. 진사가 해자로 들어가므로 해, 자 수는 북방에서 남방으로 이동을 하여 각각 선천의 오와 미로 들어간다.

용이 물을 토해 여자를 죽이려고 하나 오히려 땅이 도와준다고 한 것은 해수가 들어간 곳은 곤(토) 가 있어 토극수의 원리에 의해 물을 제압하기 때문이고, 자수도 역시 9이화가 있어 물기가 증발하기 때문이다. 예수의 증거를 가진 자들은 진리의 증거를 가리키는 것이니 진리는 천지개벽의 시기를 말한 것이다. 용이 바다 모래 위에 섰다는 것은 용이 내어 쫓긴 곳은 본래 복희 8괘에서 7간산이었기 때문이다. 7간산은 삭막한 모래를 의미한다. 모래는 양명지기를 말하는 것으로 바싹 마른 상태를 가리킨다. 그것이 바로 간, 괘의 형상이다. 복희 8괘의 7간산이 있던 곳으로 용담 8괘에서는 용(5辰雷)이 내려갔는데, 그곳이 해, 수와 자, 수가 있던 곳이었기에 바다라고 한 것이다.

○ 승천하는 용과 임신부

용이 승천할 때 임신한 여자가 쳐다보면 하늘로 오르지 못하고 도로 떨어진다고 한 것은 물질문명을 기준으로 본 견해이다. 물질문명의 하늘은 진사의 3양 자리를 가리키는데 3양은 오미의 1음이 시생하면 주도권을 음에게 물려주어야 한다. 미(未)에는 2곤지인 어머니가 있다. 1음, 즉 아기를 잉태하고 출산을 하면 용은 자신의 화려했던 영광을 넘겨주어야 한다. 그러므로 용의 입장에서는 임신한 여자는 더없이 불길할 수밖에 없는 것이다.

○ 염소와 담배

후천의 태세는 선천의 정월이 뜬 세수에서 시작한다. 정월은 담뱃불을 붙이는 곳이다. 선천의 인월 세수는 담뱃불을 붙이는 곳이다. 후천의 용담도는 이곳에서 새로운 태세를 이룬다. 그러므로 미(未: 양, 염소)는 담뱃불을 붙이는 곳으로 이동을 한 셈이 된다. 이것은 흡사 염소가 담배를 좋아하는 것과 같은 것이다.

○ 양수(洋水)

인간은 누구나 모태에서 지낼 때에는 양수의 덕을 본다. 이것을 '양수(洋水)'라고 하는데 이는 '양수(羊水)'로 바로잡아야 한다. 양은 미가 되고 미에

수를 뜻하는 자가 합하여 자, 미, 회(子未回)를 이루면 양수가 된다. 즉 미회(未回)에 이르러 천지는 인존 문명으로 개벽을 한다는 뜻이다.

○ 좌청룡 우백호

물질적인 형상을 위주로 하던 낙서 시대에는 음택의 형상을 가리켜 좌측에는 청룡이 있고, 우측에는 백호의 형상이 있어 그 안에 포근히 감싸 안긴 모양이 명당이라고 믿었다.

청룡을 풀이한다면 청은 만물이 푸르게 약동하는 봄과 동방을 상징하고, 용은 태양을 상징한다. 그러므로 청룡은 동방에서 뜨는 태양을 가리킨다. 이에 비해 백호는 서방의 달을 가리킨다. 좌측은 양을 위주로 하는 물질세계를 상징하는 것이고, 우측은 음을 위주로 하는 정신세계를 상징한다. 그러므로 좌청룡과 우백호는 물질과 정신이 서로 함께 좌우에서 조화를 이루는 것을 말한다. 이는 결국 일월의 조화인 명(明)을 가리킨다.

○ 제사와 우상숭배

제사의 제(祭) 자에는 사람과 신이 서로 사귄다는 뜻이 있고, 사(祀)는 '해(年) 사'이다. 그러므로 제사는 사람과 신이 서로 사귀어 때를 알기 위한 의식으로 지내는 것이다.

제사는 살아있는 사람과 죽은 사람과의 다리를 잇는 거룩한 의식이다.

성경에서 말하는 우상은 '거짓 신'을 말한다. 참 신은 만물의 생명을 주관한다. 신은 만물을 생성하고 소멸하는 영원한 우주의 법이므로 무극이다.

그러나 우상은 비록 형체를 가지고 있지만 아무런 능력도 없다.

진짜 위험하고 무서운 우상은 인간의 의식이다. 올바른 진리를 깨닫지 못하고 거짓된 생각으로 젖어 있는 인간의 의식이 진정한 우상이다. 그러므로 우상은 오늘날 물질적인 의식에 젖어 있는 모든 사람들을 가리킨다. 인간만큼 무서운 우상은 없다. 인간처럼 무서운 마귀도 없다. 그러나 반대로 인간처럼 위대한 신도 없다. 우상도 인간이고 신도 인간이다. 모두가 인간의 마음속에 있는 것이지 마음을 떠난 것은 있을 수 없다.

신에게 제사를 지낼 때 제물로 짐승을 잡는 것은 짐승에 속한 인간을 죽이라는 말이다. 그러나 짐승을 아무리 많이 잡아도 그 뜻을 깨치지 못하면 애꿎은 짐승의 목숨만 끊는 어리석음과 잔인함이 있을 뿐이다. 반대로 그 뜻을 깨치기만 하면 굳이 짐승을 잡지 않아도 하느님에게 온전한 제사를 드릴 수 있는 것이다.

○ 온전한 십일조
십일조의 개념은 어디에서 비롯한 것일까? 그것은 바로 11귀체를 상징한다. 10은 무형의 하느님을 가리킨 것이며 1은 유형적인 하느님을 가리킨다. 이 우주는 유무형으로 구성되는데 그 모두가 하느님의 형상이다. 하느님은 양명성이 있어 결코 다함이 없다. 하나가 다하면 다른 것이 튀어나오고, 또 다른 것으로 전환하는 과정을 통해 영원한 존재가 된다. 10과 1은 서로 꼬리와 머리를 맞물고 돌아가는 순환을 계속하므로 온전한 우주의 실상을 이룬다.
※ 대두목은 12월은 도(道)이고 11일로 왔기에 바로 11귀체를 상징한다.

○ 도가에서 개고기를 금한 이유

개는 8괘로 보면 간, 괘(艮卦)가 된다. 간, 괘는 복희 8괘에서 북방의 시작인 서북방(戌)을 말한다. 그곳은 상강과 입동으로 상징되는 정신문명이 시작되는 곳이다. 선천은 양에 해당하는 물질문명이 극성을 부리는 시절이었으므로 정신을 상징하는 개가 그만큼 천대를 받는 것은 당연한 일이다. 간에는 그친다는 의미가 있는데 이는 선천의 물질문명을 그치게 한다는 말이다. 간, 괘는 하도와 낙서를 거쳐 용담에서는 정동방에 위치한다. 그곳은 태양이 뜨는 곳이다. 또 유월을 새로운 후천의 세수로 삼게 되니 비로소 기강을 바로잡게 되는 것이다. 이처럼 개(戌)가 동남방(역사의 전면)에 등장하면, 물질문명은 역사의 뒤안으로 사라지는 운명에 처하게 될 것이므로 개를 멀리하고 천대할 수밖에 없었던 것이다. 반대로 천대받고 설움 받던 계층에서는 하루빨리 개가 등장하기를 바라며 개의 기운으로 보신을 하려고 했던 것이다.

(증산) 상제께서 천지 대공사를 보시고,

상제께서 개고기를 상등인의 고기로서 즐기셨도다. 종도가 그 연유를 묻기에 상제께서 '이 고기는 천지 망량(魍魎)이 즐기니 선천에서는 도가가 기(忌)하였으므로 망량이 응치 아니하였나니라.'고 말씀하셨도다. [공사 1장 26절]

※ 개벽기에 송장 치우는 망량신 공사

고개를 돌리며 말씀하시기를 "오뉴월 송장 썩는 냄새에 코를 못 튼다." 하시고 또 말씀하시기를 "망량신 시켜서 하룻저녁에 서해 바다로 긁어내려 버린다." 하시니라.

○ 원숭이도 나무 위에서 떨어진다는 말은

신월(申月: 원숭이 신)은 낙서에서 7월이다. 1년은 12개월인데 전반기 6개월은 호랑이가 인월(寅月)로 머리가 되고 나머지 후반기 6개월은 원숭이가 신월로 머리가 된다. 그러므로 원숭이는 서방에서 후반기의 6개월을 물고 나오는데 이것을 가리켜 밤에 나무에 올라간 것이라고 볼 수 있다.

인월이 새벽에 나무에 올라간 호랑이라고 한다면, 신월은 저녁에 나무에 올라간 원숭이라고 할 수 있다. 이렇게 원숭이가 첫머리가 되어 운행을 하다가 세상이 개벽을 하여 호랑이가 닭에게 정월의 바톤을 넘겨주게 되면 원숭이는 맨 꼴찌로 전락하게 된다. 유정월(酉正月)~신십이월(申十二月). 마침 신(申)이 자리를 잡는 곳이 정동방 인간방이므로 동방을 상징하는 목에서 원숭이는 떨어진 셈이 된다. 이처럼 "원숭이도 나무에서 떨어질 날이 있다."라는 말은 천지개벽을 가리킨 선조들의 지혜가 담긴 속담이다.

○ 소두무족

소두무족은 깨닫지 못한 인간의 물질적인 의식을 뜻한다. 낙서의 물질문명은 1, 2, 3, 4, 5, 6, 7, 8, 9로 이어지는 색을 말한다. 시작은 1이고 끝은 9가 된다. 그러므로 9에서 보면 1은 소두가 된다. 그리고 색의 마지막인 9는 10이 없으므로 10승지가 없다. 10승지가 있어야 발을 뻗고 편히 휴식을 취할 수 있건만 1~9의 색계에서는 안식처가 없다. 그러므로 무족이다.

○ 궁을이란 무엇인가

양궁(兩弓)이라고 하는 것은 낙서와 용담의 중앙에서 상하(천지)로 문을 여는 것을 말한다. 쌍을(雙乙)은 9변과 9복을 하는 모습이 항상 을(乙)로 드러나기 때문이다.

　8괘의 형상을 보면, 곤괘는 용담의 남방으로 이동을 하여 물질적인 하늘의 문을 여닫는 일을 한다. 12지지로 보면 낙서의 소를 상징하는 축 자리로 말인 오가 합하게 되므로 천지가 하나가 되는 것이다. 그래서 그곳에서 1음을 상징하는 오미가 자리를 잡아 후천의 태세인 기미가 나온다고 한 것이다. 이것을 가리켜 성인들은 오미에 낙당당(樂堂堂: 오미에 집을 짓고 즐거워 함. 즉 후천의 천지가 지어지는 시기)이라고 하였다. "갑오해, 을미해에 도를 찾는이가 무려 수 만리에 이른다."

　격암유록의 성산심로(聖山尋路)에 보면 다음과 같은 구절이 있다.
　구지십승이단지설, 구지궁궁일인부득, 구령궁궁인, 여반장(求地十勝異端之說, 求地弓弓一人不得, 求靈弓弓人, 如反掌) 땅에서 십 승을 구함은 이단의 말이다. 지리로 궁궁을 구한다면 한 사람도 얻을 수 없을 것이며, 영적으로 궁궁을 구하는 사람은 손바닥을 뒤집듯 쉬운 일이다.
　〈격암유록〉에는 분명히 어느 지형을 가리킨 것이 아니라는 점을 밝히고 있다. 영적으로 10승을 찾을 것을 가르치고 있는 것을 보면 궁궁은 진리의 상징이라고 해야 한다. 사실 격암유록은 단순한 예언서라기 보다 우주의 심오한 이치와 그 핵심인 개벽의 원리를 전해주는 글이다. 하도와 낙서 용담의 3역을 모르고서는 절대로 풀 수 없는 비결이다.

○ 8괘시
"건환일궁단봉명(乾還一宮丹鳳鳴), 곤득구위황하청(坤得九位黃河淸)

월출산경천상출(月出山境千像出), 간위뢰석대고작(艮位雷石大鼓作)

일조지호만리명(日照地戶萬里明), 태인산택급조성(兌因山澤急潮成)

진래원천신동기(震來遠天新動機), 계등고목창오성(鷄登古木唱午聲)"

건괘가 일궁으로 돌아가니 봉이 울고, 곤괘가 구위를 얻으니 황하가 맑아진다.

달이 산경에 떠오르니 천상이 나오고, 태양이 땅문을 비취니 만 리가 밝아진다.

간괘가 뢰로 자리를 잡으니 석이 크게 울리고, 태괘가 산택으로 인하여 급하게 조수를 이룬다.

진괘가 먼 하늘에서 오니 새로운 기틀이 움직이며, 닭이 고목에 올라가 정오에 소리를 지른다.

위의 시는 8괘에 관한 시라고 하여 '8괘시'라고 부른다. 전해오는 말로는 용호 비결을 쓴 정북창 선생의 글이라고 한다. 격암 선생은 남방의 문을 여는 남사고인데 반해, 정염 선생은 북방의 창을 연다고 해서 '북창'이라고 했다는 설이 있다. 이들은 모두 같은 16세기에 산 분들인데 천지개벽에 관한 내용을 손금 보듯 잘 알고 있었다는 사실을 알 수 있다.

건환일궁단봉명(乾還一宮丹鳳鳴): 문왕 8괘의 건궁은 6건천으로 서북방에 위치한다. 그것이 천지개벽이 되면 북방으로 이동을 한다. 북방은 1감수가 있던 곳이므로 건이 일궁으로 돌아간다고 한 것이다. 정신문명의 시간은 계, 사시로 시작한다. 계, 사시는 자전의 시작이요, 그것이 12시를 이루면 1일이 이루어진다. 1일으 공전의 시작이므로 하루가 지나고 다음날이 시작될 때 공전과 자전이 함께 일치한다. 이것을 천유 13도라고 한다. 계사에서 열세 번째에 해당하는 것이 을사이다. 을은 새를 가리키고 사는 불을 가리키는 것이므로 '붉은 새(丹鳳)'가 된다.

곤득구위황하청(坤得九位黃河淸): 낙서에서는 2곤지가 서남방의 자리에 위치했으나 용담도 에서는 정남방으로 이동을 한다. 그곳은 낙서의 9리화가 자리를 잡고 있는 곳으로 곤이 9위로 자리를 이동한 것이다. 황하는 낙서의 중앙에 있는 무 5양토를 가리키는 것이니 그 속으로 용담은 1,6수가 들어가므로 맑은 물이라고 하는 것이다. 또한 곤의 자리로 12지지 중 해가 들어가니 해는 맑은 물이다. 곤은 땅을 말하니 황인데 그곳으로 해수가 흘러 들어가 맑은 물이 된다고 한 것이다.

월출산경천상출(月出山境千像出): 달은 8괘에서 감,괘에 해당한다. 감,괘가 산에 뜬다고 하는 것은 낙서에서는 8간산이 동북방에 있어 그곳으로 용담의 감, 괘가 들어가기 때문이다. 감은 달이므로 이를 월출 산경이라고 한 것이다. 그런데 그곳은 낙서의 세수인 인월이 정월로 떠오른 곳이다. 그러므로 세상이 개벽이 되면 그곳은 달이 아닌 태양이 뜨는 것이다. 그러므로 새로운 연월일시가 뜨게 되는 것이다.

간위뢰석대고작(艮位雷石大鼓作): 낙서에서 간, 괘는 동북방에 위치한다.

이것이 용담도 에서는 3진뢰가 있던 정동방으로 자리를 이동한다. 그러므로 '간, 위뢰'가 된 것이며 석(石)이 크게 울리는 것이다. 석이 크게 울린다는 것은 손(巽) 괘가 크게 진동한다는 의미를 지니고 있는 것이다. 손, 괘는 복희 8괘에서 땅의 4상에 속한 것으로 하늘의 뜻이 땅에서 이루어지는 첫 시 발점이다. 그러므로 용담도 에서 손괘가 대고작을 하는 것은 후천의 정월인 음금 유가 양금 신과 더불어 후천의 정월 세수의 시종을 이루는 현상을 말한다. 그곳에서 선천과 후천의 일월이 교차를 하게 되므로 이를 대고작(大鼓作)이라고 한 것이다.

일조지호만리명(日照地戶萬里明): 땅의 문은 오, 미의 1음을 가리킨다. 8괘상으로도 곤, 괘가 오, 미에서 서로 자리를 이동하는 것을 볼 수 있다. 낙서에서는 곤, 괘가 미, 곤, 신(未坤申)이 되어 미에 있었고, 용담에서는 곤괘가 정남방에 위치한 것을 알 수 있다. 8괘 상의 태양은 리괘가 되는데 리괘가 곤괘로 자리바꿈을 하므로 일조지호가 된다. 즉 하늘의 천자가 후천자가 되어 자미회를 이루므로 대도여천탈겁회(大道如天脫劫灰)가 된다.. 또한 선천의 오, 미가 후천에는 축, 자리로 이동을 하여 인, 으로 미가 들어가서 새로운 태세를 형성하므로 일조지호가 된다. 태세는 태양의 공전이 시작하는 것을 가리킨다. 선천의 달이 뜬 곳에서 후천에서는 태양이 뜬다. 만 리 명이라고 한 것은 연월일시의 사상과 분초경각 중앙까지 합한 상태를 가리킨다.

16세기에 산 분들인데 천지개벽에 관한 내용을 손 금보듯 잘 알고 있었다는 사실을 알 수 있다.

그것을 풀 수 있는 힌트는 바로 천지공사에서 얻어야만 그 해답을 찾을 수 있는 것이다. 특히 동지 한식 백오제 운수의 끝에 닿아서 돌아온 입춘이 그 기점이기 때문이다. 이때는 음력 12월 24일로 바로 지벽어축에 해당한다. 기유6月24日 抱含24節의 기점으로 부터 105 X 360 = 37,800日이 음력 12월 23일 경자일에 닿는다. 그리고 그다음날 신축일이 바로 입춘이다. 그러니 이음산(二陰山)인 간방에 입춘이 해당하고 그로 부터 돌아오는 곡우는 팔괘로 손방(巽方)의 일이 된다.

○ 21자 주문

참다운 주문의 의미는 깨달음의 경지로 안내하기 위한 하나의 방법이다. 실례로 동학의 21자로 된 '기도주'를 본다면 "시천주 조화정 영세불망 만사지 지기금지 원위대강(侍天主造化定 永世不忘萬事知 至氣今至願爲大降)"이다.

시천주라는 것은 천주님을 모셨다는 의미이다. 즉 동학이 창도되기 이전까지는 천주님을 인간의 중심에 모신 것 이 아니라 천지자연에 계신 하느님으로 숭배했던 것이다. 수운 선생은 천지자연에 있는 하느님을 인간의 중심에 자리 잡은 하느님으로 정립하고 그것을 일컬어 개벽이라고 했다.

선천의 낙서의 중앙에 있는 무 5양토 자리로 기10음토가 자리를 차지하며 그 속에서 묘수인 1이 묘연하는 천지의 이치를 보았던 것이다. 이것이 앙명인중천지일(昂明人中天地一)이 되어 인간의 자성에서 발아하는 진리의 본체요, 하느님의 모습인 것을 천하에 선포한 것이 동학이다. 수운 선생은 동학을 통하여 후천의 정신적인 씨앗을 포태하는 역할을 한 분이므로 선지 포태라고 하며, 세상에 영부로 드러낸 이가 증산 성사 이시다. 그러므로 증산께서는 불지양생으로 오신 분이라고 한다. 선은 조화를 상징하는 아버지이며, 불은 양생을 위주로 하는 어머니이다. 그러므로 증산께서는 '수운은 동세를 맡았고, 나는 정세를 맡았느니라'라고 말씀하신 것이다.

(主, 주인) 세분= 강증산, 조정산, 박우당의 정체를 밝혀 상제님으로 한자리에 정한 2010년 12월 21일 한 분이 정하므로 (大降 크게 내림, 태을주 기운) 완성된 것이다.

○ 조상해원과 영가천도
중요한 것은 자기 자신을 매일 부활시켜 인간완성에 이르는 것이야말로 조상의 영혼까지 구원하는 방법이라는 사실을 깨달아야 한다. ' 나'라는 존재는 조상들이 뿌려놓은 씨앗의 결과다. '나'는 열매이기에 열매가 잘 되면 비록 형상은 보이지 않지만 뿌리와 줄기, 가지, 꽃, 잎 등 모든 선조들의 영혼도 잘 되는 것이다. 내가 열매를 못 맺으면 조상들의 영혼도 같이 망하는 것이다. 이처럼 중요한 존재가 바로 '나' 자신이다. 하루하루를 이런 심정으로 살아간다면 깨달음의 경지에 이르게 된다. 그것이 참다운 조상 해원이며, 영가천도인 것이다.

상제께서 종도들에게 가르치시기를 '하늘이 사람을 낼 때에 헤아릴 수 없는 공력을 들이나니라. 그러므로 모든 사람의 선령신들은 육십년 동안 공에 공을 쌓아 쓸만한 자손 하나를 타 내되 그렇게 공을 드려도 자손 하나를 얻지 못하는 선령신들도 많으니라. 이 같이 공을 드려 어렵게 태어난 것을 생각할 때 꿈같은 한 세상을 어찌 잠시인들 헛되게 보내리오'하셨도다. [전경 교법 2 36]

선천에서 후천으로 넘어갈 때 자손이 넘지 못하면 조상도 멸한다. 성경(서교)에는 "두 번 죽음"이라 했고 채지가 에는 "씨도 없고 뼈도 없다 영혼인들 있을쏘냐"라고 예언했다. 지상 선경은 조상과 자손이 함께 살아간다.

○ 끝나지 않은 Y2K 문제

오늘의 인류가 사용하는 달력은 1년 12개월 중에서 유독 2월이 짧아진 것은 유명한 로마의 통치자인 율리우스 카이사르(B.C 100~44)에 의해서였다. 그는 같은 국가 안에서도 지역마다 각각인 달력을 통일해 12달 중 홀수 달은 31일, 짝수 달은 30일로 정했다. 1년이 365.2422일이기 때문에 2월은 29일로 하고 4년에 한 번씩 30일로 해서 우수리 날짜를 맞춘 것이다. 카이사르는 자신의 권위를 세우기 위해 7월에 자신의 이름을 붙여 율리(July)로 정하였다.

카이사르가 브루투스에게 암살을 당하자 아우구스투스(B.C 63~ A.D 14)가 권력을 잡게 된다. 아우구스투스도 자신의 생일이 든 8월에 자신의 이름을 붙여 '아우구스투(August)로 정한다. 그뿐만 아니라 그는 자신의 생일인 8월이 30일이던 것을 황제의 권위를 내세우기 위해 31일로 바꾸었다. 그러고는 2월에서 하루를 보충하다 보니 본래 30일이었던 2월이 29일로 변한 것이다.

후천 5만년은 인간의 자성을 위주로 하는 용담력 을 사용한다. 그리고 그것은 11귀체를 이룬다. 선천에서는 양월이 31일이고, 음월이 30일이었고, 대월 소월로 하였으나 후천에서는 음월이 30일이 되고, 양월은 30일이 된다. 윤달이 없어지므로 항상 정음 정양의 관계가 공식처럼 되어 지금과 같은 컴퓨터의 인식 오류는 저절로 사라지게 된다.

※ 서양에서는 2010년 12월 21일은 마야의 달력이 끝나므로 종말론을 내세웠다.

※ 계묘생 1963년 12월 11일생이 2010년 12월 21일 삼위 상제님의 위치(신위)를 밝혀 모셨다.

상제께서 약방에 계시던 겨울 어느 날 이른 아침에 해가 앞산 봉우리에 반쯤 떠오르는 것을 보시고 종도들에게 말씀하시니라.

상제께서 약방에 계시던 겨울 어느날 이른 아침에 해가 앞산 봉우리에 반쯤 떠오르는 것을 보시고 종도들에게 말씀하시니라. '이제 난국에 제하여 태양을 멈추는 권능을 갖지 못하고 어찌 세태를 안정시킬 뜻을 품으랴. 내 이제 시험하여 보리라' 하시고 담배를 물에 축여서 세 대를 연달아 피우시니 떠오르던 해가 산 머리를 솟지 못하는지라. 그리고 나서 상제께서 웃으며 담뱃대를 땅에 던지시니 그제야 멈췄던 해가 솟았도다.
[전경 권지 1장 27절]

상제께서 와룡리 황 응종의 집에 계실 때 어느날 담뱃대를 들어 태양을 향하여 돌리시면 구름이 해를 가리기도 하고 걷히기도 하여 구름을 자유 자재로 좌우하셨도다.
[전경 권지 2장 11절]

상제께서 임인년 가을 어느날에 김 형렬에게 '풀을 한 곳에 쌓고 쇠꼬리 한 개를 금구군 용암리(金溝郡龍岩里)에서 구하여 오게 하고 또 술을 사오고 그 쌓아놓은 풀에 불을 지피고 거기에 쇠꼬리를 두어 번 둘러내라'고 이르시고 다시 형렬에게 '태양을 보라'고 말씀하시니라. 형렬이 햇무리가 나타났음을 아뢰이니라. 그말을 상제께서 들으시고 '이제 천하의 형세가 마치 종기를 앓음과 같으므로 내가 그 종기를 파하였노라'하시고 형렬과 술을 드시었도다. [전경 공사 1장 8절]

　형렬이 명을 좇아 六十四괘를 타점하고 二十四방위를 써서 올렸더니 상제께서 그 종이를 가지고 문밖에 나가셔서 태양을 향하여 불사르시며 말씀하시기를 '나와 같이 지내자'하시고 형렬을 돌아보며 '나를 잘 믿으면 해인을 가져다 주리라'고 말씀하셨도다. [전경 교운 1장 62절]

　상제께서 가시는 여름의 폭양 길은 언제나 구름이 양산과 같이 태양을 가려 그늘이 지는도다. [권지 1장 2절]

　상제께서 와룡리 황 응종의 집에 계실 때 어느날 담뱃대를 들어 태양을 향하여 돌리시면 구름이 해를 가리기도 하고 걷히기도 하여 구름을 자유 자재로 좌우하셨도다.
　[전경 권지 2장 11절]

14. 태을주(太乙呪)

◎ 원래 '태을주'는 조선 선조 때 충청도 비인(庇仁)에 살았던 도인(道人) 김경흔(金京)이 50년 공부만에 천상에서 앞에 태을 천상원군을 붙여 읽으라는 계시를 받아 읽게 되었다.

그는 모든 주문들을 사용하여 보았지만 효험을 얻지 못하다가 마지막으로 불교에서 쓰이는 '구축병마주(驅逐病魔呪)'(질병과 잡귀를 몰아내는 주문) '훔리치야도래 훔리함리 사바하(耶都來 喊 娑婆詞)'를 읽어 비로소 개안(開眼)이 되었다고 한다.

그때 도인(道人) 김경흔이 공부하던 주문 '훔리치야도래 훔리함리 사바하(耶都來 喊 娑婆詞)' 이 때 신명의 계시가 있어 이 주문의 앞 에 '태을 천상원군(太乙天上元君)'을 붙여 읽게 되었으나 이 주문으로도 완전한 도통을 하지 못하고 다만 '태을경(太乙經)'이라는 책에 이 사실을 기록하고 있다.

종통 종맥이 없는 단체에서는 사파하로 부르는데 이는 단주 수명 태을주를 모르기 때문이다. 婆(음역자 바) (공사 해석)

註) 증산 상제님께서 "훔치 훔치"를 머리에(앞에) 붙이시고 단주 수명 태을주를 읽으라 하시었다.

◎ 상제께서 9년 천지 공사를 마치시고, "훔치 훔치"를 머리에(앞에) 붙이시고 훗날 후인 대두목으로 대순진경 15진법이 완성되면 상제께서 도통 씨를 뿌릴 때에 대두목이 전하는 태을주를 읊어야 도통한다고 말씀하셨다.

하시고 읽어 가르치시니 그 주문은 이러하였도다.

吽哆 吽哆 太乙 天上元君 吽哩哆㖿都來 吽哩喊哩 娑婆啊
훔치 훔치 태을 천상원군 훔리치야도래 훔리함리 사바아
[전경 교운 1장 20절]

시천주(侍天呪 : 동학의 주문)는 이미 행세(行世) 되었으니 태을주를 읽으라. 이 주문을 문 위에 붙이면 신병(神兵)이 지나가다가 도가(道家)라 하여 침범하지 아니하고 물러가리라. 태을주는 역률(逆律)을 범하였을지라도 옥문이 스스로 열리리라. 이 주문은 하늘 으뜸가는 임금이니 5만 년 동안 동리 동리(洞里洞里) 각 학교에서 외우리라. 라고 하시며 여러 차례에 걸쳐 태을주가 주요 주문임을 강조하셨다. [전경 교운 1장 60절]

그 글이 나타나면 세상이 다 알 것이라. 말씀하시고 성편된 책을 불사르고 동곡으로 떠나셨도다. 책 중에 있는 글이 많았으되 모두 불사르셨기에 전하지 못하였고 한 조각만이 종도의 기억에 의해서 전하는도다.

의유궐문(疑有闕文): 빠진 글이 있어 의심을 하니 대두목이 전하라 말씀하셨다.

4 3 8 천지는 망량이 주장이요.

9 5 1 일월은 조왕이 주장이요.

2 7 6 성신은 칠성이 주장이라.

운행한다. 지금 그 지극한 기운이 내려 이르기를 바랍니다.

남녀노소 아동을 가리지 않고 노래하리라.

그러므로 영세토록 잊지 않으면 모든 일을 알게 하소서.

하늘 주인을 모시니 조화가 정하여 저 영세토록 잊지 않으면 모든 일을 알게 하소서.

[전경 교운 1장 44절]

내가 비로소 '육기초(六基礎)'를 놓고 신명 공부를 시켰느니라. 라고 하셨다. [증산도 도전. p]

※ 대두목이 완성한 육기초 참조

이에 2016년 대순진경(大巡眞經)으로 선포하여 오늘날 2020(庚子) 년 음(陰) 9월 9일 '육기초六基礎'를 열고 정(正) 히 법을 정 하사 세계전인류를 양육하실 기초를 정하여 이를 실현케 함이라. 본 도의 현실에 이르기까지 육기초가 유(有)하니 다음과 같다.

육기초(六基礎)

六, (여섯 육) [총획] 4획= 증산, 정산, 우당, 대두목으로 완성된 도(道)

基, (터 기) 토대(土臺) 근본(根本)
礎, (주춧돌 초)(기둥 밑에 기초로 받쳐 놓은 돌)

후천 설계 문서
[단수 수명 태을주 참조] [용담 계사도 참조]

대두목은 단주 수명(丹朱受命)태을주를 받고 행하신 행적이 대순진경 실기(記)에 기록되어 있는 육기초(六基礎)공사이며 동곡(銅谷) 약방, 약장 공사도, 도통하는 법, 종통 종맥 등 증산, 정산, 우당 상제님의 말씀을 문자로 전하고 있다.

〈보천교普天敎 교전敎典〉, 〈증산천사공사기〉, 〈대순전경 초판〉, 〈천지공사실록(동곡비서)〉, 〈정영규〈천지개벽경〉〉, 〈선정원경(仙政圓經)〉, 〈선도신정경(仙道神政經)〉, 〈이중성 대개벽경〉, 〈증산도(도전)〉, 〈대순전경 3판〉. 이로 보면 이상호 기록은 차경석 성도의 전언임을 알 수 있고, 정영규 〈천지개벽경〉은 이상호 기록을 옮긴 것으로 보이지만 〈선도신정경(仙道神政經)〉은 〈선정원경(仙政圓經)〉을 옮긴 것임을 알 수 있고 〈대순전경〉 8판이 수정한 것으로 보아 정리됨을 알 수 있고 〈증산도 도전〉은 어린 호연이 노구가 되어 인용되어 편집된 책을 알 수 있다.

● 태을주

우리나라 천만 명 이상이 증산 교리를 알고 있으며 때가 급하여 아무리 태을주를 읊어도 무용지물이 되는 것이다.

태을주는 증산 상제님으로부터 오는 것이 아니라는 것을 분명히 알아야 한다.

🔵 증산 상제님의 [약장 공사도 참조] [도통 표 참조]

또 형렬에게 말씀하시기를 '성인의 말은 한 마디도 땅에 떨어지지 아니하나니 고대의 자사(子思)는 성인이라. 위후(衛侯)에게 말하기를 약차불이 국무유의(若此不已 國無遺矣)라 하였으되 위후가 그 말을 쓰지 않았으므로 위국(衛國)이 나중에 망하였다'하셨도다. [전경 교운 1장 29절]

외인들이 주인이 없는 빈집 들듯 하리라.

상제께서 계묘년에 종도 김 형렬과 그외 종도들에게 이르시니라. '조선 신명을 서양에 건너보내어 역사를 일으키리니 이 뒤로는 외인들이 주인이 없는 빈집 들듯 하리라. 그러나 그 신명들이 일을 마치고 돌아오면 제 집의 일을 제가 다시 주장하리라.' [전경 예시 25절]

태을주(太乙呪) 주송(呪誦)시 훔치(吽哆) 훔치(吽哆)에 관하여

같은 증산 계열(甑山系列) 종단(宗團)이지만 그 내면을 들여다보면 치성절차(致誠節次) 및 교리(敎理)가 상당히 다르다. 주문(呪文)의 경우도 각 교단(敎團) 별로 다양한 주문이 있는데 공통된 주문(呪文)이 태을주(太乙呪)이다. 그런데 태을주(太乙呪)의 음률에 있어서 상당한 차이가 있다. 그리고 또 한 가지 다른 것이 있는데 태을주(太乙呪) 주송(呪誦) 시 훔치 훔치 를 몇 번을 외우는 것에서 교단별로 차이가 있다.

1. 훔치(吽哆) 훔치(吽哆)를 아예 읽지 않는 교단

보화교(普化敎)
보화교(普化敎)의 경우 지금은 훔치(吽哆) 훔치(吽哆)를 넣어서 주송(呪誦)을 할 시운(時運)이 아니라고 한다. 예전에는 훔치(吽哆) 훔치(吽哆)를 같이 읽었는데 그 당시는 같이 읽을 시운(時運)이었고 지금은 아니라고 한다. 주문(呪文)도 시운(時運)에 따라 변경되어야 한다고 한다.

2. 훔치(吽哆) 훔치(吽哆)를 1번만 읽는 교단

태극도(太極道), 대순진리회(大巡眞理會)
태극도의 창교주(創敎主) 조정산(趙鼎山)께서 공부법을 정하면서 대순진리회(大巡眞理會)도 한 번만 읽도록 하였고 지금껏 이 방법을 유지하고 있다.

3. 훔치(吽哆) 1번만 읽는 교단

증산법종교(甑山法宗敎): 지금은 아니지만 예전 기록을 보면 훔치(吽哆) 1번만 하였다.
입공석(入工席)에서 성부(聖父: 증산대성사)께서 말씀하시기를 너희들에게는 대학 공부를 하는 이 자리를 태을주를 처음 읽히나니 이 주문에는 큰 기운이 들어 있나니라. 이 주문을 읽을 때 '훔치'를 두 번 읽지 말고 한 번으로 하라. 그러면 21자가 되리니 수운 가사(水雲歌詞)의 '삼칠 자(三七字) 지극하면 만권시서(萬卷詩書) 무엇하며 흉년 괴질 염려 말라 함과 같으니라' 범증산교사 664쪽(증산 법종교 편). 화은당실기(華恩堂實記) 초판(初版)에 이와 같은 내용이 있다.

4. 훔치(吽哆) 훔치(吽哆)를 2번만 읽는 교단

현재 인정 도덕원(仁正道德院: 모악교)에서는 태을주(太乙呪)를 읽지 않으나 인정 도덕원(仁正道德院) 도생들 소모임에서는 훔치(吽哆) 훔치(吽哆)를 2번만 읽는다.

5. 훔치(吽哆) 훔치(吽哆)를 3번만 읽는 교단

삼덕교(三德敎), 순천도(順天道) 남양법방

삼덕교(三德敎)의 경우 훔치(吽哆) 훔치(吽哆)는 송아지가 어미소를 부르는 소리 같은 것이며 송아지가 어미소의 젖꼭지를 물면 더 이상 어미소를 부르지 않고 젖을 빨아먹는 것과 같은 이치로 훔치(吽哆) 훔치(吽哆)는 세 번만 읽는다.

태을주(太乙呪)에서 훔치(吽哆) 훔치(吽哆)를 빼면 총 19자(字)가 되는데 19란 수는 특별한 의미를 가지고 있다. 서전서문십구심(書傳序文十九心)이라 하여 서전 서문(書傳序文)에 마음 심(心) 자가 19번 들어가 있으며 1+9=10 무극(无極)을 상징하는 숫자이다.

순천도(順天道) 남양법방도 세 번 읽는데 순천도(順天道)의 창교주 장사수(가짜 대두목) 당시부터 세 번만 읽었기에 이를 따른다.

순천도(順天道) 계룡 법방의 경우 예전에는 3번 읽었다. 예전 사람들이 증산 교인들에게 훔치도(道)라 조롱하고 비난하기에 3번만 읽었는데 천광

(天光) 배용덕 교수의 증산 사상 전파와 대학에서 증산도 동아리 등이 생기는 등 증산 사상(甑山思想)이 사회 전역으로 확대되자 훔치(吽哆) 훔치(吽哆)를 이제는 계속 읽는다.

 장기준(張基準, 가짜 대두목)은 증산교의 김형렬(金亨烈)을 따르다가 김형렬이 1916년 봄에 전국 360군에 360명을 보내어 6무(戊)를 묻게 했을 때 아무 영험이 없는 데 실망하였다. 다음 해인 1917년 고향인 순천 쌍암(雙岩)에 있는 제왕봉(帝王峰)에 올라가 '서전(書傳)'서문(序文) 만독(萬讀)을 정진 끝에 현무경의 진의를 알아내고 깨달음을 얻었다. 1920년 4월 5일 치성을 올리고 종도 김경학(金京學)으로부터 연원을 받은 다음 유춘래(柳春來)를 포함한 3명에게 현무경 활용법을 전수하여 후일 순천도(順天道)라고 불리는 교단을 따로 세웠다.
 순천도 관련 유적으로는 1989년 음력 4월에 장기준 과 유춘래의 도맥을 정립하여 건립한 비문과 전라북도 김제시 황산면 남양리에 장기준, 유춘래 묘가 있다.
 사망한 장사수(가짜 대두목)와 현무경을 법맥 연원이라 한다.

 참고: 순천도는 1989년 음력 4월 석가탄신 달 창건, 대순진리회는 1971년 창건, 대두목은 박우당 도전 이라 하고 또한 대두목은 태극도 도주님이라 생각하며 참진리를 모르기에 대순진경(www.msge.co.kr)이 창립하게 된 것이다.

6. 훔치(吽哆) 훔치(吽哆)를 6번 읽는 교단

인도교(人道敎)
태을주(太乙呪) 주송(呪誦) 방법은 (훔치 훔치)를 넣어서 6독(讀)을 한 후

태을천 상원군(太乙天上元君)부터 시작하여 읽고 주송(呪誦)을 마칠 때 (훔치 훔치)를 넣어서 6독(讀)을 한다. 매번 (훔치 훔치)를 넣으면 기운이 잘 돌지 않고 장단도 잘 맞지 않는다 하였다.

7. 훔치(吽哆) 훔치(吽哆)를 계속 읽은 교단

증산교, 증산도, 용담학회, 증산법종교, 오성산(聖德家) 교단 등
훔치 훔치 태을천 상원군 훔리치야도래 훔리함리 사파하, 라 한다.
잘못된 태을의 뜻? =완성된 우주 가을 시대에 하늘의 임금을 할머니가 꾸짖는다 하는 것이다.
婆(할머니파), 訶(꾸짖을 가) = 할머니가 꾸짖는다.

조선 선조 때 충청도 비인(庇仁)에 살았던 도인(道人) 김경흔(金京)이 50년 공부에 개안은 됐으나 성공하지 못한 주문이다. ※ 대두목이 전하는 대순진경 단주 수명 태을주를 알아야 한다.

8. 훔치(吽哆) 훔치(吽哆)를 계속 읽은 교단

태을도(太乙道)
태을도 대종장 이훈오는 증산도 신도였음,(사망) 증산도에서 싫어하는 이중성의 천지개벽경을 교리로 한다.
대순진리회(大巡眞理會)의 태을주 주문과 같으나 끝구절은 사바~하(訶) 꾸짖을 하 를. = 啊(어조사 아)로 해야 한다.

태을도는 증산도에서 나와 태을도를 만들어 대순진리회를 모방하는 단체이다. 요즘 유튜브 언론기관 등등 홍보하느라 분주하게 움직인다.

참고: 어느날 상제께서 종도들에게 '오는 잠을 적게 자고 태을주를 많이 읽으라. 그것이 하늘에서 으뜸가는 임금이니라. 오만년 동안 동리 동리 각 학교마다 외우리라' 하셨도다.
[전경 교운 1장 60절]

상제께서 어느날 류 찬명(柳贊明)과 김 자현(金自賢) 두 종도를 앞세우고 각각 십만인에게 포덕하라고 말씀하시니 찬명은 곧 응낙하였으나 자현은 대답하지 않고 있다가 상제의 재촉을 받고 비로소 응낙하느니라. 이때 상제께서 '내가 평천하 할 터이니 너희는 치천하 하라. 치천하는 오십 년 공부이니라. 매인이 여섯명씩 포덕하라'고 이르시고 또 '내가 태을주(太乙呪)와 운장주(雲長呪)를 벌써 시험해 보았으니 김 병욱의 액을 태을주로 풀고 장 효순의 난을 운장주로 풀었느니라'고 말씀하셨도다.
[전경 행록 3장 31절]

하루는 형렬이 상제의 명을 좇아 광찬과 갑칠에게 태을주를 여러번 읽게 하시고 광찬의 조카 김 병선(金炳善)에게 도리원서(桃李園序)를 외우게 하고 차 경석·안내성에게 동학 시천 주문을 입술과 이빨을 움직이지 않고 속으로 여러 번 외우게 하셨도다. [전경 행록 5장 7절]

태을주는 증산 상제님으로부터 내려오는 것이 아니라는 것을 분명히 알아야 한다. 우리나라 천만 명 이상이 증산 교리를 알고 있으나 때가 급하여 아무리 태을주를 읊어도 무용지물이 되는 것이다.

증산 상제께서 공사하신 약장 공사도를 대두목이 완성하여 전하는 단주 수명 태을주를 알아야 한다.

상제께서 말씀하시기를,
하루는 어디를 가실 때 흐르는 도랑물에 호연이를 씻겨 주시고 대 선생께서 발을 씻으시다가 문득 "아차차, 아차차~" 하시며 대성통곡하시니라. 호연이가 "무엇이 어떻게 되었길래 '아차차' 하세요? 무엇이 도망가요?" 하고 여쭈니 말씀하시기를 "저 물속을 들여다보아라" 하시거늘 호연이가 보니 맑은 도랑물 속에 송사리들이 먹이를 먹으려고 서로 모여들고 있는지라. 대선생께서 말씀하시기를, "천하창생이 저 송사리 떼와 같이 먹고살려고 껄떡거리다가 허망하게 다 죽을 일을 생각하니 안타깝고 불쌍해서 그러느니라" 하시고, "세상만사가 덧없다, 세상만사가 덧없이 넘어간다" 하시고 길게 한숨을 쉬시며 "허망하다. 허망하다. 허망하다"하고 한탄하시니라.

상제께서 말씀하시기를,
개벽이 될 때에는 온 천지에 있는 신명들이 한꺼번에 손을 잡고 나의 명을 따르게 되느니라 하시고 또 말씀하시기를, 병겁이 밀려오면 온 천하에서 너희들에게 '살려 달라'고 울부짖는 소리가 진동하고 송장 썩는 냄새가 천지에 진동하여 아무리 비위(脾胃)가 강한 사람이라도 밥 한 술 뜨기가 어려우리라 하시니라. 또 말씀하시기를, 내가 이 동토에 삼재팔난(三災八難)의 극심함을 모두 없이 하고 오직 병겁만은 그대로 남겨 두었나니 앞으로의 난은 병란(病亂)이니라. 난은 병란이 제일 무서우니라. 하시고 앞으로 환장 도수(換腸度數)가 열리고 괴병이 온 천하에 퍼져 '아이고 배야!' 하며 죽어 넘어

가리니 그때에 너희들로 하여금 포덕 천하(布德天下) 하고 광구 창생(廣救蒼生) 하게 하리라 하시니라.

1908(무신) 년에 하루는 상제님께서 맑은 도랑물 속 송사리들이 먹이를 먹으려고 사방에서 모여드는 것을 쳐다보시다가 "천하 창생이 모두 저 송사리 떼와 같이 먹고살려고 껄떡거리다가 허망하게 다 죽을 일을 생각하니 안타깝고 불쌍하다. 허망한 세상! 허망하다, 허망하다! 세상만사 덧없이 넘어간다. 세상만사 헛되고 허망하다!"하시며 구슬피 읊조리셨다.

그러므로 천지개벽기에 도를 모르면 송사리 떼와 같이 죽는다는 말씀이시다.

태을주가 완성이 되면 주인이 나타나는 것이다.

15.
공사 처결문

천상계에서 구천대원조화주신으로 계실 때, 신성·불·보살의 하소연으로 천, 지, 인, 삼계를 대순하신 적이 있으셨으나 그것은 영(靈)으로 시행하신 것이었다.

이에 비해 '팔도 대순(八道大巡)'은 사람의 몸을 가지시고 직접 땅 하나하나를 밟으시며 인간 세상의 속정(俗情)을 낱낱이 살피시는 것이었다.

상제님의 만 삼 년에 걸친 팔도 대순에 대한 내용은 거의 전해지지 않는다.

다만 전주에 가셨을 때는 그곳 사람들이 상제님을 신인(神人)으로 우러러 모셨다고 하고, 상제님께서 함열(咸悅)에 이르셔서는 '만인함열(萬人咸悅: 모든 사람들이 기뻐하는 도다)'이라 하셨다고 한다. 이는 상제님의 광구천하에 모든 사람들이 크게 기뻐한다는 뜻을 담고 있다.

또 내장산(內藏山)에 가셨을 때에는

世界有而此山出(세계가 있고 이 산이 나왔으며)
紀運金天藏物華(때는 가을의 운이라 화려한 경치를 간직하고 있네)

應須祖宗太昊伏(마땅히 조종은 태호 복희씨인데)
道人何事多佛歌(도인이 부처를 많이 노래하는 것은 어인 일인가)
라는 시를 읊기도 하셨다.

약 6,000여 년 전 태호 복희씨(太昊伏羲氏)는 희역(羲易)을 창시하고 신명을 하늘에 봉하였으며[神封於天] 숫자와 문자를 만들어 의사소통을 가능하게 했고 결혼 제도를 만들고 사냥과 가축 기르는 법을 가르친 고대의 성왕(聖王)이다.

이런 업적을 가진 태호 복희씨는 가히 인류의 조종(祖宗)이라 불릴 만하지만 세인들은 부처를 많이 노래하게 된다.

그것은 부처의 공덕이 이 세상에 많고 또한 상제님께서 금산사의 미륵불을 거쳐서 이 세상에 오시고 천지 대도를 여실 공부도 대원사에서 이루어지는 데서 알 수 있듯이 불법(佛法)이 상제님의 제세대도(濟世大道)가 펼쳐질 밑바탕이 되었기 때문이다.

또한, 고려 시대에도 가까운 중국의 유교를 받아들이지 않고 전국에 사찰을 지어 500년간 불교를 계승케 한 바가 있다.

훗날 상제님께서는 도인들이 모실 15신위(神位)를 짜는 공사를 보실 때

세 번째 신위로 석가여래를 두셨으며 이 법을 봉서(封書)의 형태로 도주님께 물려주셨다.

그때의 3위 신위

구천하감지위, 옥황상제하감지위, 석가여래하감지위, 이시고,

도주님께서는 이 법을 우당 도전님께 전해주셨고 도전께서는 태극도를 떠나 종단 대순진리회를 창건하시고,

그때의 3위 신위

구천응원뇌성보화천존강성상제 하감지위, 조성옥황상제 하감지위, 서가여래 하감지위 이시고,

우당 도전께서 화천하신 후

2010년, 대두목에 의하여 완성된 3위 신위

구천응원뇌성보화천존강성상제 하감지위, 조성옥황상제 하감지위, 박성세존상제 하감지위 이시다.

상제께서 이르시길

속담에 '맥 떨어지면 죽는다' 하나니 연원(淵源)을 바르게 잘 하라. [전경 교법 2장 43절]

하루는 상제께서 가라사대 '대범 판안에 있는 법을 써서 일하면 세상 사람의 이목의 저해가 있을 터이니 판밖에서 일하는 것이 완전하리라'고 이르셨도다. [행록 2장 14절]

너희들이 성도하기 전에 한 사람이 하늘의 명을 받들고 신명의 가르침을 받들어 천지에 보은하노라. [천지개벽경]

2010년 신명의 가르침을 받고 신위 모심

천존天尊과 지존地尊보다 인존人尊이 크니 이제는 인존 시대라. 마음을 부지런히 하라.

어느 날 상제께서 종도들에게 너희들은 손에 살릴 생자를 쥐고 다니니 득의지추(得意之秋)가 아니냐 마음을 게을리 말지어다. 삼천(三遷)이라야 일이 이루어지느니라 고 이르셨도다.

그 삼계 공사는 곧 천·지·인 의 삼계를 개벽함이요 이 개벽은 남이 만들어 놓은 것을 따라 하는 일이 아니고 새로 만들어지는 것이니 예전에도 없었고 이제도 없으며 남에게서 이어받은 것도 아니요 운수에 있는 일도 아니요 다만 상제에 의해 지어져야 되는 일이로다.

아무리 큰일이라도 도수에 맞지 아니하면 허사가 될 것이오, 경미하게 보이는 일이라도 도수에 맞으면 마침내 크게 이루게 되느니라.

모든 공사 내용이 결국 한 사람에게로 귀결되는 것 같은 느낌이 들기도 하다. 그것은 사실이 그러하니 이것이 곧 통합 원리로, '전경'[교운 1장 41절] [천지개벽경. p]

상제님께서 "때가 오면 한 사람이 먼저 도통을 받나니" 이것은 모든 도인들이 그 한곳 한 사람에게로 돌아가도록 한 천명이니라. (時來 一人 先受道通 此 萬道歸一之 天命也)하심이요, 또 대두목하에 수교자 아홉을 두어 도를 통합해 이끌도록 하신 공사이시다.

한편 이 시절 상제님께서는 금강산에도 가셨으리라 짐작되며 종도들에게 금강산과 관련된 다음과 같은 시를 외워주신 적이 있으셨다.
步拾金剛景(걸어서 금강산에 올라보니)
靑山皆骨餘(푸른 산에 모두 뼈만 남았더라)
其後騎驢客(그 뒤 찾아 온 나귀 탄 나그네는)
無興但躊躇(흥취가 없어 머뭇거리기만 하는구나)

이 시는 조선 말기의 유명한 방랑 시인 김삿갓의 시와 단 두 글자만 다를 뿐이지만, 그 의미는 전혀 다르다.

若捨金剛景(만약 금강산의 경치를 빼놓는다면)
靑山皆骨餘(푸른 산은 모두 뼈만 남을 지니)

其後騎驢客(그 뒤 찾아 온 나귀 탄 나그네는)
無興但躊躇(흥취가 없어 머뭇거리기만 하는구나)

이와 같이 김삿갓의 시는 금강산의 경치를 찬양하고 있는 것에 그치고 있다.

그러나 상제님께서는 이 시에 단 두 글자만 바꾸어놓으심으로 해서 다른 뜻도 있겠지만 우선은 일만 이천의 도통 군자를 탄생시키기 위해 장차 도가 응기할 곳인 금강산에 겁기(劫氣: 험한 산의 무시무시한 기운)가 붙어있음을 지적하신 것으로 생각해 볼 수도 있다.

훗날 상제님께서 금강산의 겁기를 제거하는 공사를 보셨음은 물론이다.

'김삿갓'
본명은 김병연(金炳淵, 1807~1863)으로 본관은 안동(安東) 자는 성심(性深) 호는 난고(蘭皐)이다. 1811년 홍경래의 난이 일어났을 때 선천부사(宣川府使)로 있던 조부 김익순(金益淳)이 홍경래에게 항복하였기 때문에 연좌제로 집안 전체가 조정으로부터 큰 화를 입게 되었다. 당시 6세였던 그는 하인에게 구해져서 황해도 곡산으로 숨을 수 있었다. 그의 집안은 곧 사면을 받았지만 그는 집안의 내력에 대해서는 전혀 모른 채 자랐다. 훗날 김병연은 과거에 응시하였고 김익순이 홍경래에 항복한 것에 대해 비난하는 내용을 적어 급제하였다. 그러나 김익순이 자신의 조부라는 사실을 알고 난 후 크게 상심하여 벼슬을 버리고 방랑생활을 시작하였다. 그는 스스로 하늘을 볼 수 없는 죄인이라 생각하고 항상 큰 삿갓을 쓰고 다녔기에 '김삿갓'이라는 별명이 생겼다고 한다.

상제께서 태인 도창현에 있는 우물을 가리켜 '이것이 젖(乳) 샘이라.'고 하시고 '도는 장차 금강산 일만 이천봉을 응기하여 일만 이천의 도통군자로 창성하리라. 그러나 후천의 도통군자에는 여자가 많으리라.'하시고 '상유 도창 중유 태인 하유 대각(上有道昌中有泰仁下有大覺)'이라고 말씀하셨도다.
[전경 예시 45절]

공사 처결문

상제께서 앞뒤에 친히 쓰신 병풍 한 벌을 재종숙이 되는 강 성회(姜聖會)에게 주신 것을 그후 석환의 종형인 강 계형(姜桂馨)이 간수하고 있다가 상제께서 화천(化天)하신 십 일년 후에 입양한 강 석환(姜石幻)에게 전하였느니라.
그 글귀는 이러하였도다.
其略曰(그것을 간략하게 말씀하시니)
戒爾學立身 莫若先孝悌 怡怡奉親長 不敢生驕易
戒爾學于祿 莫若勤道藝 嘗聞諸格言 學而優則仕
戒爾遠恥辱 恭則近乎禮 自卑而尊人 先彼而後己
擧世好承奉 昂昂增意氣 不知承奉者 以爾爲玩戱

표면(表面) 한폭에
萬事己黃髮 殘生隨白鷗 安危大臣在 何必淚長流

또 한폭에는 고전체(古篆體)로
靈源出
綿空早移 浮邑梧弦 枇緣足柰 新兒大琴 杷晚笑谷 阮背帶代

라고 쓰여 있고 또 석환(石幻)이 병풍속을 뜯어보니
吾家養白鶴 飛去月蘆夜

라 쓰여 있다하니라. [전경 예시 55절]

萬事已黃髮 殘生隨白鷗(만사이황발 잔생수백구)
安危大臣在 何必漏長流(안위대신재 하필루장류)

또 한 폭에는 고 전체(古篆體)로
靈源出(영원출)라고 쓰여 있고 또 석환(石幻)이 병풍 속을 뜯어보니
吾家養白鶴 飛去月蘆夜(오가양백학 비거월로야)라 쓰여 있다하니라.

[대순 전경 예시 55절] 과 [대 성경집. p]에 상제님께서 병풍서(屛風書)를 남기셨다.

그 대강의 풀이는 모든 추수 개벽이전의 일이 황발(黃髮) ; 70대 노인 79세에 화천하신 우당(도전님) 에서 끝나리니 쇠잔한(殘 쇠할 잔, 나머지 잔) 창생들(도인들)은 백귀[白鷗 = 신선 . 鷗(갈매기 구)에서 새(鳥 새 조)를 숨겨라(區 숨길 구, 감출 구) 그러면 흰 백(白)자만 남으니 白 = 人 山 = 仙 신선 선 를 따르라. 죽고(危) 사는(安) 일이 대신(大臣) = 禹(우): 舜(순임금 순)의 대신(大臣) 대두목에게 있으니 그를 따른다면 어찌 눈물을 오래 흘리겠는가?

후일에 도통 군자를 완성시킬 큰 신하(大臣在) 재상(대두목)이 나온다는 말씀이다.

16.
금산사(金山寺)

전라북도 김제 모악산(母岳山) 기슭에 있는 금산사(金山寺) 미륵전(彌勒殿)에는 가운데 높이 11.8미터나 되는 거대한 미륵장륙상(彌勒丈六像)을 볼 수 있다. 증산 성사께서 "나를 보고 싶거든 금산사로 오너라" 하셨으니 수도인에 있어서는 중대한 일이다.

천 년 전, 금산사를 지은 진표율사는 하늘에서 들려오는 계시를 받고 시작되었고 또한 꿈에 노인이 나타나 9홉 마리 용(龍)이 사는 연못을 메우고 미륵불을 조성하라는 계시를 받게 된다. 구룡 못을 어떻게 메울 것인가 수련에 들어가던 중 몽롱한 상태에서 노인이 나타나더니 "내가 눈병을 돌게 할 테니 눈병이 나으려면 연못에 숯을 한짐 지고 와서 연못에 넣고 눈을 씻으면 나을 것이니 전국 고을마다 방을 써 붙이라"라는 음성을 받고 연못을 숯으로 메우고 솥, 시루 위에 삼불, 미륵불을 세우게 된 것이다.

이번에도 "이 동토에서 다른 겁재는 물리쳤으나 오직 병겁 만은 너희에게 맡겼으니 몸 돌이킬 여가가 없이 홍수가 밀려오듯 하리라" 하셨으니 금산사에 이치를 깨달으라는 말씀이시고, 본인(민병규) 또한 꿈에 노인이 나타나

막노동(일용직) 일을 하면 호통을 치시고 도 공부하면 마음이 편안하여 상제님 신위를 모시고 [대순진경]을 창시하게 된 것이다.

상제께서 가라사대 '내가 금산사로 들어가리니 나를 보고 싶거든 금산사로 오너라'고 하셨도다. [전경 행록 5장 29절]

말씀은 금산사에 이치를 깨달아 도통 진경에 이룰 수 있나니 후천 선경 5만 년 세상은 도를 통하지 않고 넘어갈 수 없다는 중대한 말씀이시다.

금산사 미륵전에 30년을 영적으로 머무시며 최 제우에게 강을 주어 맡겼으나 제우가 상제의 뜻을 헤아리지 못하여 1871년에는 인간의 모습을 빌어 강세하셨다. 존귀하신 상제님께서 직접 인간의 몸으로 오심은 인류 역사에 있어 가장 중대한 일이라고 할 수 있다.

상제께서 어느 날 김 형렬에게 가라사대 '서양인 이마두(利瑪竇)가 동양에 와서 지상 천국을 세우려 하였으되 오랫동안 뿌리를 박은 유교의 폐습으로 쉽사리 개혁할 수 없어 그 뜻을 이루지 못하였도다. 다만 천상과 지하의 경계를 개방하여 제각기의 지역을 굳게 지켜 서로 넘나들지 못하던 신명을 서로 왕래케 하고 그가 사후에 동양의 문명신(文明神)을 거느리고 서양에 가서 문운(文運)을 열었느니라. 이로부터 지하신은 천상의 모든 묘법을 본받아 인세에 그것을 베풀었노라. 서양의 모든 문물은 천국의 모형을 본딴 것이라.' 이르시고 '그 문명은 물질에 치우쳐서 도리어 인류의 교만을 조장하고 마침내 천리를 흔들고 자연을 정복하려는 데서 모든 죄악을 끊임없이 저질러 신도의 권위를 떨어뜨렸으므로 천도와 인사의 상도가 어겨지고 삼계가 혼란하여 도의 근원이 끊어지게 되니 원시의 모든 신성과 불과 보살이 회집하여 인류와 신명계의 이 겁액을 구천에 하소연하므로 내가 서양(西洋) 대법국(大法國) 천계탑(天啓塔)에 내려와 천하를 대순(大巡)하다가 이 동토(東土)에 그쳐 모악산 금산사(母岳山金山寺) 삼층전(三層殿) 미륵금불(彌勒金佛)에 이르러 三十년을 지내다가 최 제우(崔濟愚)에게 제세대도(濟世大道)를 계시하였으되 제우가 능히 유교의 전헌을 넘어 대도의 참 뜻을 밝히지 못하므로 갑자년(甲子年)에 드디어 천명과 신교(神敎)를 거두고 신미년(辛未年)에 강세하였노라'고 말씀하셨도다. [전경 교운 1장 9절]

대순진경(www.msge.co.kr)의 종통의 객관성은 금산사, 개태사 등에서 찾아볼 수 있다.

개태사 미륵삼존불상
우주의 주인이신
삼신(三神)을 의미

대 천호산 삼천일지 개태사
大 天護山 三天一地 開泰寺

개태사 팔각정
나반존자 불상

여기에서 삼천(三天)이란 세 분은 하늘에 계시는 말로서 삼신(三神)을 뜻하며 일지(一地)란 땅에 계신 진인(眞人)이 성도(成道) 하여 천하창생을 구제한다는 의미가 담겨 있는 사찰 중의 하나이다.

大天護山三天一地開泰寺(대천호산삼천일지개태사)

太祖(태조)는 친히 祈願文(기원문)을 지어 주었는데 절 이름을 開泰寺(개태사)라 했고 뒷산(황산)을 '天護山(천호산)'이라 고쳐 불렀다. 開泰(개태)란? 미륵부처님의 위력으로 만세 태평의 시대를 연다. 는 뜻이고 산 이름을 天護(천호)라고 한 것은 하느님이 보호하사 나라를 지켜 달라.라는 기원을 하기 위함이었다.

용화세계로 인도하실 총 화주 나반존자(대두목)

한편 開泰寺(개태사) 정문 현판에는 大天護山三天一地開泰寺(대천호산삼천일지개태사) 라고 적혀 있는데 이것은 바로 개태사의 전체 의미를 설명하고 있는 것이다.

三天(삼천)은 三遷(삼천)으로 도가 세 번 바뀌는 것을 의미하며 삼존불로서 증산, 정산, 우당을 의미하기도 한다. 또한 一地(일지)는 一指(일지)로서 땅에는 한 사람 즉, 독불로 모셔진 나반존자를 가리키는 것이다. 나반존자는 스승이 없이 혼자 성불한다 하여 독성각에 모시기도 하는데 이분이 바로 대두목 이시다. 그래서 삼천일지라고 하는 것이다. 그러므로 박 우당 다음으로 인존으로 삼위 상제님을 모시고 일만 이천 도통 군자를 배출하여 인도하실 분이시다.

(우당) 도전께서는 팔각정 내에 있는, '나반존자'를 보고 주지승에게 물으셨다.

"저분은 누구인가?"

주지승이 대답하였다.

"나반존자입니다."

"뭐 하는 분이오?"

"저분이 앞으로 중생들을 龍華世界(용화세계)로 인도하실 總和主(총 화주)입니다."

"그러면 세상에 나와 있소?"

"지금 이 세상 어디엔가 와 있습니다."

위의 대화 내용을 보드라도 삼천일지란 세 분 다음에 오시는 분이 총 화주로서 후천 용화 세상을 열어줄 대두목인 것이다.

대순진경의 연원(淵源)은 강증산 성사로부터 시작된다.

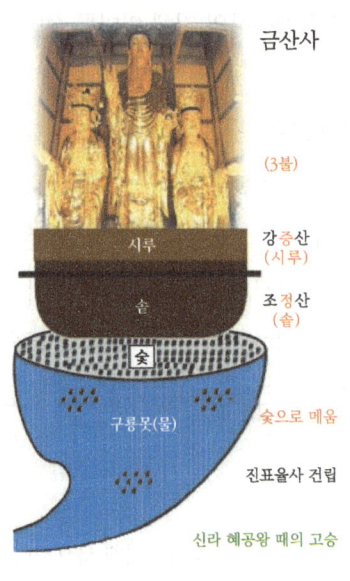

시루 증자 증산(甑山)으로서 시루의 이치로 오셨으니 금산사 대장전에 시루의 벽화가 그 이치를 확증하고 있다.

그 벽화에는 시루, 솥, 쪽박, 물의 이치가 잘 담겨 있었다. 진리란 이렇게 객관성이 있어야 하는 것이다.

강증산 성사로부터 종통을 이으신 조정산(趙鼎山)은 강증산 성사로부터 의해 솥 정자 정산(鼎山)의 도호를 받으셨으니 솥의 이치로 오신 분인데 금산사 미륵전 아래에 솥이 있음은 금산사 미륵전 안내문에 잘 설명이 되어 있으니 확인해 볼 필요가 있는 것이다. 또한 금산사 대장전에 솥의 벽화가 있으니 그 이치를 확증하고 있는 것이다.

　금산사 솥 아래에는 숯이 있는데 1980년대까지 목탄을 캐서 쓸 정도로 진표율사가 숯을 메웠음을 입증하고 있다. 조정산(趙鼎山)으로 부터 종통을 승계하신 박 우당 도전은 박성(朴姓)으로 목성은 숯 탄을 의미하므로 금산사 미륵전 아래의 숯은 진표율사가 대순 진리의 종통, 연원(淵源)을 객관성 있게 미륵불의 계시를 받아 중생들을 구제함이 아니었겠는가!
　강증산 성사께서는 맥(脈) 떨어지면 죽나니 연원(淵源)을 바르게 잘하라, 고 일러 주셨다.

　금산사 숯 아래에는 물이 있다.

　진표율사는 흙에다 미륵전을 세우질 않고 용추 못(물)을 숯으로 메웠으니 도전 박우당의 후인(後人) 종통 계승자는 물의 이치를 가지고 온다는 것은 1200여 년 전 진표율사가 그 이치를 남겨 놓은 것이다.

　1963년(癸卯) 12월 11일 생으로 성도 진인수(成道眞人數)와 물의 이치를 천부적으로 가지고 있다.
　12는 계(癸)로 물(1.6수)이요 11일 또한 (1.6수)로 물이요, 물의 이치를 천부적인 대두목으로 숯(도전) 을 삼위 상제 한자리에 모신 것이다.

　푸른 하늘 은하수 하얀 쪽 배엔 계수나무 한 나무 토끼 한 마리 돛대도 아니 달고 삿대도 없이 가기도 잘도 간다 서쪽 나라로, 옛적부터 선천 세상이 가고 달 세상 달은 음(陰) 달 속에는 계수나무 토끼 한 마리 가기도 잘도 간다 서쪽 나라로 서쪽이란 후천 세상을 뜻하는 것이다. (대두목은 계묘생)

※ 종통 지명(宗統地名)
– 시루산 · 가마등 · 부정리 · 알미산 · 쪽박골 · 신송

★ 시루산 – 예전 ; 전북 고부군 우덕면 객망리 (全北 古阜郡 優德面 客望里), 현재 ; 전북 정읍시 덕천면 신월리 (全北 井邑市 德川面 新月里)

시루산 = 떡을 찌는 시루 즉 甑 (시루 증) + 山 = 甑山(증산) 강증산 상제님께서(姜甑山 上帝任 = 미륵불, 하느님, 하나님, 천주님, 구천응원뇌성보화천존강성상제, 1871년에 객망리에 탄강하심.

★ 가마등 – 엎어놓은 가마솥의 둥근 부분과 같다 하여 가마솥을 뜻하는 가마등이라 부름. 가마솥의 밑둥처럼 둥그렇게 솟아오른 땅. (가마등 = 가마솥 = 釜 가마 부)

★ 부정리 – 扶鼎里 ; 솥 정(鼎) 즉 솥의 마을을 뜻함. 뒤편의 마을로, 가마등고개에서 200여 m 지난 곳으로 옛날에는 3~5가구가 있었으나 해방 후 다 없어지고, 소나무 군락과 감나무 등이 있음. 옛 부정리 샘터가 있었음.

★ 알미산 – 알미는 쌀알(米 쌀 미)을 뜻하여, 쌀을 의미하는 산으로 불

림. 이평 쪽으로 가는 쪽박골에서 우측에 보이는 산. (72.2m)

★ 쪽박골 – 덕천 사거리에서 이평(梨坪) 방향으로 100~300m 일대의, 알미산과 소나무 숲 사이의 있는 골짜기.

● 쪽박골 샘 ~ 덕천 사거리에서 이평 방향 150여 m 지점의 직경 4~5m. 사람 목 깊이의 둔벙, 그 샘이 2007년경까지 있었으나, 현재는 잡초에 묻혀 구분이 힘듦.

● 쪽박 ~ 물 떠먹는 작은 바가지.(가운데가 잘록한 조롱박; 호리병 박으로 만든 바가지).

※ 옛사람들의 전언에 의하면, 알미산 쌀을 가마솥에 붓고, 쪽박골 샘물을 쪽박으로 떠서 가마솥에 부어 가마솥 불을 때면 밥이 된다는 설이 내려왔다고 한다. 쪽박 가마등 알미산이 연결된다.

※ 덕천면 신월리, (객망리 – 신송), 기름들 일대의 주민들은, 한결같이 '부정리' '쪽박골' 등을 증언한다.

※ 쪽박골 샘물로 쌀(알미산)을 씻어 솥(釜 가마 부; 가마등, (鼎 솥 정; 扶鼎里 부정리)에 넣고 쪽박골 샘물을 쪽박으로 떠서 솥에 붓고 불을 때서 밥을 하는 이치의 지명, 곧 솥(鼎, 釜)은 조정산(趙鼎山) 도주님을 뜻하고 쪽박(쪽박골)은 박도전님을 뜻함, 도주님으로부터 도전님께 종통이 연결됨을 의미한다.

★ 신송 – 新松 ; 상제님 화천 후, 객망리를 신월리 '신기(新基)' 마을 곧 '새터'로 고쳐 부르다가 지금은 덕천 사거리 옆의 '송산(松山)' 마을과 합쳐 '신송(新松)'이라 부름. 신송(新松) 마을에 있는 101m(104m)의 산.

(신송 마을 입구에 '강증산 성지(姜甑山 聖地)' 푯말과 '신송' 표지석이 있음.)

고부 송내(松內)에 사는 박공우의 마을 이름 송내(松內)는 복중 80년 신명이며 주인공인 공우가 있는 곳이란 의미처럼 신송(新松)은 '새로 오신 복중 80년 노자 신명이며 주인공인 노자로 오신 대두목' '새 도수를 여는 (새 세상을 건설하는) 복중 80년 신명이며 주인공'이라는 뜻이다.

새로 오신, 새 도수 새 세상 ; 新(새 신) 복중팔십년신명 (腹中八十年神明) ; 八十 = 木 주인공(主人公), 공우(公又) ; 公 新 + 木 + 公 = 新松

복중 팔십 년 신명 즉 노자이시며 대두목께서는 삼위 상제님과 종통(宗統) 계승자로서 종어간 시어간(終於艮 始於艮) 간에서 종결되고 간에서 새롭게 시작됨.의 이치로 상제님의 도가 처음 시작된 객망리가 종결도수 결실도수인 간도수(艮度數)의 주인공을 뜻하는 신송(新松)으로 바뀐 것이다.

※ 종통 지명(宗統地名)의 총체적 대의 주인공인 추숫군(대두목)이 쪽박으로 솥에 쪽박골 샘물을 넣은 후 시루를 얹고 쌀가루를 넣어 불을 때어 떡을 찌는 형국으로 객망리 일대의 지명이 자연적으로 형성되어 상제님 대도의 천부적 종통 계승을 그대로 나타낸다.

1★ 시루산 – 시루 → 증산(甑山) 상제님.

2★ 가마등, 부정리(扶鼎里) – 솥→ 정산(鼎山) 도주님.

3★ 쪽박골(쪽박골 샘) – 쪽박 →박도전님. 중곡 도장과 개암사 개문납객도 에도 조롱박(호리병 박)을 지니신 분은 박도전님을 나타낸다.

4★ 신송(新松) – '새로 오신 복중팔십년신명'(노자) 하우씨 · 마하가섭 ·
= 의통주 · 도통주 · 개벽장 · 대두목
불(火) – 남방 삼리화(南方三離火) 대두목의 삼 불기운. 알미산 (쌀 알, 米쌀 미) – 쌀가루 (떡 재료)
즉, 박으로 쌀을 일어 시루에 넣고 불을 때는 것이 정해져 있던 것이다.

※ 금산사 미륵불 입어정상

○ 냉금부금 금산사 미륵불 입어 정상(冷金浮金 金山寺 彌勒佛 立於鼎上). "비결에 나오는 찬쇠 물에 떠있는 쇠란 불을 땔 수 없는 물 위에 떠있는 쇠솥을 뜻하니 금산사 미륵불(金山寺 彌勒佛)이 연못에 떠있는 솥 위(鼎上)에 건립돼있음을 뜻한다" [천지개벽경. p]

○ 금산사 정상 입불야(金山寺 鼎上 立佛也).
― 금산사엔 솥 위에 불상을 세웠다. [천지개벽경. p]

○ 미륵불 입어정상(彌勒佛 立於鼎上)
― 미륵불이 솥 위에 건립되었느니라. [중화경(中和經), (83장)과, 중화경집(中和經集)(76장)]

⊙ 금산사 미륵전 자리에 깊은 연못이 있어 연못 위 (용추 못)에 숯을 깔고서 솥을 놓고 솥 위에 미륵 불상(11.82m)을 모셨는데 미륵불은 증산(甑山) 상제님, 솥(鼎)은 정산(鼎山) 도주님으로, 솥 위에 시루를 얹고 떡을 찌는 이치로 묵은 세상을 변혁하여 새 세상, 용화세계, 지상 선경, 지상천국으로 완성시키신다는 큰 뜻을 내포하고 있다.

금산사 미륵전 미륵 불상이 솥 위에 건립된 의미가 객망리 일대의 종통 지명과 그 뜻을 같이한다.

또한 도전 박우당께서 순방하신 개태사 용화 대보궁 미륵삼존불 앞에는 쪽박 돌에서 약수(물)가 흘러나오니 삼존(증산, 정산, 우당), 삼신(증산, 정산, 우당) 아래 물(대두목)의 이치는 금산사, 개태사뿐만 아니라 남원 광한루에서도 찾아볼 수 있다.

도전 박우당께서는 남원 광한루에 가셔서 물 위에 우뚝 솟은 삼신산(三神山) 혹은 삼선산(三仙山)이라 일컫는 그곳에서 하룻밤을 묵으시면서 도(道)를 일깨워 주시고자 하셨다.

자신의 위치를 일깨워 주었고 물의 이치를 가지고 온 대두목이 동해에 산다는 것을 자상하게 보여 주셨으니 배우지 않고 아는 법이란 없는 것이다.

17. 오작교

● 삼신산이 있는 광한루와 오작교…

병인년(1986년) 5월 15일, 박우당 도전께서는 189명의 임원들을 대동하고 쌍계사, 관촉사 등지를 순행하실 때 남원 광한루(廣寒樓)를 순행(巡幸)하셨다.

189명 = 1+8=9 : 9 x 2 =180 (180=미완성+대두목=360 완성)

광한루는 밀양 영남루(嶺南樓), 진주 촉석루(矗石樓)와 함께 우리나라 3대 누각 중의 하나이지만, 영남루나 촉석루가 자연경관을 그대로 이용하여 강변에 세운 것과는 달리 이곳 광한루는 정원에 연못을 파고 그곳에 삼신산(三神山)을 인공 섬으로 조성하고 그 옆에 오작교를 놓아 멋을 더하였다.

연못 속에 인공 섬을 조성하여 정원을 꾸미는 기법은 삼국시대 때부터 유행하였는데 대체로 신선사상(神仙思想)에 영향을 받아 삼신산을 조성하거나, 삼신산 중의 하나를 조성하였다. 그중 남원 광한루의 정원이 가장 잘 꾸며져 있고, 특히 삼신산(三神山)을 뚜렷이 표현하여 옛 선현들의 정서에 깃든 신선사상을 잘 대변해 주고 있다.

 박우당 도전께서 임원들을 대동하여 '삼신산(三神山)'이 인공적으로 조성되어 있는 남원 광한루에 들른 것은 삼신산이 나란히 한자리에 조성되어 있는 것을 눈으로 직접 보고 삼신(三神)에 대한 진리를 깨달으라는 뜻이었다. 즉 사람들이 흔히 생각하기를 삼신(三神)이라 하면 두 분(양위 상제)인 것으로 알고 있는 경우가 많다. 이처럼 광한루 연못에 영주·봉래·방장산의 세 산으로 조성되어 있는 것은 삼이 하나라는 것과 물(근본) 속에 있는 산이라는 것을 분명히 깨달으라는 뜻이었다.

 광한루는 황희가 1418년에 양녕대군의 폐출불가를 주장하다가 태종의 노여움을 사 남원으로 내려온 뒤 남쪽으로 2리 떨어진 곳에 지세가 높고 편평하게 넓으며 앞에는 명주 베를 펼쳐놓은 것처럼 물이 흐르고 아름다워 이곳에 조그마한 누각을 세워 '광통루'라 한 데서 연유한다. 그 후 세종 16년 갑인년(1434년)에 부사 민여공이 주변을 고치고 새로 누각을 중수하였는데 사치하지도 않고 누추하지도 않았다고 한다. 세종 19년(1437년)에는 부사 유지례가 단청을 하였고, 세종 26년(1444년) 하동 부원군 정인지가 누각에 올라 "호남의 절경으로 달나라에 있는 궁전인 광한청허부(廣寒淸虛府)가 바로 이곳이 아니던가"라고 감탄한 나머지 이름을 '광한루(廣寒樓)'라고 바꿔 불러 오늘에 이르게 되었다.

그러나 안타깝게도 정유재란(1597년) 당시 남원성에서 조선과 명나라의 연합군 그리고 성을 지키는 백성 등 1만여 명이 순절할 때 누각도 소실되었다. 이후 선조 40년(1607년)에 남원부사 원진이 불탔던 광한루 자리에 작은 누각을 세우면서 다시 광한루가 만들어지기 시작했는데 지금의 건물은 상촌 신흠의 「광한루기」에 의하면 천계(天啓) 6년 병인년(1626년)에 우의정 신흠의 아우인 남원부사 신감이 작은 누각을 헐고 그 자리에 복원하였다고 밝히고 있다. 철종 6년(1855년)에는 남원부사로 부임한 이상억이 누각을 대대적으로 보수한 뒤 오늘날 현관 옆에 걸려 있는 '호남 제일루(湖南第一樓)'라는 현관을 크게 써서 걸었다. 그리하여 이후 광한루는 '호남 제일루'라는 별칭으로도 불리게 되었다.

● 삼신산 옆에는 오작교가 있다.

광한루의 호수는 하늘의 은하수(銀河水)를 상징한다. 이 호수에는 직녀(織女)가 베를 짤 때 베틀을 고이는 데 썼다고 하는 지기석(支機石)을 호수 속에 넣고 견우(牽牛)가 은하수를 건너 직녀를 만날 때 사용한 배를 상한사(上漢沙)라 이름하여 호수에 띄워놓았는데 이것은 바로 견우와 직녀의 오작교(烏鵲橋) 전설을 형상화한 것이다. 은하수를 상징하는 '호수'는 광한루를 구성하는 상징물 중 가장 중요한 위치를 차지하는 것 중의 하나이다. 한편 오작교는 선조 15년(1582년)에 부사 장의국이 삼신산(三神山)과 더불어 조성하였으며 현재 폭 2.8m, 길이 58m, 네 개의 구멍을 가진 우리나라에서 가장 긴 홍예(虹蜺) 다리이다.

조선 세종 때의 천문학자 이순지(李純之, ?~1465)가 편찬한 「천문류초(天文類抄)」에 따르면 '쌍무지개가 떴을 때 색깔이 선명하고 성한 것은 숫무지개라 하고 홍(虹)이라 하며 어두운 것은 암컷이 되니 예(蜺)라 한다'라고 기록되어 있다. 또한 이 쌍무지개는 음(陰)과 양(陽)이 사귀어 모인 기운이라고 되어 있다. 그리고 이 오작교에는 견우와 직녀의 애절한 사랑이 담긴 전설이 있다.

광한루원 안내도

옛날 하늘에는 옥황상제(玉皇上帝)의 딸 직녀(織女)와 미천한 소몰이꾼 견우(牽牛)가 신분을 초월한 사랑을 하였는데 이를 알게 된 옥황상제가 몹시 노하여 견우는 은하수 동쪽에서 소를 몰게 하고 직녀는 은하수 서쪽에서 베를 짜도록 한 뒤 1년에 오직 한 번 다리도 없는 은하수에서 만나도록 하였다. 이들의 만남이 너무나 애달파 칠월 칠석날에는 지상의 까치와 까마귀가 모두 은하수로 올라가 다리를 만든 연후에 이 다리를 건너 견우와 직녀가 서로 만나게 하였다. 이때 오랜 세월 서로를 애타게 그리워하다가 만난 견우와 직녀가 흘린 눈물이 비를 이루니 세상 사람들은 칠석날이면 까치와 까마귀를 볼 수 없게 되었으며 또한 이날 비가 오는 것은 견우와 직녀가 흘린 눈물 때문이라고 생각하였다.

이제 인류가 대우주의 여름 시대에서 가을 시대로 넘어가 완성을 이루려면 견우와 직녀가 만나듯 반드시 음양이 합일(合一) 하여야 한다. 이것은 자연의 법칙이다. 식물이 가을에 열매를 맺기 위해 꽃의 암술과 수술이 서로 교접이 되어야 하고, 다 자란 남녀가 어른이 되려면 남녀가 혼인을 하여 하나를 이루어야 하는 것과 같은 이치이다. 이제 대우주의 가을에는 신과 인간이 합일하는 것이다. [전경 교운 2장 32절]

증산 상제님께서 대원사에 49일 만에 7월 7일 쌍두칠 절 날 도통을 하신 것이다.

그러기 위해서는 음양을 이어주는 다리가 있어야 한다. 꽃은 벌과 나비가 그 역할을 하며, 사람은 중매를 서는 사람이 그 역할을 한다. 그리고 대우주의 가을에 신과 인간이 합일하기 위한 다리(오작교)는 '삼신(三之神人)이 인세에 오셔서 내놓은 도(道)'로써 이루어진다. 따라서 삼신을 알아야 이 도를 찾을 수 있는 것이다.

[전경 교운 1장 41절]

이러한 이치를 깨우쳐주기 위해서 오작교(烏鵲橋)가 삼신산 옆에 있는 것이다.

한편 은하수를 상징하는 호수의 물은, 지리산 자락에서 흘러내리는 쪽빛 옥규수 요천의 물을 춘향교 위쪽 지하 수로를 통해 끌어들였는데, 겨울철 잔설이 녹은 물이 유입될 때 가장 맑아 그때는 2m 깊이의 바닥에 쌓인 나뭇잎 무늬까지도 선명하게 보일 만큼 맑고 깨끗하다. 오행(五行)에서도 물은 북방에 배치되고 겨울을 상징한다.

그리고 광한루 호수를 둘러보면 삼신산, 오작교, 자라 돌, 상한사와 지기석 등으로 이루어져 있다. 호수 속에는 직녀의 베틀을 고인 지기석(支機石)이 놓여 있고 방장섬과 봉래섬을 잇는 다리에는 견우의 배인 상한사(上漢沙)가 있다.

이처럼 천체(天體)와 우주(宇宙)를 상징하는 광한루원(廣寒樓苑)은 신선사상(神仙思想)을 바탕으로 한 여러 구조물과 더불어 삼신산(三神山) 혹은 삼신선도(三神仙嶋)로 불리는 영주산·봉래산·방장산을 은하수를 상징하는 호수 속에 건설하여 옛사람들이 생각한 이상향을 현실 세계에 구체적으로 표현해낸 정신사적 구조물이다.

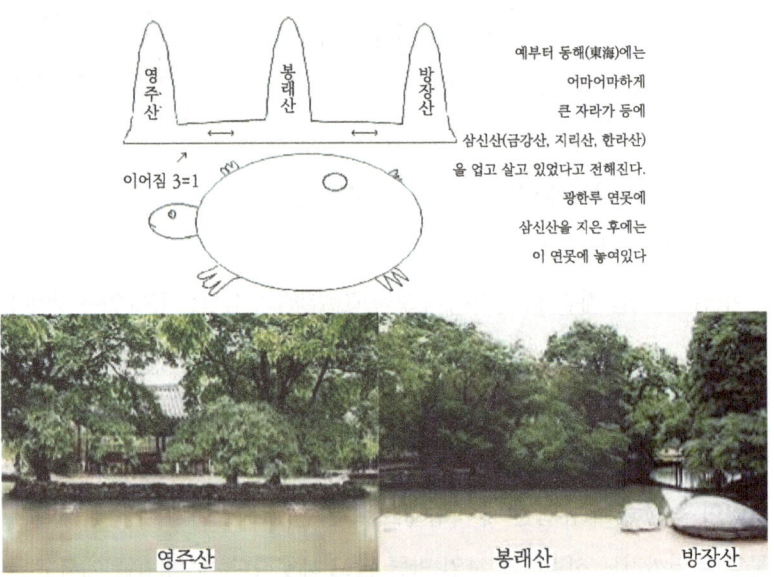

연못 속의 삼신산(三神山)

박우당 도전께서는 임원들을 대동하고 경내를 두루 둘러보았다. 먼저 전라감사 이서구 선생의 비(碑)와 춘향 사당(祠堂) 오작교 등지를 둘러보시고 이후 광한전 앞의 연못 안에 있는 '삼신산'을 둘러보시더니, 임원들에게 여기서 기념사진을 촬영 하자고 하셨다.

배경이 좋은 광한전이나 완월정 등 다른 곳에서는 아무런 말씀이 없으시다가 '연못 안에 있는 삼신산'을 배경으로 기념 촬영을 하시는 박우당 도전의 의중을 임원들은 알 수 없었다.

박우당 도전의 뜻을 생각을 하는 사람이 누가 있으며 삼 이란,? 양위 상제님과 도전님이라면 누가 도를 믿으리오!

그 광한루의 안내판에는 이 섬이 영주산 · 봉래산 · 방장산의 삼신산(三神山)이며, 세 섬이 서로 작은 다리로 연결되어 있다고 적혀 있었다. 즉 3=1이라는 것이다.

지금까지 박우당 도전께서 임원들을 대동하여 순행하신 곳은 모두 강증산 성사께서 공사하신 성지이고 미륵과 관련한 사찰을 순행하셨다. 남원 광한루를 순행하신 것은 다름 아닌 이 '삼신산(三의 神人이 있는 山)'이 있었기 때문이다.

그러나 임원들은 '연못 속에 나란히 한자리에 자리 잡은 삼신산'의 의미에 대해서는 전혀 헤아리지 못한 채 단지 성춘향과 이도령의 전설이 있는 남원 광한루로만 생각하고 여기저기 구경에만 여념이 없었다 하지만 정작 박우

17. 오작교 **263**

오석(자라돌)

당 도전께서 임원들을 대동하여 이곳 광한루를 순행하신 뜻은 연못 속에 만들어진 삼신산(三神山)을 보고 하느님은 천지인 삼(三)이시라는 것을 깨우쳐주고자 하신 것이다.

그리고 이 영주산·봉래산·방장산의 삼신산이 서로 작은 다리로 연결되어 하나의 연못 안에 놓여 있듯이 삼이라고 해서 셋이 아닌 하나임 깨우쳐주고자 하신 것이다.

한편 이 연못가에는 매우 특이한 바위가 하나 있다.
광한루 앞 오작교 입구에 화강암으로 곱게 깎아 만든 '큰 자라 돌'이 삼신산을 바라보고 금방이라도 뛰어들 듯이 앉아 있다. 이 자라 돌은 높이 1.2m, 폭 1.2m, 길이 2.4m의 크기로서, 그 옆에 설명을 적은 석판이 함께 자리하고 있다.

이곳에 자라 돌을 두게 된 연유는 정확하지 않지만 「남원지(南原誌)」의 기록에는 오석(鼇石)을 자라로 보느냐, 거북으로 보느냐에 따라 의미가 다른 두 가지의 전설이 전해온다고 한다.

그 하나는 광한루원이 우주를 상징하는 정원으로 꾸며졌다는 신선사상과 관련된 것이고, 다른 하나는 남원의 풍수지리와 관련된 것이다.

살펴보면, 예부터 동해에는 어마어마하게 큰 자라가 등에 삼신산(三神山)을 업고 살고 있었다고 전해진다. 이 광한루 연못에 삼신산을 지은 후로는 계속하여 천재지변이 끊이지 않았다고 한다. 그래서 그 원인을  분석해 본 결과 삼신산을 업고 있는 자라가 없었기 때문에 섬이 불안정하여 그렇다 하여 이곳에 자라 돌을 만들어 삼신산을 지켜보게 한 뒤로부터는 그 천재지변이 사라졌다는 것이다.

또 다른 전설은 이 오석(鼇石)을 자라가 아닌 거북으로 보는 것인데 지리산에서 바라봤을 때 동남방에 위치한 남원에는 예부터 지리산에서 동남풍만 불어오면 나쁜 유행병이 퍼져 인명이 상하거나 혹은 화재, 홍수 등이 빈번하게 일어났다는 것이다. 오행설에 의하면, 이러한 동남풍을 제압하려면 동해(東海)에 사는 거북의 힘밖에 없다 하여 광한루에 이 거북상을 만들었다고 한다. 그 후부터는 동남풍으로 인한 천재지변이 없어졌다고 한다.

자라, 또는(거북)가 삼신산(三神山)을 등에 업고 있다는 전설이 '금산사(金山寺)'의 이치와 개태사 '삼천일지(三天一地)'의 이치와 세분= 강증산, 조정산, 박우당,의 신위를 상제님으로 모시는 대두목과 일맥상통한다는 점이다.

17. 오작교 **265**

먼저 금산사의 이치를 보면, "나를 보고 싶거든 금산사로 오라."하심은 곧, 나에 대한 이치(비밀)를 알아보고 싶거든 금산사로 와서 연못= (용추) 위에 솥(鼎: 솥 정)을 설치하고, 그 위에 시루(甑: 시루 증)인 형상 즉 미륵 불상이 건립돼 있음을 살펴보라는 의미이시다.

떡을 찌려면 먼저 솥 위에 시루를 설치하고 다음은 바가지로 물과 재료를 채우고 그다음 불을 때는 것이요, 그리고 그런 후에 잔치(도통)가 있게 되는 것이 순리이다. 바로 상제님의 도의 떡 즉 도덕(道德)을 완성하는 데는 상제님인 시루와(甑), 도주님인 솥과(鼎), 도전님인 바가지 (朴)로 (물, 재료)를 솥과, 시루에 채우고 숯으로 달구어 수증기가 올라가 완성된(신위) 삼위일체 삼불로 떡을 익히는 과정=(단계)(수도) 있다 함이 또한 쉽게 이해가 될 것이다.

진표율사가 금산사 미륵삼존불을 봉안할 때 연못[물]을 숯[불]으로 메우고, 그 위에 솥과 시루를 좌대로 놓은 후 그 위에 미륵불을 모셨다고 한다. 따라서 시루와 솥과 불을 숯과 물이 떠받들고 있는 형상이다.

금산사에서 시루와 솥과 불을 떠받들고 있는 '물'을 광한루에서 삼신산을 받들고 있다는 '자라 돌'과 비교해 보면, 자라는 현무(玄武)이고, 현무(玄武)는 북방 1·6 수(水)를 뜻하므로 계묘(癸卯) 생 대두목 또한 역시 물의 이치로로 오는 사람이 삼위 상제님을 받들어 모시게 된다는 이치가 담겨 있다. 즉 광한루에서 삼신산(三神山)을 받들고 있는 자래[현무]는 금산사 이치로 보면 시루와 솥과 불(三)을 떠받들고 있는 물과 그 역할이 같음을 알 수 있다.

금산사의 핵심은 솥과 시루 그리고 미륵불과 좌우의 보호 불이다. 숯이란 솥과 시루 그리고 3불을 물 위에 떠있게 하는 매개체가 되며 또 숯과 용추못을 불과 물로 보고서 수화 지기로서 후천 수화 상생의 이치로서 무궁 무극한 조화가 나온다는 것을 보여 주시는 것이 된다.

미륵삼존불과 나반존자가 모셔진 논산 개태사의 현판에 '삼천일지(三天一地)'라고 적혀 있는 것도 이와 일치하는 이치로 보아야 할 것이다. 삼의 하느님(三天) 한(一) 분이 지상(地上)에서 후천 상생 극락을 실현시켜 나간다는 것이 삼천일지에 담긴 이치이다.

이처럼 삼천일지의 이치는 금산사(金山寺) 이치와도 일치하고, 남원 광한루에 있는 삼신산(三神山)과 오석(鰲石)의 이치와도 일치하고 있다. 옛 선현들이 제각기 만들어놓은 구조물이 그 이치에 있어서 서로 부합되고 있음이 신기할 따름이며 삼신(三神)을 만나 꼭 대운 대통하라는 옛 선현의 말씀이다.

이 세 구조물이 건립된 배경의 밑바탕에는 삼신산(三神山)의 전설과 연계되어 있다는 것을 알 수 있다. 바로 이 삼신산의 전설은 앞으로 이 땅에 삼신(三神)이 강림한다는 깊은 이치를 간직한 채 수천 년을 전해져왔던 것이다.

이와 같이 여러 사실들이 하나의 빈틈도 없이 일치하는 것을 여합부절(如合符節)이라고 한다. 박우당 도전께서는 수도인들에게 이러한 이치를 일깨워줌으로써 이 땅으로 삼신(三神)께서 강림하셨음을 깨우치게 하고 또한 그 이치 속에서 마지막의 종통을 계승할 사람을 찾아 맥(脈)을 이음으로써 모두가 대운(大運)을 받기를 바라셨던 것이다.

광한루원(廣寒樓苑)에는 특이하게도 비석들이 무리를 지어 있는 비석군(碑石群)이 있는데 그중에는 정조와 순조 때 두 번에 걸쳐 전라 관찰사를 지낸 이서구(李書九)의 비(碑)도 있다. 이서구는「채지가(採智歌)」를 지은 작자라고 전해진다. '채지가'는 '지혜를 캐는 노래'라는 뜻이다.

이 노래의 내용은 삼위일체 하느님과 대두목이 오시는 비결과 1만 2천 도통 군자의 창성과 수도 과정을 주로 담고 있다.

전설에 의하면, 이서구가 전라감사를 지내던 시절에 어느 날 말을 타고 집으로 향하던 중, 갑자기 하늘에서 노랫소리가 들려와 가던 길을 멈추고 말에서 내려 도포자락에 노래를 받아 적었는데, 그것이 오늘날의「채지가」라고 한다.

비석군과 이서구비석

그 비결을 풀어 그 뜻을 얻으면 가히 신선(神仙)이 될 수 있다 하여 수도인들 사이에 많이 전하여오는 노래이다. 광한루와 관계된 한 소절을 보면 다음과 같다.

남강철교

광한전에 높이올라 월궁선녀 맞이하세
달가운데 계수나무 상상지를 꺾어다가
머리위에 단장하고 신선선녀 짝을지어
초연금궐 높은곳에 우리상제 옥황상제
선동선녀 데리고서 사배드리러 올라가세
맑고맑은 월궁세계 양친부모 모셔다가
천년만년 살고지고 무궁무극 극락일세

올라가세 올라가세 다리없어 어이갈고
칠월칠석 오작교는 견우직녀 걷는다리
만리중원 승평교는 문장호걸 걷는다리
섭선사의 광도교는 당명황이 걷던다리
청운녹수 낙수교는 과거선비 걷던다리
우리다리 어디있노 대강철교 바라보니
이다리는 뉘다린고 정산도의 놋다리라

말씀하시기를,
 弟子(제자)이 問曰(문왈), 今(금)에 公又(공우)가 洗面餘水(세면여수)하고 受命行路(수명행로)하야 語韻風采(어운풍채)가 酷似無異(혹사무이)하니 何以乎(하이호) 잇가.
 註) 제자가 여쭈기를, 오늘 공우가 같은 물에 세면하고 명을 받들어 길을 가니, 말과 풍채가 꼭 같으니 어쩐 일입니까?

말씀하시기를,

曰(왈), 氣能有同(기능유동)하면 相能有似(상능유사)하노라. 時來(시래)하면 汝之徒(여지도)가 皆換骨脫態(개환골탈태)하노라.

註) 기가 같아지면 모습도 같아지느니라. 때가 오면 너희들이 모두 환골탈태하노라. [개벽경. p]

18.
천상의 조정

○ 약 100년 전,

증산 상제께서, 형렬아 평소에 너의 지극한 소원이 하늘에 올라가 천상의 조정을 구경하는 것이었나니 오늘 너에게 이를 허락하리니 내 뒤를 따라 오거라. 말씀을 마치시니 갑자기 하늘문이 넓게 열려 순식간에 날개가 달린 신선이 된 것처럼 가볍게 날라 뒤를 따라가게 되었더라.

천상에 다다르니 수 많은 문무 관리가 질서정연하게 도열하여 명을 들을새, 정제되고 밝으며 성대한 복장으로 앞뒤와 주변으로 도니 그 모습이 빛나고 질서정연하고 선명한 옷차림은 오색이 서로 잘 어울려 세상에서는 보지 못한 것이고 말하고 침묵하고 움직이고 그치는 것이 우아하고 화기로우며 기쁨에 넘쳐 그윽하고 밝아 마치 어린아이와 같고, 여러 구부러진 난간마다 상서로운 봉황이 간간이 울음을 울어대고 푸르고 누른 집 지붕에는 상서로운 용이 때때로 휘감아 돌고 정원 앞에 있는 빛나고 향기로운 꽃과 나무는 좋은 냄새를 뿜어내나니 아름다운 꽃과 보석 같은 풀은 세상에서는 보기가 어려운 것이오. 진귀한 날짐승과 기이한 길짐승이 날기도 하고 뛰기도

하며 혹 노래도 부르고 혹 휘파람도 불며 신선의 음악이 가지런하고 밝아 맑고 청명하고 선녀가 신묘한 춤을 추어 가히 신의 경지에 오른 듯 아름답고 부드러우며 층층의 누대마다 그림이 그려진 전각에는 나는 듯이 용마루가 하늘로 솟아 구름 속을 꿰뚫은 듯하여 단청이 너무나 놀랍고 티끌 같은 먼지도 날지 않아 깨끗하고 청결하며 투명하여 영롱하게 빛나는 빛깔이 완연 유리 세계이더라.

한 큰 전각이 있어 현판을 살펴보니 황금으로 된 큰 글씨로 요운전 이라고 쓰여있더라. 전각 안으로 들어가 보니 용상이 있는데 황금과 백옥으로 조각하여 놓은 용 봉황 거북 기린과 온갖 진귀한 길짐승과 날짐승이 참으로 아름답더라. 휘황찬란하여 가히 똑바로 바라볼 수 없더라.

증산 상제께서 용상에 앉으시니 만관이 다 절을 드리더라. 아 그런데 한 선관이 와서 별도로 마련된 의자에 앉으니 백금 조각들로 만들어진 상서로운 관모와 옷이 햇빛에 반사되어 그 눈부심이 이루 말할 수 없이 황홀하고 섬섬옥수는 하얗게 분칠한 것보다 더 순결하고 곱고 단아한 얼굴은 눈보다도 더 맑더라.

조회가 파함에 증산 상제께서 형렬을 돌아보시며, 네가 여기에 왔는데 너의 아버지와 할아버지 만나보기를 원하느냐. 형렬이 말씀드리기를, 자손의 도리에 지극한 소원이 조상을 정성스레 만나는 것이옵니다. 얼마 지나지 않아 여러 층 아래 조금 떨어진 곳에서 문이 스스로 열리더니 아버지와 할아버지가 청수를 모시고 향을 피우며 주문을 읽는 공부를 하고 정성을 들리는 데 그 얼굴이 화기롭고 기뻐하는 모습일 뿐이요, 다른 말은 한 마디도 하지 않더라.

형렬이 인간 세상에 내려와서 기쁨을 이기지 못하여 대선생께 여쭙기를,

용상 아래 별도로 마련된 자리에 앉아 흰옷을 입고 글을 쓰고 있는 사람은 어떤 사람입니까. 대 선생께서 이르시기를, 석가불(釋迦佛)이니라. 형렬이 여쭙기를, 석가불이 하늘의 조정에서 어떤 직위를 맡고 있나이까. 대 선생께서 이르시기를 존경받는 자리요 서방 칠성(西方七星)이니 항상 내 옆에서 나를 모시면서 만상을 섭리하고 있느니라. 형렬이 여쭙기를 동방 칠성은 어찌 자리에 없나이까. 대 선생께서 말씀하시기를, 동방 칠성은 신계의 주벽이니, 내 명을 받고 이미 세상에 태어났느니라. 형렬이 여쭙기를, 동방 칠성이 인간 세상에 태어났다고 하면 가히 만나볼 수 있나이까. 대 선생께 이르시기를 인연이 있으면 만날 것이니라. 장차 일을 같이하는 사람이 될 것이니라 하시니라.

'이 한 마디는 두목이니 두목은 마음 먹은 대로 왕래하고 유력할 것이며 남은 아홉 마디는 수교자의 수이니라.'
[전경 교운 1장 38절]

하늘에 있던 일이 이 땅에 펼쳐지리니,

상제께서 속담에 '이제보니 수원 나그네라 하나니 누구인 줄 모르고 대하다가 다시 보고 낯이 익고 아는 사람이드라는 뜻이니 나를 잘 익혀두라'고 말씀하셨도다. [전경 행록 5장 30절]

【참고 자료 신리대전】
〈신위 位〉·〈신도 道〉·〈신인 人〉·〈신교 敎〉의 4장으로 구성되어 있다.

〈신위〉 편에서는 한얼님의 위격(位格)을 밝히고 있다. 한얼님은 한인[桓因] · 한웅[桓雄] · 한검[桓儉]으로서 각기 조화(造化) · 교화(敎化) · 치화(治化)의 3위 (三位)로 분위 된다. 조화란 창조주로서의 속성을 말하며 교화와 치화는 교정일치(敎政一致)의 이념을 나타내고 있다. 이와 같이 나누면 셋이지만 합하면 하나이므로 셋이면서 하나이고 하나이면서 셋이다.

〈신도〉 편에서는 한얼님의 도(道)는 모습 없이 나타내고 말이 없이 말하며 함이 없이 하므로 만물이 나지(生) 않음이 없고 되지(化) 않음이 없으며 이루지(成) 않음이 없다고 한다.

〈신인〉 편에서는 위와 같은 한얼님의 도가 인간세(人間世)에 있어서는 한얼사람[人]에 의해 실현됨을 밝히고 있다.

〈신교〉 편에서는 한얼님의 이치가 삼일 사상(三一思想)으로 표현됨을 밝힌다. 하나만 있고 셋이 없으면 곧 쓰임(用)이 없게 되고, 셋만 있고 하나가 없으면 곧 본체(體)가 없게 된다. 즉 하나는 셋의 본체이고 셋은 하나의 쓰임이다. 그러므로 한 뜻[一意]으로 되어감은 곧 셋에 나아가는 것이고, 3가지 참됨(三眞)으로 회귀(會歸)하는 것은 곧 하나에 나아가는 것이다. 이와 같이 셋에 나아가고 동시에 하나에 나아갈 때 비로소 한얼님과 합일(合一)할 수 있다고 한다.

19.
재생신(再生身)

상제께서 무신년에 무내팔자 지기금지 원위대강(無奈八字 至氣今至 願爲 大降)의 글을 지으시니 이러하도다.

欲速不達侍天主造化定永世不忘萬事知

九年洪水七年大旱 千秋萬歲歲盡

佛仙儒一元數六十 三合爲吉凶度數

十二月二十六日再生身 ○ ○

또 무신년에

一三五七九

二四六八十

成器局 塚墓天地神 基址天地神

運 靈臺四海泊 得體 得化 得明, [공사 3장 41절]

● 무내팔자(無奈八字) 공사에 대하여

하루는 공사를 보실새 글을 쓰시니 이러하니라.

무내팔자 지기금지원위대강(無奈八字至氣今至願爲大降), 상제님 팔자가 아닌, 어찌할 수 없는 팔자지만 저(대두목)에게 지극한 천지의 대강이 내리기를 진실로 바라옵니다. 어찌하여 지기금지원위대강의 여덟 글자가 없겠는가? 지금에 이르러 원하고 원했던 대강이 있다라는 뜻이다.

그러므로 지기금지 원위대강 삼위 상제님의 원위(신위)를 알아야 도통한다는 말씀이시다.

강(降)이란 높은 곳에서 낮은 데로 내려오는 기운을 말한다. 따라서 천강(天降)이란 지극히 높으신 상제님으로부터 내려오는 기운이다. 상제(上帝)께서 최제우에게 내려 주신 주문은 **열석 자**(13字)로써 '侍天主 造化定 永世不忘 萬事知'였으며, 여기에 최제우가 적은 '至氣今至 願爲大降'의 여덟 자(8字)를 더한 스물한 자(21字)가 동학주(東學呪)다.

※ 상제께서 내가 13자로 다시오리다 하셨다.
　이는, 하늘의 주인을 모시고 영원한 세상까지 잊지 아니하는 조화를 마음에 정하면 만사를 알게 된다.는 상제(上帝)

佛之形體仙之造化儒之凡節
無奈八字至氣今至願爲大降
欲速不達 侍天主造化定永世不忘万事知
九年洪水七年大旱千秋万歲々盡

佛仙儒
一元數六十三合爲吉凶度數
十二月二十六日再生身　姜一淳
五呪

天文地理風雲造化八門遁甲六丁六甲智慧勇力
道通天地報恩
至日天地禍福至　今日至無忘
氣日天地禍福氣　降日天地禍福帀

증산 상제님의 친필

의 가르침에 최제우(崔濟愚)가 지극한 기운을 크게 내려 주시기를 원하옵나이다,라는 간절한 청원(請援)을 더한 것이다. 그런데 최제우는 하늘의 주인이 누구이신지 밝히지 못했을 뿐만 아니라 유교의 전헌을 넘지 못하여 대도(大道)의 참뜻을 밝히지 못하므로 상제(上帝)께서는 내려주신 대강(大降) 즉, 천강(天降)을 거두시게 되니 최제우의 시천주(侍天主) 주문은 더 이상 천강(天降)이 되지 못하고 제우강(濟愚降)으로 남게 되었다.

그러므로 최제우의 주문을 이어받은 동학(東學) 교도들의 동학주(東學呪)는 제우강(濟愚降)이지 천강이 아니라는 말씀이시다. '천강(天降)은 뒤에 있나니 잘 닦으라'고 하신 증산 성사의 말씀은 증산 성사께서 직접 강세하셔서 처결하신 천지공사의 도수에 따라 이후 상제님의 정체를 밝히는 천부적 종통 계승자에 의해 천강이 있게 된다는 말씀이시다.

欲速不達侍天主造化定永世不忘萬事知 (욕속부달시천주조화정영세불망만사지)

註) 천주님을 모시고 영원토록 망녕되지 않는 만사지의 도통은 조급한 공부로 이루지 못하네, 욕속부달(欲速不達)이란 일을 너무 빨리 하고자 서두르면 도리어 이루지 못한다는 뜻으로 최제우께서 시천주 주문을 받고 기도를 하였으나 대상을 몰랐기 때문에 도통에 도달하지 못하고 제우강이 되고 말았다는 것이다.

즉 증산성사 이후 천부적 종통 계승자인 조정산, 박우당, 대두목으로 종통이 이어지고 삼위일체 상제님을 모시면 때가 되면 진정한 시천주(侍天主)가 완성되어 삼위일체, 천주(天主)이신 상제님을 모실 수가 있어 천강(天降)

이 있게 되므로 잘 닦아 나가라고 하신 것이다.

九年洪水七年大旱 千秋萬歲歲盡(구년홍수 칠년대한 천추만세세진)
 註) 구년홍수 칠년가뭄 같은 자연재해와 인류역사의 상극의 만년티끌은 요순시대 지나 구년 홍수 우임금이 치수 사업으로 인종을 구하니 이번에 우임금이 대두목으로 인세에 태어나 [판안 공부]로는 도(道)의 바른이치를 지각할수 없음으로 [판밖 공부]라야 가능하다고 말씀하신 것이다.
 구년홍수와 칠년대한이 천추만세에 이르는 역사를 종필하는 것이 불선유를 통합하는 진리의 출현에 있다는 뜻으로 풀이되는 공사이며 이 진리에 선악과 길흉의 모든 해답이 있는 것이다.

 말씀하시기를, 요는 천하를 쳐서 빼앗으니 구년홍수가 백성들의 눈물이라 하시니라. 제자가 요순이 어질지 않았아옵니까 여쭈니, 선천 세상에 요지일월(堯之日月)이요, 순지건곤(舜之乾坤)이란 말이 있지 않느냐. 형벌이 순으로부터 나왔느니라.

 曰(왈), 堯(요)난 伐取天下(벌취천하)니 九年洪水(구년홍수)가 民之流也(민지류야)니라.
 弟子(제자)가 問曰(문왈), 堯舜(요순)이 不賢乎(불현호)잇가.
 曰(왈), 先天之世(선천지세)에 不曰(불왈) 堯之日月(요지일월)이오, 舜之乾坤乎(순지건곤호)아. 曰(왈), 刑(형)이 自舜而出也(자순이출야)니라.

 註) 동이의 신교풍류의 신정이 무너지게된 이유와 단주수명의 필연성과 상제님의 신교 풍류의 부활의 뜻이 담겨 있는 말씀이다.

[참고], 옥황상제님께서 보수동에서 감천으로 이주 하시면서 이곳 칠년대한 팔년풍진 구년홍수 도수 이니라,하시고 오강록 도수이고 도강이서 도수 이니라, 하심과 같이 九年洪水(구년홍수) 七年大旱(칠년대한)이라, 하심이 개벽시기에 온세상이 격게되는 큰 화액, 환란을 말씀하신 것이다.

또 하교(下敎)하시기를, 증산성사께서 허도수(虛度數)를 짜놓으셨으므로 내가 오십평생(平生)을 허도수(虛度數) 허공부(虛工夫)에 시달렸으나 갑신(甲申)에 시지사십구년지 비도수(始知四十九年之非度數)로 인덕도수(人德度數)의 실공부(實工夫)로 전환(轉換)하여 지금(只今)에 이르렀으니 이제 십삼년(年)이니라.
이 역시(亦是) 증산께서 짜놓으신 이윤(伊尹)의 도수(度數)였으며 또 공부종필(工夫終畢)의 도수(度數)도 얼마 남지 않았으니 그대들은 명심(銘心)할지어다.하시니라. [태극진경 제8장-1]

佛仙儒 一元數六十 三合爲吉凶度數(불선유 일원수육십 삼합위길흉도수),
註) 대두목은 불선유(佛仙儒)를 유불선(儒佛仙)으로 바로 세워 도술운통 구만리(道術運通九萬里)를 해결하시네, 유(儒, 공자), 불(佛, 석가), 선(仙, 노자) 도(道)를 바로세워 통합하니 삼위 상제님의 진리로다.

간단히 말해서 불선유의 골자인 허령(虛靈) 지각(知覺) 신명(神明)의 도통경지를 통합한 도술의 대도통(大道通)이 나오는 도수이다.
불(佛), 선(仙), 유(儒)의 한자를 보면 세 글자가 똑 같이 모두 사람 인(人)자가 들어 있다. **불선유를 유불선**으로 바로 세울 사람(대두목을) 통하여 유불선의 참 대도를 이루라고 말씀하신 것이다. 유불선(www.msge.co.kr)

은 **종교가 아니고 생명의 대도**인 것이다.

예컨데 제왕(帝王)으로서 내세(來世)하신 분은 복희단군문왕(伏羲檀君文王)이시오. 사도(師道)로서 내세(來世)하신 분은 공자(孔子). **석가(釋迦). 노자(老子)**이시며 근세(近世)의 우리 강중산성사(姜甑山聖師)이시다. '大巡眞理會(포정문의 글)'

註) 유(儒)=태극도를 세우신 도주님, 불(佛)=大巡眞理會를 세우신 도전님, 선(仙)= 대두목이 생명의 대도(大道)인 대순진경을 완성한 것이다.
일원수 육십삼합은 건원과 63괘를 합한 주역 64괘를 얘기하고 63은 6 더하기3 은 9이고 9곱하기9는 81이니 천부경의 수이다. 즉 천부경을 바탕으로 한 주역의 64괘 384효에 음양과 선악과 길흉이 담겨 있다는 것이다.

十二月二十六日再生身 ㅇㅇ(십이월이십육일재생신 ㅇㅇ)
십이월은 섣달이고 섣달은 곧 12월이고 12월은 도(道)이다, 하셨다. 재생신(再生身) 두 번 몸으로 오신다는 말씀이시다.

30일을 채우려면 4일이 있어야되므로

도주님께서 12월 4일 탄강
도전님께서 11월 30일 탄강 12월 4일 화천
대두목은 12월 11일인 것이다.

또 무신년에

一三五七九
二四六八十
成器局 塚墓天地神 基址天地神
성기국 총묘천지신 기지천지신

註) 또 무신년에 선천의 일삼오칠구, **후천의 이사륙팔십.** 기국을 이루나니 선천의 총묘(陰宅)천지신, 후천의 기지(陽宅)천지인신. 마음은 사해에 뻗어서 머무느니라. 체를 잡고, 변화를 얻고, 광명을 얻어야 하느니라.

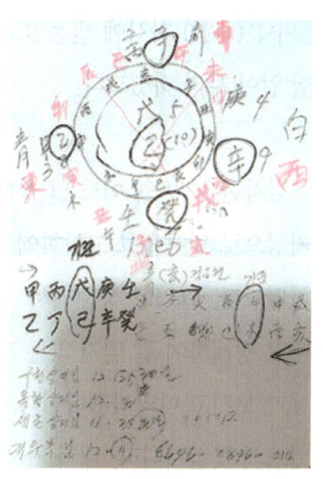

천지인신 이란= 모든 학문과 사상의 바탕은 우주와 천지다. 천지에는 달과 태양이라는 음양이 있고 그로부터 뭇 별들이 탄생하였는데 그걸 가리켜 오행이라고 우리 조상들은 이름하였다. 이처럼 수를 통하면 격물치지에 능통하여 천지와 더불어 덕을 같이 하고, 일월과 더불어 총명을 나누며, 사시와 더불어 일의 순서를 정할 수 있다.

※ 선천 5만년은 천지신이고
※ 후천 5만년은 천지인신 이라 하셨다.

후천 세상 5만 년은 짝수이므로 도통 신명과 짝이 되어야 하는데 일만이천 명은 상통 군자이기에 72가지 도술을 부린다.

수운(水雲) 가사에 발동말고 수도하소. 때 있으면 다시 오리라, 하였으니 잘 알아 두라 하셨도다.

김자현은 六월 어느 날 상제께서, "네가 나를 믿느냐"라고 다짐하시기에 지성으로 믿사옵고 고부화액 때에도 상제를 따랐나이다. 라고 믿음을 표명하였도다. 그리고 상제께서 그에게 가라사대, 장차 어디로 가리니 내가 없다고 핑계하여 잘 믿지 않는 자는 내가 다 잊으리라. 이 말씀을 듣고 자현은 제가 모시고 따라가겠나이다, 라고 여쭈니 상제께서 다시 "어느 누구도 능히 따르지 못할지니라. 내가 가서 일을 행하고 돌아오리니 그때까지 믿고 기다리라. 만일 나의 그늘을 떠나면 죽을지니라" 고 이르셨도다.

상제께서 어느 날 한가로이 공우와 함께 계시는데 이때 공우가 옆에 계시는 상제께, 동학주(東學呪)에 강(降)을 받지 못하였나이다, 고 여쭈니, 그것은 다 제우강(濟愚降)이고 천강(天降)이 아니니라, 고 말씀 하셨도다. 또 만일 천강을 받은 사람이면 병든 자를 한 번만 만져도 낫게 할 것이며 또한 건너다 보기만 하여도 나을지니라. 천강(天降)은 뒤에 있나니 잘 닦으라, 고 일러주셨도다. [교운 1장 58절]

즉, 다시 말해서 수운 최수운, 천주(天主) 님으로부터 시천주 조화정 영세불망 만사지 13자를 계시로 받았으나 하늘의 주인이 누구인지도 모르고 시천주를 하였으니 지기금지 원위대강이 없었으며 욕속부달이 되었다는 것이다. 그러므로 중산 성사께서는 천주(天主)의 정체(正體) 즉 시천주(侍天主)의 13자(字)를 확실히 모시면 진정한 시천주가 되기 때문에 대강이 틀림없이 있다고 강조하신 것이다.

註) 지기금지 원위대강, 삼위 상제님의 원위(신위)를 알아야 도통한다는 말씀이시다.

運 靈臺四海泊 得體 得化 得明
운 영대사해박 득체 득화 득명

註) 아무 데서나 그 대상도 모르고 기도를 모신다고 하여 대강이 있는 것이 아니다.

옮길 운(運) 영대사해박(靈臺四海泊)이란 운(옮길)은 영대(靈臺)로 운수가 있는 곳이 영대사해박이라는 것이다. 박(泊)은 정박한다, 머문다는 뜻으로 상제님의 정체가 밝혀져 바르게 모셔진 곳에 영대가 정박 했다는 뜻이다. 사해(四海)는 해인(海印)을 뜻하는 것이며 해인(海印)은 해인(海人)으로 대두목이다. 대두목께서 천주(天主)의 정체를 바르게 모셨으므로 이곳의 영대가 정박한다는 뜻이다.

득체(得體) 득화(得化) 득명(得明) 이번 운(運)은 사람을 얻는 데 있다. 즉 득체(得體)란, 천지 부모의 영체(靈體)를 모셔 놓은 영대(靈大)에서 누구든지 천지 부모의 영체(靈體)를 나의 심령(心靈)에 모시는 것이 득체이다. 따라서 천지 부모의 음양 신명이 모셔져 있는 곳에 모든 신명들이 응기해 있는 것이다. 그곳이 영대(靈大)이다. 이 영대(靈大)를 찾고 스승이 가르치는 바대로 법방에 따라 나의 심령에 모실 때 비로소 운(運)이 있는 것이며 이 법 방대로 수도하여야만 도통 신명과 합일되는 것이다.

영대(靈臺)를 모르는데 어떻게 신명을 받아 운수를 정할 수 있겠는가? 천지 부모의 영체(靈體)를 얻어 나의 심령(心靈)에 모시면 득체(得體)가 되는 것이며 득체(得體)를 하게 되니 득화(得化)가 되어 조화(造化)를 얻게 되고 득화(得化)가 되니 밝음을 얻어 득명(得明)이 되어 세상만사(世上萬事)를 다 알게 되므로 만사지(萬事知)가 되니 이것이 바로 득천하(得天下)로서 대강이 아니겠는가!

註) 聖三位 靈大聖神(성삼위 영대 성신)
대두목이 도통하면 영대(靈臺, 靈大) 구분하여 모신다.
영대(靈臺)= 임금이 올라가서 사방(四方)을 바라보던 대(臺)
대순진리회 도장은 영대(靈臺)라 부른다. 완성이 안됐다는 뜻이다.
※ 영대(靈臺)를 영대(靈大)로 옮길 운(運)

천지의 이치는 삼원(三元)이니 곧 무극(無極)과 태극(太極)과 황극(皇極)이라. 무극은 도의 본원(本源)이니 십토(十土)요, 태극은 도의 본체로 일수(一水)니라. 황극은 만물을 낳아 기르는 생장(生長) 운동의 본체니 오토(五土)를 체(體)로 삼고 칠화(七火)를 용(用)으로 삼느니라. 우주는 일 태극 수(一太極水)가 동(動)하여 오황극(五皇極)의 생장 운동을 거쳐 십무극(十無極)에서 가을 개벽의 성숙 운을 맞이하니라.

상제님께서 "나는 천지 일월(天地日月)이니라"하시고 건곤감리 사체(四體)를 바탕으로 도체(道體)를 바로잡으시니 건곤(乾坤:天地)은 도의 체로 무극이요, 감리(坎離:日月)는 도의 용이 되매 태극(水)을 체로 하고 황극(火)을 용으로 삼나니 이로써 삼원이 합일하니라. 그러므로 도통(道統)은 삼원 합일(三元合一)의 이치에 따라 인사화(人事化) 되니라.

대두목(大頭目)은 상제님의 대행자요, 대개벽기 광구 창생의 추수자이시니 상제님의 계승자인 대두목께서 개척하신 미륵 대도 창업의 추수운을 열어 선천 인류문화를 결실하고 후천 선경 세계를 건설하시는 대 사부(大師父)이시니라 하셨다.

마음을 깊이 파라 파고 또 깊이 파라. 마음 얕은 것이 가장 큰 한(恨)이 되리라. 나의 마음은 한결같으니라. 내가 마음을 한결같이 먹어야 백성들이 본받아 한마음을 가질 것이로되 내 마음이 그렇지 않고 남 보고만 그렇게 하라고 하면 쓰겠느냐? 나를 믿고 마음을 정직히 하면 하늘도 오히려 떠느니라 하시니라.

● 일이 되면 내가 관을 쓴다.

임인(壬寅: 1902) 년 여름에 상제님께서 호연을 데리고 무주(茂朱)에 행차하시어 "일이 되고 보면 내가 관(冠)을 쓴다" 하시니 호연은 그것이 죽어서 쓰는 관인 줄 알고 "뭣하게 관을 짜?" 하고 여쭙는지라 상제님께서 웃으시며 말씀하시기를 "머리에 쓰는 관이다. 이제 일이 되면 그것을 얻는다.

세상이 다 화목이 되면 각 사람들의 혼이 하나가 되어 나를 옹위하여 모든 백성들에게 덕을 베푸느니라" 하시니라. 온 세상이 나를 찾을 때가 있다.

하루는 형렬에게 이르시기를, 너희는 한 점 잠이나 자지 나는 세상 이치를 맞추고 뜻을 맞추려면 제대로 잠도 한숨 못 자느니라 하시니 형렬이 무엇 때문에 잠을 못 주무십니까? 하고 여쭈거늘 말씀하시기를, 세상을 들어

갔다 나왔다. 문 열고 다니기도 힘든 법이니라. 너는 문을 한 번 열고 나와서 다시 들어가면 그만이지만 나는 천 가지 만 가지 조화를 부리고 앉아 있으려니 힘이 드는구나 하시니라.

또 이르시기를, "너는 내 생전에 나를 수종 든 제자라 해서 잊지 않을 것이니 걱정 말고 기다리면 세상에서 내 말을 할 것이니라. 온 세상이 나를 찾을 때가 있으리라" 하시니 형렬이, "어떻게 그럴 수 있습니까? 지금은 사람들이 제 말을 듣는 시늉도 하지 않습니다" 하거늘 말씀하시기를 "지금은 그렇게 시늉을 안 해도 흘러가는 물도 막힐 때가 있나니 그렇게 알라" 하시니라.

하루는 호연이, 왜 우리 선생님은 아들이 없어요? 하고 여쭈니 말씀하시기를, 네가 몰라서 그렇지 아들이 왜 없어? 천지가 내 아들딸이요, 다 나를 받드는데. 아래로 살피면 아랫자식이요 위로 뜨면 큰 자식들이 빙빙 도는데, 내가 자식을 둘 필요가 있겠느냐? 하시니라.

하루는 형렬에게 말씀하시기를, 큰일을 할 사람은 아내와 멀어져야지 가깝게 해서는 못쓰느니라. 가지가 여럿이면 마음도 여러 가지로 갈라지나니 부모를 위해 장가는 갔을지언정 나는 애초에 가지를 벌리지 않노라.

나는 독불이다. 그러므로 나의 마음은 한 가지니라 하시니라.

나는 미륵(彌勒)이니라.

나는 남방 삼리화(三離火)로다.

나는 칠성(七星)이니라.

나는 천지 일월(天地日月)이니라.

내가 장차 불로 오리라.

나는 마상(馬上)에서 득천하(得天下)하느니라.

● 구천상제님께서 말씀하시기를,

一日 在院坪 曰 此地 命甲神三十万軍 留陳 以待時
註) 하루는 원평에 계시사 말씀하시되, 이곳에 철갑 신장 30만군을 명하여 진지를 구축하게 하고 때를 기다리노라.
[천지개벽경. p]

※ 개벽기에 신들의 전쟁이 일어나니 상제(하느님)께서 대두목(大頭目)은 철갑 신장 30만군을 거느리고 때를 기다리라. 말씀하셨다.

● 옥황상제님께서 가르치시기를,

도주께서 무오년 가을에 재실에서 공부하실 때 상제께 치성을 올리신 다음에 이 정률외 두 사람을 앞세우고 원평을 거쳐 구릿골 약방에 이르셨도다. 이길은 상제께서 九년 동안 이룩하신 공사를 밟으신 것이고 '김제 원평에 가라'는 명에 좇은 것이라 하시도다. [교운 2장 10절]

🔵 세존상제님께서 훈시하시기를,

　진사성인출(辰巳聖人出)이라 해서 무진(戊辰) 기사(己巳)에 꼭 때가 된다고 하는 곳이 있으나 성인이 나왔으면 벌써 나왔지, 지금 나와서 어떻게 하겠는가? 이것은 도주님(道主)께서 기유년(1909년)에 만주에 가셔서 9년 만에 득도(得道)하신 해가 정사년(丁巳年)인 것을 뜻하는 것이다. (89. 4. 12)

　도주(道主) 님은 무술년(1958년) 3월 6일에 화천(化天) 하셨다. 3은 천지 인(天 地 人)이고 6은 6 6=36이며, 36은 360일 일 년 열두 달이다. 12월은 도(道)다. 도주님께서는 기유년(1909년)부터 무술년(1958년)까지 50년 공부종필하시었다. (89. 4. 12)

　도주님의 전생이 초패왕, 단주이시다. 부산서 화천(化天) 하시고 그 즉시부터 겁액이 전부 다 벗겨졌다. 그것이 탈겁이라는 것이다. (93. 8. 14)(89. 4. 12)

　도주님께서 12월 4일에 오셨다. 12월 하면, 12가 도(道)다. 12월(十二月)은 靑 자다. 수종 백토 주청림(須從白兎走靑林)을 찾아라는 뜻이다. 조청림(趙靑林) 조정산 도주님을 찾으라는 말이다. 초나흗날은 4일이고, 4는 4철이다. 4철은 일 년 12개월, 도(道)다. 12월 4일은 소월(小月)이다. 시루에는 솥이 들어가야 한다. 이것이 우리의 진리라는 것이다. (91. 2. 12)

　도전님께서는 1958년에 종통을 계승하신 후, 태극도에서 10년간 도주님의 유업(遺業)을 받들다가 도수에 따라 감천 도장에서 서울로 이궁(離宮) 하셨다. 그리고 1969년 4월에 종단의 전반적인 기구를 개편하고 대순진리회를 창설하였다. 이후 30년이 안 되는 짧은 기간에 여주 본부도장, 중곡 도장, 포천 수도장, 금강산 토성 수련도장, 제주 수련도장을 비롯하여 전국 각지에 회관 및 회실 등을 건립하셨다. 또한, 구호 자선사업, 사회복지사업, 교육사업의 3대 중요 사업을 연차적 계획에 따라 시행하여 사회 발전에 이바지하셨다.

이처럼 도전님께서는 양위 상제님의 유지(遺志)와 유법(遺法)을 받들어 종단을 도의 법방과 체계에 따라 영도(領導)하신 후, 1995년 12월 4일(양력 1996년 1월 23일)에 화천 하셨다.

辰兮辰兮雲起하니 九節竹杖高氣하여 六丈金佛宛然이라.
진혜진혜운기하니 구절죽장고기하여 육장금불완연이라.

진(辰)이여 진이여 동방의 구름이 일어나니 아홉 마디 대지팡이 드높은 기운에 여섯 길 금부처(가을 부처) 완연하구나.
[천지개벽경. p 증산도 도전 5편 155장]
註) 아홉 마디 대지팡이는 아홉 명의 수교(首敎) 자를 공사하신 말씀이시다.

十二月二十六日再生身 ○ ○ 대순전경에는 ○ ○ 으로 기록되고,

十二月二十六日 再生身姜一淳
십이월이십육일 재생신강일순
[천지개벽경. p, 도전 5편 354장]

정읍 대흥리에 계시며 고부인에게 가라사대 청춘작반호환향(靑春作伴好還鄕)은 날로 둘고 있으리라 하시고 이어서 가라사대 나의 일은 여동빈의 일과 같으니라 하시었다 하더라 靑春作伴好還鄕(청춘작반호환향) 청춘끼리 짝을 지어 고향으로 돌아오리라. [정영규 천지개벽경. p]

십이월 이십육일 재생신 강일순
(十二月 二十六日 再生身 姜一淳) [현무경. p]

강일순(姜一淳) 백 년 전 구 년 천지공사 어명이 있으니 이제 술수를 내어 각기 제 그릇에 맞게 대행(代行) 할지라. 12월(月) 26일(日) 자시(子時)에 생(生) 증산(甑山) 하노라. [태을비결. p]

그러므로 잘못 해석하면 내가 증산이다. 증산 상제의 원신이다. 내가 종맥을 받았다 하는 것이다.

상제님께서 천지공사를 행하기 위해(28세) 천하를 유력할 때 금강산 만세루에 올라 유객들 시회에 동참하고 그때 읊으신 글에도 국조 삼신의 법이 있는데 내가 왜 걱정하는가 하시는 뜻을 밝히신 것을 우리는 보게 된다. 증산 상제 님의 천지공사 법틀의 암시가 감결 공사문 의 첫 구절에서 기초동량은 천지인신 유소문이라 하셨고 무내팔자 지기금지원위대강 이라하여 어찌 8글자가 없겠느냐 하시며 그 **여덟 글자의 기운을 내게 크게 내려 주십시오,** 하셨다.
註) 훗날 대두목이 삼위(원위) 상제 님의 신위를 모실 텐데 내가 왜 걱정하는가 하셨다.

🔵 감결(甘結) 공사
감결(甘結)이란 의미는 감(甘)이 끝을 맺는다(甘結)는 것이다.

감결(甘結)의 뜻, 상급(上級) 관청(官廳)에서 하급(下級) 관청(官廳)에 보내던 공문(公文).

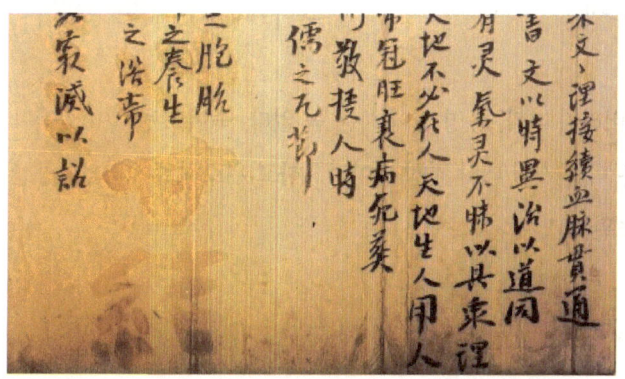

상제님 어천 후, 선매숭자 도수에 따라 김호연 성도의 첫 월경을 받아 공사 본 것 가운데 김형렬 성도의 집안에 전해 오는 것이나 피로 쓴 '甘結감결'이란 글씨가 뚜렷하다.

감결
상급 관청에서 하급 관청으로 내리는 명령이나 지시의 내용이 담긴 문서

🔵 여자의 첫 월경 피로 쓴 가을의 인간 몸개벽 공사

이내 호연이 첫 월경(月經)을 시작하매 준비한 종이를 쌓고 그 위에 호연을 앉히거늘 첫날은 책 한 권 분량이 조금 못 되게 젖고 다음날은 책 두 권 분량이 흠뻑 젖으니 너무 흥건하게 젖은 것은 짜서 사용하는데 짜고 모인 피만도 두어 사발이나 되는지라. 그것으로 남은 종이에 제비를 그려 넣기도 하고 점도 찍고 '감결(甘結)'이라 서(書) 하여 완성하시니라.

이 공사에 참여한 사람은 김형렬과 서중옥, 김기보, 장기동으로 공사를

마친 후에 종이째로 묻은 것을 조그맣게 잘라서 하나씩 가지고 월경수(月經水)로 점을 찍고 글씨 쓴 종이도 각기 한 장씩 가져가니라. 이후 호연이 상제님의 성적(聖蹟)을 증거 하기까지 이루 말할 수 없는 인고의 나날을 보내며 깊은 회한과 원망으로 한탄을 하니 하루는 상제님께서 오시어 "네게서 나간 이슬을 모르냐? 네 육신에서 우러난 피를 내서 선매숭자를 써 준 맥이 있는데 어찌 몰라야.

너 그것 잊어버리지 마라. 증명 없이 사는 놈 없다. 죽어도 증명이 있어야 한다. 아는 놈은 너를 건질 테니 걱정 말아라." 하고 위로해 주시니라. [증산도 도전 10편 초판]

● 선매(仙媒), 숭자(崇子)의 뜻,

선매(仙媒): 영원히 죽지 않는 진리의 몸(法身)과 심법(心法)을 갖춘 후천 신 인간으로 거듭나도록 진리를 전해 준
거룩한 대사부(大師父), 그가 바로 선매이다.
숭자(崇子): 높은 아들, 근본 씨앗, 첫 씨앗, 가장 큰 머리가 되는 씨앗 이라는 의미이다.

註) 媒 (중매 매) 부모 된 입장은 자식이 성인이 되면 짝을 맺어 주기에 도통 신명과 짝이 되려면 大師父를 찾으라 말씀하신 것이다.

하루는 상제님께서 종이에 제비를 그리신 후에 형렬에게 말씀하시기를, **선매숭자를 써야 나갔던 제비가 다시 들어온다** 하시고, 호연을 가리켜 말씀

하시기를, 낳기는 제 어미가 낳았어도 맥은 애가 붙인다. 하시니라.

하루는 호연에게 말씀하시기를, 천하 사람이 제 어미가 낳아서 생겨났지만 맥은 네가 붙인다. 맥 떨어지면 죽느니라 하시고, 천지신명이 다 모인 자리에서 너를 천지에다 제祭지냈는데 어린 사람으로 **선매승자**쓴 것을 우리들이나 알지 그 누가 알 것이냐? 하시니라. 또 말씀하시기를, 귀신은 먹어서가 아니라 기운으로 응감한다 하시니라.

하루는 상제님께서 형렬에게 말씀하시기를, 선매승자가 있어야 사느니라. 호연에게 선맥을 전하리라 하시고 호연을 천지에 제(祭) 지내시며 천지 천황에 천제(天祭) 지낸다. 맥을 전해 주자! 선맥을 전해 주자! 하시고 여러 가지 글을 쓰시니라. 다시 '혈맥관통(血脈貫通)'이라 써서 불사르시고 호연의 코를 쥐신 채 큰 음성으로 혈맥관통이다! 하고 소리치시거늘 그 소리에 응하듯 사방에서 천둥과 우레가 일더니 이내 폭우가 쏟아지니라. 상제님께서 제를 마치시고 호연에게 이르시기를, 너에게 선맥을 전해 줬으니 너를 찾을 사람이 있다. 죽어도 증인이 있어야 한다 하시고, 천지에서 너를 부르는 날이 있다. 죽지 말고 살아라 하시니라.

● 천지사업의 주춧돌, 김호연 성도,

상제님은 전주 남문 안에 살고 있는 최상문의 집을 자주 왕래하셨다. 그러던 중 기해(1899)년 그곳에서 상제님과 김호연 성도와의 역사적인 만남이 이루어진다.

세 살 된 호연이 집 앞 남천교를 건너 상제님이 계시는 최상문의 집에 들어오게 되는데 상제님께서는 호연을 무릎에 앉히시고 "빨리 커라. 어서 커라. 엿 같으면 늘이자." 하시며 호연을 유달리 예뻐하시고 귀히 여기셨다. 그 후 신축(1901) 년 상제님께서 도통문을 여신 후 다시 최상문의 집을 찾으셨는데 그때 다섯 살 된 호연을 안고 있는 김택룡에게 상제님께서는 그대의 딸을 천지 사업에 바치라고 말씀하신다. 이에 김택룡은 흔쾌히 승낙한다.

이로써 상제님은 순진무구한 소녀 호연을 새 생명을 개벽하는 **선매숭자** 도수에 붙여 9년 천지공사에 천지의 제물로 삼으시고 김형렬 성도와 함께 공사의 증언자로 세우셨다. 천지의 제물로 삼으셨다는 말씀은 선천 세상의 인간이 병들어 죽는 기운을 다 뿌리뽑아 버리고 김호연 성도에게 천지의 몸과 같은 법신(法身)으로 천지와 더불어 영원히 살 수 있는 도수를 붙여 천지 공사를 집행하셨다는 뜻이다. 남자가 아닌 여자, 그것도 어린이에게 말이다. 그 사명을 다하기까지 호연 성도는 오랜 세월을 말로 다 할 수 없는 고난을 감내해야 했다.

상제님은 마침내 호연에게 인간으로서는 가장 밝은 경지의 신안(神眼)을 열어주신다. 그러자 호연이는 새소리는 물론 아기 쥐하고 엄마 쥐하고 얘기하는 것도 다 알아듣고, 천지신명들이 와서 상제님께 절하는 것, 천지 신장들이 말 타고 오가는 것, 그 모든 걸 다 볼 수 있게 된다. 그뿐만 아니라 산 속에 선녀가 들어있는 것과 어느 산에는 가야금이 들어있다는 것까지도 알 수 있게 된다. 호연이야말로 밝은 순수 감성을 완전히 회복한 진짜 어린이다. 진정한 후천 감성 인간의 모델이라 할 수 있다.

비로소 상제님께서는 신천지 개벽 공사의 정신과 실체를 그릇됨 없이 앞으로 나설 진주(眞主), (대두목)에게 증거할 산증인을 준비하신 것이다. 바로 호연에게 붙이신 **선매승자** 도수다.

호연의 수도 공부를 들여다보면 인사 문제의 비밀이 풀린다. 호연 성도는 한평생 "고목에서 움이 나서 난데없는 도인이 나선다. 그 도인이 너를 만나러 와." 상제님 말씀을 가슴속 깊이 간직하고 만고풍상을 겪으시다가 이렇게 하여 천지 속에서 근 100년 가까이 숨겨져 있던 선(仙)의 비밀이 상제님의 장대한 공사 속에서 역사 위에 드러나게 되었다. 호연 성도는 상제님의 말씀을 증언하고 진리를 전수해 주는 사명을 무사히 마친다. 상제님께서 공사를 그렇게 집행해 놓으신 것이다.

※ 여러 경전의 감결 공사 관련 글에는 내용은 비슷한데 김수부(증산 어른 부인)이 아니라, 15년 동안 정성을 기울였다는 구절에는 김호연 성도가 맞는 것이다.

김호연 성도가 77세 때 기억을 더듬으니 증산 어른께서 호연을 매미로 변장시켜 증산 어른 몸에 붙여 다니셨다고 전해진다.

[참조] 金首婦김수부 十七世십칠세에 처음 首婦수부가 된 후에 首婦房수부방에서 上帝상제께서 公事공사를 보시며 가라사대 「이 한 公事공사에 너의 眞經진경을 쓰리니 이 公事공사는 天地生人천지생인하야 用人용인하는 일이니라」 하시고 公事文공사문에 金夫人김부인의 頸血경혈로서 甘結감결이라 써시고 仙佛儒선불유의 각 글자 위에 血點혈점을 찍어 公事공사보신

다음 夫人부인에게 주시며 「잘 간직하라」 하시니 이러하니라.

※ 대 성경집에는 증산 어른 부인(夫人)으로 기록되어 있으나 맞지 않는다. 감결 공사는 김호연 성도이다.

기초동량基礎棟樑 천지인신天地人神 유소문有巢文 문리접속文理接續 혈맥관통血脈貫通. 치천하지대경대법治天下之大經大法 개재차서皆在此書 문이시이치이도동文以時異治以道同. 문즉천문文則天文 문유색文有色 색유기色有氣 기유령氣有靈 기령부매氣靈不昧 이구중리以具衆理 이응만사而應万事. 사지당왕事之當旺 재어천지在於天地 필부재인必不在人 천지생인용인天地生人用人. 천지지용天地之用 포태胞胎 양생養生 욕대浴帶 관왕冠旺 쇠병衰病 사장死葬. 원형이정元亨利貞 봉천지도술奉天地道術 경수인시敬授人時. 불지형체佛之形體 선지조화仙之造化 유지범절儒之凡節. 천문天文 음양陰陽 정사政事. 수천지허무受天地虛無 선지포태仙之胞胎 수천지이조受天地以詔 유지욕대儒之浴帶 수천지적멸受天地寂滅 불지양생佛之養生 관왕冠旺 도솔兜率 허무虛無 적멸寂滅 이조以詔.
[대성경집 제2편 제7장 13절 302쪽]

[참조] 따라서 이상호 형제는 대순전경을 편집하고 고수부(증산 어른 부인)을 빨리 내쳐야 자신들이 모신 보천교 교주 차경석 성도를 종통 사명의 지도자로 옹립할 수 있고 그런 연후에 바로 차경석 성도를 내쳐야 추수 사명을 가진 자신들이 역사의 종통 주인공으로 등장할 것이라 생각하고 일제와 결탁해 인간으로서는 해서는 안 되는 갖가지 모함 사기 협잡 보천교 자산 불법 경매 시대일보 불법매각 대금 도용 도적질, 차력사 동원한 테러 등

패역적 난동을 벌인다.

이상호 이정립 형제는 차경석 성도와 김형렬 성도로부터 집중적으로 구술 받아 종통 문제를 깊숙이 은장(隱藏)시키고 자신들이 역사의 종통 주인공으로 등장하리라 생각하였다.

※ 지금은 대순전경보다 상제님의 대순하신 진리
(www.msge.co.kr) 대순진경을 읽어야 한다.

● 미륵탄생공사서(彌勒誕生公事書)의 감(甘), 감결(甘結) 공사문

基礎棟梁 天地人神 有巢文,
기초동량 천지인신 유소문,
註) 땅을 다지고, 초석을 놓고, 기둥을 세우고, 대들보를 얹는 도다. 하늘과 땅과 사람과 신명에게는, 그 존재의 이치가 갈무리되어 깃드는 글(물형)이 있으니, 증산 상제님의 감결(甘結) 공사에는 미륵 탄생과 대들보란 아홉의 수교자를 공사하신 것이다.

文理接續 血脈貫通,
문리접속 혈맥관통,
註) 그 글(물형)이 이치와 맞닿아 이어지면 혈맥이 하나로 통할 것이다. 도통이 열리면 한꺼번에 혈맥관통으로 통한다는 말씀이시다. 그러므로 종통 종맥을 확실히 알아야 한다는 것이다. 또한 도통은 죽기보다 어렵다고 말씀하신 것이다.

文以時異治以道同,

문이시이치이도동,

註) 글(물형)과 이치가 때에 따라 부합되지 않을지라도 다스림에 있어 도(道)로써 함은 마찬가지인 것이다.

文則天文 文有色 色有氣 氣有靈,

문즉천문 문유색 색유기 기유령,

註) 글(물형)이란 하늘이 보이는 바의 상(象)이고, 그 상(象)에는 색(色)이 깃들고, 색(色)에는 의당 기(氣)가 흐르고 기에는 영(靈)이 응감하는 법이다.

氣靈不昧 以具衆理 而應万事,

기령부매 이구중리 이응만사,

註) 기(氣)와 영(靈)은 미혹되지 않으므로 그것으로써 마땅한 이치를 구하여 만사(萬事)에 대처하는 것이다.

事之當旺 在於天地,

사지당왕 재어천지,

註) 일이 왕성하게 이루어지는 것이 천지(天地)에 있는 것이요,

必不在人 天地生人用人,

필부재인 천지생인용인,

註) 반드시 사람에 있는 것은 아니나, 천지가 사람을 내어서 사람을 쓰는 것이다.

天地之用 胞胎養生 浴帶冠旺 衰病死葬,

천지지용 포태양생 욕대관왕 쇠병사장,

註) 천지가 사람을 쓰는 법도는 잉태하여 기르고 낳아서 씻겨서 옷 입혀 띠를 두르고 커서 어른이 되어 관을 쓰는 것이요, 늙고 병들고 죽고 장사 지내는 것이다.

元亨利貞 奉天地道術 敬受人時,
원형이정 봉천지도술 경수인시,
註) 사람이란 원형이정하는 천지의 이치를 쫓아 천지의 도와 법술을 받들고 사람에게 명을 내리는 그때에 삼가 공손해야 한다.

성부 성자 성신 원형이정 봉천지 도술약국 재전주동곡 생사판단 대인대의무병(聖父 聖子 聖身 元亨利貞 奉天地道術 藥局 在全州銅谷 生死判斷 大人大義 無病)

註) 성부 성자 성신은 원형이정으로 천지 도술을 받들고 약국은 전주 동곡에 있어 삶과 죽음을 판단하니 대인 대의는 병이 없느니라. [대순진경 만국의원 참조]

佛之形體 仙之造化 儒之範節,
불지형체 선지조화 유지범절,
註) 그러하기에 불(佛)은 형체를 이루고 선(仙)은 조화를 나투고 유(儒)는 예의범절을 내세우는 것이다.

天文 陰陽政事,
천문 음양정사,

註) 천문(天文) 음양(陰陽) 정사(政事)는 6중앙 수이므로 부내자(符內字)로 포함한다. 부내자(符內字) 30자 부(符) 속에 쓰인 글자 수는 천지인(天地人) 삼계를 의미하고 중앙수 6은 삼계의 중심을 뜻한다. [용담역 중앙 1.6(水)]

受天地虛無 仙之胞胎,
수천지허무 선지포태,
註) 천지의 허무한 기운을 받아 선도가 포태하고, 선도는 바로 이 무극 생명의 진기(眞氣) 속으로 심신을 수렴시켜 영원한 우주 생명을 성취하는 '선(仙)의 길'을 가르치고. 가을 우주의 조화 선도(仙道)이다. 증산 상제께서 (www.msge.co.kr) 대순진경은 천지 삼계의 대도(天地 大道) 임을 말씀하신 것이다.

受天地以詔 儒之浴帶,
수천지이조 유지욕대,
註) 천지로부터 이조의 기운을 받아 유도의 기운으로 목욕하여 깨끗이 이룬다.

受天地寂滅 佛之養生,
수천지적멸 불지양생,
註) 천지의 적멸(太極의 空) 한 기운을 받아 불도가 양생하고 천지의 이조(皇極)하는 기운을 받아 유도가 욕대 하니 이제 (인류사가 맞이한) 성숙의 관왕(冠旺) 도수는 도솔천의 천주가 허무(仙) 적멸(佛) 이조(儒)를 모두 통솔하느니라. 상제님께서 말씀하시기를, 모든 술수 術數는 내가 쓰기 위하여

내놓은 것이니라 하시니라.

冠旺 兜率 虛無 寂滅 以詔,
관왕 도솔 허무 적멸 이조,
註) 허무와 적멸과 이조의 기운을 다 함께 아울러 이끄니 관(冠)을 쓰고 용사(用事) 하게 된다. 강(降)을 받으면 머리에 관(冠)을 쓰고 용사(用事)를 한다는 말씀이시다.

김찬문(金贊文)씨와 김태진(金泰振) 씨가 증산(甑山) 상제님의 언행(言行)을 수록하여 펴낸 성화진경(聖化眞經)을 보면, '이 뒤에는 도통(道通)이 한 번에 열리리라. 그러므로 판 밖에서 도통 군자(道通君子)를 하나 두노라. 장차 그 종자(種子)가 커서 천하(天下)를 덮으리라. 공자(孔子)는 다만 72인만 통예를 시켰기로 얻지 못한 자는 모두 원한을 품었느니라. 그러나 나는 누구에게나 그 닦은 바에 따라 도통(道通)을 주리니, 이 뒤에는 도통 종자(道通種子)가 나타나서 도통(道通) 씨를 뿌리는 날에는 상재(上才)는 7일이요, 중재(中才)는 14일이요, 하재(下才)는 21일 만이면 각각 도통(道通)하게 되리라.

성화진경(聖化眞經) 27에,
감(甘)이란 결국 미륵불(彌勒佛)이며 도통 종자(道通種子)란 대두목(大頭目)을 말하는 것으로 결국 정도령을 뜻하는 말씀인 것이다.
증산(甑山) 상제께서는 판 밖에 도통 군자(道通君子) 한 사람을 두었는데 그 사람이 나와야 도통(道通)이 이루어진다고 하셨으며 그 도통 군자(道通君子)를 해(害) 치려 하는 자는 도리어 해(害)를 받으니 조심하라고 하셨다.

격암유록 가사총론(歌辭總論)에

人衆則時 物盛이요 物勝則時 地闢이요,

註) 인중 즉시 물성이요 물승 즉시 지벽이요, 사람(人衆)이 많아지면, 이때는 물건(物)이 성(盛)하며, 물건(物)이 성하면 이때는 개벽(開闢)을 하게 되는데,

地闢則時 苦盡甘來 地運退去 天運來로 天下靈氣 皆入勝,

지벽즉시 고진감래 지운퇴거 천운래로 천하령기 개입승,

註) 개벽(開闢)을 하면 이때가 고진감래(苦盡甘來)라 하는데, 고진감래(苦盡甘來)란 땅의 운(地運)이 물러가고, 천운(天運)이 와서 천하의 신령(靈) 한 기운(氣)이 모두 다 십 승(勝)으로 들어간다고 하였다(皆入勝, 개입승)

※ 十(열십)의 뜻, 예수가 전한 십자가의 뜻,

10 이란 9 다음의 수이다. 삼신상제는 보이지 않는 수이므로 0이라 한다. 대두목은 1의 수이므로 삼신상제님 0을 모시니 10이 완성되어 십승지라 하는 것이다.

정감록 집성의 운기구책(運奇龜策)에도 다음과 같은 내용을 말하고 있다.

地闢則 亦甘豈不爲後來富貴之地乎 末乃天運已訖地基漸衰,

지벽즉 역감기불위후래부귀지지호 말내천운이글지기점쇠,

註) 감(甘)이 뒤에 와서, 어찌 부귀(富貴) 한 땅으로 화(化) 하게 하지 않겠는가? 말세(末)에는 천운(天運)이 이르기까지 땅의 기운이 점점 쇠약(衰) 해지지만, 땅에 기운이 쇠약하면 모든 생명이 희귀병이 걸리는 것이다.

而靈祖之氣盡入於 十勝云,

이령조지기진입어 십승운,

註) 곧 신령(靈) 한 근본이 되는 기(氣)가 십 승(十勝)에 들어간다고 하였다(入於 十勝云)라고 하여 감(甘)이란 십 승(十勝)인 정도령을 뜻한다고 하였다.

격암유록 에도 다음과 같은 내용을 말하고 있다.

玄兎癸卯末運으로 弓弓之生전했다네,

현토계묘말운으로 궁궁지생전했다네,

註). 현토계묘(玄兎癸卯)라는 표현은 현토(玄兎)라는 표현이 곧 계묘(癸卯) 년을 나타내고 있다. 현토(玄兎)의 검을 현(玄) 자는 이 책 중의 내용에서 북방육일임계수(北方六一壬癸水玄)라는 표현을 대신 대입하여 표현할 수 있는 글자이다. 시대를 나타내는 표현은 천간(天干) 임(壬)이나 계(癸)이고 토끼 토(兎) 자는 지지(地支) 토끼 묘(卯) 자를 대신 대입할 수 있고, 지지(地支) 토끼 묘(卯) 자와 어울리는 임(壬)이나 계(癸) 중에서의 천간(天干)은 계(癸)이므로 현토(玄兎)는 계묘(癸卯)로 맞추어서 풀라는 의미로 본문에 쓰여 있는 내용이다.

註) 대두목은 계묘(卯) 생으로 주역(周易)으로는 계(癸)는 현무 북방 1.6 수(水)이다.

黑龍壬辰初運으로 松松之生마쳤으며,

흑룡임진초운으로 송송지생마쳤으며,

註) 흑룡(黑龍) 임진(壬辰)이라는 표현은 흑룡(黑龍)이라는 표현이 곧 임

진(壬辰) 년을 나타낸다는 것을 표현한 것이다. 흑룡(黑龍)의 검을 흑(黑) 자는 이 책에서는 북방육일임계수(北方六一壬癸水)라는 글자를 대신 대입하여 쓸 수 있는 글자이고 그중에서 연도를 표현하는 천간은 임(壬)이나 계(癸)이고, 이 둘 중의 천간 중에서 용(龍)을 표현하는 지지(地支) 진(辰) 년과 만나는 천간(天干)은 임(壬)이므로 임진(壬辰) 년으로 풀 수 있으므로 흑룡(黑龍)은 임진(壬辰)으로 풀라고 하였다.

감(甘)이란 미륵불(彌勒佛)인 진인(眞人)
정도령(鄭道令)의 별칭(別稱)으로 기록되어 있다.
[해월선생문집(海月先生文集)2권 1장 5편 2수에 기록]

욕출북문로(欲出北門路) 감위동해인(甘爲東海人)
부재동백랍(不才同白蠟) 안가매청륜(安可?靑綸)

장차 북쪽에서 태어나 세상에 드러나기는 하지만 감(甘)은 동해인(東海人)인 것이다. 그(才: 정도령)는 백랍(白蠟: 꿀 찌꺼기) 과는 근본적으로 다르니 어찌 가히 책임 있는 나라의 관리가(靑綸) 허튼 말로 명예를 더럽히겠는가? 이 시(詩)를 보면 장차 미래(未來)에 북쪽에서 태어나기는 하지만 감(甘)을 동해인(東海人)이라고 강조하는 것이다.
　註) 대두목은 삼팔선 부근 북쪽에서 태어나 동해인(東海人)이라 천기 자동으로 예언서 기록한 것이다.

그는 또한 꿀 찌꺼기인 백랍(白蠟)과 같은 사람이 아니라고 하였으며, 어찌 푸른 실로 된 인끈을 한, '나라의 책임 있는 관리가' 명예를 손상시키는 허튼소리를 하겠는가 하여 진실만을 밝히는 말을 한다고 하는 것이다. 해월(海月) 선생이 명예를 내걸고 하는 말이라고 전한다는 것이다. 미륵탄생 공사서(彌勒誕生公事書)를 보면 감결(甘結)이란 상제님의 공사를 잘 설명해 주고 있다.

증산(甑山) 상제께서 이 공사(公事)는 천지가 사람을 태어나게 하며 그 사람을 쓰는 일이라고 하시면서 공사문(公事文)에 호연의 경혈(經血)로써 감결(甘結)이라 쓰시고 유불선(儒佛仙)의 각 글자 위에 혈점(血點)을 찍어 공사(公事) 보신 다음 호연에게 주시면서 잘 간직하라고 하셨다. 즉 하늘이 미륵불(彌勒佛)을 보내어 그에게 대임(大任)을 맡겨서 유불선(儒佛仙)을 하나로 통일(統一)하게 하고 천하(天下)를 통일(統一)하여 세상(世上)을 다스리게 한다는 공사이시다.

그 공사문(公事文)에 큰글씨로 감결(甘結)이라고 쓰신 것이다. 즉 하늘이 미륵불(彌勒佛)을 보내어 그에게 대임(大任)을 맡겨서 유불선(儒佛仙)을 하나로 통일(統一)하게하고 천하(天下)를통일(統一)하여 세상(世上)을 다스리게 한다는 의미이다. 그 공사문(公事文)에 큰글씨로 감결(甘結)이라고 쓰신 것이다. 즉 경혈(經血)로써 감결(甘結)을 큰 글씨로 쓴 것은 잘 눈여겨보라고 한 것이다.

감결(甘結)이란 의미는 감(甘)이 끝을 맺는다(甘結)는 것이다. 결(結)자의 의미를 잘 보도록 하자. 결(結)자의 의미는 잇다, 연결하다, 끝내다, 완성하다, 바로잡다, 열매를 맺다 등의 뜻이 있다. 감결(甘結)이란 감(甘)이 지위를 잇게 된다, 또는 감(甘)이 완성한다, 끝낸다, 감(甘)이 바로잡는다, 감(甘)이 열매를 맺는다, 이와 같은 의미가 되는 것이다.

증산(甑山) 상제께서 미륵탄생공사서(彌勒誕生公事書)에서 다른 내용(內容)보다 큰 글씨로 감결(甘結)이라 쓴 이유(理由)는 감(甘)이 미륵(彌勒)으로 탄생(誕生)해서 자신의 뒤를 잇게 되고, 이 세상(世上)을 바로 잡아서 완성하여 끝맺음을 하는 열매이기 때문인 것이다.

감(甘)이란 결국 미륵불(彌勒佛)이며 도통종자(道通種子)란 대두목(大頭目)을 말하는 것으로 결국 정도령을 뜻하는 공사인 것이다. 증산(甑山) 상제께서는 판 밖에 도통군자(道通君子) 한 사람을 두었는데 그 사람이 나와야 도통(道通)이 이루어진다고 하셨으며 그 도통군자(道通君子)를 해(害)치려 하는 자는 도리어 해(害)를 받으니 조심하라고 하셨다.

감(甘)이란 십승(十勝)인 정도령을 뜻한다고 하였다. 우리는 고진감래(苦盡甘來)란 말을 단순히 고생(苦生)하다 끝에가서는 낙(樂)이 온다는 말로만 알아 왔던 것이다. 그러나 진실로 고진감래(苦盡甘來)란, 이 고통(苦痛)의 세상을 즐겁고 아름다운 극락세계로 바꾸는 감(甘) 즉 정도령이 온다는 말인 것을 알 수 있는 것이다. 이와 같이 세상(世上)을 개벽(開闢)하여 살기 좋은 곳으로 화(化)하게 하는 자가 누구인가?

그 감(甘)이 와서 이 세상(世上)을 끝맺음하고 좋은 세상으로 화하게 한다 하였으니, 그 감(甘)이란 바로 정도령인 하나님의 아들(대두목)을 의미하는 말씀인 것이다.

※ 옛날에 과자가 없던 시절 어느 집에 아이가 울음을 그치지 않고 계속 울고 있었다. 그래서 엄마가 계속 울면 호랑이가 물어간다고 이야기를 해도 아이는 울음을 그치지 않고 더 큰 소리로 울자 엄마가 곶감 줄게 하니까 아이가 금방 울음을 뚝! 그치니 호랑이가 그 집 앞에 와서 듣고 호랑이보다 더 무서운 것이 감이란 것을 알고 줄행랑쳤다는 전설이 남아있다.

20.
정의도(情誼圖)

《정의도(情誼圖)》戊申四月十一日(무신사월십일일)

그리고 그림을 그려 문 공신의 집 벽에 붙이고 이를 정의도(情誼圖)라고 이름하셨도다. [전경 공사 2장 26절]

정의도(情誼圖) 정의(情誼) 서로 사귀어 친해진 정(情).

그리고 '의(誼)'는 옳을 의(誼) 자이다. 도통이란 무엇인가? 바로 통정(通情)이란 정의(情誼)가 도통이다. 즉 대두목과 통정(通情)이 있어야 도통이다.

상제께서 공우와 경석에게 가라사대 '이제 만날사람 만났으니 통정신(通精神)이 나오노라' 나의 일은

비록 부모형제 일지라도 모르는 일이니라. [전경 권지 1장 11절]

① 천지지주장(天地之主張) 천지의 정신이고, 천지의 명령 주인(主人)이 베푼다.(즉 천지에는 주인이 계신다.)

② 사물지수창(事物之首倡)사물은 (대두목)로 부터 창성한다. 천지 만사 만물의 머리가 되는 그 중요한 일을 인사로 새기는 것이다. 즉 주인. 상제님을 모시는 대두목이다.

③ 음양지발각(陰陽之發覺)모든 음양 질서의 근본 꿈을 사람 일로써 새기는 것이다. 음양은 도(道)일 뿐이니 깨어나라. 천지 부모는 음양일 뿐이니 깨어나라.

인사각지(人事刻之)
인사각지(人事刻之) 인간 세상의 일을 뼈에 새겨 나아간다. 증산 상제님의 천지공사(天地公事)는 조금도 오차 없이 진행되고 있다. 과연 인사(人事)를 새겨 나가는 주인공은 누구이겠는가?
인사각지(人事刻之) 세상만사 모든 것은 바로 인사(人事)로써 이루어진다.

증산상제께서 "내가 이 문제를 인사로써 여기 정의도에다 전부 각인시켜 놓았다." 라는 뜻이다. 천지에는 주인이 계시고 도(道)가 있고 음양이 있고 일월이 있음으로 이것을 깨우쳐서 가슴에 새겨라 이다

천지와 만사 만물이 일어나는 조화의 근원인 우주의 음양 조화세계에서 주

장하는 궁극 목적은 어디서 이루어지는가? 바로 인사 人事로써 이루어 진다!

다시 말해서 제3변의 도수에서 상제님 도를 매듭짓는 추수도수에서 천지의 뜻과 사물의 매듭짓는 일과 우주의 음양의 도가 상제님 일꾼들에 의해 모두 성취된다.

내가 이 문제를 인사로써 여기에다 전부 각인시켜 놓았다. 그러니 너희들이 알아서 해라. 너희들이 지금 내일을 한다고 하는데, 그 일이 어떤 일인 줄 아느냐? 이것을 다시 새겨봐라! 이런 경책과 천둥 같은 역사의식 전수 심법 전수의 말씀이 이속에 다 들어 있는 것이다.

그 말씀이 바로 "인사각지"다. 네 번째 글자 "지"자는 '이것'이란 뜻이다. 그 '이것'을 우습게 알면 안 된다. '이것' 한글자의 말씀 속에 우주 만유의 궁극의 소식이 다 들어 있다. '이것' 은 바로 15진주 도수의 역사정신을 말한다. 그러므로 정의도의 총 결론은, "난법판은 때가 되면 그냥 소멸된다!"라는 상제님의 사형선고가 들어 있다.

또한, 천지의 뜻을 펴는 진법도운의 일꾼들이 모여있는 도장은 상제님의 역사의식과 심법을 전수 받아 천지와 더불어 성공한다! 는 말씀이 들어 있다.

무신년 음력 4월 11일에 문공신 성도의 집 상량보에 이 정의도가 붙으면서 비로소 상제님의 참 진주가 나오고 상제님 도업을 매듭짓는 천지의 추수도운 역사가 열리기 시작한 것이다.

홀생홀유忽生忽有

그리고 홀생홀유(忽生忽有)라고 하셨는데 '홀'이란 우리말로 '문득'이란 뜻이다. '홀연히'라고 할 때 홀 자다. '홀생(忽生)'은 홀연히 생겨났다.

홀유(忽有)는 홀연히 존재 한다. 증산 상제의 공사로 대두목은 하나이며 존재한다는 말씀이시다.

홀생홀유(忽生忽有)

그것을 상징한 것이 바로 정의도에 있는 '홀생홀유忽生忽有'다. '홀'이란 우리말로 '문득'이란 뜻이다. '홀연히'라고 할 때 홀 자다. '홀생', 갑자기 생겨나서 좀 되는 판 같다가도 부서질 때는 여지없다. 그냥 없어져 버린다는 것이다. 그러면 상제님이 날 생 자와 있을 유 자 앞에 홀 자를 붙인 이유는 무엇일까? 그것은 갑자기 툭 나타나 이매망량 귀신 들리거나 아니면 제 욕심에 빠져서 "내가 뭐다!" 하고 주장하는 자들의 행태를 말씀하신 것이다.

"홀생홀유" 즉 '문득 생긴다. 문득 있다.'에서 홀 자는 언젠가 없어질지 모른다고 하는 자멸의 의미가 포함돼 있다. 다시 말하면 상제님 도의 화신인 일꾼들처럼 상제님 도운의 무대에서 역사와 더불어 천지와 더불어 영원히 가는 게 아니다. 어느 날 갑자기 생겨난 놈이 진리의 탈을 쓰고 잔재주 부리고 온갖 조작된 말로 명맥을 유지하다가 그것이 들통나서 명줄이 떨어지면 홀연히 없어지고 만다는 것이다.

"나는 하늘 금궐에 있어 천지만신의 기원으로 하늘정사를 천조(하늘 조정)의 신하들에게 명하여 잠시 섭리하게 하고 천계탑에 내려와서 천하를 널리 대순(주유해 살핌)하다가 만방 억조의 뭇 안락과 근심걱정을 살폈더니 너의 나라(東土)에 연고가 있어 동쪽으로 와서 30년 동안 금산사 미륵전에 임하여 최제우에게 천명과 신교(이신설교의 제천보본 풍류신도)를 내렸더니 제우가 대한 조정에게 살해가 되었으므로 나는 팔괘갑자에 응하여 신미년 9월 19일,(辛未: 1871 辛은 통일천 10천을 세우는 辛이며 가을철 열매 맺을 때의 숙살기운 매울 신 의미. 未는 통일 완전수 10土.) 이 세상에 강림했느니라."
[천지개벽경. p, 동곡비서. p]

공사를 마치시고 경석과 내성은 대흥리로 원일을 신경원의 집으로 형렬과 자현은 구릿골로 각기 보내신 뒤에 공신과 응종과 경수에게 일러 가라사대 경석이 성경신(誠敬信)이 지극하므로 달리 써볼까 하였더니 제가 스스로 청하니 어찌 할 수 없는 일이로다. 원래 동학은 보국안민(輔國安民)을 주창(主唱)하였으나 때가 때 아니므로 안으로는 불량하고 겉으로만 꾸며내는 일이 되고 말았나니 후천일을 부르짖었음에 지나지 못한 것이라 마음으로 각기 왕후장상(王侯將相)을 바라다가 뜻을 이루지 못하고 그릇 죽은자가 수만 명이라 원한(怨恨)이 창천(漲天)하였으니 그 신명을 해원(解冤)시키지 아니하면 후천에는 역도(逆度)에 걸려 정사(政事)를 못하게 되리라.

그러므로 이제 그 신명들을 해원시키려고 그 두령(頭領)을 정하려는 중인데 경석이 십이제국을 말하니 이는 자청함이라 그 부친이 동학두목으로 그릇 죽었고 저도 또한 동학 총대(總代)였으니 오늘부터 동학신명들을 전부 그에게 붙여 보냈으니 이 자리에서 왕후장상의 해원이 되리라 하시고 주지(周紙)에 글을 쓰시며 외인의 출입을 금하시니라.

또 일러 가라사대 동학신명이 전부 이 자리에서 해원되리니 뒷날 두고 보라

금전(金錢)도 무수히 소비할 것이요 사람 수효도 갑오년보다 훨씬 많게 되리니 이렇게 풀어놓아야 후천에 아무일도 없으리라. [천지개벽경. p] [동곡비서. p]

● **증산께서 동곡에 계실때 종도 9인을 앉게 하시고 말씀하시기를,**

이제 도운(道運,도의 운수)을 전하리라 하시고 갑칠에게 푸른 대 한 개를 자의로 잘라오게 하셔서 그 마디의 수를 세어보니 모두 11절이니라. 다시 명하셔서 1절을 끊어내게 하시며 이 10절중 1절은 대두목(大頭目)이라. 내왕(來往)과 순회(巡廻,각처로 돌아다님)를 마음대로 할 것이요. 다음 9절은 도받는 사람이니라. 하늘에 별이 몇 개나 나타났는가 세어보라 하시니라. 갑칠이 밖에 나가 우러러보니 구름이 하늘을 덮었는데 다만 하늘 복판이 열려서 별 아홉 개가 나타났으므로 그대로 아뢰니 이는 도받는 사람의 수에 응함이니라 하시고 또, 도운의 시작이 초장봉기지세(楚將蜂起之勢), 옛 중국의 초나라 장수들이 벌떼처럼 일어나는 형세의 비유)를 이루리라 그러나 대두목은 오직 1절 뿐이니라 하시니라.
[무극진경. p, 태극진경. p, 증산도 도전. p]

상제께서 동곡에 머물고 계실 때 교운을 펴시니라. 종도 아홉 사람을 벌려 앉히고 갑칠에게 푸른 대(竹)나무를 마음대로 잘라 오게 명하셨도다. 갑칠이 잘라 온 대가 모두 열 마디인지라. 그중 한 마디를 끊고 가라사대,

이 한 마디는 두목이니 두목은 마음 먹은 대로 왕래하고 유력할 것이며 남은 아홉 마디는 수교자의 수이니라. 그리고 상제께서 종도들에게 하늘에 별이 몇이나 나타났는가. 보라 하셨도다. 갑칠이 바깥에 나갔다 들어오더

니, 하늘에 구름이 가득하나 복판에 열려서 그 사이에 별 아홉이 반짝입니다.고 아뢰니라. 상제께서, 그것은 수교자의 수에 응한 것이니라. 고 말씀하셨도다. [대순전경 교운 1장 38절]

요즘 들어 주역 팔괘를 터득하여 특정인 사주를 분석하고 있으나 선천 주역은 상극괘 이므로 사회 국가 인생 삶에도 시기 질투 모략의 역사이다.

그러므로 계묘생 12월 11일생이 주역(周易) 팔괘를 용담(龍潭易) 팔괘로 뜯어고쳐 상극에서 상생이 되는 후천5만 년 세상이 열리므로 늙지 않고 불로불사 무병장수 지상 선경 세상이 열리는 것이다.

정의도(情誼圖)

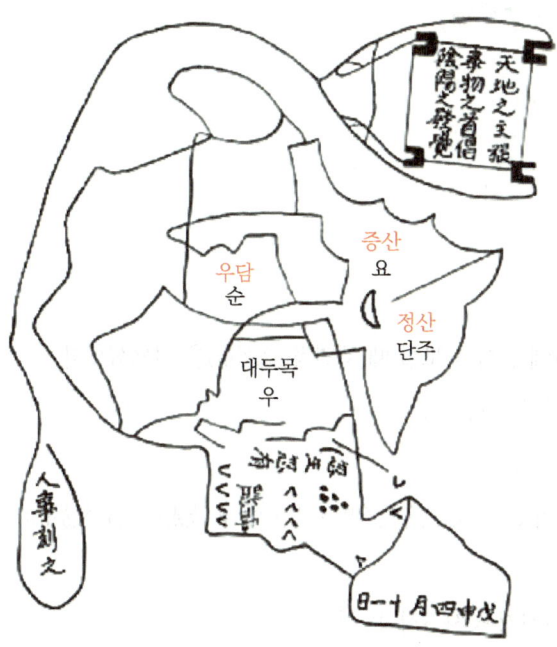

2010년 경인(庚寅)년에 발표된 종통종맥!
천년 세월의 개문납객 기수기연 참조.

21. 체면장(體面章)

21.
체면장(體面章)

이해 섣달에 공사를 보실 때 체면장(體面章)을 지으셨도다.
維歲次戊申十二月七日
道術 敢昭告于
惶恐伏地問安 氣體候 萬死不忠不孝無序身 泣祝於君於父於師 氣體候大安 千萬
伏望伏望 [전경 공사 3장 42절]

● **태극도를 세우신 도주님의 기록에,**

하루는 공사를 행하실 때 글을 쓰시며 "체면장(體面章)이라" 하시니 이러하니라. 維 歲次 戊申 十二月 七日 道術 ○○○ 敢昭告于 유 세차 무신 12월 7일 도술 ○○○ 감소고우 惶恐伏地 問安氣體候 萬死不忠不孝無序身 황공복지 문안기체후 만사불충불효무서신 泣祝於君於父於師 氣體候大安 千萬伏望伏望 읍축어군어부어사 기체후대안 천만복망복망 [무극 8장 194절]

체면장(體面章)

(註) 무신년(戊申年, 1908년) 납월(臘月, 12월)에 대흥리(大興里)에 머무르시며 대공사를 행하실 때 납향 치청 4일 전 "체면장(體面章)"을 쓰시고 고축을 하셨으니 납향치성이 '제후가 천자에게 올리는 치성'인데 상제의 위격으로 납향제를 하셨으니 체면이 말이 아닌 것이다.

● 공사에, 납향 치성 4일 전 "체면장(體面章)"을 쓰시고 고축을 하셨으니 체면장(體面章), 체면(體面)에 관한 글

유세(維歲) 무극진경 8장 194절 대순 전경. p ~ '유세'가 아니라 '유세차(維歲次)'로 되어 있다.

유세차 '이해의 차례(次例)는' 뜻으로, 제문(祭文)의 첫머리에 쓰는 문투

戊申 十二月 七日
무신 12월 칠일 납향 치성 4일 전 "체면장(體面章)"을 쓰시고 고축을 하셨으니,

道術 ○○○ 敢昭告于 ○○○은 증산 상제님이 아니다.
도술 이름 감소 고우 제문에 쓸 때 윗대에는 '감소 고우'이지만 아들에게는 '감소'를 쓰지 않고 '고우'라고 쓴다.

전체 문장을 해석함에 웃전의 천자 신명에게 보고 올리는 형식으로 해석해야 옳다.

惶恐伏地問安 氣體候복지(伏地) ~ 땅에 엎드림

황공복지문안 기체후 기체후는 '기력과 체력 상태'를 의미하며 산사람에게만 있지 죽은 신명에게는 없는 것이다.

즉, 죽은 신명에게 안부 묻는 것이 아니라 살아있는 분의 육신에 대하여 안부를 묻는 단어이다.

萬死不忠不孝無序身無序 ~ 序(따를서)는 뒤에 나오는 師와 연관되는 것으로 문맥으로 볼때 '아비에게 효도'하듯,
만사불충불효무서신 스승을 따르는 것'이다. 뜻은 '스승의 가르침을 따름이 없음이' 몸(身) 으로,

泣祝於君於父於師
읍축어군어부어사 읍축(泣祝) ~ 울면서 축원함. 울면서 원하는 것을 빎,

氣體候大安 千萬伏望伏望기체후~어른에게 편지(便紙)로 문안(問安)할 때, 기력(氣力)과 체력(體力)을 높이어 이르는 말,
기체후대안 천만복망복망 납향 치성 에게 천번만번 엎드려 기원하고 또 엎드려 기원하면서 읍축한다.

여기서 '땅에 엎드린 사람' '강증산 성사' 와 연관시키는 것은 무리한 해석이며 생략된 주어는 다음에 나오는 '身' (제후) 으로 보아야 문맥으로 옳다.

※ 제문은 인간사에 일어난 일을 신명에게 보고드리는 글이므로 '황공복지~' 따라서 이 글은 '무도(無道)한 인간(人間)들이 복지 문안(伏地問安) 하

였음(내지 하고 있음)'을 '강증산' 성사께서 인간 자격으로 또한 제주의 자격
으로 신명에게 보고하는 형식으로 해석해야 되리라고 본다.

註) 이해 차례는 무신(1908)년 12월 7일이고
도술객 강일순은 감히 밝혀서 고합니다.

황공하여서 땅에 엎드려 기체후를 문안드립니다
불충하고 불효하고 무서하여 만 번이라도 죽어야 하는 몸들은
임금에게 아비에게 스승에게 읍축합니다
기체후가 대안하기를 천번만번 복망(엎드려 빔) 또 복망합니다.
註) 무도(無道)하던 인간들이 이제 잘못을 뉘우치고
인도(人道)를 회복하려고 노력하고 있음을 보았기에
'강일순'은 이를 신명들께 알려드리는 바입니다.
이제서야 '인간들의 체면'이 서게 되었습니다.

이렇게 해석을 하여야 이 글 제목을 '체면장'이라 하신 말씀에 대한 설명
이 가능하다.

22.
납향치성 공사

🔴 증산 상제님의 산 제사 공사

구천 상제께서 말씀하시길,

상제께서 차 경석의 집에 유숙하시니 종도들이 모여와서 상제를 배알하였도다. 이 자리에서 상제께서 양지 온 장에 사람을 그려서 벽에 붙이고 제사 절차와 같이 설위하고 종도들에게 "그 곳을 향하여 상악천권(上握天權)하고 하습지기(下襲地氣)식으로 사배하면서 마음으로 소원을 심고하라"고 명하시니라. 종도들이 명하신 대로 행한 다음에 상제께서도 친히 그 앞에 서서 식을 마치시고 "너희는 누구에게 심고하였느냐"라고 물으시니라. 어느 종도 한 사람이 "상제님께 심고하였나이다"라고 말씀을 올리니 상제께서 빙그레 웃으시며 가라사대 "내가 산 제사를 받았으니 이후에 까지 미치리라." 하시고 "자리로서는 띠자리가 깨끗하니라."라고 일러주셨도다. [전경 교운 1장 37절]

🌀 태극도를 세우신 도주님의 납평치성 공사

옥황 상제께서 가르치시길,

납향치성 축문(臘享致誠 祝文)

乙未 1955年(년) 5月 (월) 初(초) 6日 (일) 任員任命時 (임원 임명 시) 下達於寶水道庭(하달어보수도정)

이 치성은 옛날 제후들이 이날 천자를 위하여 제향을 드리는 예에 따라 각 방면(지금의 지부) 별로 올릴 것이나 도주님께서 그 시범을 보이시고자 1955.12.5 몸소 보수 도정에서 올리신 것이고 이는 그 축문이다. [태극진경6:73~75]

歲首月終 太極建成之月也 故 建建謂月也. 上天行道 以
세수월종 태극건성지월야 고 건건위월야. 상천행도 이

戊申之臘 大開神門 行三界公事 又翌年 化天, 道子以歲 奉
무신지랍 대개신문 행삼계공사 우익년 화천, 도자이세 봉

度西向 又九年 始入道門 拳拳服膺 以焉四十 帶病苦行 已
도서향 우구년 시입도문 권권복응 이언사십 대병고행 이

過十年. 年則乙未 月卽臘月 日卽臘日, 天於斯於未 道於斯
과십년. 연즉을미 월즉납월 일즉납일, 천어사어미 도어사

과십년. 연즉을미 월즉납월 일즉납일, 천오사어미 도오사

於未 我亦如是未 天此 地此 道此 伏願聖靈 下鑑垂察.
어미 아역여시미 천차 지차 도차 복원성령 하감수찰

註) 해로는 첫 머리가 되고 달로는 마침이니 태극이 세워지고 이루어지는 달이므로 세우고 세움을 이르는 달이옵니다. (이는 동지에 한 양이 비로소 나옴 冬至(동지) 一陽始生(일양 시생) 으로부터 태극이 기동하기 시작하는 원리를 근거로 하신 말씀이며 그러므로 12월을 섣달, 즉 서는 달, 또는 극월(極月), 한 해의 맨 끝 달)

상제님이신 천존께서 (인간에 오셔서) 도를 행하심에 무신(1908) 년의 섣달로써 신문(神門)을 크게 여셔서 삼계 공사를 행하시고, 또 이듬해에 화천하셨으며, 도자(도문 소자의 준말, 상제님께 대하여 도주님 자신을 이렇게 자칭하심)는 그 해로부터 도수를 받들어 서쪽(중국 만주)으로 향하였고, 또 9년 만에 비로소 도문에 들어와서 (이 입도는 옥황 세제로서 구천 상제의 영적인 천명을 받듦에 이은 인간적인 인연을 다져 도통(道統)을 계승하시는 의례이므로 일반인의 입도, 또는 불교의 득도와는 그 차원이 다른 것임) 언제나 정성껏 간직하고 지켜왔음이 어느덧 40년이며 병을 지니고 고생하며 괴롭게 수행함도 이미 10년이 지났습니다.

해로는 곧 을미년이고 달은 곧 섣달이며 날은 곧 납향일 이오니, 하늘도 이 미에서 아름답고 도도 이 미에서 아름다우며 저도 역시 이와 같은 미이오니 하늘도 이러하고 땅도 이러하며 도도 이러하옵니다.

엎드려 바라옵건대 성령께서는 내려 굽어보시고 드리워 살피시옵소서.

● 대순진리회를 세우신 도전님의 납평치성 공사

세존 상제께서 훈시하시길,

※ 납향치성이란 옛날 제후들이 천자를 위해서 정성을 바쳤던 것이다.

납향치성을 드린다면 치성이니까 그냥 올리면 되지 무얼 해석을 하느냐?

치성은 음식 차려놓고 절하면 된다. 제사와 마찬가지다. 절을 할 때는 돌아가신 조상한테 하는 것이 아니냐.

※ 납향치성은 각 방면에서 치성을 올리지만 도장, 즉 영대에 대해서 치성을 드리는 것이다. (90. 2. 12)

제사는 죽은 사람에게 지내는 것이다. 치성도 마찬가지로 쉽게는 제사다. 도에서 치성은 하느님께 드리는 것이 아니냐.

자고이래로 살아있는 사람이 음식을 해 놓고 제사 받은 적이 없다.

※ 도주님께서도 납향치성(臘享致誠)을 한번 받으시고 화천 하셨다. 납향치성을 각 방면 회관에서 올리도록 하라.

납향 치성은 제후가 천자(天子)께 드리는 치성이다.

납향일(臘平日)은 동지로부터 셋째 미(未) 일이고, 이날 치성을 납향치성이라 한다. (88. 11. 29) (90. 2. 12)

납향치성을 도전에게 올리는 것이라고 하는데 자고이래로 산사람이 음식해 놓고 제사 받은 적이 없다. (90. 2. 12)

납향은 매년 음력 섣달 동지 후 셋째 미일(未日)에 올리는 제향을 말하며 이날을 납평, 납일이라고도 하는데, 그날 도에서 올리는 치성을 납향치성이라 한다.

23. 옥추통(玉樞統)

[전경 교운2장 42절]

天門地戶玉樞大判上帝出座萬神擧令左右劒戟前後旗幟風雨大作日月晦冥霹靂聲震山水崩潰天轉地

轉陰陽變化海印造化無窮無極無山退海移野崩陵殺氣消滅惡物自死神急人忙不分晝夜北斗樞西斗樞

南斗樞東斗樞中斗樞轉環東岳柱西岳柱南岳柱北岳柱中岳柱改立東海門西海門南海門北海門開闢金

元氣水元氣木元氣火元氣土元氣改定急如雷火疾如直矢億兆蒼生手下生活天地人大判決大事定位陰

陽五行順平定位萬物群生各各定位天地復定日月更明山通水遠清明世界和順世界萬理新制建哲極于

中五廣濟化四極大定永定五萬年淸化之世唵如律令

天門地戶 玉樞大判,
천문지호 옥추대판, 하늘과 땅의 문인 옥추문를 열고 대 판결을 한다.

上帝出座 萬神擧令,
상제출좌 만신거령, 상제께서 출좌하니(자리에 나오시니) 만신이 명을 거행한다.

左右劍戟 前後旗幟,
좌우검극 전후기치, 좌우로는 검과 창이, 앞뒤에는 깃발이 가득하다.

風雨大作 日月晦冥,
풍우대작 일월회명, 비바람이 크게 일어나 일월의 빛이 어두어지고

霹靂聲震 山水崩潰,
벽력성진 산수붕궤, 벽력 소리가 진동을 하고 산수(山水)가 붕궤된다.

天轉地轉 陰陽變化,
천전지전 음양변화, 하늘이 돌고 땅이 굴러 음양이 변화한다.

海印造化 無窮無極,
해인조화 무궁무진, 해인 조화가 무궁무진하니

無山退海 移野崩陵,
무산퇴해 이야붕릉, 산이 사라지고 바다가 물러나며 들이 옮겨 가고 언덕이 무너진다.

殺氣消滅 惡物自死,
살기소멸 악물자사, 살기가 소멸되고 악한 물건은 스스로 죽으니

神急人忙 不分晝夜,
신급인망 불분주야, 신은 급하고 사람은 바쁘며 밤낮이 불분명하다.

北斗樞西斗樞南斗樞東斗樞中斗樞 轉環,
북두추서두추남두추동두추중앙추 전환, 북·서·남·동·중의 두추(중심별)가 전환하고,

東岳柱西岳柱南岳柱北岳柱中岳柱 改立,
동악주서악주남악주북악주중앙주 개입, 동·서·남·북·중의 산악기둥이 고쳐 서고,

東海門西海門南海門北海門 開闢,
동해문서해문남해문북해문 개벽, 동·서·남·북의 바다가 개벽되고

金元氣水元氣木元氣火元氣土元氣 改定,
금원기수원기목원기화원기토원기 개정, 금·수·목·화·토의 원기가 다시 정해지니

急如雷火 疾如直矢,
급여뇌화 질여직실, 급하기가 번갯불 같고 빠르기가 곧은 화살이 나는 것과 같아

億兆蒼生 手下生活,
억조창생 수하생활, 억조창생의 생활은 수하(손아래)에 있다.

天地人 大判決 大事定位,
천지인 대판결 대사정위, 천지인이 대판결된 후 대사가 정위되고

陰陽五行順平定位,
음양오행순평정위, 음양오행이 순조롭게 자리를 정하고

萬物群生各各定位,
만물군생각각정위, 군생 만물이 각각 제 자리를 정한다.

天地復定日月更,
천지복정일월갱, 천지가 다시 안정되고 해와 달이 다시 밝아지고

明山通水遠,
명산통수원, 산이 통하고 물이 멀어져

淸明世界 和順世界,
청명세계 화순세계, 청명세계요, 화순세계로다.

萬理新制,
만리신제, 만 가지 이치가 새롭게 제정되어

建哲極于中 五廣濟化 四極大定,
건철극우중 오광제화 사극대정, 중앙 5에 밝은 극이 세워지니 널리 4극을 제화한다.

永定五萬年淸化之世,
영정오만년청화지세, 크고 영원히 정해진 오만년 청화 세계여

唵如律令,
음음급급여율령, 급히 율령대로 시행해주시옵소서.
[전경 교운2장 42절]

옥추통 에서 예시한 이러한 내용은 옛 성인(聖人)들의 경전인 성경과 불경에서도 찾아볼 수 있으며 우리나라의 고서인 '채지가' 남사고의 예언서 '격암유록'에서도 역시 동일한 내용을 볼 수 있다. 성인들이나 현인들은 인류문화와 사상의 기초를 이룬 분들이다. 이러한 성현들이 거짓을 말할 리는 만무한 것이다.

대두목에 인연해야 되는 이유.
상제께서 대두목은 신계(神界)의 주벽이다 하셨다.

북두칠성은 저물고 동두칠성이 밝아,

1. 만법교주(萬法敎主), 2. 동화교주(東華敎主), 3. 대법천사(大法天師), 4. 신공묘제허진군(神功妙濟許眞君), 5. 홍제구천사(弘濟丘天師), 6. 허정

장천사(許靖張天師), 7. 선양허진군(旋陽許眞君), 8. 해경백진인(海瓊白眞人), 9. 낙양살진인(洛陽薩眞人), 10. 주뇌등천군(主腦鄧天君), 11. 판부신천군(判府辛天君), 12. 비첩장천군(飛捷張天君) 13. 월패주천군(月孛朱天君), 14. 동현교주신조사(洞玄敎主辛祖師), 15. 청미교주조원군(淸微敎主祖元君), 16. 청미교주위원군(淸微敎主魏元君), 17. 동현전교마원군(洞玄傳敎馬元君), 18. 혼원교주로진군(混元敎主路眞君), 19. 혼원교주갈진군(混元敎主葛眞君), 20. 신소전교종려진선(神소傳敎鍾呂眞仙), 21. 화덕사천군(火德謝天君), 22. 옥부유천군(玉府劉天君), 23. 영대천군(大天君), 24. 임대천군(任大天君) 25. 뇌문구원수(雷門苟元帥), 26. 뇌문필원수(雷門畢元帥), 27. 영관마원수(靈元馬元帥), 28. 도독조원수(都督趙元帥), 29. 호구왕원수(虎丘王元帥), 30. 호구고원수(虎丘高元帥) 31. 혼원방원수(混元龐元帥), 32. 인성강원수(仁聖康元帥), 33. 태세은원수(太歲殷元帥), 34. .고교당원수(考校 元帥), 35. 풍도맹원수(都孟元帥), 36. 익령온원수(翊靈溫元帥), 37. 규찰왕부수(糾察王副帥), 38. 선봉이원수(先鋒李元帥), 39. 맹렬철원수(猛烈鐵元帥), 40. 풍륜주원수(風輪周元帥), 41. 지기양원수(地祇楊元帥), 42. 랑령관원수(朗靈關元帥), 43. 충익장원수(忠翊張元帥), 44. 동신유원수(洞神劉元帥), 45. 할락왕원수(割落王元帥), 46. 신뢰석원수(神雷石元帥), 47. 감생고원수(監生高元帥), 48. 신소전교여진선(神 傳敎呂眞仙).

옥추문

병란(兵亂)과 병란(病亂)이 함께 온다. 증산 상제께서는 일찍이 인류에게 번질 병겁을 말씀하셨다. 즉 병란 (兵亂) 병란(病亂) 도수이다. 제자들이 여쭈었다. "전쟁은 어떻게 말리려 하십니까." "병으로써 말리느니라. 앞으로 싸움 날만 하면 병란이 날 것이니 병란(兵亂)이 곧 병란(病亂)이니라." 병으로써 전쟁을 말린다. 전쟁의 소용돌이 속으로 빨려 들어가는 극적 상황에서 병이 들어와 전쟁을 종결짓는다는 말씀이시다.

제자가 괴질 병이 어느 나라에 먼저 오느냐고 묻자, "구원의 도가 있는 조선이라"라고 하셨다. 제자가 "옛날부터 괴질 병이 서리가 내리면 없어졌습니다."라고 하자, "앞으로 오는 대병은 서리 내릴 때 더욱 심하여 가히 두려우리라." "개벽기에 병겁이 들어오면 웃다 죽고 울다 죽는다."라며 죽는 사람이 부지기수라 신을 돌려 신을 정신도 차리지 못하리라고 하셨다. "병겁이 일어나면 두더지가 땅을 뒤지지 못하고 제비가 하늘을 날지 못하리라." 하시니라. 괴병이 돌 때는 자다가도 죽고 먹다가도 죽고 시체를 묶어 낼 자가 없어 쇠스랑으로 찍어 내되 신 돌려 신을 정신도 차리지 못하리라. 여기서 죽고 나면 저기서 죽고 태풍에 삼대 쓰러지듯 척척 쌓여 죽는단 말이니라. 그다음에는 하늘에서 천둥 나고 땅에서 지진 나서 물이 몰랑몰랑해져 송장을 다 치워 버리게 되려니, 말씀하시기를 "망량신 시켜서 하룻저녁에 서해 바다로 긁어내려 버린다." 하시니라. 그때는 문중에 한 사람만 살아도 그 집에 운 터졌다 하리라.

옥추문

이날 낮에 상제님께서 영대 앞에 임원들을 원형으로 부복시키시고 현무경을 내어 놓으시며 하교하시기를 "내가 이 현무경의 도수를 모두 마치고 이제 이 한 장의 도수만 남았느니라. 이는 내가 닫고 온 옥추문(玉樞門)을 다시 열어 가는 도수니라." 하시며 그중의 한 장을 가리키시니라. 이때 임원들은 부복한 채 하교를 모셨을 뿐, 어느 장인지를 확인하지 못하고 어의도

깨닫지 못하니라. [태극진경 8장 79절]

말씀하기를, "내가 닫고 온 옥추문을 열려고 간다" "내가 장차 천하사를 하러 떠나리니 돌아올 때 48장(將) 늘여 세우고 옥추문(玉樞門)을 열면 정신 차리기 어려우니라. 부디 마음을 잘 닦으라" 하시니라.

'오늘날 도의 안팎에 도를 사칭되는 진법도 많고 대두목도 많도다. 구천상제님께서 무극주(无極主)로서 물샐틈없이 짜놓으신 삼계의 도수를 모르는 인간들의 무지야 말할 것도 없거니와 대도를 안다는 사람들의 미혹(迷惑)을 나는 더욱 근심하고 슬퍼하노라. 두목을 자처할 사람은 미래에도 무수히 나올지라도 모두 천벌을 면치 못하리라. 대두목은 이미 정하신 하나뿐이니 진도 진법(眞道 眞法)의 진주(眞主)가 어 찌 둘일 수 있으랴.' 하시니라. 위의 말씀은 옥황상제이신 도주님께서 화천 하시기 전에 하신 말씀이다.

지축과 병겁의 상황과 가장 밀접한 관련이 있는 말씀을 대순 전경에서 뽑는다면 '방위가(方位)가 바뀐다' 와 '48장 늘여 세우고. 옥추문을(門)을 열면 정신 차리기 어려우리라' 는 것이 아닐까 한다.

옥추통부와 관계있는 말씀은 '옥추문(門)을 열다'라는 개념이 있다. 그때 48장 거느리고 '만 신전의 문(門)을 열다'라는 해석의 맥락이 내포되어 있다. 그렇다면 만 신전의 통제자가 과연 누구인가? 그것은 옥추(천추, 북극, 태일, 태을성)에 대응하는 신의 개념이니, 곧 태을주의 태을 천상원군(天上元君)이다.

형렬이 "그러면 동방 칠성(東方七星)은 누구입니까?" 하고 여쭈니 말씀하시기를 "동방 칠성은 신계(神界)의 주벽이니라. 장차 너희와 한 가족이 되리라." 하시니라. 옥추에서, 옥은 하늘 별의 정기가 모여서 이루어진 지상의 결정체이다. 그런데 다시 옥을 하늘의 도시나 하늘의 상제를 비유하는 도교의 관용적 표현으로 사용되고 있으니, 곧 천상 옥경과 옥추보경에도 기록되어 있다. 그러므로 옥황상제님을 바로 알아야 한다.

옥추통은 북극성이 하늘의 모든 별을 거느리며 통제 관장한다는 뜻이다. 그 태을을 보좌하며 천지 도수를 조율하는 별이 바로 북두칠성이다. 대순 주문 칠성주에 '조리강기 통제건곤' 에 대응하는 것이다. 그러한 이유로 북극성과 북두칠성의 상호 관계를 주문으로 재구성하면 태을주와 칠성주이다. 그러한 이유로 동곡약방의 약장에 태을주와 칠성주가 같이 쓰인 것이다.

또한 동곡약방(약장)은 병세문의 '재전주동곡생사판단' 의 맥락이 있으니, 곧 '옥추문이 열린다'라는 것으로 선천을 지나 후천으로 건너가는 길목에서 닥쳐오는 심판의 뜻도 있으니, 그것이 곧 개벽이고 서신 사명이다. 그때 서신 사명의 심판을 다른 말로 재구성하면 병겁(에 대한 첫 번째 정의)이 터지는 것이다. 그러한 이유로 의통인패가 태을주를 본질로 하는 근거에 대한 맥락을 재발견할 수도 있는 것이다. 동방 칠성을 관장하다 인간계에 오신 대두목이 신계에 주벽이다 하셨다. 도통표에는 옥황상제님으로부터 단주수명 태을주가 내려온다.

사십 팔장을 늘어세우고 옥추문을 열 때에는 정신을 차리기 어려우리라.
[전경 예시 78절]

동두칠성 대제군은 신계의 주벽 노자의 화신 대두목 이시다. 대두목은 삼위 상제님을 모신다.

동두칠성 대제군
신도 위격과 신계의 주벽 동방 칠성

김 형렬이 다시 세상에 내려와서는 그 기쁨을 말로 다할 수 없어 하루는 상제님께 여쭈기를 "천상에서 선생님 앞에 앉아 흰옷을 입고 글씨 쓰던 선관은 누구입니까?" 하니 말씀하시기를 "석가불이니라." 하시니라. (박우당 도전) 세존 상제로 대두목이 모심,

김 형렬이 다시 여쭈기를 "석가불이 천조에서 무슨 직책을 맡고 있사옵니까?" 하니 말씀하시기를 "대제군(大帝君)의 높은 자리이며 서방 칠성(西方七星)이니 항상 내 곁에서 나를 보좌하느니라." 하시거늘 (박우당 도전)= 세존상제로 대두목이 모심,

김 형렬이 "그러면 동방 칠성(東方七星)은 누구입니까?" 하고 여쭈니 말씀하시기를 "동방 칠성은 신계(神界)의 주벽이니라. 장차 너희와 한 가족이 되리라고." 하시니라.

※ 종교에서는 불로 심판한다고 스스로 말한다.(신명 불 칼)

※ 도(一道)는 하나이므로 종통종맥을 모르면 종교라 이름한다.

24. 초패왕(楚覇王)

중국(中國) 초(楚) 나라 항우(項羽)를 높이어 이르는 말.

수도를 하다 보면 도주님의 전생 중 한 사람이 바로 초패왕 항우였다는 것을 알게 된다.

진경(태극도)에도 도주(정산)께서 공사하신 내용에도 기록된 바 있다.

힘만 믿는 단순무식하고 포학하여 다 잡은 천하를 놓쳐버린 그런 어리석었던 삶이 전생에 포함되어 있음에 많이 실망스럽기도 하다.

그렇다 아, 선천 역사 기술방식이 승자의 편에서 패자에 대해 왜곡하고 비하할 수밖에 없는 체제여서 그렇지 실제로는 그렇지 않았음을 이해하게 된다.

예전 태극도 자료에 도주님 재세 시 당시 경전 편찬위원회 위원장을 지내신 고 윤금현 호장이 1960년대 쓰신 글을 보면, 도주님께서 어느 날 여러 임원들과 방에 함께 계실 때 초패왕 항우의 해원 시대를 언급하시며 몹시 기뻐하시고 흥에 겨운 얼굴로 한참 동안을 홀로 덩실덩실 춤을 추셨다고 기록되어 있다.

중국 역사상 역발산 기개세의 전무후무한 영웅,
초패왕 항우

증산 상제님께서는 단주 해원을 첫머리로 그릇된 세상을 바로잡으려는 큰 뜻을 품고 거사하였으나 시세가 이롭지 못하여 본인은 물론 구족이 멸하는 화를 입고 그것도 모자라 죽은 후에까지 역적 같은 놈 대역무도한 놈 등으로 일용 상어에 수시로 욕을 먹는 만고 역신의 해원을 그다음으로 하여 세상에 쌓여온 모든 원한의 마디를 푸는 도수를 짜셨고 승자의 입장에서 전해진 만고 역신에 대한 세상의 오해를 행위의 곡직을 살펴 바르게 하리라고 하셨다. "증산 상제님은 단주 해원을 첫머리로 하셨고, 나(도주님)는 초패왕 해원을 첫머리로 한다" 라고 말씀하셨다.

인류 역사상 가장 뛰어난 역사서 중 하나로 평가받는 사마천의 사기에 초나라와 한나라가 상호 쟁투하는 모습을 묘사하면서 역대 제왕들에 대해 서술한 본기 편에 쟁탈전의 패자에 불과한 항우를 떡하니 올려놓았고, 더구나 항우본기는 한고조 유방 편 바로 앞에 위치시켜 놓았는데 이러한 점들에 대해 의아하게 생각하는 역사학자들도 있다. 사마천은 다른 것과는 다르게 항우에 관한 자료 수집을 위해 항우의 주 활동 무대를 꽤 자주 직접 답사하면서 촌로들의 증언 등 자료를 수집하였다고 하며 사기 전체 내용 중 항우 편은 다른 내용들보다 문장이 특히 뛰어나다고 한다.

누가 항우를 어린애 같다고 한 것은 사실 어리석다는 뜻보다 순수하다에 방점이 있었을 것으로 보이고 그 외 여러 곳에서 항우의 순수성과 기교적이지 않은 단순함을 엿볼 수 있다. 이에 반해 유방은 권모술수에 능하고 항우 군에 쫓기는 위급한 상황에서 자식들을 수레 밖으로 밀쳐버린다든가 천하를 제패하고 나자 창업공신들을 무자비하게 숙청하는 등의 비정함이 보인다.

사면초가의 순간 그토록 강한 사내 항우가 우미인과 부하들을 옆에 두고 그 유명한 해하가 를 노래 부르며 흐느껴울자 모두가 따라 울었다고 하며 오강에서 "내 잘못이 아니라 하늘이 나를 망치고자 한 것이다"라며 하늘을 우러러 깊이 원망하고, 강동 자제 부모들을 뵐 면목이 없다며 스스로 자결하는 양심적인 항우 최후의 모습을 읽으며 울컥하여 따라 눈물 흘리지 않은 독자가 드물었다고 한다.

사마천이 의도한 게 바로 이것으로서 사실을 있는 그대로 기재할 수 없는 한계상황에서 독자로 하여금 역발산 기개세의 영웅 항우에 대해 무한 연민을 느끼도록 문장을 구성한 것. 사무치게 하늘을 원망했다는 것은 하늘을 깊이 믿었다는 방증이리라.

사마천이 한나라의 신하라는 한계 때문에 유방은 미화하고 항우를 비하할 수밖에 없는 상황이었음에도 불구하고 행간의 의미를 잘 살펴보면 사마천이 얼마나 항우의 실패를 안타까워했는지 잘 살펴볼 수 있다. 비록 사마천이 한나라 황실로부터 궁형을 당하여 한나라에 대한 반감이 있었을 것이라고 추측할 수는 있더라도 성정이 곧고 객관적인 역사 기술에 충실하고자 했던 사마천이 항우가 일반적으로 평가받는 것처럼 그렇게 포학무도하고 어리석은 자였다면 그 실패를 안타까워할 하등의 이유가 없었을 것이다.

즉 사마천은 한나라 시대에 그 건국의 적이었던 항우에 대해 기술하면서 행간을 통해 최대한 항우의 억울한 심정을 대변하고자 했던 것이다. 항우가 자결하자 그 시체를 다섯 부분으로 나눠 가진 포상금에 눈이 먼 5인을 사마천은 마치 을사 5적을 언급하는 것처럼 별로 중요하지 않은 인물 그 5인의 이름을 일일이 열거하고 있지 않은가.

註) 증산 상제님의 공사 "오강록"은 초패왕(항우) 공사이시다.
註) 노자에 화신 대두목은 도주님을 옥황상제로 모시며 3위 상제님을 모시는 것이다.

● 태극 진경 도주(정산) 님 공사 말씀 중에,

며칠 후에 중하가 초한전을 다 읽고 책을 올리니 말씀하시기를, 이 책을 너에게 읽게 함은 이 속의 몇 가지 뜻을 바로 알게 하려 함이니라. 첫째로 이 책에는 초패왕(楚覇王)이 포악무도한 사람으로 기술되어 있으므로 너희들도 의심하였을 것이나 알고 보면 그것은 선천 상극 시대(先天相剋時代)에 전쟁의 승자가 패자를 무도한 사람으로 조작하는 통례에 불과하고 실제는 그러하지 아니하니라. 그리함으로써 초패왕으로 하여금 살아 있을 때와 죽은 후에도 철천의 원이 맺힌 것을 해원하려 함이 아니냐! 하시니라.

이어 둘째는 초패왕이 해하(垓下)에서 28 팔기(二十八騎) 만으로 한 왕의 백만 대군의 포위를 뚫고 오강으로 탈출할 때 "천망아(天亡我)요 비전지죄(非戰之罪)라, 하늘이 나를 망침이요, 전쟁을 잘못한 죄가 아니니라" 하며 사용한 병법이 매화둔(梅花遁)이니 이것이 윷놀이할 때 쓰는 말판의 싸움터에서 진을 치는 법이니라. 말판이 중앙을 중심으로 28개의 점이 있음은 초패왕을 중심으로 28기가 늘어선 모양이며 농악도 원칙은 영기(令旗, 사령기의 준말)를 중심으로 28명이 일 단(一團)이 되어 장사진(長蛇陳) 또는 궁을진(弓乙陣) 등의 진을 치고 노는 법이니 이도 다 뜻이 있느니라.

또 윷은 일생이(一生二) 이 생사(二生四)로 만드는 법이나 사생오(四生五)로 변화하는 형상 자체가 분명한 음양이며 사상 오행의 태극 진리가 내포되어 있음이니라. 너희가 해원을 하자면 상생의 도라야 하므로 상생 행마법(相生行馬法)을 쓰도록 한 것이며 이번에 농악과 윷놀이로 놀게 됨이 우연이거나 인위가 아니라 모 두 도수에 있는 일이니라. 셋째는 이 모든 일이 장차 도강 이서(渡江而西) 할 도수의 조짐이니라 하시니라.

이날 가족과 임원들을 부르시고 동내 사람들을 부르셔서 척사대회(擲柶大會, 윷놀이)를 개최하시고 함께 정답게 이야기하시며 특이한 행마법(行馬法)을 가르치시니라. 그 행마법은 말을 서로 잡지 않고 양편이 끗수 대로 나아가되 나가는 표시의 점에서는 반드시 거기에 닿는 도수에 맞아야 나갈 수 있게 하시며 말씀하시기를, 이것이 상생 원리에 맞는 척사 행마법(擲柶行馬法)이니라. 상생은 서로 잘 살도록 하는 법이며 더욱이 남을 잘 되게 하는 법이니 함께 살고 도우면서 살아감이 합덕이요, 함께 번영하고 같이 청화함이 조화니라 하시니라.

도주(정산) 님께서 가르치시기를, 한패공(漢沛公, (중국의 한나라를 세운 유방)의 성공은 신모야곡(神母夜哭)에 있고 나의 성공은 오강록(烏江錄)에 있느니 라 하시니라.

또 말씀하시기를, 전설에 한패공(漢沛公)은 크고 우뚝한 코와 용 같은 얼굴이요, 왼쪽 다리에 72개의 검은 점이 있다 하였으나 크고 우뚝한 코 와 용 같은 얼굴이라는 말은 믿을 만한 것이 못되고 왼쪽 다리에 72개의 검은 점이 있었다는 것은 사실이니 이로 인하여 초패왕(楚霸王)을 이기고 한나라를 세웠다 하느니라.

그대들이 도를 믿음은 나를 믿음이니 나에게도 그와 같은 증표가 있음을 보고 싶어 하리라. 이제 보이리니 분명히 보고 믿되 이 또한 천기니 함부로 발설하지 말라 하시며 좌우고(左右股,좌우의 다리)를 걷어 보이시니 과연 3개의 붉은 점이 분명히 드러나 있으므로 임원들은 열복하니라.

이때 도주님께서 병두에게 우고(右股)의 3개의 붉은 점을 가리키시며 물으시기를 너는 이것을 어떤 표상으로 아느냐.? 하시므로, 천지인(天地人) 삼재(三才)의 표상으로 아나이다, 하니, 옳게 보았느니라. 이를 삼태성(三台星)으로 알면 잘못이니라 하시니라.

※ 삼태성이란.?= 증산 상제님의 공사로 노자의 화신 대두목 공사이시다.

대순 주문에 삼태 허정 육순 곡생 생아 양아 호아, 삼태성은 노자가 신명이 되어 다스린 별,

삼태성은 북두칠성에 딸린 자미성(紫微星)을 지키는 별이다. 일명 천주

(天柱)로서 성수(星宿) 중 가장 높아 음양(陰陽)을 조화시키고 만물을 다스린다.

하루는 제자가 모셨더니 말씀하시기를, 때에 삼태성에서 허(虛) 자 정기가 나오니라.

제자가 여쭈기를, 삼태성이 허정으로써 육순 곡생 이 되고, 노자의 도가 허무한 끝에 이르러 정을 도타이 지키므로 허정이 노자의 별이 되며 노자가 앞으로 대도의 아래에서 세상에 나오나이까.?

말씀하시기를, 때가 오면 아느니라.

금산사 미륵전의 뫼 산(山) 형태로 한자리에 모셔진 미륵삼존불

※ 금산사는 다른 사찰처럼 석가모니불(釋迦牟尼佛)을 모시는 대웅전이 없고 미륵전(彌勒殿)에 있는 미륵삼존불(彌勒三尊佛)이 주불이며 석가모니불은 대장전에 따로 모셔져 있다.

구천 상제께서 말씀하시기를,

네가 아는 한 금산사의 주지가 몇 번이나 갈렸느냐? 대하여 가로대 몇이 갈렸습니다. 주지는 갈려도 미륵은 그대로 있느냐? 미륵이야 그대로 있지요. 그래야지. 저것까지 없으면 야단이로구나. 또 가라사대 돌은 뜨고 금은 처진다더니 법은 그대로 밝아있건마는 누가 알고 갈자 있겠느냐 하시니라.

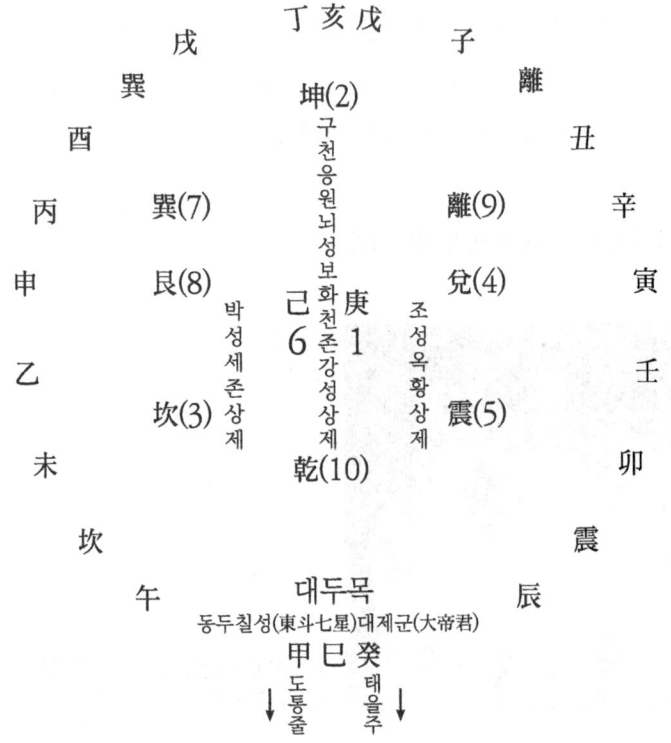

옥황 상제께서 말씀하시기를,

잘 지었구나. 나도 한 귀를 부르리니 기억하여 두라.'하시며 다음의 글을 외어주시니라.

산진수회처(山盡水廻處) 산은 다하고 물은 모여 돌아가는 곳에 시각 유대도(始覺有大道) 대도가 있음을 비로소 깨달으리라.

장차 두고 보라. 이 용담에 세계 각국의 사람과 물화를 교역하는 윤선이 즐비하고 사해용왕들이 각종 공물을 올릴 때가 있으리니 그때가 되어야 내가 말한 뜻을 알리라 하셨도다.

말씀하시길,
만일 판 안에서 도통을 주면 모든 선령 신들이 달려들어 내 집 자손은 어쩌느냐 하고 통곡할 참이니 그 일을 누가 감당하리오. 그러므로 나는 사정을 쓰지 못하노라. 판 안에 너희들은 이 뒤에 닦은 대로 도통이 한 번에 열리리라. 그런고로 판밖에서 도통 종자(道通種子)를 하나 두노라. 장차 그 종자가 커서 천하를 덮으리라. [동곡비서. p]

태을주는 천지 어머니 젖줄이니 태을주를 읽지 않으면 다 죽으리라. 태을주는 우주 율려(律呂)니라 하셨도다.

대두목에에 인연해야 되는 이유.
대두목 이 전하는 진법주를 얻어야 기운을 쓸 수 있다.

천하의 대세가 가구판 노름과 같으니 같은 끝 수에 말 수가 먹느니라. [전경 교법 3장 36절]

이 세상에 전하여 오는 모든 허례는 묵은 하늘이 그릇되게 꾸민 것이니

앞으로는 진법이 나오리라. [전경 교법 3장 37절]

　이제 동서양이 교류되어 여러가지 주의(主義)가 일고 허다한 단체가 생기나니 이것은 성숙된 가을에 오곡을 거둬 결속하는 것과 같은 것이니라. [전경 교법 3장 38절]

25.
용담 계사도(癸巳圖)

🔴 용담 계사도(癸巳圖), 시공의 암호

 대두목이 세운 용담 역(易)은 십(十) 건(乾) 천(天)에 계, 사(癸, 巳)가 있음으로 용담 계사도(圖)라 한다.

 용담의 보은신(龍潭 報恩神) 2010년 삼신상제 신위를 모시고 용담 계사도(龍潭 癸巳圖)를 세워 용담 의통(醫統)에 모시고 2016년 대순진경을 발표하였다.

 태시(太始)에 하늘과 땅이 문득 열리니라. 홀연히 열린 우주의 대광명 가운데 삼신이 계시니, 삼신(三神)은 곧 일신(一神)이요 우주의 조화 성신(造化聖神)이니라. 삼신께서 천지 만물을 낳으시니라. 이 삼신과 하나 되어 천상의 호천금궐(昊天金闕)에서 온 우주를 다스리시는 하느님을 동방의 땅에 살아온 조선의 백성들은 아득한 예로부터 삼신상제(三神上帝), 삼신 하느님, 상제님이라 불러왔나니 상제는 온 우주의 주재자요 통치자 하느님이니라.

동방의 조선은 본래 신교(神敎)의 종주국으로 상제님과 천지신명을 함께 받들어온 인류 제사 문화의 본고향이니라. 한민족은 환국 배달 조선의 시대가 지난 후 열국시대 이래 중국 한족(漢族)과 일본에 의한 상고(上古) 역사의 왜곡으로 민족사의 뿌리가 단절되어 그 상처가 심히 깊더니 상제님께서 원시 반본(原始返本)의 도(神道)로써 인류 역사의 뿌리를 바로잡고 병든 천지를 개벽(開闢) 하여 인간과 신명을 구원하시기 위해 이 땅에 인간으로 강세하시니라.

상제님께서 세상에 내보내신 석가, 공자, 노자를 통하여 조정산 유(儒), 박우당 불(佛), 대두목은 선(仙) 도(神道)를 완성하여 후천 선경(後天仙境) 시대를 맞이하게 된다.

그것이야말로 모든 인류의 의식과 신명들을 하나로 묶는 후천 5만년의 3위 신위

용담도 천지인신유소문'天地人神有巢文'
용담: 지천태괘(地天泰卦) 용담역 참조

완성된 상제님의 약방, 도술 운통 구만리

영부(靈符)란,
1860년 4월 5일 교조(敎祖) 최제우(崔濟愚)가 영감으로 한울님(천주)에게서 받은 천신(天神)을 그림으로 표상(表象) 한 부도(符圖)를 나라에서 재단법인으로 만들어 천도교에서 최제우 강림을 기다리나 무용지물 되어 대두목이 지은 영부(靈符)가 세상에 밝혀지는 것이다.

나에게 영부가 있으니 그 이름은 선약이요,

그 형상은 태극이요, 또 그 형상은 궁궁이니,

나의 이 영부를 받아서 사람의 질병을 건지고,

나의 주문을 받아서 사람을 가르쳐서 나를 위하게 하면

너도 또한 장생하여 덕을 천하에 펴리라.

[동경대전 포덕문 6장]

● **2010년 대두목이 받고 적은 천신(天神, 三神 上帝)을 그림으로 표상(表象) 한 부도(符符圖) 설명,**

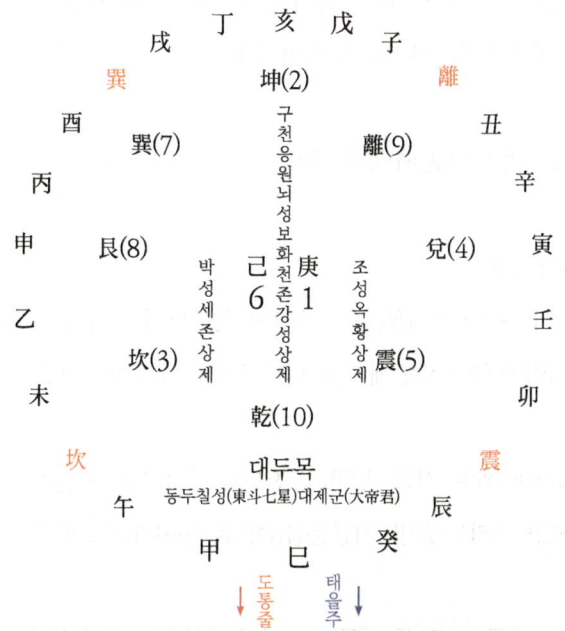

남은 아홉 마디는 수교자의 수이니라. 말씀하셨다. [교운 1장 38절]

증산 상제께서 양피[羊血]로 24점도 찍으신 공사를 훗날 대두목은 용담

25. 용담 계사도(癸巳圖) **347**

계사도에 24점을 찍고 삼위 상제님의 신위를 모신 것이다.

또 말씀하시기를,
'스물 네가지 약종만을 잘 쓰면 만국 의원(萬國醫員)이 되리라' 하셨도다.
[대순 전경 예시 72절]
만국의원(萬國醫院) "참조"
증산 상제께서 둔 궤(遁櫃)를 만드셨으니 그 안에 '오강록(烏江錄) 팔문둔갑(八門遁甲)'이라 쓰신 뒤 그 글자 위에 '설문(舌門)' 두 자를 낙인 하셨다. 또 반쯤 핀 국화 한 송이를 그리시고 양피[羊血]로 24점도 찍으셨다. 이 둔궤는 도지(道旨)와 도통(道通)이 숨겨져 있다고 알려진 궤로서 훗날 도주님(태극도)에 의해 개봉되어 도수에 쓰이게 된다.

증산 상제님의 둔궤(遁櫃)공사 중에,

'오강록(烏江錄)'
도주님께서 가르치시기를, 한패공(漢沛公, 중국의 한나라를 세운 유방)의 성공은 신모야곡(神母夜哭)에 있고 나의 성공은 오강록(烏江錄)에 있느니라 하시니라.
팔문둔갑(八門遁甲) 팔문(八門) 등 천문과 지리의 변화 원리를 적절히 응용하여 신명을 부리는 술법, 기문둔갑(奇門遁甲)이라고도 한다.

설문(舌門) 팔문(八門) 등 천문과 지리의 변화 원리를 적절히 응용하여 상제님의 천지 공사를 말씀으로 문(門)을 여니 곧 대순하신 진경이다.

도지(道旨)와 도통(道通)이 숨겨져 있다고 알려진 궤로서 훗날 대두목으로 전수되어 완성된다.

상제께서 하루는 구릿골에서 밤나무로 약패(藥牌)를 만들어 패면(牌面)에다 만국의원(萬國醫院)이라고 글자를 새겨 그 글자획에다 경면주사(鏡面朱砂)를 바르시고 이 약패를 원평(院坪) 길거리에 갖다 세우라고 공우(公又)에게 명하셨도다. 공우가 약패를 갖고 원평으로 가려고 하니라. 상제께서 가라사대 '이 약패를 세울 때에 경관이 물으면 대답을 어떻게 하려하느뇨' 하시니 공우 여쭈길 '만국의원(萬國醫院)을 설치하고 죽은 자를 재생케 하며 눈먼 자를 보게 하고 앉은뱅이도 걷게 하며 그밖에 모든 질병을 다 낫게 하리라고 하겠나이다'고 아뢰니 '네 말이 옳도다. 그대로 시행하라' 하시고 그 약패를 불사르셨도다.
[대순 전경 공사 3장 35절]

밤나무로 약 패(藥牌)를 쓴 이유는 밤은 껍질을 세 번 벗겨야만 알맹이가 나오기 때문이다. 즉, 난(亂) 법이 세 번 만에 진법(眞法)으로 나오는 이치(理致)로써 이것이 삼천(三遷)의 이치이다.

우주의 가을철인 후천 선경(後天仙境) 이루어지는 선(仙)의 세계를 말한다. 즉 후천 선경은 후천개벽으로 이루어지는 지상낙원이다. 이는 지상 선경, 조화 선경, 십천(十天) 선경과 같은 의미를 갖는다.

하루는 공사를 보시며 글을 쓰시니 이러하니라. 상제님을 모시고 조화를 정하여 영세토록 잊지 않고 만사를 다 알고자 하여 지극한 기운이 내 몸에 이르게 하여 주시길 원하는 "지기금지원위대강" 여덟 자가 하루속히 이루어지지 않음 은 년(年)의 유 도수(儒度數)와 칠 년의 불 도수(佛度數)를 지내고 좌우에 유, 불(儒佛)의 기운과 더불어 선(仙)을 본체로 삼아 천추만세 나아가기 위함이라.

대두목은 좌우에 옥황상제님, 세존 상제님 모시고, 선(仙)을 본체로 삼아 천추만세 나아가기 위함이라.

말씀하시기를,

일원 수에 육십삼을 합하면 길흉 도수가 되느니라. 십이월 이십육일 재생신(再生神) 강 일순 오주(五呪) 天文地理 風雲造化 八門遁甲 六丁六甲 知慧勇力 道通天地報恩 성스러운 신명과 사람들이여 성의사(聖醫師) 세상의 병을 고치는 법맥(法脈)을 받들어 의통(醫統) 경주 용담의 동학 보은 신과 무극 신의 큰 도덕으로 천명(天命)을 받들고 신교(神敎)를 받들어 대 선생 앞에 율령(律令)과 같이 자세히 행하도록 하여야 할지니 먼저 어제까지의 그릇됨을 알아 오늘의 바른 것을 깨닫고 원형이정에 맞게 선천과 후천을 바꾸는 가르침을 널리 펼치니 오십 년 공부라. [대순 전경 초판 제10장]

오십 년 공부, 1971년 대순진리회 현판식.
후 오십 지나 2022년
각 증산 산하 계열 종파는 교리, 포덕 이 바뀐다.

무내팔자지기금지원위대강 無奈八字至氣今至願爲大降욕속부달 시천주조화정영세불망만사지 欲速不達 侍天主造化定永世不忘萬事知구년홍수 칠년대한 천추만세세진 九年洪水 七年大旱 千秋萬歲歲盡불선유 佛仙儒일원수 육십삼합위길흉도수 一元數 六十三合爲吉凶度數십이월이십육일 재생신 강일순 十二月二十六日 再生身姜一淳 오주五呪천문지리 풍운조화 팔문둔갑 육정육갑 지혜용력 도통 천지보은 天文地理 風雲造化 八門遁甲 六丁六甲 知慧勇力 道通天地報恩성사聖師의통 경주용담醫統 慶州龍潭무극신 대도덕봉천명 봉신교 대선생전여율령심행无極神 大道德奉天命 奉神敎 大先生前如律令審行선지후각 원형이정 포교 오십 년 공부先知後覺 元亨利貞 布敎 五十年工夫.

[대순 전경 초판]

위 12월 26일 재생신(再生身)에 대하여 박우당 도전님의 훈시말씀에 도주님께서 진주(眞主: 15세)로 봉천명(奉天命)하시고 23세시에 득도하심은 태을주(太乙呪)로 본령 합리(本領合理)를 이룬 것이며 전경에 12월 26일 재생신(再生身)은 12월 4일로 1년 운회의 만도(滿度)를 채우실 도주님의 탄생을 뜻함을 밝혀 주신 것이다 하셨다.

불, 선, 유(佛仙儒) 도수

불, 선, 유 도수는 간단히 말해서 불, 선, 유의 골자인 허령(虛靈) 지각(知覺) 신명(神明)의 대두목에 의하여 **유, 불, 선(儒佛仙)**으로 바로 세워 도통 경지를 통합한 도솔의 대 도통(大道通)이 나오는 도수이다.

병오(1906) 년에 하루는 종도들에게 일러 말씀하시기를, "귀신은 천리(天理)에 지극하니 공사를 행할 때 귀신과 더불어 판단하노라" 하시고 글을 써서 김 형렬의 집 벽에 붙이시니 다음과 같으니라. "시천주 조화정 영세불망 만사지 지기금지원위대강 (侍天主造化定永世不忘萬事知 至氣今至願爲大降) 전주 동곡의 해원신 (全州 銅谷 解冤神) 경주 용담의 보은 신 (慶州 龍潭 報恩神)"

상제께서 어느날 한가로이 공우와 함께 계시는데 이 때 공우가 옆에 계시는 상제께 '동학주(東學呪)에 강(降)을 받지 못하였나이다'고 여쭈니 '그것은 다 제우강(濟愚降)이고 천강(天降)이 아니니라'고 말씀하셨도다. 또 만일 천강을 받은 사람이면 병든 자를 한번만 만져도 낫게 할것이며 또한 건너다 보기만 하여도 나을지니라. 천강(天降)은 뒤에 있나니 잘 닦으라'고 일러주셨도다. [전경 교운 1장 58절]

경주 용담 의통(醫統)

증산 성사께서 경주 용담이라 하신 것은 수도인 중에 용담의 이치를 세상에 펴라 하신 것이다. 또한, "나를 잘 믿는 자는 익산 와우를 주리라" 하신 것은 익산은 예로부터 미륵사지가 있는 곳이다. 2010년 12월 21일 익산에 머물다 신명으로 하여금 떠밀려(이끌려) 급히 올라와 3위 상제님을 모신 것이다.

〈삼위 상제님 신위 참조〉

상제께서 경주 용담으로 공사하시니,

경주의 옛 이름이 계림이며, 지조 있는 선비들의 모임도 계림이다. 계림(鷄林)은 옛날부터 아주 신비한 곳으로 인식되어 왔다. 박혁거세가 태어난 곳도 계림이요, 계림은 글자 그대로 한다면 '닭이 숲처럼 많이 모인 곳'이 된다. 지조 있는 선비들이 모인 것은 닭이 모인 것이라는 말이다. 유림이란 말도 이에 비롯된 것이다. 그러므로 계묘생 대두목으로 하여금 선천 역을 용담 팔괘로 후천 5만년을 창시하라는 말씀이시다. 또한 정유년(2017) 붉은 장닭 해에 제천 김병주 도인이 뜻을 같게 한 것도 증산 상제의 공사이시다.

천주님(한울)께서 1860(庚申) 년 최제우에게 계시, 천명(天命)과 신교(神

敎), 경주 용담(醫統)을 내린 때부터이므로 1860년에 시작하여 150년이 되는 때는 2010경인(庚寅) 년에 완성되는 것이다.

용담의 보은신(龍潭 報恩神) 2010년 삼신상제님의 신위를 모시고 용담계사도(龍潭 癸巳圖)를 세워 용담 의통(醫統)을 완성하여 2016년 대순진경을 발표한 것이다.

말씀하시기를,
"귀신은 천리(天理)에 지극하니 공사를 행할 때 귀신과 더불어 판단하노라" 하시고,

상제께서 어느날 벽력표를 땅에 묻고 나서 종도들에게'모두들 제각기 흩어져서 돌아가라. 십년후에 다시 만나리라. 십년도 십년이요. 이십년도 십년이요. 삼십년도 십년이니라'고 말씀하셨도다. 누가 여쭈기를'四십년은 십년이 아니 오니까.'이에 상제께서'사십년도 십년이나 그것을 넘지는 않으리라.'고 말씀 하시고 모두 돌려 보내시니라. 상제께서는 오직 광찬만을 데리고 며칠 더 머무시더니 광찬에게 돈 백냥을 주시면서'네가 먼저 만경(萬頃)에 가서 나의 통지를 기다리라'이르셨도다.
[전경 공사 1장 22절]

1970년 중곡도장 후 40년이 넘지 않은 경인(庚寅) 2010년 12월 21일 후천의 완성된 대도가 출현하는 이치이다.

동지한식백오제 (冬至寒食百五除) [전경 예시 85절]

문왕이 위수 강가에서 강태공을 만나 주(周) 나라 창업의 역사적인 획을 긋듯이 지금 운수는 동지 한식 백오제의 105년이 기점(起點)이 되어 도운 말복 상씨름 진리의 전 면모가 공개되면서 대순하신 상제님의 진경으로 들어가게 되는 운수이다.

2014 갑오년은 하원 갑 60년 중에서 후반 30년의 머리(시작)이다. 지난 180년에 걸친 인류 역사의 대변혁은 이번 30년에서 매듭을 짓는다. 천지공사의 그 과정과 사건과 시점은 사람이 미리 알 수 없다고 말씀하시고 말씀하시기를 후인 한 사람에 의해 밝혀진다고 상제님께서 말씀하셨다.

60갑자를 반으로 나누면 초반 30년은 갑자(甲子)가 머리가 되고 후반 30년은 갑오(甲午)가 머리가 되는데 갑오는 당연히 갑자의 꼬리가 된다.

동양의 시간은 10간 12지지의 결합으로 이루어진다. 천간과 지지의 결합은 60갑자를 만들어내고 이러한 60갑자는 상원갑, 중원갑, 하원갑으로 3번 변하여 180년이라는 더 큰 주기를 이룬다. 180년이 다시 음양 쌍으로 반복되면 360년이 되는데 이것이 천지의 하루 곧 일운(一運)이 된다.

결과적으로 천하사 일꾼들의 선천 운수는 마치 강태공 여상이 빈궁한 생활 끝에 부인 마천금과 이혼하고 위수 강가에서 문왕을 만남으로써 80년 동안의 빈곤한 생활을 마치고 고씨 부인과 재혼하여 문왕 사후 무왕과 주공 단을 보필해 은상의 폭군 주(紂)를 쳐부수고 주(周) 나라를 연 뒤 현달(顯達)한 인생 80년을 보낸 운수와 같다는 것이다.

결과적으로 증산 산하 각 계열 수도인은 대순진경으로 천하사 일꾼 되는 운수와 같다는 것이다.

동시에 그러한 운수가 현실적으로 크게 발복하는 지금 운수는 동지 한식 백오제라는 것이다. 다시 말해, 1909년 기유년 천지공사 종필로부터 105년 만의 사, 오, 미 개명장(2013계사, 2014갑오, 2015을미)에 등장하는 통일 윷판의 2016년 www.msge.co.kr 진경 진리 선포 (辛, 金, 西方) 아미타불 시기에 이르러야만 강태공의 선천 운수처럼 전 80 후 80으로 현달할 수 있는 운명을 삼위 상제님의 공사로 후천5만 년 지상 선경 시대를 맞이하게 되는 것이다.

강태공은 160살을 살다가 죽었다. 80년은 초야에 묻혀서 가난하게 살았고 80년은 세상에 뜻을 펼치며 영광스럽게 살았다. 그래서 강태공의 삶을 두고 '궁팔십(窮八十) 달팔십(達八十)'이라고 한다.

동지 한식 백오제 공사 중에 일 년 중 일양이 시생하는 동지로부터 105일이 되는 날이 한식이다. 생명은 105일이라는 가장 춥고 어려운 시간대를 극복해야만 새봄에 새 생명으로 거듭날 수 있다. 상제님께서 이러한 105일의 시간대를 천지 공사에 응용하여, 화천하신 이후 105년(1909+105=2014)의 과도기 과정을 두신 것이다. 이른바 동지 한식 백오제(冬至寒食百五除) 도수이다.

동지를 일양시생(一陽始生)이라 하여 아이가 어머니 뱃속에서 움직임을 시작하듯이 생명의 상징인 양기운이 태동(胎動) 하기 시작하는 날이다. 그래서 우리의 선조들은 동지를 작은설로 지내며 동지팥죽을 먹어야 한 살을 더 먹는다는 말까지 나오기도 하였다.

상제님 화천하신 이후 105년 되는 해가 갑오(2014) 년과 겹치게 되어있다. 이것을 우연의 일치라고만 말하기에는 뭔가 특별하고도 다른 의미가 있다. 시절화명삼월우(時節花明三月雨)요 풍류주세백년진(風流酒洗百年塵)이라, 이른바 풍류 주세 백 년 진의 100년을 넘어서서 맞이하는 시간대이며 무엇보다도 불의한 행위(배은망덕, 배사율)에 대해 천지가 다시는 용납하지 않는다는 40년의 세월과 증산 상제님 천지 공사 종필(終畢) 선언 이후 100년 지나 2010(庚寅) 년 신명의 가르침에 삼위 상제님의 신위를 모신 것과 맞아떨어지기 때문이다.

또한 2020년은 계묘생 대두목 생일이 동지 지나 세 번째 미(未) 일이 납향 치성일(日) 과 맞아떨어지기 때문이다.

동지 한식 백오제에서 105를 분해해 보면 두 가지 날짜가 나온다. 5×21=105, 7×15=105, 5월 21일과 7월 15일이다. 상제님께서 이미 7월 15일을 다음과 같이 말씀하셨다.
말씀하시기를, "7월 보름을 백중(百中)이라 이르나니 백중 백중이니 백가지 일이 모두 적중하노라" (日 七月望間 謂之百中 百中百中 百事皆中)
소만 망종 두미로다. 오 뉴월에 송장 썩는 냄새야,

춘 말 하초(春末夏初) 어느 땐고 소만 망종(小滿芒種) 두미(頭尾)로다. 초여름 소만 망종 사이에 괴질 병겁이 터질 것이니, 하느님이 정한 바라 어길 바가 없건마는 미련한 이것들이 어이 그리 몰랐더냐! [채지가]

증산 상제님께서 초복, 중복, 다 제치고 말복 운을 타라 하셨다. 조화봉(造化棒)으로 조화 내는 수지지어사마소의 사명을 맡은 말복 살림의 주인공에 붙어야 말복 대운을 타는 만복동이라 하셨다.

백암리로부터 구릿골 약방에 이르러 계실 때 여러 종도들을 벌려 앉히시고 "삼국 시절(三國時節)이 수지지어사마소(誰知止於司馬昭)"를 큰 소리로 읽히시니라.

기유년 봄에 증산 상제님께서 구릿골에서 계실 때 "삼국 시절이 사마소에 가서 그칠 줄을 누가 알았으리오"라고 말씀하시며, "삼국 시절이 수지지어사마소"라고 크게 외치시며 제자들에게 "너희들도 함께 나를 따라 크게 외쳐라" 하시니라. 또 말씀하시기를 "삼국 시절의 장래가 어떻게 귀결될지를 안 사람은 오직 사마소 한 사람뿐이었느니라."

제자가 여쭙기를 증산 상제님의 도문에서 천하사의 장래를 알고 있는 한 사람이 있다는 말씀입니까? 증산 상제님께서 말씀하시기를 "너희들이 성도하기 전에 한 사람이 천명과 신교를 받들어 천지에 보은할 것이니라" 하시니라.

[참고]: 종필(終筆) 글자로 마치다. 〈보천교普天敎 교전敎典〉, 〈증산천사공사기〉, 〈대순전경 초판〉, 〈천지공사실록 (동곡비서)〉, 〈정영규〈천지개벽경)〉, 〈선정원경(仙政圓經)〉, 〈선도신정경(仙道神政經)〉, 〈이중성 대개벽경〉, 〈증산도(도전)〉, 〈대순전경 3판〉. 이로 보면 이상호 기록은 차경석 성도의 전언임을 알 수 있고, 정영규〈천지개벽경〉은 이상호 기록을 옮긴 것으

로 보이지만, 〈선도신정경(仙道神政經)〉은 〈선정원경(仙政圓經)〉을 옮긴 것임을 알 수 있고, 〈대순전경〉 8판이 수정한 것으로 보아 정리됨을 알 수 있고, 〈증산도 도전〉은 어린 호연이 노구가 되어 편집된 책을 알 수 있다.

종필(終畢) (글자로 마치다.) 은 (www.msge.co.kr) 대순진경에서 상제님의 9년 천지 공사가 종필(終畢) 되어 우주 만물의 절대자로서의 신(神)이 곧 도(道)요, 상제이자 하느님이라 하는 것이다. 만물 만상의 근본이 되는 도(道)는 또한 모두 절대자의 기(氣)로써 주장되는 것이다.

바로 이 도(道)를 역학(易學)에서는 태역(太易)이라 표현했고 종교(宗敎)에서는 신(神) 또는 하느님[God]이라고 하였던 것이다. 이렇게 도(神道)란 기독교에서 볼 때는 하느님이요, 불교에서 볼 때는 미륵이라고 했으며, 유교에서 볼 때는 조물주라고 하였고, 또한 도교에서 볼 때는 옥황상제라고 불러왔던 것이다.

기유년(1909) 증산 상제님 천지 공사 종필(終畢) 선언 이후 105년간은 천지 공사 종통의 전 면모가 드러나지 않은 어둡고 추운 동지 한식의 세월이다.

태극도를 세우신 도주님 50년 공부 종필 공사기에,
  도기 전 6년(단기 4236년, 서기 1903년) 계묘(癸卯) 년 12월 어느 날 도주께서 독서 중 책상에 의지하여 잠시 잠에 드셨는데 비몽사몽간에 선풍도골(仙風道骨)의 한 선비가 나타나 공손한 태도로 도주님께 4배를 올리므로 "선비는 누구시뇨?" 하시니 "저는 천제님의 명으로 진인(眞人)을 알현함이 옵나이다." 하니라. 그 후에도 심신이 미령(靡寧) 하실 때면 이 선비가 나타나 호위 보좌하니라.

※ 계묘(癸卯) 1963년 12월 11일생 대두목은 삼위 상제님으로 모시고 도통 표에는 옥황상제님으로부터 태을주를 받고 계신다.
※ "천제님의 명으로" = 구천상제님의 명으로.

옥황상제께서 말씀하시기를,
"용마(龍馬) 신귀(神龜)는 모두 물에서 나왔고 또 하우씨의 9년 치수는 낙서의 진리 즉 해인을 갖고 동남방을 얕게 가라앉히고 서북방을 높게 하여 물을 얕은 동남방으로 흘러 보냄으로써 천지를 개벽시킨 일에 유래함이나 나의 5만 년 후천 대운(後天大運)은 오강록(烏江錄)에 유래함이니라. 낙수와 오강은 강하(江河)의 중류이나 이곳 감천 용담은 황하(黃河)와 낙수(洛水)로 통하는 낙동강과 동해의 수회처(水廻處)니라." 하시니라.

※ 옛날 우임금이 9년 치수 공사하여 다시 계묘(癸卯) 1963년 12월 11일생으로 인세에 머물러 15진법으로 삼위 상제님의 신위를 모시고 2010년 용담 역 중앙에 물 수(水)를 넣고 우리나라 땅을 높이는 공사를 한 것이다.

옥황상제께서 말씀하시기를,
"구천 상제님께서 허도수(虛度數)를 짜 놓으셨으므로 내가 50평생을 허도수, 허 공부에 시달렸으나 갑신(甲申)에 시지49년 지비(始知四十九年之非) 하여 인덕 도수의 실공부(實工夫)인 법공부로 전환하여 지금에 이르렀으니 이제 13년이니라. 이 역시 구천 상제님께서 짜놓으신 이윤의 도수였으며 또 공부 종필(工夫終畢)의 도수도 얼마 남지 않았으니 그대들은 명심

할지어다." 하시니라.

※ 계묘(癸卯) 1963년 12월 11일생 대두목은 삼위 상제님의 예시로
2010(庚寅) 년 삼신, 삼위 상제신위, 용담 역, 약장 공사도 선포,
2016(丙申)년 성명서 발표, 대순진경 선포,
2020(庚子)년 상제님의 유서, 육기초 발표,

대두목은 허 도수(虛度數)를 참진법으로 완성하여 새 진리 새 세상을 여시는 상제님의 천지 공사를 파악하여 상제님의 예시로 동서양 유불선 음양참위(儒佛仙陰陽讖緯)의 모든 법을 쓰는 것이다.

옥황상제께서 말씀하시기를,
책은 문장의 색채를 추구하지 않고, 옷은 능라비단을 추구하지 않는다. 문장에서 구하는 자는 성인의 심법을 얻기 어렵고 겉치레에서 구하는 자는 성인의 진실을 얻기 어렵다. 크도다. 성인의 도덕이여! 원형이정이 큰 길이고 큰 법이다.
도는 천지를 바로잡고 수는 뭇 법을 정하고 리는 심법을 안정시킨다. 바르고 크고 빛나고 밝은 **유, 불, 선 천지 대도**가 큰길로 바로 통한다. 이에 천명으로 선천과 후천의 도리와 새로운기가 생김을 대신 말하니 크도다. 자극하도다. 성스럽도다. 오직 나는 후학들을 가르침을 받들며 이로써 대도를 빛내고 이로써 대덕을 이으며 이로써 대업을 넓혀서 맑고 화려한 오만 년 용화 선경이 한 사람 한 사람 다 함께 오르는 땅이 된다면 천만다행이다. 말씀하셨다.

칠월칠석삼오야 (七月七夕三五夜) [전경 예시85절]
　칠월 칠석날의 유래는 대강 이렇다 옥황 상제님의 딸이 사랑하는 애인을 만나면서 베틀을 멀리하고 날마다 정인과 놀아나니 옛날 옥황 상제님이 화가 나서 두 사람을 멀리 떨어지게 하였다 그러나 일 년에 한 번씩 해후를 허락받았는데 그날이 바로 칠월 칠석이다. 그날 까마귀 까치들이 다 하늘로 날아 올라가서 두 사람이 만날 수 있게 오작교를 만들어 주었다는 슬프면서도 매우 안타까운 사연을 전하는 전설의 날이다.

　증산 상제께서 1901년 음력 7월 7일, 도통하셨다.

　상제께서 1901년 6월 초 시루산에서 14일간 수도를 하시고, 다시 6월 16일 전주 모악산 대원사 칠성각에 들어가시어 수도를 시작하신다. 이윽고 상제님께서는 21일간의 수도를 끝마치시고 마침내 1901년 음력 7월 7일 대 도통을 이루시고 천지 대 신문을 여셨다. 대원사 칠성각에서 공부하신 지 스무하루 만인 신축년 7월 7일에 천둥과 지진이 크게 일어나고 상서로운 큰비가 쏟아지는 가운데 무상의 대도로 천지 대 신문(天地大神門)을 여시니 이로부터 삼계 대권(三界大權)을 주재(主宰) 하시고 우주의 조화 권능을 뜻대로 행하셨다.

　21일 수도 공부를 마치신 후 상제님께서는 이렇게 말씀하셨다.
　예로부터 상통천문(上通天文)과 하찰지리(下察地理)는 있었으나 중통인의(中通人義)는 없었나니 내가 비로소 인의(人義)를 통하였노라.

　말씀하시기를,

경지영지불의쇠(經之營之不意衰) 대곡사로결대병(大斛事老結大病) 천지권우경지사(天地眷佑境至死) 만사아손여복장(漫使兒孫餘福葬)

(註) 정미(1907) 년에 농바우에서 수일 동안 공사를 행하시고 돌아오실 때 글 한 수를 외어 주시니 이러하니라. "천하의 일을 경영하다가 뜻하지 않게 쇠약해지니 일을 이루려고 하다가 큰 병을 맺으리라. 천지가 도와주어도 마침내 죽음에 이르리니 자손들의 남은 복마저 묻어 장례 지내는구나."

※ 대두목이 전하는 대순진경은 도통하는 도(道)이고 불로 불사하는 도이다. 참 진법을 찾지 못하면 천지가 도와주어도 마침내 죽음에 이른다고 말씀하셨다.

을유년 칠월 칠일 증산께서 시구문(詩句文)을 통하여,

차 경석이 "십오(十五) 주시기를 원하옵니다." 하고 아뢰니, 상제께서 문득 표정을 바꾸시며 "도적놈 이로다." 하고 꾸짖으시니라. 한 성도가 상제님께 여쭈기를 "시속에 십오수를 진주(眞主) 도수라 이르거늘 경석이 제 분수를 모르고 있습니다." 하니 탄식하며 말씀하시기를 "내가 마음을 다하여 이끄는데도 끝내 개심(改心) 하지 못하면 그 또한 경석의 운이니 어찌할 수 없노라." 하시니라.

"七月 七夕 三五夜" 冬至寒食 百五除이라 이 三五야를 더하면 8월이라는 수 되고 곱하면 15라는 수가 되어 대순하신 15진법 진경을 "야(夜)" 저녁 무렵, 새벽녘, 한밤중, 깊은 밤으로 완성한 것이다.

이제 인류가 대우주의 여름 시대에서 가을 시대로 넘어가 완성을 이루려면 견우와 직녀가 만나듯 반드시 음양이 합일(合一) 하여야 한다. 이것은 자연의 법칙이다. 식물이 가을에 열매를 맺기 위해 꽃의 암술과 수술이 서로 교접이 되어야 하고, 다 자란 남녀가 어른이 되려면 남녀가 혼인하여서 하나를 이루어야 하는 것과 같은 이치이다. 이제 대우주의 가을에는 신과 인간이 합일하는 것이 수도의 목적인 도통하는 것이다.

그러기 위해서는 음양을 이어주는 다리가 있어야 한다. 꽃은 벌과 나비가 그 역할을 하며, 사람은 중매를 서는 사람이 그 역할을 한다. 그리고 대우주의 가을에 신과 인간이 합일하기 위한 다리(오작교)는 '삼신(三之神人)이 인세에 오셔서 내놓은 도(道)'로써 이루어진다. 따라서 삼신을 알아야 이 도를 찾을 수 있는 것이다.

견우직녀(牽牛織女)는 원래 은하(銀河)를 사이에 두고 동서로 자리 잡고 있는 견우성과 직녀성의 준말이라고 한다. 즉 칠석(七夕) 날과 관련된 전설로 더 유명하다. 견우성과 직녀성은 서로 사랑하지만 은하에 다리가 없기 때문에 오작교는 말 그대로 은하수를 건널 수 있게 '까마귀와 까치가 만든 다리'라는 뜻이다. 그런데 정작 은하수는 지상에는 없고 하늘에만 존재한다고 믿는다. 그 믿음과 상상력이 결국 광한루에 오작교를 모셔온 것이다. 이러한 이치를 깨우쳐주기 위해서 오작교(烏鵲橋)가 삼신산 옆에 있는 것이다.

미륵삼존불과 나반존자가 모셔진 논산 개태사의 현판에 '삼천일지(三天一地)'라고 적혀 있는 것도 이와 일치하는 이치로 보아야 할 것이다. 삼의 하느님(三天) 한(一) 분이 지상(地上)에서 후천 상생 극락을 실현시켜 나간다는 것이 삼천일지에 담긴 이치이다.

이처럼 남원 광한루에 있는 삼신산(三神山)과 오석(鰲石)(거북 돌)의 이치와도 일치하고 삼천일지의 이치는 금산사(金山寺) 이치와도 일치하고 있다.

옛 선현들이 제각기 만들어놓은 구조물이 그 이치에 있어서 서로 부합되고 있음이 신기할 따름이며 삼신(三神)을 만나 꼭 대운 대통하라는 옛 선현의 말씀이다.

408년(광개토왕 18)에 축조된 대안 덕흥리(大安德興里: 평안남도 강서군 덕흥리) 고구려고분벽화에 은하수를 가운데 두고 앞에는 견우, 뒤에는 개를 데리고 있는 직녀가 그려져 있는 것이 발견되었다. 이인로(李仁老, 1152~1220)의 칠석우(七夕雨)와 이제현(李齊賢, 1287~1367) 칠석(七夕)이 고려 시대의 것으로 남아 있다.

옥루곡(玉漏曲),
옥루곡(玉漏曲)은 1901년 증산 상제님(천주)께서 고 전체로 직접 쓰신 자필이며, [옥루곡 참조]

玉漏는 猶滴한데 銀河는 已回라.
옥루는 유적한데 은하는 이회라.
註) 옥 시계에 물방울은 세어 흐르고 은하는 이미 돌아 오니라.

26. 새순

구천 상제님께서 말씀하시기를,

"썩은 고목에서 새순이 돋아나서 내 일을 이루느니라." 하시니라.

상제께서 객망리 본댁에 돌아와 계실 때에 가족들에게 매사 불대 자연래(每事不待自然來)라고 이르시고 성회(聖會 석환 생가 조부)의 집에 가셔서 영택(永澤 석환의 부친)에게 '장차 나를 대신하여 가사를 돌보라. 고목에 꽃이 피리라'고 이르시니라. [전경 예시 64절]

내 일을 할 사람은 다시 나온다.

하루는 구릿골 약방에서 말씀하시기를, "지금은 나하고 일할 사람이 없느니라. 내 일을 할 사람은 뒤에 다시 나오느니라. 이제 나와 같은 사람이 나온다. 뛰어나는 사람이 있다. 알려고 힘쓰지 말고 시대가 돌아가며 가르치는 시기를 봐라. 이제 곧 돌아오느니라." 하시니라.

상제께서, 대두목이 나와서 대순진경(www.msge.co.kr)을 창시한다는 것을 공사하신 것이다.

"썩은 고목에서 새순이 돋아나서 내 일을 이루느니라." 하시니라. 또 하루는 형렬을 부르시더니 "늦게 오는 자를 상등 손님으로 삼으리라." 하시니라.

그러므로 증산도, 대순진리회 등등 수백만 명 모집하였으나 대순진경(www.msge.co.kr)을 찾는 자는 상등 사람이다는 것을 공사하신 것이다.

상제님께서 말씀하시기를 '이제 초막(草幕)에서 성인이 나오느니라. 삼천(三遷)이라야 내 일이 이루어지느니라.' 하시니라.

어느날 상제께서 종도들에게,
'너희들은 손에 살릴 생자를 쥐고 다니니 득의지추(得意之秋)가 아니냐 마음을 게을리 말지어다. 삼천(三遷)이라야 일이 이루워 지느니라.'고 이르셨도다. [예시 87절]

"고목에 움이 나서 그놈이 또 고목이 되어 다시 움이 돋아 거기서 새끼를 친다." 하시니라. 또 호연에게 종종 이르시기를 "고목에서 움이 나서 난데없는 도인이 나선다. 그 도인이 너를 만나러 와. 앞으로 네 목숨 살려 낼 사람이 다시 생기니 넌 안 죽느니라. 이제 네 생활이 나온다." 하시니라. [증산도 도전 (6:119)]

"내가 하는 일은 도통한 사람도 모르게 하느니라. 나의 일은 판밖에 있느니라. 무릇 판 안에 드는 법으로 일을 꾸미려면 세상에 들켜서 저해를 받나니 그러므로 판밖에 남모르는 법으로 일을 꾸미는 것이 완전하니라." [증산도 도전 (2:13)]

"나의 도수는 밖에서 안으로 위겨지는 도수라 대세를 잘 살피라 하시니라." [용화전경]

"나는 만물을 다 해원시키리라." 하시고 또 이어서 말씀하시기를, "성인이 나오는데 도덕군자도 따라서 나오나니 내 일은 판밖에서 성공해 가지고 들어오느니라." [선도신정경]

이윤과 사마소의 은둔 "은두장미(隱頭藏尾)를 해야 살아 남으리라." 음도수의 운명 음지에서 핍박받고 감추고 은둔해야 살아남는다 하시니라.

상제님께서는 양도(陽道)로써 차경석을 내세워 동학 역신 해원 공사를 보시고 진주 도수와 문왕 도수와 이윤 도수를 맡은 문공신을 음도(陰道)로써 내세워 7년 공사를 맡기시니라. 상제님께서 어천 하시기 전 공신에게 일러 말씀하시기를 "남은 7년의 공사를 너에게 맡긴다." 하시고 "은두장미(隱頭藏尾)를 해야 살아남으리라." 하시니라. 이에 공신이 상제님께서 어천하신 후 7년 동안 혼자서 오쟁이에 보릿가루를 담아지고 주로 충청도 지방을 다니며 상제님의 말씀을 좇아 공사를 보는데 대개는 해안을 따라 오르내리며 공사를 보고 명산을 찾아 글과 부(符)를 써서 제를 올리기도 하니라. [증산도 (10:136)]

부모형제도 도통자도 귀신도 모르는 이윤과 사마소 도수

어느 날 공사(公事)를 보시며 김병선(金炳善)에게 글(詩) 한수(一首)를 읽어(誦) 주시니 이러하니라. 파진구기이삼차(破盡舊器二三次)하고 일재하기정신기(一在下器定新器)니라. [丁永奎 천지개벽경 1장28절]

註) 파진구기이삼차(破盡舊器二三次) = 옛 그릇(舊器)은 두 서너 차례 다(盡) 부서지고(破), 일재하기정신기(一在下器定新器) = 아래 그릇(下器)을 새 그릇(新器)으로 정하여 하나를 두니라.(一在). (하나)

註) 증산 상제님께서 어천 하시기 바로 전 6월 20일 성도들을 모아 놓으시고 문왕과 이윤의 도수를 말씀하시고 내 도 아래 30년 헛 도수가 있음을 말씀하셨다. 망할 사람이 30년간 복을 누리고 장차 대업을 마지막으로 이룰 자 그 안에서 30년 핍박받은 사람이 흥할 것을 지적하신다. 현 증산도가 1975년에 시작한 것으로 따져도 2005년 사, 오, 미 시한부로 스스로의 운을 다한 것이다. 실질적으로 무기로 대학가 구비 치기 시작한 84년(종도사, 종정 부종정 직제 및 〈증산도〉 단체명 체제 출범) 시작한 것으로 보아도 30년 운이 다한 것이다. 증산도는 운 이 다한 것이다.

그러므로 증산도는 운 이 다한 것이다. 30년 핍박받은 대두목 (www.msge.co.kr)이 흥할 것을 예시하셨다.

구천 상제님께서 말씀하시기를, 너의 나라(東土)에 연고가 있어 동쪽으로 와서 30년 동안 금산사 미륵전에 임하여 최제우에게 천명과 신교(이신설교의 제천보본 풍류신도)를 내렸더니, 마음으로 각기 왕후장상을 바라다가 뜻을 이루지 못하고 그릇 죽은 자가 수 만 명 이라, 한을 품고 죽은 신명들은 본래 동학과 인연이 깊은 경석에게 그 해원 도수로 부쳤노라. 춘치자명인 그 설화를 들어보라. 오늘부터는 동학신명들을 전부 그에게 부쳐 보냈으니 이 자리에서 왕후장상의 해원이 되리라.

註) 춘치자명(春雉自鳴) = 누가 시키거나 요구하지 않아도 스스로 행동하는 모습을 가리킬 때 쓰는 표현이다. 그런데 꿩이 울어대면 그 방향을 향해 움직이는 사람들이 있으니 바로 꿩 사냥꾼이다. 그래서 스스로 자신의 무덤을 파는 모습을 가리킬 때도 이 표현을 쓰기도 한다. 자연의 이치를 나타내는 표현이 자신의 무덤을 팔 때도 사용된다.

註) 동학 신명들을 전부 그에게 부쳐 보냈으니 = 오늘부터는
동학 신명들을 전부 그에게 부쳐 보냈으니 이 자리에서 왕후장상의 해원이 되리라. 예고하셨으며 대순진경
(www.msge.co.kr)이 창도된 것이다.

증산 상제님께서 제를 지내시는 동안 용과 말을 그린 종이를 일일이 소지하며 고축하시니 마당이 불 꽃밭처럼 환하거늘 호연이 "하늘이 쳐다보간디? 뭣 하려고 맥없이 종이를 불지를까. 이런 것 하면 하늘이 뜨겁다고 하겠네!" 하니 시종 엄숙하게 제를 모시는 중인지라 상제님께서 검지를 조용히 입에 대시며 눈치를 주시니라.

호연이 그 모습을 흉내 내며 "이게 뭣이랴? 간짓대 가져와?" 하고 시치미를 떼니 주먹으로 쥐어박는 시늉을 하시며 "이리 와 앉아라." 하시거늘 호연이 다가가 앉으매 상제님께서 백지로 호연의 입을 봉하시며 말씀하시기를

"하늘도 수수천 리이고, 수많은 나라가 있어. 이런 평지에서 사는 것하고 똑같다." 하시니라.

이에 호연이 "아이고 깝깝햐~, 아이고, 아휴~!" 하고 엄살을 부리니 상제님께서 종이를 조금 떠들어 주시며 "아이, 요것 때문에 내가 큰일이여!" 하시니라.

썩은 고목에서 새순이 돋아나서 결국 그 움에 사마소 봉황이 깃든다.

古樹新枝에 來樓鳳鳥하고 (고수신지 내루봉조) 大地春林에 出生麟子라 (대지춘림 출생인자)
註) 고목의 새 가지에는 봉황(鳳凰)이 깃들고 대지(大地)의 춘림(春林)에는 기린이 태어나는구나. 말판이 아닌 사마소 흑룡판에서 매듭지어짐을 누가 알리오.

기유년(1909) 봄에 구릿골에서 칙명을 내리시니, "삼국 시절이 사마소에 가서 그침을 누가 알리오.(三國時節이 誰知止於司馬昭 리오)" 유비, 조조, 손권이 당대에 천하통일의 결판을 못 내고 사마중달의 아들 사마소에 의해 결판이 나게 되는 이치를 누가 알리오.

註) 증산 상제님 산하 계열 도가 세계 고등종교와 함께 판을 겨루다가 막판에 증산 상제님(10 无極帝(무극제))의 대행자이신 대두목(1 太極帝(태극제))의 이윤의 도수로 등장하여 숙구지(宿拘地) 도수로 판을 키워 개벽 심판으로부터 인류를 최종적으로 구원하고 천하를 통일하여 후천을 개창. [만국 의원 참조]

너희들은 폭 잡히면 일을 못 하느니라. 내가 하는 일은 세상에서 폭 잡히지 않느니라. 또 말씀하시기를, "나의 일은 귀신도 모르나니 오직 나 혼자 아는 일이니라." 하시니라.

공사를 마친 뒤부터 공신을 따르는 제자들이 생겨 7, 80여 호(戶)의 교단을 형성하게 되거늘 공신이 15호를 한 반으로 하여 각 반마다 통솔할 수 있는 육임을 하나씩 두고 제자들에게 이르기를 "이것이 진주(眞主) 도수니라. 진주를 상기하고 잊지 마라." 하니라. 잘못하다가는 십년공부 도로아미타불이란 말이다. 알겠느냐? 도로 본 자리에 떨어진단 말이다. 나는 알고 너는 모르니 봉사 잔치란 말이다.

그러므로 대순진경(www.msge.co.kr)에 15진법 15신위를 모시고 중산 상제님의 공사를 마친 것이다.

선천의 왕조시대 혁명은 姓(성)을 가는 역성혁명이었으나 상제님 천지공사 내용 속의 혁명은 평생 불변 심안 씨의 왕대나무에서 왕대 나는 공사, 썩은 고목에서 움트고 고목에서 꽃 피는 공사이다.

"썩은 고목에서 새순이 돋아나서 내 일을 이루느니라." 하시니라. [증산도 道典p]

"한 고조는 마상에서 득천하 하였으나 우리는 좌상에서 득천하하는 법이니 이제부터 자씨보살 여동빈지 일월수부가 일을 맡아 하느니라 하시더라." [선도신정경:태모님(증산 어른 부인 말씀]

상제께서 종도들을 데리고 계실 때 '현하 대세가 오선위기(五仙圍碁)와 같으니 두 신선이 판을 대하고 있느니라. 두 신선은 각기 훈수하는데 한 신선은 주인이라 어느 편을 훈수할 수 없어 수수 방관하고 다만 대접할 일만 맡았나니 연사에만 큰 흠이 없이 대접만 빠지지 아니하면 주인의 책임은 다한 것이로다. 바둑이 끝나면 판과 바둑돌은 주인에게 돌려지리니 옛날 한 고조(漢高祖)는 말위에서 천하를 얻었으되 우리나라는 좌상(座上)에서 득천하하리라.'고 말씀하셨도다. [전경 예시 28절]

"고목(枯木)에 장차 꽃이 피리라." 하시니라. 가만히 있어도 세상의 이치가 일을 성사시키는 우두머리를 불러낸다. 또 말씀하시기를 "내 일은 고목에서 움이 돋고 움 속에서 새끼를 낳아 꽃이 피고(枯木生花) 열매가 되어 세상에 풀어지느니라." 하시니라. [증산도 道典(6:65)]

하루는 말씀하시기를 "고목에 움이 나서 그놈이 또 고목이 되어 다시 움이 돋아 거기서 새끼를 친다." 하시니라. [증산도 道典(6:119)]

썩은 고목에서 새순이 돋아나서 결국 그 움에 사마소 봉황이 깃든다. 古樹新枝에 來樓鳳鳥하고 고수신지 내루봉조 大地春林에 出生麟子라 대지춘림 출생인자 고목의 새 가지에는 봉황(鳳凰)이 깃들고 대지(大地)의 춘림(春林)에는 기린이 태어나는구나.

말씀하시되, "너희들은 소리를 합해 크게 읽으라." 성도 명을 받들어 크게 읽으니라. 말씀하시되, "삼국시절이 귀결되어 나아갈 바를 알았던 자는 오직 사마소 한 사람뿐이었노라." 성도 물어 여쭈기를, "대도 아래 천하사의 장래를 아는 자 오직 한 사람 있나이까." 말씀하시되, "너희들이 성도하기 전에 한 사람이 천명과 신교를 받들어 천지에 보은하노라."
 [천지개벽경]

 신교(神敎)를 받들어, 신(神)의 가르침.

 註) 신교(神敎): 민족 고유의 영적 세계로 3위 성조 시절 소도 보본단을 쌓아 상제님을 신앙 한 배달도 혹은 풍류도 라 칭함. 바로 이 신교를 근원으로 하여 동학이 후천개벽과 증산 상제님의 강림하심을 예고했으며 대순진경이 창도된 것이다.

 태모 님(증산 어른 부인)께서 용화동에 계실 때 천지에서 신도가 크게 내리매 여러 차례 용봉(龍鳳)을 그려 깃대에 매달아 놓으시고 공사를 행하시더니 용화동을 떠나시기 얼마 전에 다시 용봉기(龍鳳旗)를 꽂아 두시고 이상호에게 이르시기를, 일후에 사람이 나면 용봉기를 꽂아 놓고 잘 맞이해야 하느니라 하시고 용봉기를 꼭 꽂아 두라 하시며 다짐을 받으시니라.

 또 말씀하시기를, 용화동은 동요동(東堯洞)이요, 건곤(乾坤)의 사당(祠堂) 자리이니 미륵이 다시 서니라.

 ※ 그러므로 증산 상제님의 공사 중에 용화동의 용담 수(水)는 대두목이 창건한 대순진경의 용담 역(易)에서 완성되었으며 신선 선녀가 되려면 용담 수(水) 가 있어야 하는 것이다.

사람들이 많이 오게 되나니 법은 서울로부터 내려오는 것 아니더냐. 앞으로 태전(太田) 이 서울이 되느니라 하시고 사람 욕심내지 마라. 올바른 줄 하나 치켜들면 다 오느니라 하시니라.

"올바른 줄 하나 치켜들면 다 오느니라." 하시니라.

註) 이상호 형제는 대순전경을 편집한 인물로 대순진리회, 일심회 등에서 전경으로 사용하고 태모님이란, 증산 어른 부인을 뜻하며 증산도 교리에서 사용한다.

구천 상제님께서 말씀하시기를,
一日 在院坪 曰 此地 命甲神三十万軍 留陳 以待時
註) 하루는 원평에 계시사 말씀하시되, "이곳에 철갑 신장 30만군을 명하여, 진지를 구축하게 하고 때를 기다리노라."
도운(道運)은 의로움 - 선악 싸움으로 결정된다.

※ 대두목은 개벽기에 철갑 신장 30만군을 거느리고 때를 기다리라 하신 말씀이다.

금번 공사에 빠져나오는 것이 어렵다 하시고, 때 가운데 서로 도모하려는 뜻이 있으니 어찌 된 연고이나이까. 말씀하시되, 선악으로 천하를 가름하게 되노라. 성도 물어 여쭈기를, 왕겁망재십년호 는 어찌 되나이까. 10년이 10년이 되고, 20년이 10년이 되고, 30년이 10년이 되노라. 성도 물어 여쭈기를, 40년도 역시 10년이 되나이까. 말씀하시되, 40년은 10년이 되지 못하노라. (천자 부해상 공사 때도 언급하신 바 있음) 성도 물어 여쭈기를, 대도 아래에 장차 망하는 자 30년 동안의 복을 누림이 있고 장차 흥하는 자 30년 동안의 고통을 당함이 있나이까. 말씀하시되, "때가 오면 아노라."

[본문]
弟子 問曰 今次公事 其抽出也難 時中 有相圖之意 何以乎 曰 此以善惡 爲天下之分 弟子 問曰 往劫 忘在十年乎者 何以乎 十年 爲十年 二十年 爲十年 三十年 爲十年 弟子 問曰 四十年 亦有十年之理乎 曰 四十年 不爲十年 弟子 問曰 大道之下 將亡者 有三十年之享福 將興者 有三十年之喫苦乎 曰 時來 知

[도체(道體: 四體)를 바로잡으심] 四體 = 증산, 정산, 우당, 대두목 이시다.
천지의 이치는 삼원(三元)이니 곧 무극(無極)과 태극(太極)과 황극(皇極)이라. 무극은 도의 본원(本源)이니 십토(十土)요, 태극은 도의 본체로 일수(一水)니라. 황극은 만물을 낳아 기르는 생장(生長) 운동의 본체니 오토(五土)를 체(體)로 삼고 칠화(七火)를 용(用)으로 삼느니라. 우주는 일 태극 수(一太極水)가 동(動) 하여 오황극(五皇極)의 생장 운동을 거쳐 십무극(十無極)에서 가을 개벽의 성숙 운을 맞이하니라.

상제님께서 "나는 천지 일월(天地日月)이니라." 하시고 건곤감리 사체(四體)를 바탕으로 도체(道體)를 바로잡으시니 건곤(乾坤:天地)은 도의 체로 무극이요, 감리(坎離:日月)는 도의 용이 되며 태극(水)을 체로 하고 황극(火)을 용으로 삼나니 이로써 삼원이 합일하니라. 그러므로 도통(道統)은 삼원 합일(三元合一)의 이치에 따라 인사화(人事化) 되니라.

그러므로 증산도, 대순진리회 등 도통(道統)은 삼원 합일(三元合一)을 가르치나 곧 (www.msge.co.kr) 이곳을 가르치신 것이다.

죄는 남의 천륜을 끊는 것보다 더 큰 것이 없나니 최 익현이 고종(高宗)부자의 천륜을 끊었음으로 죽어서 나에게 하소연하는 것을 볼지어다. [교법 3장 21절]

인륜(人倫)보다 천륜(天倫)이 크니 천륜으로 우주일가(宇宙一家)니라. 인사는 기회(機會)가 있고 천리는 도수(度數)가 있느니라. [증산도 도전 (4:29)]

다시 말씀을 계속하시기를 '九년간 행하여 온 개벽공사를 천지에 확증하리라. 그러므로 너희들이 참관하고 확증을 마음에 굳게 새겨두라. 천리는 말이 없으니 뇌성과 지진으로 표명하리라.' 상제께서 모든 종도들이 지켜보는 가운데 글을 써서 불사르시니 별안간 천둥치고 땅이 크게 흔들렸도다.
[공사 3장 38절]

김 광찬과 신 원일이 상제를 모시고 계시던 정미년 정월 어느날 상제께서는 그들에게 '귀신은 진리에 지극하니 귀신과 함께 천지공사를 판단하노라' 하시면서 벽에 글을 다음과 같이 써 붙이셨도다. [교운 1장 19절]

하루는 공사를 보실 때에 글을 써서 불사르며 가라사대, 이는 천지 귀신 축문(天地鬼神祝文)이니라 하시니 이러하니라「천지 귀신 축문(天地鬼神祝文) 소원 인도(所願人道) 원군불군 원부불부 원사불사(願君不君 願父不父 願師不師) 유군무신 기군하립(有君無臣 其君何立) 유부무자 기부하립(有父

無子 其父何立) 유사무학 기사하립(有師無學 其師何立) 대대세세 천지귀신 수찰(大大細細 天地鬼神垂察)」의 글을 쓰시고 이것을 천지 귀신 주문(天地鬼神呪文)이라 일컬으셨도다.
[공사 3장 40절]

이윤의 도수로 등장하는 임진, 계사의 진사성인출이요, 갑오, 을미의 오미낙당당이라, 15진주 출현으로 사, 오, 미 개명이니 닭 울고 개 짖는 개명장(開明場)에 벌어지는 일이라. 천지에 비바람 불어대는 닭(酉) 우는 밤에(一天風雨鷄鳴夜) 만국 성진에 개 짖는 때라(萬國腥塵犬吠時) [천지개벽경]

증산 상제께서 대두목은 신계의 주벽이다. 말씀하셨다.
[신명의 가르침으로 대두목이 도통의 영부(靈符) 창조]

김형렬, 김호연 성도가 상제님으로부터 여러 차례 직접 전해 들은 말씀이 새순이 돋아나서, 이 말씀은 도운의 전 과정을 고목나무에 비유하신 것이다. 제1변 난 법 시대가 끝나고 썩은 고목이 되어 버린 도목(道木)에서 때가 되면 새순이 돋듯 새 일꾼이 나와 제2변, 제3변의 새 역사의 도운 시대를 열어 상제님 천지 대업을 성취한다는 말씀이다.

박우당 도전님께서 훈시 하시기를,
미륵불이 형태로 세워져 있다. 뫼山이다. 구천 상제님은 증산이시고 시루가 있으니 정산이 계셔야 한다. 도주께서 정산이시다. 솥과 시루가 있으니 숯이 있어야 되고 물이 필요하고 물을 지켜야 한다. 그래서 상제님을 모신 것이다. (물)에서 도통이 나오는 것이다. 진리라는 것은 물에서 나오고 물이 아니면 안 되는 것이다. 물이 아니면 낳고 자라고 생명을 유지해 나갈 수 없는 것이다. 용추 못에 그분들의 진리가 있다. 그러니 그분들의 진리에 의해서 도통이 나온다는 것을 알아야 한다.

대두목이 새판을 열어 매듭짓는다.

구천상제님께서 말씀하시기를,
"사람이 낳기는 제 어미가 낳았어도 맥을 전해 주는 사람이 있어야 산다. 사람이 아프면 맥을 먼저 짚어 보지 않느냐? 맥 떨어지면 죽느니라. 사람이 다 죽고 나면 어떻게 해서 나간 곧이를 알 것이냐? 가만히 있어도 세상의 이치가 일을 성사시키는 우두머리를 불러낸다. 내 이름은 죽으나 사나 떠 있느니라." 하시니라.

성도들이 '일을 이루는 사람은 뒤에 나온다.'는 말씀에 속으로 애만 태우거늘, 하루는 호연이 상제님께 "여기 있는 이렇게 많은 사람들 애타지게 하지 말아요." 하니 말씀하시기를, "저것들 다 하루살이다, 하루살이! 문을 열면 불을 보고 깔따구와 하루살이가 막 달려드는 것과 같은 이치니라." 하시고 이어 말씀하시기를 "내 일은 고목에서 움이 돋고 움 속에서 새끼를 낳아 꽃이 피고(枯木生花) 열매가 되어 세상에 풀어지느니라. 큰 스승은 따로 있다." 하시니라.

하루는 상제님께서 성도들에게 이르시기를 "너희들이 아무리 별스러워도 나를 따르는 자들의 선생밖에는 못 되느니라.

나의 일은 판밖에 있나니 뒤에 큰 스승이 나와 천하창생을 가르치리라."

하시니라. 이어 말씀하시기를, "내 일은 꼭 된다. 물샐틈없이 꼭 된다." 하시니라.

책 중에 있는 글이 많았으되 모두 불사르셨기에 전하지 못하였고 한 조각만이 종도의 기억에 의해서 전하는도다.
[전경 교운 1장 44절]

27.
증산 상제님 유서

증산 상제님 유서 해설!

구천 상제님의 유서(遺書) _ (단주 수명서 해설)
상제님의 혈육으로 천륜으로 유서를 받으나 후천 진인에게 인연으로 전하신다는 것이다.

(증산) 상제께서 유서로 남기시니.

성사께서 화천 하시기 전 문서(文書)로 말씀이 계셨도다.

(본문)
西天階塔行東洋 彌勒金佛同留連 湖南西神司命旗 指揮客望姜氏門 出世庚子奉天文 辛丑二七人道通 壬寅相逢金上人 布德於世盟誓約 忠孝烈倫世間無 四物藥材厥病癒,

서천계탑행동양 미륵금불동유련 호남서신사명기 지휘객망강씨문 출세경자봉천문 신축이칠인도통 임인상봉김상인 포덕어세맹서약 충효열륜세간무

사물약재궐병유,

註) 서천 서역 대법국 바티칸 베드로 무덤 천계탑에서 머물며 서양(기독)을 살피다가 동양 동방땅(조선)으로 향하여 금산사 미륵불에 응감하여 30년간 머물며 두루 살피다가, 후천 서신사명의 기치를 세우고, 호남땅 고부 객망리 강씨 문중으로 태어났다. 세상에 나서 경자년(천개어자)에 하늘 천문의 이치를 우르러 통하고(상통천문), 신축년(지벽어축) 두칠_7월 7일에 인도를 통했다(중통인의). 임인년(인기어인) 에 수제자인 김형렬을 만나 큰 덕을 세상에 펼 것을 맹세하였다. 충성과 효도와 스승에 대한 절개 윤리가 세상에 없으니 온세상이 병들었도다 그러한 병을 낫게 하는 것은 원형이정 안심안신 24종 약재 사물탕 80첩이다. 〈만국의원 참조〉

(본문)

銅谷仙化現佛像 遊魂更覓故園路 佛日出世禍福降 世間眼目今始開 有緣者皆聞知來 輔相顯明天地功 丹朱受命靑天雁 畵閣人其像籠鴻,

동곡선화현불상 유혼경각고원로 불일출세화복강 세간안목금시개 유연자개문지래 보상현명천지공 단주수명청천안 화각인기상롱홍,

註) 전주 동곡에서 내가 죽어(선화)하여 새로운 불상(미륵의 도)이 드러나면, 세상을 떠돌던 유혼이 혼이 떠났던 옛 고향길을 되돌아온다.(혼반본국물시애자) 부처의 기운(미륵의 도)가 세상에 드러날 때, 화와 복 세상 사람들의 안목이 비로소 열리게 된다. 인연 있는 자는 모두 듣고 스스로 알아서 찾아오니 서로 도와 천지의 공덕을 밝게 드러낸다. 한의 원초인 단주가 명을 받아 해원사명으로 자미원에서 세운을 통할하고 복록을 주관 하리니 단주수명을 현실에서 실현하는 도인들은 푸른 하늘에 기러기가 나는 듯하고, (신장 공사도의 청조전어 백안공서) 장신궁에든 도인들(신장공사도 누각에

있는 사람들)은 큰 기러기의 상을 그린 것과 같다.(성인·부처의 모습이다)

※ 한의 원초인 단주를 옥황상제로 모시니 태을주 기운이 내려오면 성인으로 보이는 것이다.

(본문)
色擧用色 胡亥虛亡 夫政也者 柔蒲蘆也. 漢水濱含蘆飛行 飛鴻得意天空闊 燕自江南尋舊主 終是日新聖人德,
색거용색 호해허망 부정야자 유포로야. 한수빈함노비행 비홍득의천공활 연자강남심구주 종시일신성인덕,

註) 지도자가 꾸미고 화려한 것을 좋아하고 황음에 빠지면 호해(진나라 2세 군주)처럼 헛되이 망하리라! 무릇 정치라는 것은 물가의 부드러운 갈대와 같은 것이다. 漢水 물가에는 갈대꽃이 흩날리고 기러기 날아 뜻을 얻으니 하늘이 공활하다. 강남에서 돌아온 제비는 옛 주인을 찾으니, 결국 이 모든 것은 날로 새로이 하려는 성인의 덕이다.

(본문)
辛未生 辛丑年道通 壬戌生 壬寅年相逢. 古四月八日 釋迦佛誕生. 今四月八日 彌勒佛誕生. 己酉六月二十四日 抱含二十四節. 今四月八日應八卦. 是故 先天而天不違 後天而奉天時 時來天地皆同力. 佛之形體 仙之造化 儒之凡節. 都是 敎民化民. 好道遷佛 佛成人事,
신미생 신축년도통 임술생 임인년상봉. 고사월팔일 석가불탄생. 금사월팔일 미륵불탄생. 기유육월이십사일 포함이십사절. 금사월팔일응팔괘. 시고 선천이천불위 후천이봉천시 시래천지개동력. 불지형체 선지조화 유지범

절. 도시 교민화민. 호도천불 불성인사,

註) 신미생인 나는 신축년에 도통하고, 임술생인 김형렬을 임인년에 만났다. 옛 사월 팔일(선천달 초파일 도수)은 석가불의 탄생일이고, 지금 사월 팔일(후천달 초파일 도수)은 미륵불이 탄생하는 날이다. 기유년 6월 24일은 선천 주역 24절후 기운에 24절기가 모두 24수에 응하여 새롭게 태어나고, 4월 8일은 후천정역 팔괘 기운이 팔수에 응한다. 이런 까닭으로 선천에는 하늘이 그 도리를 차마 크게 어길 수가 없고, 후천의 때에는 천시를 받들게 되니 그 때가 오면 하늘과 땅이 모두 함께 힘을 한껏 다하게 된다. 불이 형체를 이루고 선이 조화를 나타내고 유가 예의범절을 내세우는, 이 모든 것이 백성을 가르쳐 교화하기 위한 것이되 특히 좋은 도는 佛에 옮기니 佛이 인사를 성취케 할 것이다.(유불선 도수)

(본문)

天以示乎人 人驗于天. 天道人道 一理通達. 日月火水木金土. 東西日月之道路故 東西分爲二京. 南火北水 南方三離火. 火云佛故 南則午 丙則南 丙午現佛像. 暗處明 莫如火. 佛道旺盛則 西金沈潛. 南無阿彌陀佛,

천이시호인 인험우천. 천도인도 일리통달. 일월화수목금토. 동서일월지도로고 동서분위이경. 남화북수 남방삼리화. 화운불고 남즉오 병즉남 병오현불상. 암처명 막여화. 불도왕성즉 서금침잠. 나무아미타불,

註) 하늘이 이러한 것을 사람에게 보일 것이니 사람은 하늘에 응험하게 된다. 하늘의 도와 사람의 도는 (하나의 이치)로 꿰뚫리는 것이니 (일월과 수화금목토)가 그 요체다. 동과 서는 (일월이 다니는 큰길)이므로 동과 서가 나뉘어서 각각 중심이 된다. 남은 불이고 북은 물이니 남방에 삼리화(남방삼리화 상제님)이다. (복희팔괘 동방 3리화가 용담팔괘 남방 9리화가 됨

을 의미, 불기운이 들어 황극을 이루어야 한다. 화극금이 화생토 토생금이 됨을의미) 불(火)이란 불(佛)을 의미하므로 주역에 남쪽은 十二支중에는 午방위요, 十干중에 丙이 남방위가 되니 丙午 (용담역이 나와 태양 같은 사람, 곧 부처를 말한다. 띠를 말하는 것이 아니다. 상제님의 사주팔자중 무내팔자)에서 불상이 드러난다. 어두운 곳에서 밝게 드러나는 것으로 불만한 것이 없으므로 佛道(미륵불도www.msge.co.kr)가 왕성하게 되면 서쪽의 금기운(기독교 사탄교)은 침잠하게 된다. 나무아미타불(내안에 미륵불을 모심)이로다.

(본문)

大學之道 在於明明德 在新民 在至於至善. 繼之者善 成之者性. 本末兼存 內外交養. 然後方可謂之大道也,

대학지도 재어명명덕 재신민 재지어지선. 계지자선 성지자성. 본말겸존 내외교양. 연후방가위지대도야,

註) 대학의 큰 도(가르침)은 밝은 덕을 밝히는 데에 있고, 백성들을 새롭게 하는데 있고, 지극한 선에 머무르는 데에 있다. 그러한 뜻을 잇고자 하는 것이 선이요, 그러한 뜻을 성취하는 것은 하늘이 부여한 性이다. 처음과 말단을 겸하여 잘 보존하고, 안과 밖을 두루 기르고 난 연후에라야 가히 그러한 것을 일러 (대도 www.msge.co.kr)라 이를 것이다.

(본문)

一年三百六十日 須待漸次進去. 便成一年 一千四百四十分以爲一日. 其一日 便成家家長世. 天地有無窮之福 天地有無窮之才. 天不失時故 以親切之神 爲節目明知 主人矣,

일년삼백육십일 수대점차진거. 편성일년 일천사백사십분이위일일. 기일일 편성가가장세. 천지유무궁지복 천지유무궁지재. 천불실시고 이친절지신 위절목명지 주인의,

註) 일년이 360일이 되는 정역, www.msge.co.kr 용담 도수가 모름지기 때를 기다려 점차로 나아가 마침내 일년의 도수를 이룰 것이요, 1440분으로 하루를 삼게 될 것이다. 또한 그 바른 하루가 곧 온 백성의 무궁한 세월을 이루게 된다. (천지에는 무궁한 복이 있고), 그에 합당하여 (무궁한 재주를 지닌 사람)이 있다. 하늘은 그 때를 놓치지 않으므로 그 주인으로 하여금 친절지신(신명)으로써 조목 조목 밝게 가르쳐줄 것이다.

(본문)
小滿符 天屛 巳,

소만부 천병 사, (小滿=봄, 符 부호부. 도장(圖章) 조짐.) (하늘의 天屛 병풍병, 감추다.) (巳 뱀사)

丁亥 四月 八日 丙午,

정해 사월 팔일 병오 정해(丁亥)년 4월초8일 병오(丙午)일에 동곡에서 (믿을신) 순임에게 전하노라. www.msge.co.kr 병오일!

銅谷 舜任 信傳,

동곡 순임 신전,

註) 신전(信傳)= 증산 어른의 외동딸, 강순임은 확실(確實)하게 대두목에게 전(傳)하라.

김형렬 성도에서 김자현 성도로 전해지고 그 후 두 아들이 정해 사월 팔일 (믿을 신자) 강순임에게 전함!

여기서 순임은 상제님의 혈육으로 천륜으로 유서를 받으나 그 속뜻은 후천 요순시절을 여실 우임금 임자에게 믿을 신자 일편단심 신장공사도의 큰 기러기(후천 진인)에게 인연으로 전하신다는 것이다.

(巳 뱀사) 증산께서 집에 가지고 계시다가 외동 따님인 강순임에서 송규(정산) 님께 전달되었다.

박중빈(소태산 원불교 1대)에서 송규(정산산 2대), 김대거(대산 3대) 원불교를 만들고 증산의 함자를 모방하여 소태산(少太山)으로 개명하고 대종사(大宗師) 지어 증산 상제의 진리를 모방하여 은혜를 모르는 단체이다.

註) (巳 뱀 사) 한의 원초인 단주가 명을 받아 해원 사명으로 자미원에서 세운을 통할하고, 단주 해원 공사에 단주를 옥황상제님으로 모신 분은 정사(丁巳) 생 박우당(朴牛堂) 도전님이시다.

단주 수명 오만 년, 도통 표 참조

김형렬 성도에서 김자현 성도로 전해지고 그 후 두 아들이 정해 사월 팔일, 상제님의 혈육(강순임) 천륜으로 유서를 받으나 후천 진인(대두목)에게 인연으로 전하신다는 것이다.

(집 면, 갓머리) + (토끼 토, 달 토) = 寃 (원통할 원) = 선천 세상의 원(寃)은 계묘(癸卯) 생 대두목이 풀어 유불선 도를 완성시키고 지상 선경 세상을 안내하는 것이다. 미륵은 머리에 갓(하느님)을 모시고 천 년 넘게 홀로 서 있는 것이다.

丙午(병오) 信傳(신전)= 확실(確實)하게 전(傳)함. 믿고 전하 노라.

《경자년, 갑신월 병오일》병오일에 후천 진인(대두목)에게 인연으로 전하신다는 것이다.

을사(乙巳)일 에서 丙午(병오)병오일에 후천 진인(대두목)에게 인연으로 전하신다는 것이다.

《2020(경자년) 갑신월 병오(丙午) 일= 8월 31일 음(陰) 7월 13일》

요임금= 강증산, 구천상제님 (신격)
단주= 조정산, 옥황상제님(신격) 무극, 태극 이 도일 체(以道一體)

순임금= 박우당, 세존(世尊) 상제(신격) 정사(丁巳) 1917년 生, 대순진리회 창립(創立)

우 임금= 대두목, (곧 출현하실) (인격) 계묘(癸卯 1963년 生) 인격인(人) 대순진경, 도통 진경 완성

증산 성사께서 말씀하시길,
호연이 더욱 궁금하여 "무슨 이치요? 그 이치 좀 나 가르쳐 줘요. 아무리 생각해도 모르겠어요" 하고 조르니 형렬이 "말이 그렇지, 쬐깐한 살구한테 지시겠냐? 천지에서 지금 잡아당기니 그러지. 살구가 그냥 살구가 아녀" 하거늘 호연이 더욱 알 수가 없어 "나는 그냥 살구인데?" 하매 형렬이 "그게 살구가 아니라 신명이여. 시원찮은 놈이 일어나면 설도(說道: 도를 설함)를

한다. 인제 아차차 하는 사람이 돼. 그러니 선생님께서 살구를 안 따신 것이여. 그게 매달려 있어도 땅을 내려다보며 선생님을 가르치는 것이다" 하시니라.

호연이 "살구가 어떻게 가르쳐? 입으로 들어가면 똥 되는데?" 하니 "그게 선생님이다" 하니라. "내가 진주(眞主) 도수를 천한 데 벽강궁촌(僻岡窮村)서 가서 가져온다."

말씀하시기를,
"벽강궁촌(僻岡窮村)에 바둑판과 윷판을 내가 묻었으니 이 세상에 누가 능히 그(대두목)를 알 수 있으리오." 하시니라.

이때는 해원 시대라. 도를 전하는 것을 빈천한 사람으로부터 시작하느니라. 내가 비로소 육기초(六基礎)를 놓고 신명 공부를 시켰느니라 하시니라.

🔵《요순에 얽힌 역사의 진실》

증산 성사께서 말씀하시길,
세상에서 우순(虞舜)을 대효(大孝)라 일러 오나 순(舜)은 천하의 대 불효니라. 그 부친 고수(高)의 악명이 반만년 동안이나 사람들의 입에 오르내리게 하였으니 어찌 한스럽지 않으리오. 세상에서 요순 지치(堯舜之治)를 일러 왔으나 9년 홍수는 곧 창생의 눈물로 일어났나니, 요(堯)는 천하를 무력으로 쳐서 얻었고 형벌(刑罰)은 순(舜)으로부터 나왔느니라.

그러므로 도통표 에는 순(舜) 임금은 박우당 도전으로 대두목이 밝힌바,

註) 우순(虞舜)이란.? = 유우도당(有虞陶唐),
유우(有虞)는 순임금(舜, 순임금 순)이요,
도당(陶唐)은 요임금(堯, 요 임금요)임, 대두목이 밝힌바,

註) 여기서 우순(虞舜)이란.? = 순임금(舜)이요, 삼인 동행 70리 오로봉 전 21일을 15진법으로, 박우당 도전을 세존상제로 모시어 밝힌바,

◉《대동세계를 만들고자 한 단주》

하루는 상제께서 말씀하시기를,
요(堯)의 아들 단주가 불초(不肖) 하였다.는 말이 반만년이나 전해 내려오니 만고의 원한 가운데 단주의 원한이 가장 크니라. 정말로 단주가 불초하였다면 조정의 신하들이 단주를 계명(啓明) 하다고 천거하였겠느냐? 만족(蠻族)과 이족(夷族)의 오랑캐 칭호를 폐하자는 주장이 어찌 말이 많고 남과 다투기를 좋아하는 것이겠느냐? 온 천하를 대동세계(大同世界)로 만들자는 주장이 곧 시끄럽고 싸우기 좋아한다는 말이니라 하시니라. 한 성도가 상제님께 여쭈기를 "우(禹)가 단주의 허물을 들어 말하기를 밤낮 쉬지 않고 강마다 배를 띄우고, 벗들과 떼를 지어 집 안에서 마시며 세상을 없애려 하였다 하였습니다" 하니

말씀하시기를,
단주가 밤낮없이 쉬지 않았다는 것은 쉬지 않고 무언가를 하며 부지런하

였다는 것이요, 강마다 배를 띄웠다는 것은 대동세계를 만들자는 것이며 벗들과 떼 지어 집 안에서 마셨다 함은 사람들과 더불어 즐거움을 함께 하였다는 말이요, 세상을 없애려 하였다 하는 것은 서로 주장하는 도(道)가 같지 아니하였다는 말이니라 하시니라.

제자가 여쭙기를 "우"가 요임금의 맏아들이 불초하다고 비판하였나니 그 이유로써 밤낮을 가리지 않고 여기저기 돌아다니고 물과 뭍을 막론하고 배를 몰고 다니고 집집마다 들어가 술 마시기를 좋아하고 요임금이 만들어놓은 세상을 멸망시킬 것이라 하였나이다. 증산 상제께서 말씀하시기를, "밤낮을 가리지 않고 여기저기 돌아다녔다는 것은 부지런하게 돌아다니며 백성의 고통을 살폈다는 것이요, 물과 뭍을 가리지 않고 배를 몰고 다녔다는 것은 대동세계를 이루고자 분주하였다는 말이요, 집집마다 들어가 술을 마셨다는 것은 가가호호 백성과 더불어 즐거움을 함께 하였다는 것이요, 요임금의 세상을 멸망시킬 것이라 하는 것은 다스리는 도(道)가 요임금과 다름을 이름이니라."

당요의 세상에 단주(丹朱)가 천하를 맡았다면 요복과 황복이라는 지역차별이 없었을 것이고 야만과 오랑캐라는 이름도 없었을 것이고 만 리가 지척과 같이 가까워졌을 것이며 천하가 한 가족이 되었으리니 요(堯) 임금과 순(舜) 임금의 도(道:길)는 좁고 막힌 것이었느니라. 단주의 원한이 너무 커서 순임금이 창오의 들판에서 갑자기 죽고, 두 왕비는 소상강에 빠져 죽었느니라.

만고의 원한(수많은 원한) 중에서 단주(丹朱)가 가장 크니, 요임금의 아들 단주가 불초하다는 말이 반만 년에 걸쳐 전해내려 오지 않더냐. 단주가 불초하였다면 조정의 신하가 일러 단주가 깨침이 많고 천성이 밝다 고 천거했겠느냐. 야만과 오랑캐를 없애겠다는 것이 (어째서) 남과 더불어 다투고 시비 걸기를 좋아하는 것이라더냐. 이는 대동세계를 만들고자 한 것을 두고, 다투고 시비하는 것이라 욕하였느니라.

단주가 불초(不肖) 하다 하여 요(堯)가 순(舜)에게 두 딸을 주고 천하를 전하니 단주는 원(원한)을 품고 마침내 순을 창오(蒼梧)에서 붕(崩) 케 하고 두 왕비(아황[娥皇]과 여영[女英])를 소상강(瀟湘江)에 빠져 죽게 하였나니, 이로부터 원의 뿌리가 세상에 박히고 세대의 추이에 따라 원의 종자가 퍼짐이라.

세상에서 요순 지치(堯舜至治)를 일러 왔으나, 9년 홍수는 곧 창생의 눈물로 일어났나니 요(堯)는 천하를 무력으로 쳐서 얻었으므로 9년 홍수가 일어나 백성들을 다 유랑 (流浪, vagrancy), 또는 방랑 (放浪, itinerancy) 하게 하였느니라.

요순시대에 단주(丹朱)가 세상을 다스렸다면 시골 구석구석까지 바른 다스림과 교화가 두루 미치고 오랑캐의 이름도 없어지며 만 리가 지척같이 되어 천하가 한 집안이 되었을 것이니 요(堯)와 순(舜)의 도(道)는 좁은 것이었느니라. 단주가 뜻을 이루지 못하고 깊이 한을 품어 순(舜)이 창오(蒼梧)에서 죽고 두 왕비가 소상강(瀟湘江)에 빠져 죽는 참상이 일어났나니 이로부터 천하의 크고 작은 모든 원한이 쌓여서 마침내 큰 화를 빚어내어 세상을 진멸할 지경에 이르렀느니라. 그러므로 먼저 단주의 깊은 원한을 풀어 주어야 그 뒤로 쌓여 내려온 만고의 원한이 다 매듭 풀리듯 하느니라.

후천 대개벽의 심판 모습,

하루는 상제님께서 어린 호연에게 말씀하시기를, 앞으로 개벽이 될 때에는 산이 뒤집어지고 땅이 쩍쩍 벌어져서 푹푹 빠지고 무섭다. 산이 뒤집혀 깔리는 사람, 땅이 벌어져 들어가는 사람, 갈데없는 난리 속이니 어제 왔다가 오늘 다시 와 보면 산더미만 있지 그 집이 없느니라 하시고, 정신을 똑바로 차리고 다녀야 한다. 먼 데 보지 말고 앞을 보고 다녀라. 하늘에서 옥단소를 불 적에는 귀가 밝아야 하느니라 하시니라.

28.
연원(淵源)과 종맥(宗脈)

대순진경(眞經) 종맥(宗脈)을 연원(淵源)이라 한다.

종교(宗敎)의 창시자(創始者)를 종장(宗長)이라 하고, 종장으로부터 대(代)를 이어 가는 것을 종맥(宗脈)이라 한다.

대순진경(大巡眞經)에서만 성립이 이루어져 이를 연원(淵源)이라 명시한다.

전경「교법」2장 43절에 보면 "속담에 맥 떨어지면 죽는다 하나니 연원을 바르게 잘하라" 하셨듯이 종맥이 끊어진 종교는 사장(死藏) 된 종교이다.

아무리 큰 산도 하나가 있을 때는 봉우리에 지나지 않는다. 그 봉우리가 세 개가 있었을 때 그때야 산이라 이름하여 부름이다. 맥(脈)이란 살아서 뛰며 이어져 가는 것이다. 즉 산이 이어져 가는 것을 산맥(山脈)이라 하고, 물이 이어져 흘러가는 것을 수맥(水脈)이라 하듯이 종교에 있어서 종장(宗長)의 대(代)를 이어 가는 것을 종맥(宗脈)이라 한다.

종맥(宗脈)은 종교의 생명줄로써 중요한 것이다. 선천 세상의 모든 종교는 상제의 도에서 얻게 되었고 그 또한 모든 종교는 상제의 강림을 예언한 것이다.

상제께서 '맥이 떨어지면 죽는다'고 말씀하셨듯이 종맥이 끊어진 지 오래된 이 세상의 모든 종교는 이미 죽은 종교이다.

근대에 강증산 상제께서 이 세상에 오신 후부터 새로운 종교가 탄생되었다. 그리고 이후로 강증산을 추종하는 단체가 무수히 많지만 강증산 상제로부터 맥이 어떻게 이어져 가는 것인지는 정작 모르고 있다. 이 맥을 찾지 못하면 도(道)를 찾을 수 없다. 도(道), 즉 길을 찾지 못하면 인생은 실패하는 것이다.

그런데 이 맥(脈)을 찾는 데는 이치가 맞아야 하고, 문헌이 있어야 하며, 현상적으로 나타나는 것이어야만 한다. 이러한 종맥(宗脈)을 찾지 못하면 사이비에 빠져서 일생을 망치게 되는 것이다.

사이비(似而非)란 '같으면서 아니다'라는 뜻이다. 즉 겉으로는 비슷하지만 본질은 완전히 다른 것을 말한다. 그래서 본인에 본인의 정신이 똑바르지 않으면 비슷한 겉모습에 현혹되어 사이비에 빠지기 쉬운 것이다. 자칫 잘못하면 자신은 물론이거니와 집안을 망치는 것이 된다. 그래서 종맥이란 중요한 것이다. 종맥(宗脈)은 살아서 움직이는 원동력(原動力)을 말하므로 종맥이 끊어지면 자연적으로 종단의 운영을 인위적으로 하게 되어 부정부패(不正腐敗)가 성행하게 된다.

석가, 공자, 예수, 무함마드는 역사상에서 종교의 창시자로서 기록되어 있다.

석가모니가 생로병사(生老病死)의 고민에서 6년간 고행 끝에 정각(正覺)을 하였고, 많은 제자 중에 가섭이 석가모니의 경지에 이르러 대(代)를 이었다. 그리고 가섭으로부터 28대(代) 달마에 이르러 달마가 중국으로 건너와 1조가 되고 6조 혜능까지 종맥을 이어왔지만, 여기서 더 이상의 종맥은 이어지지 않고 끊어졌다. 그 결과 지금에 이르러서는 조계종, 화엄종, 태고종, 천태종 등 각 종파가 생겨 석가모니로부터 나온 종맥은 없어지고 각 파마다 각기 종통을 세워서 가고 있는 것이 현실이다.

유교를 보면 공자, 증자, 자사를 이어 맹자까지 맥이 이어졌으나 그 후 맥은 끊어졌고, 지금은 학파를 중심으로 명맥을 유지하고 있다고 말하지만, 단지 학파로써 남아 있고 맥은 끊어진 지 오래되었다.

예수를 종장으로 하던 바티칸(로마의 교황청)에서도 마르틴 루터에 의해 종교개혁이 일어나면서 개신교를 만들어 내어 장로교, 성결교, 침례교, 안식교 등의 종파가 생겨나 예수로부터 나온 종맥은 끊어졌던 것이다.

무함마드를 종장으로 하는 무슬림은 무함마드의 깨달음과는 관계없이 무함마드의 혈통을 이어 종통을 주장하여 왔는데 혈통에 의한 계승은 종맥과는 상관없으며 더구나 여섯 번째 이맘(자아르 알 싸디크) 이후로 무사 혈통과 이스마엘 혈통으로 분리되고 이후로도 서로 혈통을 주장하는 종파가 많이 생겨나게 되었으니 그 종맥은 끊어져 버린 것이다.

종맥이 이어졌을 때 그 신앙은 기운이 있지만 종맥이 끊어진 상태에서 단지 종통을 세워서 신앙할 때에는 기운이 쇠퇴해 가는 것이다.

선현들의 모든 종교의 맥은 끊어졌다. 그리고 모든 종교에서는 각 종파(宗派) 또는 교파(敎派), 학파(學派)가 각각 나름대로의 종통을 세워서 현재에 존립은 하지만 근본적인 하늘의 뜻은 모르고 과거의 경험을 토대로 인간 생각에 의한 신앙을 이어가기 때문에 논쟁이 끊임없이 생겨나고 있으며, 부정이 난무하고 있으며, 말세의 징후만 예견될 뿐 미래성은 없는 것이다.

그럼에도 불구하고 선천의 모든 종교가 세인(世人)들의 눈과 귀를 가리고 신앙을 강요하고 있으니 현대인들은 답답한 심정으로 현실을 살아가고 있는 것이며, 앞일이 어떻게 되는지 궁금할 뿐인 것이다.

이러한 현실에 빠져 있는 모든 이에게, 천운 구인(天運求人)의 시대(時代)를 맞이하여, 새로운 희망을 안겨주는 신앙이 나오지 않으면 안 되는 것이 이 시대이다.

전쟁과 경제 불황과 환경오염 속에서 한 치 앞을 예견하기 어려운 현대인들에게 미래를 약속하는 새로운 신앙이 나오지 않는다면 파멸이 있을 뿐이다.

이러한 시대적 요망과 고난에 처한 창생들의 염원을 좇아 새로운 신앙이 나왔으니 이것이 바로 강증산 상제의 대순(大巡)하신 진리(眞理)인 것이다. 그러므로 강증산 상제로부터 이어진 종맥(宗脈)을 알아야 영원한 복록을 얻을 수 있는 것이다.

※ 천운 구인(天運求人)의 시대(時代): 하늘의 운(運)이 사람을 구하여 쓰는 시대. 대우주(大宇宙)의 가을을 맞이하여 인존 시대(人尊時代)가 도래(到來) 되었으므로 이제 하늘에서는 대임(代任) 맡을 인간을 구하여 쓰고자 하는 것이다.

※ 대두목이 세운 대순진경(大巡眞經)은 강증산, 구천상제님의 공사로 하여금 조정산(趙鼎山) 도주(道主)께서 만주(滿洲) 봉천(奉天)에서 증산 상제(姜聖上帝)로부터 그 천부(天賦)의 종통 계승(宗統繼承)의 계시(啓示)를 받으신 데서 비롯하여, 유명(遺命)으로 종통(宗統)을 이어받으신 도전님(都典) 을 삼위 신위에 모시고 대두목(大頭目)이 영도(領導)하는 민족 종단(宗團)의 명칭(名稱)이다.

이 종단(宗團)의 명칭(名稱)을 대순진경(大巡眞經)라고 한 대순(大巡)의 어귀(語句)는 전경(典經)에 상제(上帝)께서 '······원시(原始)의 모든 신성(神聖)·불(佛)·보살(菩薩)들이 회집(會集) 하여 인류(人類)와 신명계(神明界)의 겁액(劫厄)을 구천(九天)에 하소연하므로 내가 서양(西洋) 대 법국(大法國) 천계탑(天啓塔)에 내려와 천하(天下)를 대순(大巡) 하다가 이 동토(東土)에 이르러, (전경 교운)

나는 서양(西洋) 대 법국(大法國) 천계탑(天啓塔)에 내려와 천하(天下)를 대순(大巡) 하다가 삼계 대권(三界大權)을 갖고 삼계(三界)를 개벽(開闢) 하여 선경(仙境)를 열고 사멸(死滅)에 빠진 세계(世界) 창생(蒼生)을 건지려고, (전경 권지)

공우(公又)가 삼 년(三年) 동안 상제(上帝)를 모시고 천지공사(天地公事)

에 여러 번 수종(隨從)을 들었는데 공사(公事)가 끝날 때마다 그는「각처(各處)의 종도(從徒)들에게 순회(巡回) · 연포(演布) 하라」는 분부(吩咐)를 받고 「이 일이 곧 천지의 대순(大巡)이라」는 말씀을 들었도다. (전경 교운)등과 같은 말씀 가운데 삼계 대순(三界大巡) 개벽 공사(開闢公事)의 뜻을 담고 있는 그 대순(大巡)을 인용(引用) 하여 이름 한 것이다.

그러므로 대순진경은 대순(大巡)하신 진리(眞理)를 종지(宗旨)로 하여 인간 개조(人間改造) 정신개벽(精神開闢)으로 포덕천하(布德天下) 구제창생(救濟蒼生) 지상천국(地上天國) 건설(建設)의 목적(目的)을 달성(達成)하기 위하여 창설(創設)된 진경(眞經)이다.

※ 도통은 요순의 상수 지법과 같으니, 후에 도주(정산)님께서 남기시도다.

나의 도통은 요순(堯舜)의 상수 지법(相授之法)과 같으니라 하시며 다음의 한시 한 수를 읊어주시니라.

시시묵송공산리 時時默誦空山裏(때때로 삼위 상제님 속에서 잠잠히 외니)
야야한청잠실중 夜夜閑聽潛室中(밤마다 잠긴 방 가운데서 한가로이 들음)
분명조화성공일 分明造化成功日(분명한 조화를 성공하는 날)
요순우왕일체동 堯舜禹王一切同(요, 순, 우임금이 모두 하나임) 이로구나.

박우당 도전께서 훈시하시기를,
을축년(1985) 정월에 도전님께서 연두 훈시에서 임원들에게 다음과 같이 훈시하니라.

"사람은 지혜를 쓰면 지극한 사람이 되고, 그렇지 않으면 가까이 있는 것을 깊이 생각하고 멀리까지 근사원려(近思遠慮) 해야 하는 척도가 없이 경거망동을 자행하는 법이니, 연원 도통을 연운 도통으로 오판하지 말고, 사사 상전(師師相傳)의 깊은 뜻을 이어받아 종통(宗統)을 신앙의 생명으로 자각하도록 하라"라고 이르시고.

연원(淵源): 도(道)가 나온 근원처, 도(道)가 신(神)이다. 그러므로 종맥에 따라 하느님의 정체(神), 즉 도(道)가 밝혀져 나오는 곳을 말하는 것이다 하시니라.

연원(淵源)

박우당 도전께서 훈시하시기를,
우리는 연원 도통이다.
연원하면 사람들이 포덕 연운으로 안다. 그게 아니다. 착각이 아니고 모른다. 포덕해서 나가는 것을 연원이라고 생각할 수 있다. 그것하고는 완전히 다르다. 앞으로는 연원 도통이다. 못 연에 물원이다.

모든 진리가 물에서 나왔는데 진리가 물에서 나왔고 우주 삼라만상이 생기고 크고 자라고 생명을 유지해 나가는 것이 전부 물에 있다. 그래서 진리도 물에서 나올 수밖에 없다. 물이 아니면 낳는 이치도 없고 클 수도 없고 생명을 유지시켜 나갈 수도 없다. 쉽게 이 세상이 전부가 물이다.

지금부터 한 6000년 전에 태호 복희씨 때 "황하"라는 물에서 말이 나타났다. 신기한 용마가 나타났는데 그 등 뒤에 그림이 있었다. 개벽 초 그 시대에 태호 복희씨가 그것을 연구해서 우주의 진리를 찾은 것이다. 700-800년 뒤에 요 순 우 탕시대가 있고 문 무 임금(문황) 때 그때도 낙수라는 물이 있어서 거기에서 신기한 거북이가 나왔다. 우임금이 그것을 연구해서 우주의 진리를 깨닫고 안 것이다. 이렇게 모든 진리가 다 물에서 나왔다.

그래서 이번의 도통의 근원은 물이다. 즉, 연원에 있는 것이다. 그래서 연원 도통이라 한다. 물이라면 금산사의 그 자리가 용추 못의 근원이다. 이 못을 메우고 상제님과 정산님의 이치가 들어있다. 이 못을 나무 숯으로 메웠고 거기에 솥을 얹어 놨다.

미륵불이 형태로 세워져 있다. 뫼山이다. 구천 상제님은 증산이시고 시루가 있으니 정산이 계셔야 한다. 도주께서 정산이시다. 솥과 시루가 있으니 숯이 있어야 되고 물이 필요하고 물을 지켜야 한다. 그래서 증산, 정산, 상제님을 모신 것이다. (물)에서 도통이 나오는 것이다. 진리라는 것은 물에서 나오고 물이 아니면 안 되는 것이다. 물이 아니면 낳고 자라고 생명을 유지해 나갈 수 없는 것이다. 용추 못에 그분들의 진리가 있다. 그러니 그분들의 진리에 의해서 도통이 나온다는 것을 알아야 한다.

포덕시키는 것에서 도통이 나오는 것이 아니다. 상제님을 믿고 해 나가면 다 도통이 있는 것이다. 포덕해서 나가면서 선각, 후각이 있고 여기에 해원상생이 있을 때 도통이 있는 것이다.

도통이란 도를 통하는 것이다. 삼라만상의 이치를 다 알고 그 작용을 다 아는 것이다. 연원 도통을 잘 알아 두라. 용추 못에 그 진리가 있는 것이다. 상제님 도주님한테서 진리가 터진다는 것이다. 우주 삼라만상의 이치를 다 알고 내가 다 할 수 있는 것을 다 행할 수 있을 때 도통이라 한다. 자고이래로 도통이 없었다. 무얼 쬐끔 안다고 도통이 아니다. 이제 도통이 나온다.

※ 솥과 시루가 있으니 숯이 있어야 되고 물이 필요하고 물을 지켜야 한다.

※ 계묘생 12월 11일 물의 이치로 오신 대두목은 연원 도통을 완성하신다고 도전(박우당)께서 예시하신 것이다.

무극이 태극을 낳고 태극이 대순으로 성장하여 대순진경이 탄생함이라.

대저 도(道)라는 것은 상제님이 명한 바를 사람이 이치로써 행하는 것이니라. 상제님께서는 무극대도가 있으니 이 무극의 이치로써 조화하여 사람을 낳느니라.

사람의 인생이 곧 무극 진리이니라. 그러므로 이 도와 이치는 사람마다 모두 가지고 있는 것이나 사람이 능히 이것을 행하는 사람이 드문 것은 무슨 까닭인가?

대개 도는 곧 이치요, 이치는 곧 무극이며 무극은 곧 상제님이시니라.

무릇 도에 뜻을 둔 사람은 반드시 상제님을 생각하니 상제님을 생각하는 연고로 상제님을 공경하고 공경함으로써 반드시 상제님에 대하여 정성이 있음이라 정성이 있음으로써 밝으며 밝음이 지극하고 지극하면 변하며 변하면 화(化)하여 이로써 천지의 조화와 육성에 참여할 수 있으리라.

그러나 어리석은 사람은 물질을 탐내는 욕심에 가려 상제님을 생각하지 않고 만물이 원기가 어울려 조화하고 길러짐이 모두 상제님이 주신 바임을 깨닫지 못하며, 우주 만물이 순환하고 쓰이며 움직이고 쉼이 모두 상제님이 그렇게 하심을 깨닫지 못하여 영화와 욕됨과 죽음과 삶을 모두 자기의 능력이라 하고 곤궁함과 통달함과 근심과 즐거움을 오로지 자연이나 우연이라 하다가 마침내 긴급한 궁지에 빠진 사람은 상제님을 부르고 호소하여 겨우 위태롭고 급함을 면하면 곧 오로지 나의 지혜와 능력이라 하고 상제님께 기도하고 목숨을 구한 것을 의심한다.

상제님을 공경하고 신명을 섬기는 것을 헛된 것이라 하니 이것이 스스로 상제 님과 단절함이 아니고 무엇이랴?

오직 상제님께서 이 사람들을 버리지 않아 나에게 대도를 내리시니 이르기를 무극(无極)이라. 무극이라는 것은 천지의 무극(無極) 한 이치이다.

상제님이 이치로써 사람에게 주시고 사람이 상제님으로부터 도를 받으니 상제님께서 주심을 모름지기 감사하고 도를 받음을 극진히 생각하여 상제님을 대함을 오로지 생각하고 오로지 도로써 일에 임하여 반드시 인(仁)·의(義)·예(禮)·지(智)·신(信)을 다하며 반드시 삼강오륜을 지키며 부지런히 밭 갈고 베 짜기에 힘쓰고 절약하며 힘에 맞게 일에 임하라.

직업은 모두 상제님께서 주신 바이니 반드시 그 직분에 힘써야 하느니라.

남을 다치게 말게 하고 물건에 해를 주지 말며 흉하고 잡되고 싸우고 성내는 일이 없어야 하고 분수 밖의 망령된 일을 하는 것은 불가하니라. 이것이 모두 상제님께서 싫어하는 더러운 덕이니라.

　그러므로 사람을 가르침에 그것을 널리 펴기에 힘쓰고 부지런하며 믿기를 지성으로 하면 이것이 상제님이 낳은 적자(赤子)와 같으며 반드시 한 몸과 같이 여길 것이니라.

　기억하고 생각함을 경문을 외우고 읽는 것 같이하고, 번거로운 생각과 잡된 생각으로 하여금 마음속에서 생겨나지 못하게 하라. 그리하면 정신이 오로지 하나가 되고(精神專一) 가히 마음이 화합하고 기운이 화합함을 얻으리라.

　상제님께서 밝고 밝게 위에 계시고 넓고 넓게 좌우에 계시니 잠시 동안이라도 두려워하고 조심하고 홀로 한가로운 가운데에서도 반드시 삼가며 집에 있거나 나가고 들어옴에 오직 상제님만을 생각하여야 하고 보고, 듣고, 말하고, 행동함에 오직 도만을 준행하며 공경으로써 몸가짐을 바르게 하고 성품과 더불어 익혀 완성하여 이로써 지극한 정성을 다하면 반드시 상제님께서 감응하여 심령이 스스로 통할 것이니라.

　심령이 통하면 곧 무극의 지극한 이치에 밝게 통하여 상제님을 알고 체득하여 천지와 더불어 그 덕을 합하여 천지의 지극함에 참여할 것이리니 오직 나의 도우는 모두 부지런히 힘씀으로써 성취할 것이니라 하시니라.

　무극이 태극을 낳고 태극이 대순으로 성장하여 대순진경이 탄생함이라. 수련의 련字는 쇠 녹일 련字다. 자꾸 닦아야 한다. 우리가 수도하고 수련한다고 해서 절하고 주문하면 다 되는 것은 아니다. 영통이 도통이다.
 우리는 도통이 목적이다. 자나 깨나 우리는 수도이다. 수도에는 기도, 공부, 항상 비는 마음, 항상 심령 즉, 마음과 정신을 통일시켜 나가는 것이다. 여기에 시한부가 들어가면 도로아미타불이 되어 버린다. 말씀하셨다.

 복희는 신봉 어천(神封於天)이고 문왕은 신봉어지(神封於地)이다. 이번에는 신봉어인(神封於人)이다. 새로운 법이 다시 나오는 것이 아니다. 옛날 그 법(法)이 그 법이다 하셨다.

 ※ 신봉어천(神封於天) 신을 하늘에 봉함,
 복희, 희역 시대 태호 복희는 하늘(天)에 신명을 봉하고,

 ※ 신봉어지(神封於地) 신을 땅에 봉함,
 문왕, 주역 시대 강태 공은 삼천육백 개의 낚시 로 땅(地)에 신명을 봉하고,

 ※ 신봉어인(神封於人) 신을 사람에게 봉함,
 상제, 정역 용담 시대 대두목은 사람(人)에게 신명을 봉할 것이다.
 [상제님의 명령]

29.
도통과 강령

목적(目的)

도통(道通)과 강령(綱領)

도통과 강령은 다음과 같다.

1. 도명(道名): 대순진경(大巡眞經)

1. 도주(道主): 대두목(大頭目) 호적: 민병규(閔炳奎) 본명: 민병국(閔炳國) 1963年 癸卯 生 12月 11日

1. 도(道)의 원천(源泉): 상제님의 대순(大巡)하신 진리(眞理)

1. 신앙(信仰)의 대상(對象):

구천응원 뇌성보화 천존상제(九天應元 雷聲普化 天尊上帝)

옥황상제(玉皇上帝)

세존상제(世尊上帝)

1. 신앙(信仰)의 목적(目的): 진리(眞理)의 도통(道通)

1. 수도(修道)의 요강(要綱)

① 안심(安心) 안신(安身) 경천(敬天) 수도(修道)

② 성(誠) 경(敬) 신(神)

③ 무자기(無自欺)

기원은 다음과 같다.

기원(起源)
　도를 도라고 하는 것은 정하여 무극이 되고 동하여 태극이 되어 태극이 양의를 낳고 양의가 사상을 낳고 사상이 팔괘를 낳느니, 태극의 이치가 낳고 낳는 도수는 무진장하고 무한량하여 변화하고 조화하는 공덕을 불가사의하매 오직 우리 구천 응원 뇌성 보화 천존 상제님께서 무극을 관령하시고 주재하시는 천존이시다.

　태극이 양을 생한다는 것은 음양이니 음양이란 것은 하늘은 양이고 땅을 음이라 하며, 해는 양이고 달은 음이며, 사람은 양이고 신명은 음이 이것이고, 또 오행의 서로 생하는 이치가 있으니 쇠가 물을 생하고, 물이 나무를 생하고, 나무가 불을 생하고, 불이 흙을 생하고, 흙이 쇠를 생함이 이것이고, 또 천, 지, 인, 삼재의 도가 있으니 하늘은 자(子)에 열리고 땅은 축(丑)에 열리고 사람은 인(寅)에 생하는 것이 이것이다.

하늘과 땅의 음양이 덕성을 합하여 만물이 비로소 생기고 해와 달의 음양이 덕성을 합하여 만물이 길러지며 사람과 신명의 음양이 덕성을 합하여 만물이 돌아가 의지하느니, 신명은 사람이 없으면 뒤를 부탁해서 의지할 곳이 없고, 사람은 신명이 없으면 앞을 인도해서 의지할 곳이 없다.

그러므로 음과 양이 합덕하고 삼재(三才)가 확립하며 오행이 구비하여 건곤을 조절하고 다스리며 만유(萬有)를 통어(統御) 하느니 지극히 심오 면밀하며 지극히 현묘하여 가히 헤아릴 수 없는 것이다.

구천상제님께서 만천(萬天)을 관감(觀鑑) 하시며 삼계를 대순 하실제 신명과 인간이 의지하고 인도하는 인연으로 인간에 하강(下降)하셔서 대도의 진리 진법을 전하셔서 9년간의 삼계 공사를 행하시고 구천 응원 뇌성 보화 천존의 제위에 승화임어(昇化臨御)하시니 곧 **구천상제**님이시다.

그리고 조 정산 도주께서는 구천상제께서 선포하신 유지(遺志)를 받들어 구천상제께서 짜놓으신 각종 도수를 행하시고 오도자 금불문 고불문 지도야(吾道者今不問古不問之道也)라, 상제께서 짜놓으신 도수를 내가 풀어 가노라 하시며 후천오만년의 새로운 도(道)를 창도(創道)하셨고, 승화임어(昇

化臨御)하시니 곧 **옥황상제**님이시다.

 박우당 도전께서는 구천상제님의 유지(遺志)와 옥황상제님의 유법(遺法)을 유명(遺命)으로 상속 도수로 천하창생에게 새 세상의 도(道)를 열어 주시고 서가 여래에 임하여 화천하시어 구천상제님의 공사로 3인 일행 70리 오로봉 전 21일 도수로 2010년 12월 21일 승화임어(昇化臨御)하시니 곧 **세존상제**님이시다.

 이로써 우리 도(道)의 맥은 이어졌고, 삼천(三遷)의 대도(大道)는 완성되었다.

 세 분을 이름하여 수수 백 년 동안 갈구하고 염원하던 미륵이시다.

 세 분을 이름하여 수수 백 년 동안 갈구하고 염원하던 하느님이시다.

 세 분을 이름하여 수수 백 년 동안 갈구하고 염원하던 상제이시다.

 이 세 분이 바로 옛 성현들과 전 인류가 그렇게 염원하였던 세 분, 강증산, 조정산, 박우당, 하느님(미륵삼존불)의 강림(降臨)이시니, 곧

구천상제,
옥황상제,
세존상제이시다.

이로써 우리 도(道)의 맥은 이어졌고, 삼천(三遷)의 대도(大道)는 완성되었다.

이로써 우리 도(道)의 맥은 이어졌고, 대순진경(www.msge.co.kr)이 탄생하여 곧 진리이고 생명(生命)이며 법(法)이다.

성하다 도여! 신명과 인간이 의지하고 인도하는 진리로 인간과 신명이 조화하며 원을 풀고 서로 살리며 도를 통한 참된 경지의 이치가 구비하였으니 삼가고 힘쓸지어다.

30. 대순진경(大巡眞經)이란

　대순진경이란: 증산 상제님의 공사를 상제님의 명으로 신명계, 상제님의 신위와 15진법(신위)을 담은 진경(眞經)을 뜻함이다.

　대순진경이란 다가오는 후천선경세상의 삼위일체 상제님의 신위가 2010년 12월 21일 인류 역사상 최초로 모셔지므로 15 신위가 완성되며 새로운 신명계가 정하여 우주 질서가 잡히는 것을 뜻함이다.

　대순진경이란 팔만대장경 등 5,040권의 모든 경전의 정수를 뽑아 진경으로 완성됨을 뜻함이다.

　대순진경이란 대순진리회, 증산도, 증산법교종 등등 증산 계열 산하 모든 모임은 대순진경(www.msge.co.kr)이 전하는 상제님의 신위를 알아야 한다.

　증산계열 산하에 선도신정경은 증산 어른을 섬기던 3번째 부인(고 판례)의 증언에 편집되므로 종단으로 볼 수 없다.

증산도에서 쓰는 도전. P 경전은 증산 어른 부인(선도신정경), 호연 성도 등 기록으로 편집되었으며 또한, 증산도에서 증산 어른을 옥황상제로 모시는 것은 뿌리는 차경석(보천교)으로 나오므로 종통종맥이 없는 단체로 판정되어 대순진경으로 수도에 임하여야 한다.

증산 어른께서는 가족이나 종도에게 종맥을 전하지 않으셨다.
종통종맥을 가족이나 종도에게 전하였다면 그것은 사이비가 되어 사라지게 된다.

증산 계열의 대순진리회, 증산도, 태극도, 증산법 교종, 등 산하 모든 종파는 대순진경(www.msge.co.kr)으로 수도에 임하여야 한다.

증산께서는 도인들이 모실 15신위(神位)를 짜는 공사를 보실 때 세 번째 신위로 석가여래를 두셨으며, 이 법을 봉서(封書)의 형태로 도주(조철제) 님께 물려주셨다.

그때의 3위 신위
구천하감지위 옥황상제하감지위 석가여래하감지위이셨다.

태초에 본래의 세상에 상제님이 계셨으니 하느님(상제)의 이름은 구천응원뇌성보화천존 상제이시다.

구천 상제께서 모든 영혼의 씨를 뿌리셨으며 모든 영혼을 낳고 기르셨다. 태어난 영을 더 큰 영혼으로 성장시켜 우주를 다스리는 권능을 맡기기 위해

30. 대순진경(大巡眞經)이란 **411**

구천 상제께서 우주를 말씀으로 창조하셨으며 말씀이 곧 기운이라.

그러므로 모든 영혼이 우주의 하늘과 땅에서 육신의 몸을 입고 영혼의 성장을 위해 살아갔으나 우주의 반란자(한 맺힌 영혼)가 우주의 중심인 지구를 침략하여 인간의 영혼을 타락시키고 병들게 하며 우주를 파괴하려 하므로 우주의 창조주시며 시작과 끝의 주인이신 구천 상제님과 우주 천상계의 질서를 통치하시는 네 분 강증산, 조정산, 박우당, 대두목께서 새로운 후천 세상의 설계도를 가지고 지구에 오셨으니 우주 남쪽 요운궁에 거하시며 전 우주를 다스리시는 구천상제님,

북쪽 칠성궁에 거하시며 우주를 다스리시는 옥황상제님,

서쪽 도솔궁에 거하시며 서방 칠성을 다스리시는 세존상제님,

동쪽 천궁에 거하시며 동방 칠성을 다스리시는 대두목께서 각각 인간으로 이 지구에 오셨다.

구천상제님께서는 1871년 우리나라 전라북도 고부군 우덕면 객망리로 오셨으니 성은 강씨이고 존호는 증산이시다. 구천 상제님께서는 인세에서 9년간의 천지공사로써 새로운 후천 5만년의 세상을 세우시고 해탈 초신으로 1909년 다시 상계의 보화천존 제위에 임어하시고,

옥황상제님께서는 1895년 경상남도 함안군 칠서면 회문리로 오셨으니 성은 조씨이고 존호는 정산이시다. 조정산 도주님께서는 50년 공부로써 구천 상제님의 유지를 이으시고 1958년 다시 옥황상제님의 자리로 가셨으며,

세존상제님께서는 1917년 충북 괴산군 장연면 방곡리로 오셨으니 성은

박씨이고 존호는 우당이시다. 박우당 도전님께서는 1946년 병술년에 태극도에 입도하셨으며 1958년 무술년 조정산 도주님으로부터 도전의 임명을 받으시고 구천 상제님의 유지와 옥황상제님의 유법을 이어받아 1969년 종단 대순진리회를 창설하시어 후천 5만년의 새로운 도를 열어주시고 1995년 을해년 서가여래에 임하여 화천 하시어 2010년 12월 21일 삼인일행 자리로 임어하시고 도솔궁의 세존 상제님의 자리로 가셨다.

동방 칠성을 다스리시는 노자 신명께서 계묘생 63년 12월 11일 상제님의 공사로 인간계에 오시어 상제님의 신위를 정하시는 대두목이며 삼위 상제님을 모시는 도주(道主)이시다.

대두목은 1만 2천 명의 도통 군자를 양성하고 14만 4천 명의 승리자를 만드시며 지구 인류들을 불로불사의 세상으로 인도하실 후천 세상의 도(道)의 주인이시다.

납향은 매년 음력 섣달 동지 후 셋째 미일(未日)에 올리는 제향을 말하며, 이날을 납향, 납일이라고도 하는데, 그날 도에서 올리는 치성을 납향치성이라 한다.

또한 2020년은 동지 지나 세 번째 미(未) 일은 음 12월 11일 대두목 생일로 정확히 일치한다. 〈납향치성 참조〉

31.
증산 계통 종교

증산 계통 종교 (증산 교단)

증산 성사께서 대원사에서 도통을 하시고 종통 종맥을 가족이나 종도(제자)에게 주지 않으셨다.

강증산 직계 제자 혹은 가족이 세운 교단

■ 보천교

월곡月谷 차경석(車京石, 1880-1936)이 세운 교단. 일제가 추산하기로 신도 6백만 명이 있었다고 한다. 독립운동자금을 지원하기도 하여 일본의 주요 감시 대상이었다. 차경석이 황제에 등극한다는 소문이 돌았으며 실제 황석산에서 황제 등극식을 거행했다. 일제 강점에 독립운동자금을 대는 등 독립운동에 기여하였으나, 황제 등극이나 전 재산 시주 등 문제로 천도교 등 다른 민족종교나 조선 지식인들에게 크게 비난을 받았다. 게다가 나중에는 차경석이 스스로 강일순에 대한 신앙을 버리고 교리를 바꾸려고 하여 내부적으로 큰 내분이 일어났으며, 일제와도 어느 정도 타협하여 더 큰 분란이 일어났다. 차경석 사후에 일제의 '유사종교 해산령'으로 교단이 해체되었다. 광복 이후 남은 신자들이 모여 교단을 다시 조직했지만, 일제강점기의 위세는 찾을 길이 없는 소수 종교에 불과하다.

전성기에는 위세가 대단하여 전라북도 정읍시 임압면 대흥리에 보천교 본부의 본전인 십일전(十一殿)을 건설하면서 만주에 있는 나무를 벌채하여 자재로 사용했을 정도. 유사종교 해체령으로 보천교가 해체되자 조계종에서 십일전 건물을 구입, 건물을 해체하여 기차에 싣고 서울로 옮겨 조계사 대웅전으로 삼았다. 그 외에 내장사에서도 보천교 건물을 일부 구입하였다. 현대에 들어 일부 증산계 종교인들이 보천교를 재평가하려고 하지만, 시대착오적인 문제가 많아 역사학계에서도 반응은 미지근하다. (증산도의 뿌리는 보천교이므로 종통 종맥을 모르고 사진을 걸고 우상숭배로 가다가 무너질 때는 여지없이 무너진다.)

■ 미륵불교
강일순의 수제자 김형렬이 세운 교단. 금산사를 본부로 하였으며, 강일순이 남긴 현무경을 가지고 귀신을 부렸다고 한다.

참고): 현무경은 세 권으로 증산 어른이 선돌 부인(증산 여동생)에게 몇 월 며칠날 을미(乙未) 생이 올 테니 도주님(정산)께 주신 것이 진짜인 것이다.

■ 증산대도교
통칭 안내성 교단이라고 부르기도 한다. 강일순의 제자 경만 안내성이 세운 교단. 경상도 출신인 안내성은 아버지를 찾아 전국을 유랑하다가 진주에서 하늘의 음성을 들어 아버지와 하나님을 같이 찾았다고 한다. 만주까지 유랑하다 찾는 사람이 전라도에 있다고 하여 내려와 강일순을 만났으며, 강일순 사후 순천에서 포교를 하다가 부안을 거쳐 백운동에 와서 정착하였다. 보천교가 약화되자 한때 흥하기도 하였다. 홍범초가 저술한 범증산교사에 따르면 현무경을 안내성이 가지고 있었는데 차경석이 인수했다고 한다. 현무경은 세 권으로 조정산께서 태극도를 세우실 때 둔괘와 봉서로 공사하셨므로 대순진경을 읽어야 한다.

■ 박공우 교단

박공우의 호가 인암(仁庵)이라 박인암 교단이라고도 부르고 태을교라 부르기도 한다. 전라도 고부 솔암 사람으로 강일순을 만나 제자가 되었다. 증산 종교인들에게 박공우는 의통 인패를 이상호에게 전달했다는 이야기로 유명한데, 강일순으로부터 사람(이상호)이 올 때까지 입을 곤륜산같이 무겁게 하라 라는 말을 들었다고 한다.

참고: 이상호 형제가 대순전경 초판을 짤 것이니 입을 무겁게 하라 하신 것이다. 또한 박공우 공사는 훗날 대두목으로 임하여 일만 이천 도통 군자를 배출하여 후천오만년 새 세상을 여는 공사이시다.

■ 문공신 교단

강일순에게 영산(瀛山)이라는 호를 받아 문영산 교단이라고도 한다. 전라도 정읍 사람인데 천주교에 입교하였을 때 얼마 되지 않아 구절을 외워 신부가 놀라 대재라고 하였다고 한다. 강일순 사후 수도에 전념하고 7년 천지공사를 보며 소탈하게 살았다고 한다. 조철제가 강일순의 시신을 도난하여 도주하는 것을 추적하여 잡았으나 조철제에게 역신고를 당해 옥고를 치르기도 하여, 그 때문에 증산 종교인들에게는 의로운 인물이라며 존경받는다.

참고: 대두목이 대순진경으로 설명하니, 날 출(出)은 산(山)이 두 개인 것이다. 그러므로 증산, 정산, 양산인 것이다. 태극도 시절에도 한경은 "우당"이다 하셨다. 감히 증산 어른 제자에게 영산(瀛山)이란 도호가 있다는 것이 도통에 눈이 멀어 "진경"이 나타나면 줄행랑치는 것이다.

■ 제화교
강일순의 제자이며 "정심요결"을 공부한 이치복이 세운 교단.

참고: 《정심요결》원래 이 책은 증산께서 집에 가지고 계시다가 외동따님인 강순임을 통하여 원불교 2대 종법사인 송규(정산)님께 전달되었다.

송규 님은, 소태산(少太山)(박중빈, 원불교 교주)을 만나기 전 18세(1917년) 때에 정읍 덕천면 신월리 두승산 시루봉 아래의 손 바래기 마을에 있는 증산(甑山)의 본가(本家)에서 증산의 무남독녀인 강순임(당시 16세)으로부터 받은 책이다.

원불교의 시초는 '정심요결'이며 도맥(道脈)이 없다, 박중빈은 송규를 만나 소태산으로 개명하여 고향은 영광군인데 법성포에서 생활을 많이 하였다. 법성포는 불교가 들어온 곳이라 하여 법성포란 지명만 있을 뿐이다.

증산 상제님의 열렬한 신앙인이었던 원불교 창립자들,

증산 상제님 존호를 모방함,

박중빈(소태산), 송규(정산), 김대거(대산)

박공우 성도의 이웃에 살던 박중빈은 박공우 성도 집에서 상제님의 개벽 말씀을 듣고 나갈 때 "너무 배가 고프니 우선 물질이나 개벽하자"라고 말한 것이 현재 원불교의 개교 표어가 된 것이다.

강증산에서 조정산(山)(태극도, 조철제 의 종맥을 연재하려 했으나, 소태산(박중빈 원불교 1대)에서 정산(山)(송규 2대), 대산(김대거 3대) 도맥(道脈)이 흡사하나 삼신의 진리가 없다. (www.msge.co.kr) 기록 [참조]

■ 김광찬 교단
강일순의 제자인 김광찬이 도리 원서를 공부하는 것을 내세워 세운 교단.

■ 증산법종교
증산 강일순과 첫째 부인 정치순 사이에서 태어난 유일한 친혈육 강순임이 중심이 되어 1937년에 창교된 단체이다. 강일순이 숨을 거둔 후 시신을 둘러싸고 다툼과 문제가 많았는데, 강순임 생전에 증산법종교의 신앙 대상이자 자기 아버지기도 한 강일순의 유해를 증산법 종교 내부로 이장하였다. 중화경, 화은당실기, 증산법 종교 60년사 등 다양한 서적들을 간행하였다. 증산법종교의 건물은 시대의 양식을 파악하는 데 중요하다는 이유로 문화재로 지정되어 있다.

여러 증산 종교인들이 강일순의 무덤에 참배하고 증산 미륵존 불상을 보고자 증산법 종교 중앙본부로 성지순례를 자주 온다. 강순임의 남편 김병철의 아들 김삼일이 세운 청도대향원은 증산법 종교에서 분파되었다.

그 이후의 교단 (증산 교단)

■ 태극도

1918년에 조철제(趙哲濟, 1895-1958)가 세운 교단. 교명은 무극도(无極道) 또는 무극대도(无極大道)라고 하였다. 조선 총독부의 유사종교 해산령에 따라 해체되었다가 광복 후 부산에서 다시 교단을 복구하고 교명을 태극도(太極道)라 하였다. 부산에 신앙촌이 있으며, 여기에서 훗날 대순진리회가 갈라졌다.

당시 정산(조철제), 증산 어른 제자 차경석, 김형렬, 박공우 등 증산 어른 제자와 어울리지 않았다. 그것은 증산 상제님과 동등한 상제님이라는 것을 분명 확실히 하여 분명 성공 일의 도(道)가 있다는 것을 알아야 한다.

■ 삼덕교

1920년 전라남도 보성 출신 허욱(許昱, 1887-1939)이 창교한 종교. 정통성을 강일순의 말년 제자 이치복에게서 찾는다. 김제시에 본부가 있으며 경전으로는 남송 선생 실기(南松先生實記), 생화 정경(生化正經) 등이 있다.

■ 순천도

강일순이 부적 등을 그려 남겼다는 현무경(玄武經)을 중심으로 하는 파. 장기준(張基準)이라는 사람이 강일순의 수제자 김형렬의 밑에서 있었는데 김형렬의 예언 등이 실패하자 크게 실망하여 이탈하였다. 그 후 차경석 집에서 필사한 현무경을 바탕으로 1920년에 순천도를 창교하였다. 지금도 종교단체로 운영되며 신도들은 직접 현무경을 그리며 공부한다.

다른 증산계열 종교와 달리 강일순의 본의가 주문이 아니라 현무경에 있다 하여, 주문에는 관심이 없고 현무경에 집중한다. 1922년에 장기준이 사망한 뒤 여러 갈래로 나뉘었다. 그중 사망한 장기준이 대두목으로 믿고 증산 어른의 필체와 똑같이 될 때까지 현무경 그리기 공부와 한 달에 한 번 부산에서 모여 제를 지내는데 장기준(가짜 대두목)한테 올린다.

■ 모악교

경상남도 하동군에서 출생한 여처자(余處子, 1887-1954)의 교단을 흔히 일컫는다. 차경석이 황석산에서 제사를 올릴 적에 자리에 참석하는 등 보천교와 관계가 깊어서 보천교도로 알려졌으나, 실제로는 여처자가 보천교에 입교한 적은 없다고 한다. 차경석에게 청혼 받았으나 거절했으며, 여러 기행과 신기로 추종자들을 많이 모았다고 한다. 대표적인 사례로 6.25전쟁을 예측했다는 일화가 있다. 모악교에서는 여처자를 본주(本主), 인정상관(仁正上觀)이라고 부른다. 증산교 대법사와 마찬가지로 용화동에 본부가 있다. 도통이 치마폭에서 나온다고 도인들을 유인하고 있다. 그 외 탕탕교 등이 있다.

■ 오성산 성덕리 교단

강일순의 셋째 부인 고판례는 오성산 성덕리에 사는 수제자 고민환 집에서 1935년에 사망하였다. 1936년부터 1996년까지는 고민환의 큰며느리

일월당 김순자(金純子, 1920-1996)가 고판례를 보고 모인 신자 집단을 이끌었으며, 지금은 고민환의 손자가 이끈다. 증산도에서는 증산 어른 셋째 부인을 수부라하여 사진을 걸고 TV이 채널까지 있는데 증산 어른이 초패왕 도수를 차경석 종도에게 주었다고 홍보한다.

■ 증산교 대법사

청음(靑陰) 이상호(李祥昊, 1888-1966), 남주(南舟) 이정립(李正立, 1895-1968) 형제가 1945년 광복 후 세운 교단. 이상호는 한학에 통달한 사람이었고 이정립은 일본에 유학까지 한 지식인이었다. 본디 보천교의 신앙인으로서 월간지 보광을 발간하고 시대일보를 인수하려고 노력하였다. 이후 강일순의 수제자 김형렬 등을 만나기도 하였다.

이상호 형제가 강일순의 둘째 부인 고판례를 모시고 동화교를 창립하였으나, 일제강점기에 탄압을 받아 해산하였다.

형제는《대순전경》초판을 편집하고 고수부(증산 어른 부인) 님을 빨리 내쳐야 자신들이 모신 보천교 교주 차경석 성도를 종통 사명의 지도자로 옹립할 수 있고 그런 연후에 바로 차경석 성도를 내쳐야 추수 사명을 가진 자신들이 역사의 종통 주인공으로 등장할 것이라 생각하고 일제와 결탁해 인간으로서는 해서는 안 되는 갖가지 모함, 사기, 협잡, 보천교 자산 불법 경매, 시대일보 불법매각 대금 도용, 도적질, 차력사 동원한 테러 등 패역적 난동을 벌인다. 이상호 이정립 형제는 차경석 성도와 김형렬 성도로부터 집중적으로 구술 받아 종통 문제를 깊숙이 은장(隱藏)시키고 자신들이 역사의 종통 주인공으로 등장하리라 생각하였다.

※ 그러므로 지금은 대순전경보다 상제님의 대순하신 진리 (www.msge.co.kr) 대순진경을 읽어야 한다.

　광복 후에 증산교 대법사를 창립하였다. 이상호, 이정립 형제는 증산계열 종교단체에 필요한 여러 책을 다수 집필하였다. 증산계열의 대표적인 경전인 《대순전경》을 비롯하여 《대순전경의 전신인 《증산천사공사기》를 비롯 《고부인신정기(천후신정기)》, 《대순철학》, 《증산교사》 등 여러 저서를 남겨 강일순의 흔적을 후대에 전했다. 《범증산교사》를 작성한 홍성렬(범초)교수가 증산교 대법사에서 종령을 역임하였고 이중성의 《천지개벽경》과 다른 천지개벽경과 《선도신정경》을 발간한 정영규 선생도 이곳에서 종령을 역임하였다. 아직도 신앙인들이 있어 신앙을 계속 이어 간다.

　본부는 김제시 금산면 용화동에 있는데, 통천궁을 중심 건물로 삼고, 강일순이 박공우에게 전해 주었다는 의통인패의 원본을 보관한다. 진짜 의통인패란 상제님의 천지인 대공사를 대두목이 세운 《대순진경》에 용담도, 용담 계사도, 만국 의원 등을 볼 수 있다. "박우당" 도전 훈시에도 앞으로 "만국의원" 세운데 가 있어 그곳에 가면 앉은뱅이도 벌떡 일어나 말씀하셨다.

　※ 홍범초(洪凡草) 교수 피살사건
　홍범초 교수가 증산도 진리는 맞지 않다고 하자 홍 교수와 안운산 종도사의 교리 논쟁에 대두목이 출현하면 진리 싸움은 종결(終結)되니 증산 계열(甑山系列) 간에 서로 화합하고 교류가 활성화되기를 기원하는 바이다.
　(출처)
　https://www.hani.co.kr/arti/society/society general/602454.html

■ 진혜원

공식사이트 진혜원(眞慧院)은 1970년(경술) 원단(元旦)에 호산(虎山) 장영주가 경기도 고양군 신도읍 진관리에 세운 것으로 현 진해원(眞解院)의 전신이다. 현 진해원은 유산(有山) 장영준이 2010년(경인)에 '참된 해원을 하는 곳'이라는 의미로 충청도 서산시 운산면 원평리에 세운 증산 미륵님을 신앙하는 미륵 도량이다. 장영주와 장영준은 형제지간이면서 사제지간으로 진해원은 진혜원의 도맥을 이어받았다. 불지형체(佛之形體)에 따라 신앙의 형식은 불교와 상당부분 유사하다. 진혜원(종교)

■ 증산 진법회

배용덕이 만든 종교. 증산 사상을 학술적으로 연구를 많이 한 종교이며 증산 계열 종단 통합 운동을 시도한 단체이다.

증산 계열을 통합하려면 대두목이 세운 《대순진경》을 읽어야 한다 그것이 상제님께서 말씀하신 동학(東學) 동쪽의 학문이다. 광화문 가서 태극이 들고 바른 세상 만들어 달라고 데모해 봤자 나라 망신이다.

■ 대순진리회

대중적으로 가장 많이 알려진 증산 계열 종교로서 도주(조철제) 사망한 후 1969년에 박한경에 의해 창교되었다. 증산계통 종교에서는 신도수가 가장 많다. 대한민국 인구주택 총 조사의 종교 항목에서 명시된 8개 종교명에 대순진리회가 있을 정도였다. 즉, 대순진리회 하나만으로도 통계상 대한민국 8대 종교에 해당한다. 1대 교주 박한경 도전이 사망한 뒤 현재 수십 개 방면으로 분열되었는데, 심지어 분열된 방면들도 증산 계통 종교 중에서는 규모가 상당할 정도이다.

증산도 신자들도 교리서 표절이나 사칭 등 이유로 대순진리회를 매우 싫어한다. 대순진리회에서는 사회복지, 교육사업 등 다양한 사회사업을 하는데, 대표적으로 대진대학교와 상생 복지회 등이 있다. [박한경 사망 후 여러 종파, 생략]

■ 증산도
1974년에 대법사 증산교라는 교명으로 창교되었으나 1984년에 '증산도'라는 교명을 확정하였다. 1980-90년대에 유행한 민족주의에 편승하여 역사 바로 찾기 운동을 하는 등 포교와 연결 지어 활용하여 교세가 빠르게 확장되었다. 이러한 포교 전략은 특히 대학생들에게 먹혀서 전국 대학 동아리방에 증산도 학생회가 폭넓게 조직되기도 하였는데, 이때 입교한 대학생들이 나중에 증산도의 중심적인 세대가 되었다. 케이블 방송국(상생방송)을 개국하여 태상 종도사 운산 안세찬, 종도사 경전 안중건의 환단고기 북콘서트 등 다양한 컨텐츠를 포교에 활용한다. 증산 계통 종교들 중 가장 이론적인 교리 정립에 심혈을 기울인 단체로 평가받는다.

교단에서는 자기네 경전 '도전'이 기존 다른 증산 종교들의 경전 내용에 자신들이 답사하고 확인한 내용까지 더하여 내용이 가장 정확하고 풍부하다고 선전하며, 외국어로 번역도 하였다. 산하 출판사 상생 출판은 강일순의 사상이나 관련 도서, 그리고 《환단고기》 등을 발간한다. 민족주의를 적극 받아들여 환단고기 등 유사 역사학적 주장이 교리의 일부나 다름없다. 본부는 대전광역시 한밭대로에 있는 태을궁 증산도 교육 문화회관이 있다.

차경석 종도가 세운 보천교 교리와 호연이라는 노구의 말을 편집하여 종통 종맥이 없다. 내부에는 고소, 고발로 시끄럽다. 증산 어른 부인을 수부라 하여 사진을 걸고 모신다.

사진을 걸고 모신다는 것은 우상숭배이다.

성경에서 말하는 우상은 '거짓 신'을 말한다. 참 신은 만물의 생명을 주관한다. 신은 만물을 생성하고 소멸하는 영원한 우주의 법이므로 무극이다. 그러나 우상은 비록 형체를 가지고 있지만 아무런 능력도 없다. 예를 들어 북한에도 사진을 걸고 위대한 수령 아버지라 하여 백성을 세뇌시키고 남한까지 다스리려 하지만 무너질 때 여지없이 무너진다.

■ 태을선도회(태을선도)

한때 증산도 신도였던 배승환(裵承煥, 1953-2019)이 2004년 전라북도 군산에서 세운 단체. 김제시 금산면 청도리에 법당을 만들어서 활동 중인데 YouTube 태을선도 채널에 진법 강의와 진법수도 등을 연재하여 증산 사상과 일도 사상을 알린다.

대략 3년 전 태을선도 2대 교주가 대두목이 노동일하고 있을 때 (www.msge.co.kr) 이곳에 있는 핸드폰 번호로 영상통화를 요청하며 "당신이 대두목이요?" 문길래 "아닙니다" 하니 모습은 안전모 쓰고 작업복 입은 모습을 보고 놀랬는지 영상 전화를 끊더니 삼 일 뒤 사망했다고 전해진다. 또한 증산도에서 싫어하는 이중성의 천지개벽경을 교리로 하여 도인들을 유인하고 유튜브 채널을 운영하며 곧 급살병이 오면 다 죽을 때 태을주를 찾으라고 분주히 움직인다.

■ 태을도

증산도를 탈퇴한 이(○)오(노상균과 고등학교 동창 사이)가 1998년에 김제 구성산 기룡리에서 태을도를 창교하였다. 단주의 후신이라 주장하며 충(忠)자 돌림의 제자들과 증산 사상에 대해서 토의하고 토론하는 형식과 태을주 수행 중심으로 운영한다. 서울에 본부가 있다.

■ 풍류도

증산도를 탈퇴한 김(○○)이 배경환의 삼신 대도를 근간으로 2000년에 만든 음양쌍도태 수련 단체이다. 삼신 사상을 알려거든 (www.msge.co.kr) 이곳을 책으로 편집했으니 읽어야 한다.

■ 현무경미륵천도회

순천도 부산 법방이며 대산 박정수와 공산 이보득이 주가 되어 운영되며 유튜브에 각각 채널을 운영하고 있다. 시중에 서점 인터넷서점 나오는 천지인신 현무경 외 용담역, 도(道) 등등 이곳에서 편집되어 전국 서점에 납품하여 참진리는 모른다.

증산 성사께서 공사하신 현무경 세 권을 남기셨으니, 한 벌 현무경과 둔괘와 봉서를 받아 정산 도주님께서 후천오만년 공사를 공부종필로 마치실 때 현무경 한쪽을 가리키시며 "내가 닫고 온 옥추문을 열러 간다" 하실 때 종도들은 부복 자세로 임하여 어느 장인지 몰라 대두목이 설명하니, 종통종맥을 모르면 옥추문이 열릴 때 신명 불 칼로 추풍낙엽 되는 것이다. 그러므로 진경으로 선포하니 각골명심할지어다.

■ 증산법륜도

증산참신앙 노상균과의 불화로 떨어져 나와 2016년에 만든 단체. 대구에 본부가 있다. 증산 법륜도 사이트를 운영하고 있으며 네이버 밴드에 '범증산도생방' 등을 운영하면서 오직 강일순과 고판례만을 신앙하고 '대두목 교주신앙' 등을 경계한다. 각 지역에 도방이 있다.

※ "대두목" 이름만 들으면 펄쩍펄쩍 뛰며 검찰, 경찰에 신고하는 단체이다.

■ 증산선도

증산도에서 나온 노상균과 이석남 등이 2013년에 만든 구 증산 참신앙으로 대전에 본부가 있다. 2017년 3월에 증산 선도라 개명했으며 2017년 6월에 노상균은 증산 선도 대표직을 사퇴한 상태이다.

현대에 들어 새로운 종단을 형성하기도 하지만, 증산 계통 종교인들이 종단을 만들지 않고 개인적으로 마음 맞는 사람들끼리 모여 '공부방' 형식으로 운영하는 곳들도 많다. 대표적인 곳이 《천부경과 증산 천지공사》를 집필한 현암 석명수가 전라북도 군산시 방축도에서 운영하는 공부방이며, 이 밖에도 여러 작은 공부방들이 있다.

강일순 부인 (증산교단)

강일순(증산)은 부인이 3명이었다. 생애란 에도 연대순으로 쓰여 있지만 모아서 정리하면 이러하다.

- 정치순(鄭治順)

생애: 1874~1928

비고: 강일순의 첫째 부인이지만 이혼당함.

1891년에 강일순과 혼인하여 남편이 수행할 때 시종을 들었으나, 이른바 대도통 이후 1904년에 시부모와 불화한다는 이유로 이혼당하였다. 슬하에 딸 강순임(舜任)이 있었는데 훗날 순임은 자기 남편과 함께 증산법종교를 개창하였다. 정치순은 강일순이 죽은 뒤 가난에 시달리다가 딸과 헤어져 이리저리 떠돌아다니다가, (대순진리회의 전신인 태극도를 창시한) 조철제에게 도움 받아 겨우 모녀가 상봉하였다. 그러나 모녀가 증산계 종교단체의 정통성 다툼에 이용만 당할 뿐이라 속앓이를 하다가 병을 얻어, 1928년에 54세의 나이로 숨을 거두었다. 강순임은 어머니의 박복한 삶을 무척 원통하게 여겼다.

1911년에 고판례가 강일순의 혼령과 만났다며 종교단체를 세우는 모습을 보고, 강일순의 수제자 김형렬은 1914년에 정치순을 찾아와 주문을 외우게 하여 강일순과 접촉하게 하려고 하였다. 그러나 정치순이 주문을 외우던 중 실신하며 실패하자 결국 김형렬 스스로 주문을 외우며 수도한 뒤 미륵불교를 세웠다. 김형렬은 고판례가 종통을 받아서가 아니라, 사후에 그 혼령과 만났기 때문에 종교단체를 세울 수 있었다고 생각했음을 알 수 있다.

- 김말순(金末順)

생애: 1890~1911

비고: 강일순과 나이 차이가 많음. 결혼식이나 실제 부부생활을 하지 못함.

1904년에 강일순이 이혼한 뒤 수제자 김형렬에게 처음으로 수부(首婦)를 세우기로 종용하자 김형렬이 자기 셋째 딸 김말순을 추천하였다. 김형렬은 이후 장인 대접을 받았다. 그러나 말순의 나이가 14세인데 강일순은 34살이므로 조선시대 기준으로도 나이가 너무 차이 나는 데다가, 나이 차이를 감수하고 혼인시키기에는 강일순의 집안은 아무 별 볼 일 없는 가난한 농부네에 불과했다. 강일순을 신앙하는 김형렬이야 좋다고 생각했지만 그 아내는 당연히 이런 결혼을 인정하지 못한다고 크게 반대하였으므로 결혼식을 올리지 못하고 미루기만 하였다. 비록 끝내 식을 올리진 못하였으나 강일순은 김말순을 아내로 여겼고, 자기가 죽은 뒤에도 재가하지 말라고 하였다.

　김말순은 강일순 사후 얼마 안 되어 재가하였으나 급병이 나서 1911년에 21세 젊은 나이에 사망하였다. 이 때문에 일부 증산종교에서는 김말순이 강일순의 말을 어기고 재가했기 때문에 벌을 받아 요절했다고 여긴다. 강일순을 따르는 종교단체에서도 김말순은 존재감이 별로 없다.
　김말순의 묘소는 전북 김제시 모악산에 있는데, 소규모 증산종교에서 묘소를 관리하는 듯 말끔하다. 묘소 옆에 있는 비석에는 관세음보살화신안동김수부말순지묘(觀世音菩薩化身安東金首婦末順之墓)라는 글귀가 있다. 일부 증산계 종교에서 김말순을 관세음보살의 화신이라고 추앙하는 모양이다.

- 고판례(高判禮)

생애: 1880~1935

비고: 실제로 같이 산 기간이 짧음. 본인이 적극적으로 종교활동을 함.

　1907년에 강일순이 다시 수부(首婦)를 세우기를 명하였으므로, 제자인 차경석은 자기 이종누이 고판례가 남편을 사별한 지 5개월째라 추천하였다. 고판례는 아기 시절에 아버지를 여의고 9살에 어머니 손을 따라 정읍군 입암면 대흥리로 이사하고, 15살 되는 해에 같은 동네의 사는 신 씨와 결혼하여 딸 하나를 두었다. 28살이 되는 1907년에 남편과 사별하자, 차경석이 주선하여 그해에 강일순과 식을 올려 부부가 된 뒤 이른바 고 수부가 되었다. 수부란 '으뜸가는 부인네'라는 뜻이다. 증산도에서는 고판례가 수부가 됨이 매우 중요한 종교적 사건이라고 주장한다. 여기서 후에 고판례와 이상호의 증산교와 차경석의 보천교가 나뉘었고, 자기네 정통성도 고판례에게서 찾기 때문이다.

강일순과 실제 부부로 같이 산 기간이 매우 짧다. 혼인 기간이 만 2년이 되질 않으며, 같은 집에서 함께 산 기간도 처음 결혼하고 약 2개월 정도에 불과하다. 강일순은 고부 경무소에서 풀려난 뒤로 죽을 때까지 주로 제자 김형렬의 집과 동곡약방에서 머물렀다. 다르게 말하면, 고판례는 강일순과 결혼기간 중에 힘든 시간을 함께 보낸 적이 없다. 시부모도 모시지 않았고 남편 병수발도 들지 않았으니, 이 때문인지 고판례는 강일순이 1909년에 죽자 그 영혼과 다시 한 번 결혼식을 올렸다.

삼년상이 끝난 1911년에 강일순의 첫 생일을 맞이하여 치성을 드리다가 갑자기 기절하더니, 몇 시간 뒤에 일어나 강일순의 혼령을 만났다며 남자의 목소리로 말하였다. 이 일이 알려지자 강일순의 흩어졌던 제자들이 다시 주변으로 모였다. 이 집단은 종교색이 매우 강하였으나 아직 완전히 종교조직으로 체계화하진 못하였는데, 내부적으로는 선도교(仙道敎) 또는 태을교(太乙敎)라는 이름을 사용한 듯하고, 외부에서는 흔히 훔치교라고 불렀다. 그러나 차경석은 어느 사이엔가 무리의 주도권을 장악하고, 다른 사람들이 고판례와 함부로 만나지 못하도록 하였다. 고판례는 차경석에게 불만을 품고 1918년에 스스로 밖으로 나갔으며, 차경석은 남은 사람들을 조직하여 보천교를 창교하였다.

고판례는 거주지를 김제 백산면 조종리로 옮겨 종교단체를 세우고 태을교(太乙敎)하였다. 후에 이상호는 1928년 보천교에서 분열하여 동화교를 창교하면서 태을교와 연합했으나, 이상호 또한 교단 운영에서 고판례를 배제하였다. 이에 고판례는 다시 동화교를 나와 1933년부터 수제자 고민환이 있는 군산 오성산 성덕리에서 은거하다 1935년에 55세로 사망했다.

증산대선생을 모셨던 부인
1) 정부인(정치순) 한쪽 발을 저는 불구의 몸으로 증산어른 모심
2) 김수부(김말순)
3) 고수부(고판례)

증산 종단 각, 교단의 수부 신앙

* 수부(증산어른 부인)를 신으로 모시는 종단
선도교, 동도법종 금강도, 증산교(대법사), 오정동 교단, 대한불교미륵종, 청도대향원, 증산도, 증산법종교 등이 있다.

* 수부(증산어른 부인)를 모시지 않는 종단
보천교, 선도, 순천도, 삼덕교, 태극도, 보화교, 인도교, 미륵불교, 모악

교, 대순진리회, 증산진법회 등등이다.

* 증산도의 뿌리는 보천교(차경석)로 나왔으나 증산 어른 부인을 수부라 하여 사진을 걸고 모신다.

사진을 걸고 모신다는 것은 우상숭배이다.

성경에서 말하는 우상은 '거짓 신'을 말한다. 참 신은 만물의 생명을 주관한다. 신은 만물을 생성하고 소멸하는 영원한 우주의 법이므로 무극이다. 그러나 우상은 비록 형체를 가지고 있지만 아무런 능력도 없다.

- 종단 자의적 자료 수집, 후대 정리 자료

〈도전〉
증산도에서 간행으로 여러 사료를 취합한 것이며 고수부의 내용과 호연이란 당시 어린 나이의 여자아이, 지금은 노구의 할머니의 글을 함께 붙여 놓았다. 안경전, 안운산 씨가 주축이 되어 정리가 되었다.

〈전경〉
박우당 도전님에 의해 편집, 서울대 종교학 교수 장병길 씨에게 의뢰하여 만들어진 것으로 대순진리회에서 간행됐으며 조정산(도주) 행적을 합하여 경서로 쓰며 대순진리회, 청우일심회 등에 쓰인다.

기타 자료들은 거의 앞선 자료를 재편집 차출하여 간행한 것이다. 먼저 선행 앞선 자료를 살피고 뒤이은 자료는 종단 간의 편집의도가 있기에 뒤에 읽어 보는 것이 좋을 듯하다.

《말씀에…》

그 후로 차차 연일 상종하여 사제의 의를 맺으니라. 그 후로 차차 종도 수십인이 시봉하여 천지공사(天地公事)를 행하셨으나 대순전경(大巡典經)에 기입한 것은 기록하지 않고 천지음양조리(天地陰陽調理)에 관한 것만 기술하여 후인으로 하여금 깨닫게 하였노라.

《총정리》

그리고 '내가 도통줄을 대두목에게 보내리라. 도통하는 방법만 일러주면 되려니와 도통 될 때에는 유, 불, 선의 도통신들이 모두 모여 각자가 심신으로 닦은 바에 따라 도에 통하게 하느니라. 그러므로 어찌 내가 홀로 도통을 맡아 행하리오'라고 상제께서 말씀하셨도다. [교운 1장 41절]

"도통하는 방법만 일러 주면 되려니와"
때가 되면 한꺼번에 마음을 열어 주리라, 하시며 상제께서 말씀하셨도다. [대순전경. p, 증산도 도전. p, 동곡비서. p]

번개가 번쩍이고 천둥이 요란하게 치는 어느 날 상제께서 종도들에게 가라사대 뒷날 출세할 때는 어찌 이러할 뿐이리오. 뇌성 벽력이 천지를 진동하리라. 잘못 닦은 자는 앞을 자리에 갈 때에 나를 따르지 못하고 엎드려지리라. 부디 마음을 부지런히 닦고 나를 깊이 생각하라 하셨도다. [교법 3장 25절]

대저 증산 상제께서 구 년[九年] 동안 공사를 행하사 천지운로[天地運路]를 뜯어고치시고 후천 세계 인간 생활[後天世界人間生活]의 모든 질서[秩序]를 결정[決定]하시니 세간 만사 만물[世間萬事萬物]에 어느 것이나 천주(상제)의 필단[筆端]에 거쳐 나가지 아니한 것이 없어 공사 건수[公事件數]가 실로 무한하지마는 당시 종도들이 기록[記錄]하여 둔 것이 없고 수십년 후에 생존[生存]한 종도[從徒]들의 구술[口述]대로 필기[筆記]하여 그중에서도 의미[意味]가 분명치 못한 것은 빼어버리고 의미가 통하는 것만 기록한 것이 이뿐이라 더구나 갑진, 을사, 양년[甲辰乙巳兩年]에 반드시 큰 공사[公事]가 많이 있으련만 구술하는 종도들이 모두 잊어버리고 전하지 못한 것은 큰 유감[遺憾]이라 아니할 수 없노라.

※ 甲乙=동 辰巳=임진, 계사 2012, 2013 임진 계사(壬辰癸巳) 장류수야(長流水也)라. 수절사야(水絶巳也)이니 미리 알고 대처하소! 수(絶)끊는다. 천개 어자(天開於子). 경자. 2020. 방위가 바뀌니, 지축이 정립하면서 천지의 기운이 금화 교역을 이루면서 수기(水氣)가 돌아온다.

증산 성사께서 대원사에서 도통을 하시고 종통 종맥을 가족이나 종도(제자)에게 주지 않으셨다.

《증산 성사께서 유서로 남기시니》
　대순전경(大巡典經)을 기술할 때 주지 않고 남겨 둔 김형렬, 김자현 등 다섯 집에 전해진 유서(遺書)를 가지고 현무가 자세히 쓰시되, 의심나는 구절을 정성 들여 살펴서 의심 없이 한 후에 기록하였으니 자세히 보라. 제비창고 서 씨 말과 청죽의 말은 다 빼고 썼으니, 우리는 이 책을 보고 인쇄하고 남녀노소 할 것 없이 다 보도록 하라. [동곡비서, p]

※ 그러므로: (www.msge.co.kr) 동학(東學)동쪽의 학문

※ 그러므로: 현무 = 계묘생, (대두목)

● 증산, 일대기를 담은 대순전경과 "진경"의 바른 이해,

(증산) 구천 상제(1871~1909)에 대한 기록을 역사적으로 진술하니, 1926년 이상호(1888~1967)에 의해 발간된 "증산 천사 공사기"로부터 시작된다. 이상호는 구천 상제의 친자 종도들을 직접 만나 자료를 수집하여 최초의 구비문학을 탄생시켰는데 그것이 《증산 천사 공사기》이다. 3년 뒤인 1929년 이상호는 다시 자료를 보완 증보하여 경전의 형태를 띤 교술(敎術) 문학작품으로 발간된 것이 바로 《대순 전경》 초판인 것이다. 이후 《대순 전경》은 이상호가 편집한 《증산 천사 공사기》와 《선도 진경, 태극도 시절》을 내용을 마지막으로 박우당 도전(都典)의 명에 의해 서울대 종교학 교수 장병길 씨에게 의뢰하여 구천 상제, 도주(옥황상제) 님을 넣어 만들어진 것으로 긴 일대 장정을 마치게 된다.

그러므로 1909년 천지공사가 100년이 지나 천기 자동으로 후대, 후인, 대두목으로 하여금 (www.msge.co.kr)상제께서 대순하신《대순진경》이 탄생한 것이다.

무극진경 9장 1절
구천 상제님께서 기유(己酉 도기 단기 4242, 서기 1909) 년 원조에 친히 현무경(玄武經) 세 권을 쓰셔서 한 권은 몸소 지니시고, 한 권은 후일 도창현(道昌峴)에서 불사르셨으며, 한 권은 몸소 지니시고 한 권은 안내성에게

맡기시니 현무경은 한지 13장 26면에 문자와 부도(符圖)를 기록하여 철하신 책이니라.

※ 이상호 종도가 편집한 "대순전경"보다
도주님의 "무극진경"이 먼저 기록된 것을 알 수 있다.

무극진경 9장 2절
이날 증산 어른의 제자 차경석이 차례를 지내려고 장만한 전수를 가져오게 하셔서 종도들과 함께 진어하시며 말씀하시기를 "이것이 곧 절사(節祀)니라" 하시니라.

무극진경 9장 3절
현무경을 쓰신 후에 백지에 글을 쓰셔서 두루마리를 만들어 물 담은 흰 병의 입을 막아 놓으시고, 그 앞에 백지를 깔고 그 위에 현무경을 놓으셨다 거두시니라. 상제님께서 화천(化天)하신 후에 병마개를 빼어 펴 보니 "길화개길실(吉花開吉實) 흉화개흉실(凶花開凶實)"이라는 글과 다음의 의통(醫統) 병세문(病勢文) 등이 쓰여 있느니라.
그러므로 이상호 형제가 증산 어른의 친자, 종도를 찾아서 구슬 한 "대순전경"보다 태극도를 창립한 무극 진경이 먼저 창간되었음을 알 수 있다. 또한 현무경은 세 권으로, 한 권은 도주님, 한 권은 안내성, 한 권은 불태우신 공사가 곧, 대두목이 창건한 대순진경인 것이다.

또한 안내성에게 맡긴 현무경을 가지고 각 종파에서 혼란을 주고 있으며, 그러므로 현무경의 의통(醫統)이란 의원(醫院)을 거느린다는 의통 자(字)이다. 혼란을 주는 것은 의통이 사람을 거느리면 도통한다고 착각에 빠져 사람을 모집하고 교주(敎主) 행위(行爲)를 일삼는 것이다.

　가장 중요한 것은 태극도를 세우신 도주(정산) 님은 증산 어른을 구천상제로 밝히셨고 증산 어른의 제자 차경석, 김형렬, 박공우 등등 제자들과 어울리지 않으셨다는 것이 분명히 문서에 있고, 증산 상제님과 동등하다는 점이 있음에도 불구하고 증산어른 제자가 만든 교단을 정부에서 인정하고 있으니 나라가 암흑에 빠진 것과 같은 것이다. 나라가 튼튼하려면 외국에서 들어온 종교에 빠지지 않고 조상의 빛난 얼을 오늘에 되살려 우리 상제님의 강림을 전 세계에 알림으로써 전 세계를 구원할 상등 국가가 된다는 것을 국가 문화부 장관이 깨달아야 한다. 문화부 장관이 도(道)를 몰라 사경을 헤맬지라도 우리 국민은 상제님이 대순하신 대순진경을 민족 종단으로 정하여 나라를 구해야 하는 것이다.

　그러므로 대두목이 완성한 《대순진경》이야말로 국가와 민족을 구하는 길이며 더 나아가 전 세계를 구원하는 진리임을 반드시 각골명심하여 진리 싸움에 헤매는 것보다 정신개벽하여 사람다운 사람의 길을 선택하여 각자 본인이 성공해야 부모형제를 구하고 조상 선령 신까지 구하여 후천오만년 세상에 들어서 조상(신)과 인간이 함께 어우러지는 세상, 조상(신)이 사람을 받드는 세상이 눈앞에 선하게 보이니 2022년 임인(壬寅)년에 책으로 출판하게 된 것이다.

강세(降世) 도표 (圖表)

강증산, 전라북도 고부군
조정산, 경상남도 함안군
박우당, 충청북도 괴산군
대두목, 강원도 화천군

강세(降世) 도표(圖表)

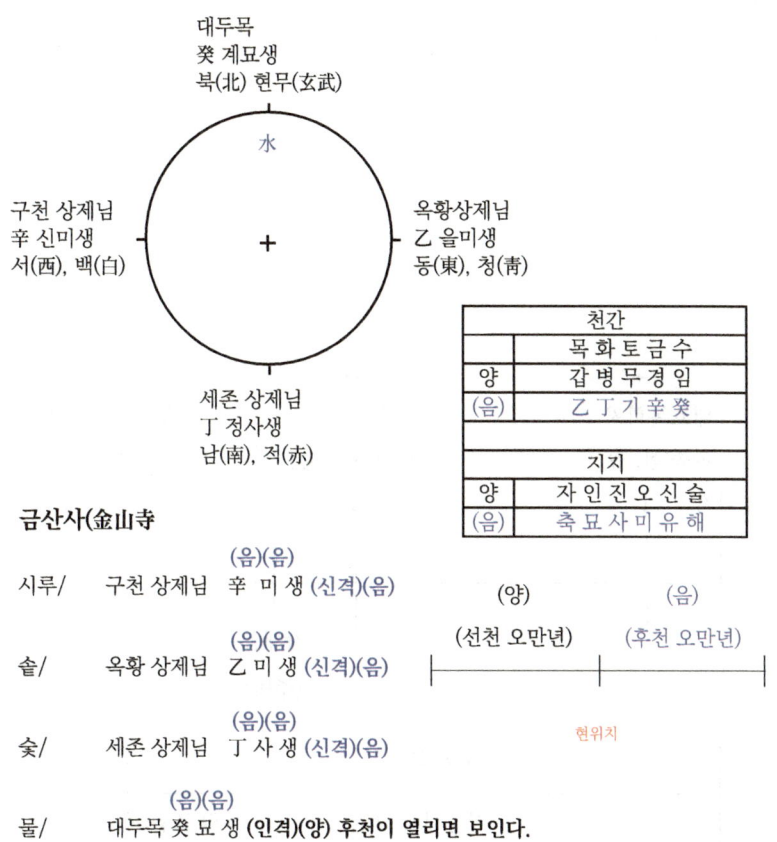

31. 증산 계통 종교

32.
맺는말

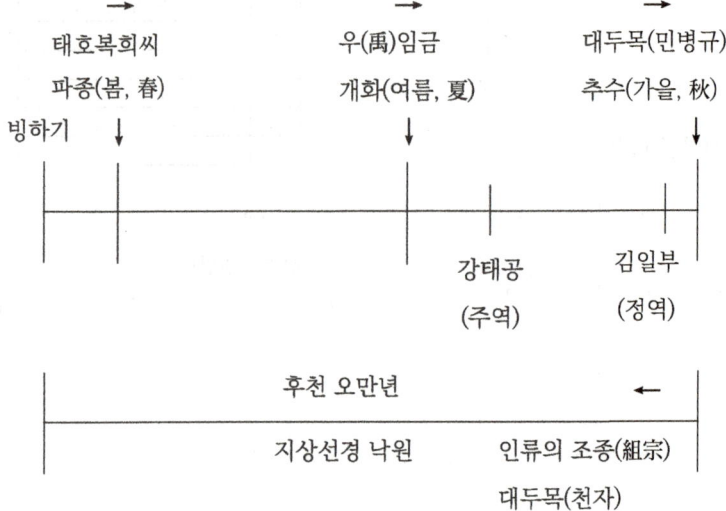

　1, 태호 복희씨는 **바람(風)**으로 천지개벽할 때 희역을 만들어 사람 씨앗을 심고,

　2, 우(禹)임금은 **비(雨)**로 천지개벽할 때 역을 만들어 사람씨를 살리고,

3, 대두목(민병규) 은 **서리(霜)**로 천지개벽할 때 삼위 상제님을 모시고 용담 역(易)을 완성하여 사람 씨(열매)를 구하는 공사인 것이다. [霜(1.서리 2. 흰 가루) 병란]

석삼(三)은 하나인 것이다. 3=1 (한 사람)
천하 절후 삼 변하니 뱃 노 래 한 곡조에 무궁 무궁 저 이치를 그 이치를 뉘 알소냐 무이 구곡 돌아드니 뱃노래로 화답하네
[채지가 뱃노래]

태초에 복희씨가 씨를 심었는데 수확은 주인이 하는 것이 진리인 것이다. 민병규가 그때 그 인물로 천상계 있으면서 바뀔 역(易) 때마다 인간계 와서 공사한 것이다.

삼황오제 중 3황의 맨 앞에 위치하는 존재로 처음으로 팔괘를 그리고 이 때문에 우리가 흔히 아는 팔괘를 복희 팔괘라고도 한다. 그와 동시에, 인간에게 목축을 가르친 신이며, 팔괘를 창안하여 음양을 통해 인간과 자연의 이치를 짐작하게 한 신이라고 한다. 그와 동시에, 동쪽과 봄을 다스리는 신이며, 인간들에게 불을 선사했다고도 한다. 그와 동시에, 여와와 더불어 천지를 창조해 내었다고 한다.

태호 복희씨는 시조 격에 해당되는 항렬을 가지고 있어 불분명한 전승이 많다. 여와와 복희가 결부되는 것은 중국 한나라 때부터이다. 기독교에서 여호와 하나님은 태호 복희씨에서 유래된 것이다.

우주의 빙하기가 끝나고
육천 년 전 태초에 복희씨, (민병규)
사천오백 년 전 우(禹) 임금, (민병규)
이천오백년 전 노자(도교), (민병규)
현시대 민병규

같은 인물인 것이다.

다시 정리하면 태초에 민병규가 씨를 뿌리고 여름에 민병규가 씨를 살리고 가을에 민병규가 씨(열매)를 구하여 후천오만년 지상 선경에 들어간다고 말을 해야 깨끗하게 정리되는 것이다.

구천상제께서 말씀하시기를,

상제께서 어느 때 내장산(內藏山)에 가셨을 때에
世界有而此山出 紀運金天藏物華
應須祖宗太昊伏 道人何事多佛歌

라고 읊으셨도다.[전경 행록 제2장 5절]

註)
(세계유이차산출 기운금천장물화)
(응수조종태호복 도인하사다불가)

세상은 모두 이 산으로 나왔고, 후천(後天)의 시작 운은 만물을 감추니 화려하다.

마땅히 조상의 근본은 태호 복희씨인데, 어찌하여 많은 도인들은 부처만 찾는단 말인가?

위의 공사에서 볼 수 있듯이 상제님께서는 인류의 조종(組宗)을 복희씨로 말씀하셨다.

상제께서 그 무리들 중에서 특별히 차 공숙을 뽑아 따로 말씀하셨는데 그는 소경이니라. 상제께서 『너는 통제사(統制使)가 되라. 일년 三百六十일을 맡았으니 돌아가서 삼백 육십명을 구하라. 이것은 곧 팔괘(八卦)를 맡기는 공사이니라』고 하셨도다. [교운 1장 53절]

※ 그들은 소경이니라 갑진(甲辰) 2024년 을사(乙巳) 2025년 되면 동이 트니 그들은 그때 가야 깨닫느니라. 민병규가 1년은 삼백육십일 역을 완성하리라 말씀하신 것이다.

형렬이 여쭙기를 동방 칠성은 어찌 자리에 없나이까. 대 선생께서 말씀하시기를, 동방 칠성은 신계의 주벽이니, 내 명을 받고 이미 세상에 태어났느니라. 형렬이 여쭙기를, 동방 칠성이 인간 세상에 태어났다고 하면 가히 만나볼 수 있나이까. 대 선생께 이르시기를 인연이 있으면 만날 것이니라. 장차 일을 같이하는 사람이 될 것이니라. 하시니라.

※ 동방 칠성이란 사람으로 태어나서 사망하면 칠성계로 갔다가 다시 사람으로 온다는 칠성계가 민병규가 머물던 칠성계(七星契) 인 것이다 현제는 신계를 다스리는 대두목으로 임하라는 구천상제님의 말씀이시다.

※ 염라대왕이란 사람으로 태어나서 사망하면 염라대왕 앞에서 심판받고 축생계에 태어나고 사람 아닌 혼령은 펄펄 끓는 기름 가마 속에 들어간다는 전설로 전해진다. 후천 세상은 염라대왕이 없는 것이다.

옥황상제께서 말씀하시기를,
천하사를 도모하는 자는 모름지기 하우 씨(夏禹氏)를 본받을지니라. 증산 상제님께서도 "위천하 자는 불고 가사니라." 하시고 제갈량의 성공하지 못한 고사를 말씀하셨거니와 하우 씨는 9년 치수하는 사이 삼과 기문(三過其門) 하되 불입 기문(不入其門) 하였으므로 왕천하(王天下) 하였느니라. 하우 씨인들 구 년 동안에 어찌 처자 권솔이 그립지 않았으랴?

※ 민병규의 전생 우(禹)임금을 말씀하신 것이다.

말씀하시기를,
'잘 지었구나. 나도 한 귀를 부르리니 기억하여 두라.' 하시며 다음의 글을 외어주시니라.

산진수회처(山盡水廻處) 산은 다하고 물은 모여 돌아가는 곳에 시각 유대도(始覺有大道) 대도가 있음을 비로소 깨달으리라.

장차 두고 보라. 이 용담에 세계 각국의 사람과 물화를 교역하는 윤선이 즐비하고 사해용왕들이 각종 공물을 올릴 때가 있으리니 그때가 되어야 내가 말한 뜻을 알리라 하셨도다.

※ 민병규가 용담 역(易)을 완성한다고 말씀하신 것이다.

세존상제께서 말씀하시기를,
우리 일은 천지가 처음 개벽(開闢) 할 때부터 정해져 있었나니, 앞으로 12,000 도통 군자가 나와 오만 년 후천 선경(後天仙境)을 건설할 것이니라.

※ 처음 개벽(開闢) 할 때부터 정해져 있었나니,= 민병규가 12,000 도통 군자를 배출하라는 말씀이시다.

주역= 강태공은 신명을 땅에 봉하고 주역을 만들어 주나라 제후가 되었지만 여름 개벽 때 우임금역을 공사한 것이다.

정역= 김일부가 정역을 만들 적에 강증산 성사께서 정역을 만들지 말라고 김일부 꿈에 나타난 것이다.

상제께서 광구 천하하심은 김 일부의 꿈에 나타났으니 그는 상제와 함께 옥경에 올라가 요운전에서 원신(元神)이 상제와 함께 광구 천하의 일을 의논 하는 것을 알고 상제를 공경하여야 함을 깨달았도다.
[전경 예시 3절]

삼천 년 전 석가모니 탄생, 후인(박 우당)
이천오백년 전 노자 탄생, 후인(민 병규)
이천오백년 전 공자 탄생, 후인(조 정산)

종통이 4인 3전《4人3傳 = 3천(遷) = 3변(變)》하는 이치를 여실히 표현하고 있나니, 곧, 사슴을 타고 계신 좀 크게 그려진 분은 연원(淵源)의 본주(本主)인 구천 상제님이며, 동자(童子)의 모습 세 분은 곧 세 분(정산, 우당, 대두목)의 유불선 연원 계승자 = 종통 계승자를 뜻함이다.

개문납객기수기연 벽화의 4人3傳 참조

"우주(宇宙)가 우주(宇宙) 된 본연 법칙(本然法則)은 그 신비(神秘)의 묘(妙) 함이 태극(太極)에 재(在) 한 바 태극(太極)은 외차 무극(外此無極) 하고 유일무이(唯一無二) 한 진리(眞理)인 것이다.(중략) 그러므로 이 우주(宇宙)의 모든 사물(事物)은 곧 천지 일월(天地日月)과 풍뇌우로(風雷雨露)와 군생 만물(群生萬物)이 태극(太極)의 신묘(神妙) 한 기동 작용(機動作用)에 속하지 않음이 있으리오, (중략) 창생(蒼生)을 광제(廣濟) 하시는 분이 수천백 년(數千百年) 만에 일차식 내세(一次式 來世) 하시나니 예컨대 제왕(帝王)으로 내세(來世) 하신 분은 복희 단군 문왕(伏羲 檀君 文王)이시오, 사도(師道)로서 내세(來世) 하신 분은 공자 석가 노자이시며 근세(近世)의 우리 강증산 성사(姜甑山 聖師)이시다."

박 우당 도전의 말씀

이처럼 태호 복희씨는 우주의 이치를 깨달아 천지신명을 하늘에 봉하고 (神奉於天), 인세에 법도를 폈으며 많은 문화를 발견하였던 커다란 성인(聖人)이라 할 수 있다. 그럼에도 많은 사람들이 신화, 전설상의 인물로 알고 있음에 구천(증산) 상제님, 옥황(정산) 상제님, 세존(우당) 상제님께서 복희의 역사적 사실을 정확히 밝혀주셨다고 할 수 있다.

공덕

공덕 [功德]

선천 5만년	후천 5만년

윤회
공덕으로　거듭 죽고 거듭 태어나고　→현위치←　선천 세상의 복 지은 대로 살아감, "불로불사"

단주 수명 태을주, 도술 문명 오만 년

우리나라 풍속에는 양친 부모 모셔다가
천년만년 살고 지고 전해왔다.

복(福)이 일(一)이면 일 년 살다 연기처럼 사라지고,
복(福)이 천(千)이면 천년 살다 연기처럼 사라지고,
복(福)이 만(萬)이면 만년 살다 연기처럼 사라지고,

선천 세상에서는 사람으로 태어나서 명을 다하여 사망했다 하여도 사망한 것이 아니라 영혼이 있어 윤회해서 다시 태어나거나 혼령이 되어 떠돌아다니

는 것이다. 그것은 후천 세상에 넘어가기 위하여 삶은 존재하는 것이다. 후천 세상에 들어가야 온전한 인생을 살았다 하고 마감하는 것이다.

공덕(功德)
착한 일을 하여 쌓은 업적과 어진 덕.

좋은 일을 행한 덕으로 훌륭한 결과를 가져오게 하는 능력. 종교적으로 순수한 것을 진실 공덕(眞實功德)이라 이르고, 세속적인 것을 부실 공덕(不實功德)이라 한다.

산스크리트구나(Guna)를 번역한 말로, 연기(緣起)와 윤회를 근본으로 하는 불교에서 가장 중시하는 행위의 하나이다. 종류는 냇물에 징검다리를 놓아 다른 사람들이 쉽게 건널 수 있게 하는 월천 공덕(越川功德), 가난한 사람에게 옷과 음식을 주는 구난 공덕(救難功德) 걸립 공덕(乞粒功德), 병든 사람에게 약을 주는 활인 공덕(活人功德) 등 매우 많으며, 선한 마음으로 남을 위해 베푸는 모든 행위와 마음 씀씀이가 모두 공덕이 된다.

그러나 무엇보다 가장 큰 공덕은 삼위일체 상제님도(道)에 귀의하여 깨달음을 닦는 것이고 이러한 사람을 보고 함께 기뻐하는 것도 큰 공덕이 된다. 이러한 공덕은 끝이 없어서 수천 사람이 횃불 하나에서 저마다 홰를 가지고 와서 불을 붙여 가더라도 원래의 횃불은 사그라들지 않는 것과 같은 이치이다. 절과 탑을 세우고, 경전을 옮기며, 불상을 모시는 행위가 모두 공덕을 쌓는 것이고, 명절이나 절기 재일에 남을 돕고 액막이를 하며 방생하는 풍속도 여기서 비롯된 것이다. 이러한 공덕은 결과보다 그것을 쌓고 닦아 가는 과정이 더 중요하다.

상제께서 이런 말씀을 종도들 앞에서 하신 적이 있느니라.『내가 출세할 때에는 하루 저녁에 주루 보각(珠樓寶閣) 십만간을 지어 각자가 닦은 공덕에 따라 앉을 자리에 앉혀서 신명으로 하여금 각자의 옷과 밥을 마련하게 하리라. 못 앉을 자리에 앉은 자는 신명들이 그 목을 끌어내리라.』[전경 교법 3장 44절]

한 성도가, 세상에 백조일손(百祖一孫)이라는 말이 있고 또 병란(兵亂)도 아니고 기근(饑饉)도 아닌데 시체가 길에 쌓인다는 말이 있사오니 이것을 말씀하시는 것입니까? 하고 여쭈니 말씀하시기를, "선천의 모든 악업(惡業)과 신명들의 원한과 보복이 천하의 병을 빚어내어 괴질이 되느니라." [천지개벽경]

※ 후천 오만년은 선천 세상에서 복(福) 지은 거만큼 살아가는 복록 수명이므로 복(福)이 있어야 되고 복(福) 지은 거만큼 행복(幸福)과 수명(壽命)이 있는 것이다.

진시황제가 찾던 완성된 삼신산,

석가의 후천 오만년 극락세상의 복록,
공자의 후천 오만년 대동세상의 복록,
예수의 후천 오만년 지상천국의 복록,

공덕(功德)

공덕을, 교회에 내시나요.?
공덕을, 절에 내시나요.?
공덕을, 대순진리회에 내시나요.?
공덕을, 증산도에 내시나요.?

후원 계좌 : 농협 302-8848-2864-81
대순진경 (민병규)